Gestion de la force de vente

Richard Guay
Yves Lachance

Gestion de la force de vente

gaëtan morin
éditeur

Montréal ▫ Paris ▫ Casablanca

Données de catalogage avant publication (Canada)

Lachance, Yves, 1960-

   Gestion de la force de vente

   Comprend des réf. bibliogr. et un index.

   ISBN 2-89105-488-1

   1. Ventes – Gestion. 2. Marketing. 3. Approvisionnement dans l'entreprise. 4. Ventes – Planification. 5. Vendeurs. 6. Ventes – Gestion – Problèmes et exercices. I. Guay, Richard, 1958- . II. Titre.

HF5438.4.L32   1993   658.8'1   C93-096259-1

Montréal, Gaëtan Morin Éditeur ltée
171, boul. de Mortagne, Boucherville (Québec), Canada J4B 6G4, Tél.: (514) 449-2369
Paris, Gaëtan Morin Éditeur, Europe
27 bis, avenue de Lowendal, 75015 Paris, France, Tél.: (16.1) 45.66.08.05
Casablanca, Gaëtan Morin Éditeur – Maghreb S.A.
Rond-point des sports, angle rue Point du jour, Racine, 20000 Casablanca, Maroc, Tél.: 212 (2) 49.02.17

Révision linguistique: Jean-Pierre Leroux

Imprimé au Canada

Dépôt légal 2e trimestre 1993 – Bibliothèque nationale du Québec – Bibliothèque nationale du Canada

2 3 4 5 6 7 8 9 0 1   G M E 9 3   5 4 3 2 1 0 9 8 7 6

AVERTISSEMENT

Dans cet ouvrage, le masculin est utilisé comme représentant des deux sexes, sans discrimination à l'égard des hommes et des femmes et dans le seul but d'alléger le texte.

PRÉFACE

Enfin! Voici le premier manuel québécois, de niveau universitaire, dans le domaine important de la gestion de l'équipe de vente! Cela fait des années que l'absence d'un tel ouvrage était déplorée par les professeurs, les étudiants et les praticiens. Ce livre *Gestion de la force de vente* répond donc à un besoin réel, et il y répond très bien.

Les auteurs, Richard Guay et Yves Lachance, connaissent à fond le domaine: ils ont en effet étudié la gestion des ventes, ils l'ont enseignée à l'université, ils l'ont pratiquée en tant que gestionnaires et ils ont agi comme conseillers auprès des entreprises. Ils sont donc très qualifiés pour livrer un manuel à jour et pertinent, en s'appuyant sur une forte base théorique, une expérience concrète du milieu et une connaissance personnelle des besoins des étudiants.

Ces deux auteurs nous présentent une vision globale du domaine. Cela est un des grands mérites de leur ouvrage quand on considère qu'aujourd'hui encore la gestion de l'équipe de vente représente différentes réalités pour différentes personnes.

Pour certains, cela consiste essentiellement à animer et motiver les vendeurs pour qu'ils fournissent le maximum d'efforts. Pour d'autres, cela se réduit à embaucher les meilleurs candidats et à bien les former ensuite. Pour d'autres encore, c'est avant tout une composante du marketing (l'équipe de vente représentant en général la partie la plus importante du budget de marketing) et, pour eux, cela signifie analyse du marché, mise en œuvre de la stratégie de marketing par les vendeurs, articulation du message de vente, découpage des territoires. D'autres, enfin, privilégient l'aspect administratif et mettent l'accent sur la planification, l'organisation et le contrôle du travail d'un groupe de vendeurs.

Dans ce livre, les auteurs adoptent une vision large de la gestion des ventes. Ils voient dans celle-ci un domaine complexe, qui se situe au confluent du marketing, de l'administration (ou management) et de la gestion des ressources humaines; ce domaine ne se résume à aucun des sous-ensembles d'activités énumérés précédemment mais il les comprend tous. Les auteurs abordent les dimensions marketing, humaines et financières du travail du directeur des ventes. Ils examinent les décisions stratégiques, les fonctions tactiques et les activités opérationnelles du gestionnaire des ventes. Ils parlent aussi bien des aspects qualitatifs que des aspects quantitatifs de la gestion des ventes. Et ils font ressortir les relations qui existent entre les divers types de décisions que prend le directeur des ventes.

Avec cet ouvrage, les étudiants se familiariseront avec les multiples facettes de la gestion de l'équipe de vente et ils comprendront mieux la richesse et la polyvalence du rôle du directeur des ventes. Ils pourront ainsi se libérer des préjugés, des mythes et des stéréotypes que beaucoup de personnes entretiennent encore aujourd'hui envers la vente et envers la gestion de l'équipe de vente.

Gestion de la force de vente est un livre intéressant et utile, non seulement pour les étudiants et les professeurs, mais aussi pour les gestionnaires (que ce soit les praticiens chevronnés ou les nouveaux directeurs des ventes) qui pourront y apprendre de nouveaux outils, concepts et méthodes. Il s'adresse également aux vendeurs, qui seront alors mieux en mesure de comprendre le contexte plus large dans lequel leur travail se situe, de même qu'aux personnes appartenant aux autres domaines du marketing, qui seront amenées, elles aussi, à mieux connaître ce secteur du marketing.

Bonne lecture!

Robert Desormeaux, Ph.D.
professeur de marketing (et de gestion de l'équipe de vente)
à l'École des H.E.C.,
directeur des programmes de DSA et de MBA-HEC

AVANT-PROPOS

Pourquoi écrire un livre sur la gestion de la force de vente? Quelle peut être l'utilité de ce projet? Quel est l'intérêt pour les étudiants et les praticiens de se pencher sur cette discipline? Quelle est l'importance du besoin, au Québec, d'un tel ouvrage?

C'est au début de l'automne 1990 que cette odyssée a débuté. Partageant le même intérêt pour ce domaine, nous déplorions le fait de devoir recourir à un manuel américain afin de disposer d'un texte de référence valable pour l'enseignement de la gestion des ventes. Le premier problème qui se présentait est d'ordre linguistique. Bien que nous croyions qu'il est capital pour un étudiant francophone se destinant au monde des affaires de maîtriser parfaitement la langue de Shakespeare, celui-ci a le droit d'avoir en sa possession un matériel pédagogique rédigé en français. Le deuxième problème est d'ordre culturel. Nous sommes persuadés que l'apprentissage est d'autant plus facile quand l'étudiant peut se situer dans un contexte culturel familier.

C'est alors que nous avons approché Gaëtan Morin Éditeur dans le but de soumettre au service de l'édition un projet en ce sens. Initialement, nous devions traduire et adapter un ouvrage américain reconnu. Après une longue réflexion, nous en sommes venus à la conclusion que la meilleure formule résidait dans la conception d'un ouvrage québécois original mais fortement inspiré des meilleurs livres américains. N'oublions pas que nos voisins du Sud publient des ouvrages dans ce domaine depuis plus de trente ans et qu'il serait déraisonnable de se priver de leur extraordinaire expertise, compte tenu du contexte dans lequel nous évoluons.

C'est donc avec une bonne dose d'enthousiasme et de naïveté que nous avons entrepris ce périple. En partant du principe que la foi déplace les montagnes, nous avons fait fi de tous les commentaires de personnes bien intentionnées et avons foncé tête première en imaginant le jour où nous disposerions enfin du premier livre québécois sur le sujet. Le rêve s'est concrétisé deux ans plus tard. Vous en avez actuellement le fruit entre les mains.

Nous sommes convaincus de l'importance d'une gestion de la force de vente planifiée et structurée. Si on considère les coûts engendrés par cette fonction et les défis auxquels fait face l'entreprise québécoise des années 90, nous espérons que ce livre contribuera – même modestement – à l'avancement des connaissances théoriques et pratiques dans cette discipline. Il serait superflu d'insister sur la nécessité de cette situation...

Nous aimerions souligner l'ouverture d'esprit dont a fait preuve Gaëtan Morin Éditeur. La direction de cette maison, qui fait confiance aux jeunes auteurs, a accepté de nous donner cette chance inestimable et nous a encouragés tout au long de ce processus. Nous lui en sommes profondément reconnaissants.

Nous souhaitons vivement que cet ouvrage remplisse sa mission, qui est de vous faire apprécier le domaine de la gestion de la force de vente autant que nous l'apprécions. Il ne nous reste plus qu'à vous dire: bonne lecture!

STRUCTURE DU LIVRE

Le domaine de la gestion de la force de vente implique une multitude d'activités de gestion. Il s'agit sans aucun doute d'un des systèmes les plus imposants et les plus complexes de l'entreprise. Ces activités s'avèrent nécessaires en raison du nombre de personnes en cause, de l'étendue des opérations et de la position même de la vente. Il est possible de structurer le domaine de la gestion des ventes en quatre parties, lesquelles correspondent à celles du présent ouvrage. Nous croyons qu'une telle structure permettra d'étudier adéquatement ce sujet complexe et de situer aux bons endroits les multiples éléments qui s'y rattachent.

☐ Première partie

Le rôle de la vente dans l'entreprise

La première partie de ce livre, qui regroupe les chapitres 1 à 4, devrait procurer aux lecteurs une connaissance approfondie du rôle de la vente dans l'entreprise, dans la société et au sein de la fonction «marketing». Cette connaissance constitue une condition essentielle à l'élaboration et à l'implantation d'une structure de vente. Nous donnerons d'abord un aperçu du travail du représentant et de celui du directeur des ventes (chapitre 1). Nous tenterons alors de démystifier le rôle du vendeur, notamment en répondant aux préjugés qui s'y rattachent. Au chapitre 2, nous situerons exactement la vente par rapport au marketing, après avoir déterminé la portée actuelle de cette discipline. Nous insisterons sur l'importance de la planification des ventes en tant que partie maîtresse du plan stratégique de l'entreprise. Les chapitres 3 et 4, qui s'intéressent aux processus d'achat et de vente, s'attarderont sur la nature de la relation devant exister entre le représentant et l'acheteur. Nous essaierons donc, au cours de ces quatre chapitres, de dresser un portrait fidèle du domaine de la vente. Nous permettrons ainsi aux lecteurs d'aborder les parties suivantes avec une base solide.

☐ **Deuxième partie**

L'élaboration du programme de vente

La deuxième partie de ce livre constitue la première étape de la mise sur pied d'un système de vente. Il faudra d'abord organiser la structure de vente (chapitre 5), soit la hiérarchie des participants et des postes associés à cette fonction. Nous verrons qu'il existe de multiples façons de concevoir une structure organisationnelle qui tienne compte de la réalité de l'entreprise. Par la suite, l'estimation du marché potentiel et la prévision des ventes (chapitre 6) permettront de répartir adéquatement les ressources humaines, matérielles et financières et fourniront une base de référence pour l'évaluation du rendement de la force de vente. Grâce à la quantification du marché, le gestionnaire pourra faire des prévisions de ventes justes pour chaque segment d'activité. C'est à ce moment-là qu'il devra découper son marché géographique en territoires et fixer à ces derniers les bons quotas (chapitre 7). Le quota sera imposé au représentant, qui sera jugé sur sa capacité de l'atteindre ou de le dépasser.

Le programme de vente

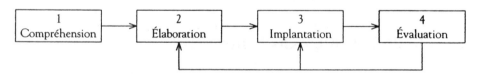

☐ **Troisième partie**

L'implantation du programme de vente

Le rôle principal du gestionnaire de la force de vente consiste à maximiser la performance de son équipe. C'est d'ailleurs ce point que nous étudierons essentiellement dans la troisième partie de ce livre. Nous y verrons, entre autres, les différentes tâches et fonctions inhérentes à la gestion des ventes dans le but d'obtenir le meilleur rendement des vendeurs.

Un gestionnaire ne peut être efficace s'il ne comprend pas les différents facteurs qui déterminent le rendement, autrement dit ce qui pousse les membres de son équipe à agir, à vendre. Cet aspect des choses sera examiné au chapitre 8, où nous aborderons le comportement des représentants, ainsi qu'au chapitre 9, où nous entamerons l'étude des caractéristiques personnelles d'un vendeur qui déterminent le rendement de celui-ci.

Par la suite, nous nous concentrerons sur les activités de gestion proprement dites dans l'optique de la maximalisation du rendement. Ainsi, nous étudierons les processus de recrutement et de sélection aux chapitres 10 et 11. Nous aborderons la formation de nouveaux représentants au chapitre 12. La rémunération est un facteur fort important, autant pour les représentants que pour l'entreprise; c'est pourquoi nous approfondirons cette question au chapitre 13. Finalement, le chapitre 14 sera consacré à la motivation de la force de vente de même qu'aux styles de leadership que peut exercer un gestionnaire.

☐ Quatrième partie

L'évaluation du programme de vente

La dernière partie concerne l'évaluation du programme de vente. Le chapitre 15 se penchera sur l'évaluation des résultats tandis que les chapitres 16 et 17 examineront respectivement la rentabilité des différents segments susceptibles d'intéresser le gestionnaire de vente et le rendement individuel de chaque représentant.

Le domaine de la gestion des ventes : les sujets traités selon les étapes de l'implantation du programme de vente

Le domaine de la vente personnelle et de la gestion des ventes (chapitre 1) La démarche de type marketing et le processus de planification (chapitre 2) Le processus d'achat organisationnel (chapitre 3) Le processus de vente (chapitre 4)	**Première partie** Le rôle de la vente dans l'entreprise
L'organisation de la force de vente (chapitre 5) L'estimation du marché potentiel et la prévision des ventes (chapitre 6) Les territoires et les quotas (chapitre 7)	**Deuxième partie** L'élaboration du programme de vente
Le comportement et le rendement des représentants (chapitre 8) Le rendement et la détermination des caractéristiques personnelles des représentants (chapitre 9) Le processus de recrutement (chapitre 10) Le processus de sélection (chapitre 11) La formation des représentants (chapitre 12) L'élaboration du plan de rémunération (chapitre 13) L'art de la gestion de la force de vente : la motivation et le leadership (chapitre 4)	**Troisième partie** L'implantation du programme de vente
L'analyse du volume des ventes (chapitre 15) L'analyse des coûts et de la rentabilité (chapitre 16) L'analyse du rendement du représentant (chapitre 17)	**Quatrième partie** L'évaluation du programme de vente

TABLE DES MATIÈRES

I
Le rôle de la vente dans l'entreprise

1
Le domaine de la vente personnelle
et de la gestion des ventes

2
La démarche de type marketing
et le processus de planification

3

Le processus d'achat organisationnel

4
Le processus de vente

II
L'élaboration du programme de vente

5
L'organisation de la force de vente

6
L'estimation du marché potentiel et la prévision des ventes

7
Les territoires et les quotas

III
L'implantation du programme de vente

8
Le comportement et le rendement des représentants

9
Le rendement et la détermination
des caractéristiques personnelles des représentants

10
Le processus de recrutement

11
Le processus de sélection

12
La formation des représentants

13
L'élaboration du plan de rémunération

14
L'art de la gestion
de la force de vente :
la motivation et le leadership

IV
L'évaluation
du programme de vente

15
L'analyse du volume des ventes

16
L'analyse des coûts et de la rentabilité

17
L'analyse du rendement du représentant

I

LE RÔLE DE LA VENTE
DANS L'ENTREPRISE

La première partie de ce livre a pour but de doter les lecteurs des outils nécessaires à la compréhension de la gestion du programme de vente que nous décrirons dans les chapitres qui suivent. Nous examinerons particulièrement la profession de représentant et la fonction « vente » et clarifierons le rôle de cette dernière dans l'entreprise. Cette partie précède donc les actions qui consistent à effectuer la recherche préliminaire et à mettre sur papier toutes les données nécessaires à l'implantation du programme de vente, et que nous traiterons dans les deuxième et troisième parties.

Dans le premier chapitre, nous nous intéressons à la profession de représentant et tentons de dissiper les préjugés à son égard tout en replaçant cette dernière dans le contexte actuel. Le deuxième chapitre aborde le problème de la planification du marketing et du rôle de la vente dans le processus de marketing. Un parallèle entre la vente et le marketing permet de situer exactement la vente dans le cadre de l'organisation. L'accent est mis sur l'importance d'une saine planification des ventes, à l'instar des autres fonctions vitales de l'entreprise. Les chapitres 3 et 4 se penchent sur les processus d'achat et de vente et ont une dimension plutôt pratique. Ils aideront à mieux comprendre toute la matière de ce livre, car ils renferment des notions fondamentales de gestion des ventes.

Le chapitre 3 explique en profondeur le processus d'achat industriel. La présentation de vente s'effectue majoritairement dans les secteurs industriel et institutionnel ; par conséquent, ce chapitre permettra aux lecteurs de se familiariser avec les rouages régissant ces secteurs d'activité. Le chapitre 4 présente en détail le processus de vente de manière à décrire avec exactitude la relation entre le client et le représentant, particulièrement en ce qui concerne la présentation de vente.

PLAN

1

Le domaine de la vente personnelle et de la gestion des ventes

---

OBJECTIFS

Après l'étude de ce chapitre, vous devriez être capable de:
- Décrire les différentes facettes du travail du représentant.
- Saisir les possibilités offertes par cet emploi.
- Comprendre l'importance que l'entreprise accorde à la force de vente.
- Distinguer les différents types de représentants.
- Connaître la fonction du directeur des ventes.
- Relier la fonction de la vente à la satisfaction de l'acheteur et au bien-être de la société.

☐ Introduction

Existe-t-il une occupation plus décriée que celle de représentant? Les préjugés reliés à celle-ci sont tenaces et font partie de notre culture. Il y a quelques années, une importante compagnie d'assurances nord-américaine tentait de recruter des diplômés universitaires pour la vente de services financiers. Elle fit alors paraître un encart publicitaire bien visible dans une revue de nouveaux diplômés. Cette publicité, d'ailleurs faite avec soin, s'intitulait ironiquement: «Vendre de l'assurance, vous voulez rire?» Et elle ajoutait:

Je ne veux pas être mon propre patron!

Je ne veux pas gagner 30 000 $ dès la première année!

Je ne veux pas prodiguer des conseils financiers à des dizaines de spécialistes!

Je ne veux pas être maître de mon horaire de travail!

... tout ce que je veux, c'est travailler[1]!

Ce message ne laissait de place à aucun doute: la profession de représentant d'assurances avait une fort mauvaise réputation auprès des diplômés universitaires et il fallait à tout prix briser cette image! Est-ce là le genre d'énoncé qu'utilisent les bureaux de comptables qui tentent d'attirer de nouveaux effectifs?

Les stéréotypes associés à la vente ne datent pas d'hier. En premier lieu, la profession de la vente elle-même est souvent réfractaire aux novices. On la perçoit en général comme étant exigeante, stressante, plus ou moins bien rémunérée, mercantile et génératrice de personnes individualistes, superficielles et calculatrices. Plusieurs croient qu'elle n'attire que des individus sans emploi qui n'ont pas d'autres choix.

C'est cependant l'image même du vendeur qui suscite le plus de critiques acerbes et de railleries. De nombreux lecteurs auront lu les déboires de Willy Loman, l'infortuné vendeur de *Mort d'un commis voyageur* d'Arthur Miller (on se souviendra notamment de l'adaptation théâtrale, dont le rôle principal était tenu par le regretté Jean Duceppe). Ce passage, en particulier, est fort révélateur:

> Qui sait de quoi un homme est fait Biff, surtout un commis voyageur?... Essaie d'en peser un, pour voir! Plus léger que l'air, il te filera entre les doigts, il plane bien haut dans les nuages, chevauchant sa valise d'échantillons, avec son sourire comme armure et ses chaussures trop bien cirées comme stratégie. Qu'une tache vienne salir son chapeau, et le voilà qui dégringole, mais qu'un vieux client perdu lui rende son sourire et le voilà reparti vers les sommets. Non, il ne dicte pas de lois, il ne construit ni maisons ni ponts ni usines, il ne donne ni médecines ni remèdes, il parle, il parle, il parle, d'une ville à l'autre, il court apporter un bon mot et la promesse d'une saison heureuse et fructueuse[2].

En résumé, personne ne devrait critiquer un vendeur, car ce dernier, qui ne jouit ni d'un emploi stable ni de la sécurité d'emploi, doit lutter à l'extrême pour assurer sa survie. Une simple tache sur son chapeau ou sur son complet pourrait être lourde de conséquences!

Cet extrait tend à justifier le comportement du vendeur, qui est dépeint comme un individu plus ou moins misérable, prisonnier de son sort et qui doit lutter avec acharnement pour sa survie. Il n'y a pas que dans la littérature dramatique qu'on trouve des portraits colorés de ven-

---

1. Adapté d'un encart publicitaire de La Métropolitaine paru dans une revue de l'Université Laval au début des années 80.
2. Arthur Miller, *Mort d'un commis voyageur*, adaptation française de Jean-Claude Grumberg, Paris, Actes-Sud, coll. «Papiers», 1988, p. 118.

deurs. On comprendra que l'aspect caricatural de l'emploi offre un terrain fertile aux auteurs de bandes dessinées. Un des personnages sans doute les plus populaires est celui de Séraphin Lampion, l'électrisant représentant d'assurances, présent dans plusieurs aventures de Tintin[3]. Son rôle consiste à détendre l'atmosphère; il apparaît toujours au moment le moins opportun chez son «ami» et «victime», le capitaine Haddock, qui ne manque jamais l'occasion de manifester son désarroi face à ces visites pourtant amicales... Hergé s'est servi de son grand talent pour exprimer les stéréotypes les plus répandus du vendeur, à savoir son audace, son acharnement et sa jovialité extrême. Peut-être a-t-il rendu ainsi le plus bel hommage qui soit à la profession!

On peut énoncer les principaux préjugés et stéréotypes concernant la profession ainsi que les individus qui la pratiquent:

1. C'est une profession exigeante, stressante et mal rémunérée.

2. C'est une profession mercantile qui transforme ses membres en des individus superficiels, égocentriques, matérialistes et cupides.

3. Les vendeurs travaillent constamment sous pression, ce qui les pousse à faire l'impossible pour parvenir à leurs fins.

4. Les vendeurs sont souvent des personnes effrontées, bavardes et exubérantes.

De plus, certains stéréotypes sont accolés à des domaines précis de la vente: ainsi, le vendeur d'assurances a un habillement qui manque de goût, le vendeur itinérant utilise la technique du «pied dans la porte» et le vendeur d'automobiles d'occasion a un sens de l'éthique douteux.

Une étude effectuée auprès de 1 000 étudiants de sexe masculin de 123 collèges et universités visait à mieux saisir ce que les étudiants pensent de la vente[4]. Les résultats rejoignent assez bien les principaux préjugés cités plus haut:

– La vente est une occupation, et non une profession ou une carrière.

– Les vendeurs doivent mentir pour avoir du succès.

– L'occupation de la vente fait ressortir ce qu'il y a de pire chez les êtres humains.

– Pour être un bon vendeur, il faut avoir l'esprit dérangé.

– Il faut être arrogant pour obtenir du succès dans la vente.

---

3. Voir à cet effet les dernières images de *Coke en stock*, Bruxelles, Casterman, 1958. Séraphin Lampion organise alors un rallye turbulent chez le capitaine Haddock, qui est alors consterné.

4. Donald L. Thompson, «Stereotype of the Salesman», *Harvard Business Review*, janvier-février 1972, p. 20-29.

– Les vendeurs mènent une vie dégradante, car ils doivent mentir tout le temps.

– Les relations interpersonnelles qui ont lieu au cours de la vente sont répugnantes et superficielles.

– La vente ne profite qu'aux vendeurs.

– Les vendeurs sont des prostitués, car ils sont prêts à tout pour obtenir de l'argent.

– La vente n'est pas un emploi pour quelqu'un qui a du talent et des capacités intellectuelles.

Cette étude fut réalisée à la fin des années 50. Bien que la réputation de la profession de vendeur se soit grandement améliorée, il est encore possible de nos jours d'entendre des commentaires qui s'apparentent aux réponses obtenues alors.

Que penser de ces préjugés et stéréotypes?

L'origine de ces préjugés et stéréotypes se perd probablement dans la nuit des temps. La technique de vente par elle-même a sans doute généré ceux-ci. Qu'on le veuille ou non, la profession de vendeur sera toujours axée sur l'argent et le vendeur devra toujours être convaincant et convaincu. Quoi qu'il en soit, cet ouvrage ne saurait constituer un traité de sociologie appliquée. Disons simplement que s'il est vrai que la plupart de ces préjugés sont exagérés, il existe, comme dans toute profession, de bons et de mauvais vendeurs. Par ailleurs, il est raisonnable de penser que la réputation de la profession s'améliore nettement. On met en effet de plus en plus l'accent sur les techniques de sélection, de formation et de supervision (comme nous le verrons dans ce livre). Certaines entreprises dans le secteur de la haute technologie sont extrêmement rigoureuses quant à l'embauche de nouveaux représentants. Les diplômes universitaires sont de plus en plus convoités, et même très souvent exigés.

Considérons l'exemple de l'industrie de l'assurance. En plus de recevoir une formation serrée qui l'initiera aux techniques de vente et à la complexité des produits financiers maintenant offerts par toutes les compagnies d'assurances, le représentant devra réussir trois examens pour posséder autant de permis (assurance-vie, fonds mutuel, assurances générales). Il devra ensuite assister à des séances de formation parrainées par l'association des assureurs-vie et, en dernier lieu, s'inscrire dans un programme de plusieurs années qui lui procurera le titre d'assureur-vie agréé. Les entreprises œuvrant dans le secteur de la bureautique, quant à elles, obligent leurs recrues à suivre un programme de formation très exigeant. Bref, comme on peut le constater, la vente professionnelle n'est plus l'affaire de n'importe qui...

Il est intéressant d'examiner le tableau 1.1, qui fait état de la perception d'étudiants américains de niveau collégial face à la carrière de vendeur. Ce tableau compare quatre études réalisées à des époques différentes. Comme on peut le constater, les étudiants qui ont répondu aux études les plus récentes ont tendance à considérer, plus que les participants aux premières études, que les emplois de vente engendrent plus de défis, requièrent plus de créativité et de professionnalisme et offrent de meilleures conditions salariales. Ce phénomène s'avère très positif.

☐ 1.1 La vente en tant que carrière

La carrière de la vente constitue un des défis les plus formidables offerts à des individus dynamiques, peu importe le domaine dans lequel ils œuvrent. Elle présente des avantages indéniables, dont les principaux sont les suivants:

1.1.1 La liberté d'action

On entend souvent dire au sujet de travailleurs ou de cadres qu'ils sont trop étroitement supervisés et que leur supérieur immédiat est omniprésent. La relation qu'un représentant entretient avec son supérieur est basée sur la confiance. Dans plusieurs cas, le représentant ne le rencontrera que quelques fois par semaine. Plusieurs représentants sont si souvent en tournée qu'ils peuvent se trouver laissés à eux-mêmes pendant de longues périodes. Ainsi, le représentant déterminera lui-même son horaire de travail et ses activités. De toute façon, l'important, ce sont les résultats. À ce moment-là, le supérieur exercera une supervision axée davantage sur les résultats que sur les activités (bien qu'il puisse remettre en question la qualité de certaines activités si les résultats sont insatisfaisants). Il va sans dire que la carrière de la vente s'adresse aux personnes autonomes, disciplinées et qui savent faire preuve d'une grande initiative. À l'opposé, les individus incapables de s'autodiscipliner risquent de rencontrer de nombreux problèmes. Le représentant doit être digne de cette liberté d'action; non seulement doit-il produire des résultats, mais il doit, sans être soumis à une étroite supervision, respecter les consignes et les recommandations de l'entreprise qui l'emploie.

1.1.2 La variété

L'emploi de représentant fournit à celui-ci une multitude de défis et de changements qui lui évitent la routine et la monotonie. Il n'est pas rare qu'une entreprise consulte à fond sa force de vente avant de prendre des

TABLEAU 1.1

Perceptions et attitudes d'étudiants de collèges américains face à la carrière de vendeur

Perceptions et attitudes[a]	Résultats des enquêtes faites par:			
	Sales and Management (1962)	Paul et Worthing (1970)	Dubinsky (1980)	Cook et Harman (1986)
1. Les étudiants associent la vente personnelle:				
a) à la frustration	oui	n.e.[b]	n.e.	oui
b) à l'hypocrisie et à la tromperie	oui	non	n.e.	non
c) au statut social bas ou au peu de prestige	oui	oui	oui	non
d) au grand nombre de voyages	oui	oui	oui	oui
e) à la cupidité des vendeurs	oui	n.e.	n.e.	neutre
f) à une pression forte, à la contrainte sous laquelle sont placés les gens d'acheter des marchandises dont ils n'ont pas besoin, à une faible contribution à la société	oui	n.e.	oui	neutre
g) à une faible sécurité d'emploi	oui	n.e.	oui	neutre
h) à un simple emploi et non à une carrière, à peu de professionnalisme	oui	n.e.	non	non
i) à l'absence d'intérêt ou de défi	oui	n.e.	non	non
j) à l'inutilité de la créativité	oui	non	non	non
k) à l'aspect indispensable de la personnalité	n.e.	oui	n.e.	oui
l) à une faible rémunération	oui	oui	non	non
m) à l'interférence, au conflit avec la vie familiale, au manque de temps libre	oui	n.e.	oui	oui
2. Les étudiants préfèrent nettement les professions où il n'y a pas de vente à la profession de vendeur	oui	oui	n.e.	oui
3. Les contacts des étudiants avec le monde de la vente se limitent à ceux qu'ils ont avec les vendeurs des commerces de détail et avec les vendeurs qui font du porte à porte	oui	oui	n.e.	neutre

a Le tableau montre si la majorité des participants était favorable, défavorable ou neutre (à mi-chemin entre favorable et défavorable) face à chaque attitude ou perception.

b n.e. (non évalué) indique que l'enquête n'a pas évalué cette attitude ou cette perception.

SOURCE: Adapté d'Alan J. Dubinsky, «A Call for Action: Students Assessments of Personal Selling» et «Recruiting College Students for the Salesforce», *Industrial Marketing Management*, n° 9, février 1988, p. 37-45.

décisions importantes touchant ses clients ou ses produits. Ce fut le cas de l'entreprise IBM, qui a chargé une équipe de six représentants d'étudier pendant quatre ans les soins aux patients dans un grand hôpital dans le but de concevoir un système de traitement de données parfaitement adapté aux soins hospitaliers[5]. Les goûts et les besoins des clients changent. Le représentant doit accepter (et non subir) ces changements et s'adapter aux nouveaux défis qui s'offrent à lui. Les représentants d'assurance-vie disposent maintenant de micro-ordinateurs portatifs pour effectuer leur présentation. Le représentant en produits pharmaceutiques doit être au courant des progrès accomplis dans le milieu médical s'il veut gagner la confiance des médecins qu'il visite. Le représentant d'avenir sera avant tout un conseiller, un spécialiste dont l'avis sera capital[6].

1.1.3 Les possibilités de promotion

La vente constitue une porte d'entrée privilégiée pour une carrière dans le service du marketing ou dans la direction de l'entreprise. En fait, de nombreuses entreprises exigent de leurs futurs cadres une certaine expérience dans la force de vente. Cette demande est facilement compréhensible quand on sait la connaissance approfondie du marché, des clients, des produits et des concurrents que ceux-ci doivent acquérir.

Plusieurs considéreront cependant la vente comme une carrière. À ce moment-là, l'accroissement du revenu et la satisfaction accumulée au fil des ans seront les gages de la réussite. Pour les autres qui lorgneront les postes de direction, que ce soit au sein même de l'organisation des ventes ou dans d'autres services, nul doute que la connaissance qu'ils auront obtenue leur ouvrira bien des portes. Mais il faut être prudent: un excellent vendeur n'est pas nécessairement un bon gestionnaire, et vice versa. Il serait regrettable qu'une promotion débouche sur un échec ou, si l'on préfère, il serait dommage de perdre un bon vendeur pour gagner un directeur des ventes médiocre. La figure 1.1 indique les cheminements de carrière offerts à un représentant de la société Eastman Kodak.

Ajoutons enfin qu'un représentant qui a du succès pourra subir une baisse de revenu s'il se laisse tenter par un poste administratif. Pour certains, cela importera peu s'ils voient dans le poste convoité l'occasion idéale de faire face à de nouveaux défis dans l'organisation des ventes.

5. «Rebirth of a Salesman: Willy Loman Goes Electronic», *Business Week*, 27 février 1984, p. 104.
6. Thayer C. Taylor, «Meet the Sales Force of the Future», *Sales and Marketing Management*, 10 mars 1986, p. 59-60.

FIGURE 1.1
Différents cheminements de carrière chez Eastman Kodak

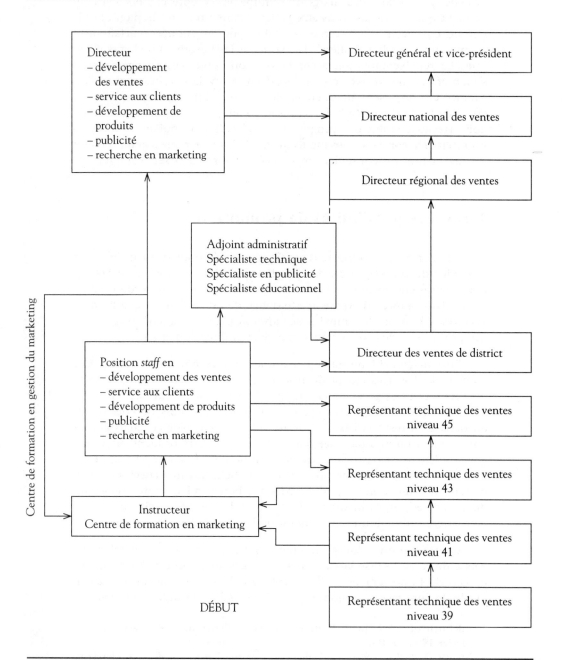

SOURCE: Douglas J. Dalrymple, *Sales Management, Concept and Cases*, 3ᵉ éd., John Wiley & Sons, p. 22.

1.1.4 La rémunération

On entend très rarement un représentant qui a du succès se plaindre de son revenu. La vente peut rapidement devenir une profession très lucrative si on considère que le revenu du vendeur est directement proportionnel à son rendement. Ainsi, un vendeur qui a du succès pourrait avoir accès à des catégories de revenus qu'aucun poste administratif ne serait en mesure de lui offrir, peu importe son âge ou son ancienneté dans l'entreprise. Il n'est pas rare, en effet, de rencontrer des représentants d'assurances qui gagnent plus de 100 000 $ par année ou des représentants dans le domaine technico-commercial qui réalisent un revenu de 35 000 $ dès la première année de travail. Par contre, il faut reconnaître que l'inverse est aussi vrai. Une personne qui n'a pas le profil de la profession risque de devoir réorienter sa carrière (à moins que l'entreprise ne lui indique la sortie avant) faute de revenus suffisants. La figure 1.2 indique des revenus moyens pour différents postes dans la force de vente.

La profession de représentant est sans doute une de celles pouvant engendrer les revenus les plus élevés. Il existe, au Canada, des représentants d'assurances qui jouissent de niveaux de revenus de l'ordre de plus

FIGURE 1.2
Rémunération moyenne pour différents postes dans la force de vente (en $ US)

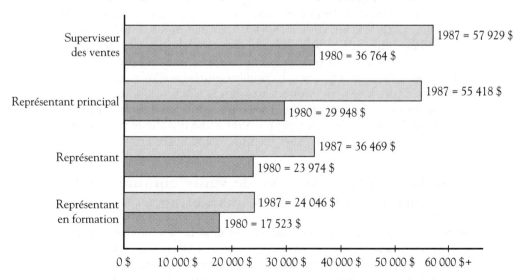

SOURCE: Adapté de «Compensation», *Sales and Marketing Management*, 22 février 1988, p. 37.

de 200 000 $. Les directeurs des ventes peuvent aussi atteindre de tels niveaux, à cause de la partie variable de leur rémunération (basée sur les performances de leur équipe de vente). Il faut cependant être réaliste : tous les représentants ne sont pas des « étoiles », mais la plupart gagnent très bien leur vie ! Enfin, la vente est une profession d'avenir en ce qui concerne la rémunération : celle-ci tend en effet à s'accroître avec le temps (voir la figure 1.3).

1.1.5 Les conditions de travail

Selon une idée assez répandue, les représentants sont constamment en tournée, ils passent la plus grande partie de leur temps dans les hôtels et les restaurants et doivent obligatoirement retrouver sur les terrains de golf leurs clients actuels et potentiels auxquels ils doivent prodiguer les meilleurs soins. Conséquemment, ils voient leur vie personnelle et familiale se détériorer. La réalité est cependant différente. Bien qu'un vendeur soit régulièrement appelé à voyager, cela n'affecte pas sa qualité de vie. En effet, celui-ci est affecté à un territoire qui, la plupart du temps, est assez restreint. C'est le cas du secteur du matériel de bureau, de l'alimentation et des produits pharmaceutiques, où l'étendue du territoire peut facilement correspondre à une ville de grosseur moyenne. Certains secteurs de l'industrie commanderont des territoires plus grands si le nombre de clients potentiels est faible et si ceux-ci sont éloignés les uns des autres. Ainsi, un représentant vendant des pompes électriques à usage médical peut avoir comme territoire tout l'est du Canada. Si son bureau se trouve à Montréal, il devra faire une tournée semestrielle ou annuelle de ses clients. Cependant, ces tournées auront une durée limitée, sa présence n'étant requise que sporadiquement dans chacun des hôpitaux. C'est aussi le cas des maisons d'édition de livres universitaires : les territoires sont très grands à cause du nombre restreint d'universités et de l'éloignement des unes par rapport aux autres. Toutefois, le nombre de visites requises est lui aussi limité. Par conséquent, aussi accaparant que soit son emploi, le représentant peut aspirer à une qualité de vie normale au même titre que n'importe quel membre d'une autre profession.

1.1.6 Les coûts de la force de vente comme partie majeure du budget de marketing

Un dernier préjugé veut que le vendeur soit ni plus ni moins un employé peu coûteux dans lequel on investit peu, voire pas du tout. Cet énoncé risque d'engendrer un sentiment de frustration : comment peut-on respecter un emploi méritant si peu de considération ? La vérité est tout autre. Il n'est pas rare de voir une entreprise investir de 50 000 $ à

FIGURE 1.3
Évolution des revenus (en $ US)

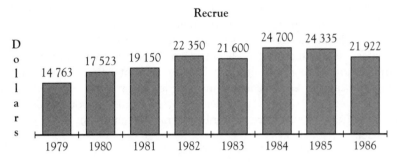

Recrue

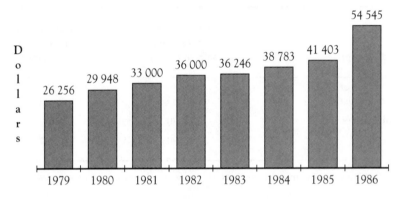

Représentant principal

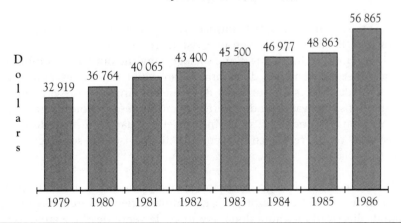

Superviseur des ventes

SOURCE: «Compensation», *Sales and Marketing Management*, 17 février 1986, p. 57.

100 000 $ dans la formation d'une recrue avant que celle-ci ne devienne productive. Les programmes de formation sont de plus en plus longs et coûteux. Les temps changent, les produits sont eux-mêmes plus complexes, aussi bien le produit financier comme l'assurance que celui de haute technologie. Les clients sont de plus en plus sélectifs et exigeants. L'investissement effectué dans la sélection, le recrutement, la formation, la supervision et la rémunération du représentant constitue un facteur stratégique capital. Le tableau 1.2 indique le coût moyen de la formation d'un représentant. Quant au tableau 1.3, il donne le pourcentage des dépenses affectées à la force de vente par rapport aux ventes par secteur industriel.

TABLEAU 1.2
Coût moyen de la formation d'un représentant en 1987

Type d'entreprise	Coût de la formation avec salaire (en $)	Durée moyenne de la formation (semaines)
Produits industriels	27 569	22
Produits de consommation	22 500	22
Services	30 000	27

SOURCE: Adapté de «Compensation», *Sales and Marketing Management*, 22 février 1988, p. 49.

☐ 1.2 Les types de représentants

Une des raisons majeures de la formation des stéréotypes et des préjugés à l'égard de la vente consiste en une vision trop étroite que les gens ont de celle-ci. Tous les individus d'une société moderne ont eu de nombreux contacts avec des vendeurs de commerce au détail, des représentants itinérants ou des agents d'assurances. Bien que ces emplois puissent constituer des défis captivants ou des carrières gratifiantes, on doit inclure dans la profession de vendeur la vente industrielle. Quand on parle de vente industrielle, on fait référence aux types de clients visés qui sont regroupés dans trois classes:

1. *Les revendeurs* Il s'agit de commerçants qui achètent des biens dans le but de les revendre avec profit. Un manufacturier de vêtements ou de produits électroniques aura donc une force de vente destinée aux revendeurs, en l'occurrence des grossistes ou détaillants.

TABLEAU 1.3
Dépenses consacrées à la force de vente en pourcentage des ventes par
secteur industriel, 1985

Industrie	%
Biens de consommation	
Biens durables	3,5
Produits pharmaceutiques, fournitures et matériel chirurgicaux	6,9
Nourriture	2,4
Articles domestiques majeurs	4,0
Biens industriels	
Pièces d'automobiles	3,6
Matériaux de construction	1,7
Produits chimiques et pétroliers	2,8
Ordinateurs	5,9
Contenants, matériel d'emballage et papier	1,2
Fournitures électriques	2,2
Appareils électroniques	4,7
Métaux lourds	1,4
Métaux légers	3,9
Tissus	2,7
Fer et acier	2,0
Machinerie lourde	2,7
Machinerie légère	4,6
Imprimerie et édition	6,5
Caoutchouc, plastique et cuir	2,9

SOURCE: Adapté de «Compensation», *Sales and Marketing Management*, 17 février 1986, p. 56.

2. Les producteurs   Ce sont des manufacturiers qui achètent des
matières premières, des biens ou des pièces dans le but de produire des
biens ou services qu'ils revendront éventuellement. Un manufacturier de
pièces d'automobiles peut avoir une force de vente tournée vers les producteurs, de même qu'une entreprise d'aluminium ou une entreprise qui
fabrique des photocopieurs. Dans ce dernier cas, les photocopieurs peuvent servir à une société d'avocats qui vendent eux-mêmes des services.

3. Les établissements   Sont inclus dans cette catégorie les hôpitaux, les maisons d'enseignement, les organismes gouvernementaux et certains organismes à but non lucratif.

La vente industrielle partage plusieurs activités avec la vente au détail. Les principes de communication et les qualités interpersonnelles requises sont les mêmes dans les deux cas. Quand nous aborderons le processus de la vente au chapitre 3, nous comprendrons que celui-ci s'applique à tous les types de vente. Cependant, on doit noter plusieurs différences importantes entre les divers types. La première est le coût et la complexité des produits offerts. Il est plus long de vendre un système IBM 370 à un établissement qu'une police d'assurance-vie à un particulier. Une autre différence majeure réside dans le fait que, dans la vente industrielle, la personne qui achète n'est pas nécessairement celle qui utilisera le produit. Dans bien des cas, les considérations touchant l'aspect technique, le prix ou même la livraison seront d'une importance capitale. En général, la formation dans la vente industrielle est très exigeante à cause des montants d'argent qui sont en jeu. Incidemment, ce livre traitera aussi bien la vente industrielle que la vente au détail. Certaines parties de la gestion de la force de vente sont communes aux deux types de vente, comme la sélection des représentants et la formation. D'autres, comme l'affectation à des territoires, s'appliquent seulement à la vente industrielle. Toutefois, pour bien saisir la nature exacte du travail du représentant et du type de gestion des ventes à exercer dans un cas ou dans l'autre, il importe de proposer une typologie des vendeurs. Plusieurs auteurs ont fait ressortir les principaux types de représentants à considérer.

C'est en définissant les postes de vendeur que nous pouvons déterminer le genre de communication que l'entreprise désire avoir avec ses clients. Ce point est d'une importance stratégique. Sears et Electrolux vendent tous deux des aspirateurs. Il est cependant notoire que, à l'opposé de Sears, Electrolux fait appel à une communication personnalisée en vendant ses appareils par l'entremise de vendeurs directs. Précisons qu'une entreprise peut compter dans ses rangs plusieurs types de vendeurs, suivant la stratégie qu'elle désire adopter, notamment sur le plan du «mix de communication» des services qu'elle veut offrir à ses clients.

Le tableau 1.4 propose trois taxinomies des vendeurs industriels selon une échelle d'équivalence.

Attardons-nous d'abord à la typologie de Newton, celle qui est employée le plus fréquemment.

1. Le représentant missionnaire   Il ne prend pas de commandes ni ne vend, mais il tente de créer un climat favorable à la vente. Un exemple de ce type de représentant serait un représentant de produits médicaux

TABLEAU 1.4
Taxinomies des vendeurs industriels selon une échelle d'équivalence

Moncrief (1986[a])	Newton (1973[b])	McMurray (1961[c])
1. Missionnaire	1. Missionnaire	1. Missionnaire
2. Service commercial	2. Service commercial	2. Livraison
3. Vente commerciale	—	—
4. Preneur de commandes	—	3. Preneur de commandes
—	3. Technique	4. Technique
—	4. Nouvelles affaires	5. Stimulation de la demande
5. Vente aux établissements		

a William C. Moncrief, «Selling Activity and Sales Position Taxonomies for Industrial Salesforce», *Journal of Marketing Research*, 23 août 1986, p. 261-270.
b Derek A. Newton, *Sales Force Performance and Turnover*, Marketing Science Institute of Cambridge, 1973.
c Robert N. McMurray, «The Mystique of Super-Salesmanship», *Harvard Business Review*, mars-avril 1961, p. 113-122.

qui ne visiterait les médecins que pour faire la promotion d'un nouveau produit.

2. Le représentant de services C'est celui qui vend les produits aux clients actuels et potentiels tout en leur prodiguant des conseils et une assistance sur les questions de techniques marchandes (en anglais, «*merchandising*») et de promotion. Le représentant de Procter and Gamble qui vend du détersif et du savon aux supermarchés constitue un exemple de ce type. Il devra notamment fournir une assistance au détaillant sur la façon de disposer les produits sur les étagères et sur leur promotion.

3. Le représentant technique Le représentant technique fait la vente des produits aux clients actuels et potentiels en leur donnant des conseils d'ordre technique. Le représentant IBM ou Xerox fait partie de cette catégorie. Il doit conseiller le client sur ce qui comblera ses besoins, fournir les caractéristiques techniques du produit convoité et assister le client lors de l'utilisation du produit.

4. Le représentant des nouvelles affaires Celui-ci se consacre exclusivement à la recherche de clients qui n'ont jamais fait affaire avec l'entreprise auparavant.

La typologie de McMurray (1961) est intéressante en ce sens qu'elle considère aussi la vente au détail et que ce qui définit les catégories de vendeurs, c'est le niveau de créativité que chaque type de représentant exige. Dans ce cas, on remarquera (voir le tableau 1.5) que les classes inhérentes à la vente industrielle ne sont pas nécessairement reconnues comme étant celles qui demandent le plus de créativité, contrairement à la vente de produits intangibles tels que l'assurance-vie.

Plus près de nous, la typologie de Desormeaux (1987) inscrit de nouveaux postes de manière à tenir compte de la réalité des années 90[7]. On distingue neuf types de représentants. Examinons cette typologie qui

TABLEAU 1.5
Typologie de McMurray par ordre croissant de créativité

Niveau de créativité	Catégorie de vendeur	Exemple
1. Créativité très faible	Représentant-livreur	Livreur de lait
2. Créativité limitée (peut-être variable)	Commis interne à l'inscription des commandes	Commis chez Sears
3. Créativité significative[a]	Commis externe à l'inscription des commandes	Représentant de General Foods qui fait la tournée des épiceries
4. Créativité moyenne[a]	Représentant missionnaire	Représentant médical qui fait la promotion de l'entreprise ou des produits chez les médecins, sans pour autant leur vendre quoi que ce soit
5. Créativité forte[a]	Représentant technico-commercial	Représentant IBM qui doit, en plus de vendre, conseiller et fournir des spécifications techniques
6. Créativité très forte	Représentant de produits tangibles	Représentant d'aspirateurs qui fait du porte à porte et qui doit refaire chaque fois une démonstration complète
7. Créativité presque totale	Représentant de produits intangibles	Représentant d'assurance-vie (le produit intangible demande une très grande créativité en ce sens qu'il faut le matérialiser[b])

a Intéresse le domaine industriel (mais pas exclusivement).

b Theodore Levitt, «Pour vendre vos produits intangibles, matérialisez-les!», *Harvard-L'Expansion*, hiver 1981-1982, p. 107-115.

---

7. Robert Desormeaux, «Quel genre d'équipe de vente vous faut-il?», *Revue Gestion*, vol. 12, n° 2, avril 1987, p. 12-23.

semble particulièrement intéressante. Le tableau 1.6 brosse un sommaire des activités de vente inhérentes à chaque catégorie. Le tableau 1.7 décrit les activités relatives à chaque type, tandis que le tableau 1.8 indique les étapes du processus de vente les plus importantes que doit franchir chaque type de vendeur.

TABLEAU 1.6
Typologie de Desormeaux

1. Le vendeur promotionnel	C'est le représentant missionnaire. Il effectue un travail d'éducation, d'information et de promotion auprès des acheteurs actuels ou potentiels ou auprès de quelque autre personne qui a un pouvoir dans le processus d'achat. Il ne vend pas mais crée un climat favorable à la vente.
2. Le vendeur interne	Il entretient essentiellement des contacts téléphoniques avec les clients ou les reçoit au magasin. C'est le vendeur traditionnel de commerce au détail.
3. Le vendeur direct	Il vend directement les biens aux clients en allant vers eux, le plus souvent à leur domicile. Des entreprises comme Avon, Tupperware et Filter Queen ont adopté ce style de vente.
4. Le vendeur de développement	C'est le représentant qui consacre la majeure partie de son temps au recrutement de clients. L'agent d'immeubles est un bon exemple de ce type.
5. Le vendeur commercial	Il vend les marchandises de son entreprise à des distributeurs. C'est le cas des représentants des grandes sociétés agro-alimentaires.
6. Le vendeur technique	On achète ses produits ou services pour les utiliser dans la fabrication d'un produit, dans la vente d'un service ou, si c'est une matière première ou des fournitures, dans l'incorporation dans un produit final. Pensons au représentant de bureautique, de fournitures médicales ou de matériaux de construction. Il s'agit de produits complexes et souvent coûteux qui nécessitent une grande expertise technique de la part du représentant.
7. Le vendeur industriel	Le vendeur industriel propose des produits techniquement moins complexes que ceux qu'offre le vendeur technique. À ce moment, le client sera en mesure de faire les comparaisons lui-même. Mentionnons les vendeurs de temps-médias ou de routes de distribution de circulaires.
8. Le vendeur consultatif	Le produit, dans ce cas, c'est le vendeur. Celui-ci possède une expertise suffisante pour prodiguer des conseils au client, lequel sera le plus souvent un cadre ou un gestionnaire. Le consultant en marketing qui tente de vendre la réalisation d'une étude de marché appartient à cette catégorie.
9. Le vendeur exécutif	Il s'agit d'un cadre qui consacre une très grande partie de son temps à la vente. On comprendra qu'il n'est question que de gros contrats dont l'aboutissement résulte le plus souvent d'un travail acharné, de longues négociations mettant en présence des intérêts divers et qui se déroulent sur une longue période. Ainsi, la vente d'une flotte d'avions à une compagnie aérienne ressortirait au vendeur exécutif.

SOURCE: Robert Desormeaux, «Quel genre d'équipe de vente vous faut-il?», *Revue Gestion*, vol. 12, nᵒ 2, avril 1987, p. 12-23.

TABLEAU 1.7
Typologie des postes de vendeurs et des activités relatives à chaque poste

Dimensions	Type de vendeur								
	Promotionnel	Interne	Direct	De développement	Commercial	Technique	Industriel	Consultatif	Exécutif
1. Le vendeur vend-il?	non	oui	oui	oui	oui	oui	oui	oui	oui
2. Se déplace-t-il?	oui	non	oui	oui	oui	oui	oui	oui	oui
3. Distribue-t-il physiquement?	non	non	oui	non	non	non	non	non	non
4. Une fois qu'il est établi, consacre-t-il l'essentiel de son temps à recruter des clients?	non	parfois	non	oui	non	non	non	parfois	parfois
5. Les acheteurs revendent-ils ce qu'ils achètent sans le transformer?	non	non	non	non	oui	non	non	non	parfois
6. Les produits sont-ils perçus comme étant techniquement complexes?	souvent	parfois	non	parfois	parfois	oui	non	souvent	souvent
7. Le vendeur a-t-il affaire à des organisations?	oui	oui	rarement	oui	oui	oui	oui	oui	oui
à des consommateurs finals?	rarement	oui	oui	oui	non	rarement	rarement	non	non
8. A-t-il une relation régulière avec ses clients?	souvent	parfois	oui	non	oui	oui	oui	souvent	souvent
9. Quelle est la longueur habituelle du processus de vente?	variable	court	court	variable	variable	variable	variable	variable	long
10. Le vendeur occupe-t-il d'autres fonctions dans l'entreprise?	non	non	non	parfois	non	non	non	oui	oui
11. Consacre-t-il beaucoup de temps à l'analyse et à la conception sur mesure?	souvent	rarement	rarement	souvent	oui	souvent	oui	oui	oui

SOURCE: Robert Desormeaux, «Quel genre d'équipe de vente vous faut-il?», *Revue Gestion*, vol. 12, n° 2, avril 1987, p. 13.

TABLEAU 1.8
Étapes du processus de vente les plus importantes pour chaque type de vendeur

	Type de vendeur								
Étapes	Promo-tionnel	Interne	Direct	De déve-loppe-ment	Commer-cial	Tech-nique	Indus-triel	Consul-tatif	Exécutif
Prospection				X					
Préparation	X				X	X		X	
Approche	X			X					
Diagnostic		X	X		X	X	X	X	X
Présentation	X	X	X				X	X	
Fermeture				X					
Suivi			X		X	X	X		X

SOURCE: Robert Desormeaux, «Quel genre d'équipe de vente vous faut-il?», *Revue Gestion*, vol. 12, n° 2, avril 1987, p. 22.

☐ 1.3 Le directeur des ventes

Après avoir passé en revue les différents types de vendeurs et cerné la nature du travail de chacun, il est nécessaire de se pencher sur le rôle du directeur des ventes. Il faudra bien comprendre ses tâches si l'on veut obtenir une vue d'ensemble du domaine de la gestion des ventes. Le directeur des ventes, c'est en quelque sorte le tampon entre le vendeur et la direction de l'entreprise. D'une part, il est un cadre qui doit obéir à des principes de gestion et atteindre des objectifs de rendement clairement définis. D'autre part, il est très proche de ses représentants et devient davantage un guide qu'un patron. L'essentiel de ses fonctions, qui constitue le domaine de la gestion des ventes, sera examiné en détail dans ce livre. De façon générale, le directeur des ventes a les responsabilités suivantes:

— il participe à la détermination des objectifs de vente et prend les moyens pour les atteindre;

— il veille au bon fonctionnement de l'agence et du territoire qui lui sont attribués;

— il dirige et contrôle les représentants placés sous sa responsabilité;

> — il met en place les étapes du processus de gestion des ventes (recrutement, sélection, détermination des quotas, motivation, évaluation, etc.) et y participe activement;
>
> — il est le lien entre les vendeurs et la haute direction.

Il existe plusieurs postes hiérarchiques de la gestion des ventes (voir le tableau 1.9) et le directeur des ventes aura les responsabilités inhérentes à chacun des niveaux.

TABLEAU 1.9
Hiérarchie des postes de la gestion des ventes

Vice-président des ventes[a]	Il est responsable des stratégies à long terme des ventes et du développement du système de vente. Il participe à l'élaboration des objectifs et se rapporte au vice-président du marketing ou au président.
Directeur national des ventes	Il est chargé d'appliquer les politiques de vente dans toute l'étendue du marché où œuvre l'entreprise.
Directeur régional des ventes	Il supervise les succursales d'une région déterminée et veille à ce que les objectifs de cette région soient atteints. Il évalue la performance de chaque succursale et de chaque directeur de succursale.
Directeur de district, d'agence, de succursale ou d'unité	Il est le lien entre les représentants et la direction de l'entreprise. Il engage, forme, supervise et évalue les représentants de sa succursale et administre cette dernière.
Superviseur des ventes	Il assiste le directeur d'unité et le remplace dans des tâches précises comme la prise en charge de recrues et l'aide dont ont besoin ces dernières.
Représentant spécial	C'est un représentant d'expérience qui s'occupe exclusivement d'une activité, comme un compte majeur ou la recherche de nouvelles affaires. Certains représentants spéciaux «résident» chez le client dont ils s'occupent.
Représentant régulier	Il en existe plusieurs catégories, qui ont différentes appellations telles que représentant de marketing, gérant de territoire ou ingénieur des ventes. Cependant, l'essentiel de leur travail reste le même.
Personnel de soutien de la gestion des ventes (*staff*)	Il s'agit d'un cadre dont le travail consiste à appuyer l'organisation des ventes. C'est le cas d'un cadre qui ne s'occuperait que d'organiser des concours de vente et qui éditerait le journal hebdomadaire des ventes. Son titre dépend de ses responsabilités ou du prestige qu'on veut lui accorder.

a Kotler considère que ce poste est inutile dans une organisation orientée vers le marketing. Il préconise plutôt le recours à un directeur des ventes se rapportant directement au vice-président du marketing (Philip Kotler, M. G. McDougall et J. Picard, *Principes de marketing*, 2ᵉ éd., Boucherville, Gaëtan Morin Éditeur, 1985, p. 163-165. Lire cette excellente partie intitulée «L'évolution du département de marketing».) Cependant, le fait que ce poste soit encore largement répandu nous oblige à le mentionner. Nous reviendrons sur ces notions au chapitre suivant.

☐ Conclusion

Dans ce chapitre, nous avons tenté de démystifier le monde de la vente et de lui redonner sa noblesse. Souvent associée à des caractéristiques et à des stéréotypes peu flatteurs tels que l'hypocrisie, le mensonge, le mercantilisme, le mauvais goût et l'arrogance, la vente fait pourtant partie intégrante de la stratégie de marketing et contribue directement à la compétitivité de l'entreprise. La profession en soi est de plus en plus exigeante. Il est maintenant courant de recruter des diplômés de l'université pour des postes de représentants industriels. Aux exigences de base s'ajoutent des programmes de formation de plus en plus complexes. La vente a évolué à travers les âges et son image ne cesse de s'améliorer. Elle est maintenant toute désignée pour quiconque recherche une carrière stimulante, rémunératrice et remplie de défis. De plus, un poste de vendeur peut être une porte d'entrée dans l'entreprise pour ceux et celles qui s'intéresseraient à une carrière dans le service du marketing. La vente constitue une des meilleures écoles pour découvrir tous les rouages de l'organisation et du secteur d'activité.

Dans ce chapitre, nous voulions donc reconnaître le caractère vital de la vente dans toute organisation. Dans les chapitres qui suivent, nous étudierons les multiples facettes de ce domaine.

INFORMATION SUPPLÉMENTAIRE

JOLSON, Marvin A. «The Salesman's Career Cycle», *Journal of Marketing*, vol. 38, juillet 1974, p. 39-46.

QUESTIONS

1. Lors de la soirée de remise des diplômes, une consœur fraîchement diplômée en marketing vous demande votre avis sur une offre d'emploi qu'on vient de lui soumettre: il s'agit d'un poste dans le service du marketing d'une entreprise importante. Cependant, elle doit au préalable travailler au sein de la force de vente à titre de représentante pendant un an et s'occuper de formation de représentants une autre année. «Je n'ai pas étudié trois ans pour être vendeuse», déclare-t-elle. Comment tenteriez-vous de la convaincre d'accepter cet emploi?

2. Quelles sont les principales différences entre la vente au détail et la vente industrielle? Quelles sont les exigences particulières de cette dernière?

3. Comment expliquez-vous que la profession de vendeur soit mal perçue par une partie de la population? Pour quelles raisons l'image de cette profession s'améliore-t-elle constamment?

4. Qu'est-ce qui distingue le représentant missionnaire du vendeur et qu'est-ce qui rend sa tâche intéressante pour l'entreprise?

5. Desormeaux a élaboré une nouvelle typologie des représentants illustrée au tableau 1.6. Quelle est l'utilité de cet outil?

6. Qu'est-ce qui rend l'emploi de directeur des ventes intéressant et à quelles difficultés ce dernier risque-t-il de faire face? (Considérez les différents niveaux hiérarchiques de directeurs des ventes.)

7. Pour quelles raisons le niveau de créativité demandé au vendeur de produits intangibles est-il si élevé?

8. Un de vos amis, représentant de produits pharmaceutiques, vous déclare qu'il a gagné l'an dernier la somme de 85 000 $. Est-il possible qu'un jeune représentant obtienne un pareil revenu? Est-ce le lot de tous les représentants? Quels sont les risques reliés à la rémunération dans cette profession?

9. Un gestionnaire vous déclare: «La pire chose à faire est de donner un poste de directeur des ventes à un représentant qui a du succès: on perd un bon vendeur et on gagne un mauvais directeur!» Que pensez-vous de cette affirmation? Quels risques sont reliés à une telle opération? Quels en sont les avantages?

10. La vente industrielle était autrefois la chasse gardée des hommes. Heureusement, de plus en plus de femmes rejoignent les effectifs de cette profession. Qu'est-ce qui pourrait rendre cette dernière si intéressante pour des recrues de sexe féminin? Quels genres de défis, de joies, de problèmes une femme est-elle susceptible de trouver dans le cadre de cette profession? Quelle attitude doit-elle adopter? (Discutez de cette réalité en classe.)

ANNEXE 1.1

Le bon, le mauvais et l'ignoble

Quels sont les comportements des représentants que les acheteurs aiment, n'aiment pas et exècrent carrément?

Le bon	Le mauvais	L'ignoble
— Est honnête	— Ne fait pas de suivi	— Est condescendant
— Perd une vente dignement	— Vient sans rendez-vous	— M'appelle «cher» ou «chérie»
— Admet ses erreurs	— Parle de sports	— Est familier
— Est capable de résoudre les problèmes	— Médit de la concurrence	— N'accorde aucun crédit à mes paroles
— Est amical tout en restant professionnel	— Écoute mal	— Est pleurnichard
— Est digne de confiance	— A une apparence débraillée	— Exagère les qualités du produit
— Est accommodant	— Fait du harcèlement au téléphone	— Véhicule des rumeurs
— Connaît mon entreprise	— N'essaie pas de trouver les besoins	— Montre une agressivité excessive
— Est bien préparé	— Connaît mal ses produits	— Fume dans mon bureau
— Est patient	— Me fait perdre mon temps	

SOURCE: Adapté de «PAs Examine the People Who Sell to Them», *Sales and Marketing Management*, 11 novembre 1985, p. 39.

ANNEXE 1.2

Le poste de vendeur pour un diplômé universitaire*

par Robert Desormeaux

Il est fréquent qu'un diplômé universitaire se fasse offrir un poste de vendeur. Voyons les inconvénients et les avantages d'un tel poste pour un diplômé.

Le jeune diplômé qui débute sa carrière dans un poste de vendeur doit faire face à des difficultés réelles. Le premier obstacle à affronter est souvent la réaction négative de ses proches qui ne connaissent pas le potentiel d'une telle carrière et qui en sont restés à la conception, en vogue autrefois dans les décennies 1950, 1960 et 1970, selon laquelle la vente est un domaine indigne de quelqu'un qui a fait des études avancées.

Un autre inconvénient est celui d'être directement dans l'action, sur la ligne de feu, et d'occuper une position très visible, ce qui est fort intéressant si on obtient de bons résultats, mais ce qui l'est moins si on n'en obtient pas. C'est insécurisant pour l'individu incertain de sa capacité personnelle à atteindre de bons résultats.

Le diplômé occupant un tel poste est appelé à se déplacer beaucoup et à rencontrer un grand nombre de personnes différentes. Cette grande variété de situations et cette diversité de contacts humains créent un contexte plus difficile que celui d'un emploi traditionnel dans un milieu moins dynamique.

Le jeune diplômé œuvrant dans la vente devra aussi faire face à la difficulté additionnelle de travailler sans être étroitement supervisé par un patron ou par des collègues comme le seront ses anciens confrères occupant un poste dans d'autres domaines du marketing et de la gestion.

Le principal avantage d'un poste de vendeur, c'est la valeur très élevée d'une telle expérience pour la carrière d'un gestionnaire en marketing. La vente est une porte d'entrée royale pour le jeune diplômé en marketing qui veut gravir rapidement les échelons du succès professionnel et accéder

---

* SOURCE : Jacques M. Boisvert, François Colbert, Robert Desormeaux *et al.*, *Gestion du marketing*, Boucherville, Gaëtan Morin Éditeur, 1990, p. 534.

à la haute direction d'une entreprise ou lancer sa propre entreprise plus tard. L'expérience acquise dans les relations avec de vrais clients, directement sur le terrain, face aux concurrents, constitue un capital précieux irremplaçable et une formule gagnante lorsqu'elle est combinée à une solide formation. Ceci est tellement vrai que la majorité des grandes entreprises reconnues pour leur compétence en marketing dirigent la plupart des diplômés qu'elles embauchent en marketing dans un poste de vendeur avant de leur confier un poste en gestion de l'équipe de vente, en publicité ou en gestion de marques ou de produits.

Fréquemment, les personnes qui portent le titre de vendeur ou de représentant ont plus de responsabilités réelles de gestion que d'autres qui, tout en portant un titre plus pompeux, ne sont, en fait, que des «pitonneurs» de claviers, des commis glorifiés, des teneurs de dossiers ou des gratte-papier patentés.

En plus d'acquérir une connaissance intime et concrète du marché, le jeune diplômé jouit d'une plus grande liberté d'action que ses confrères occupant d'autres postes. Sa mobilité professionnelle est aussi plus grande car la compétence de vendeur est une de celles qui se transfèrent le plus facilement d'une entreprise à l'autre, ou même d'une industrie à l'autre.

Par rapport à ses confrères œuvrant dans d'autres domaines, il fait face à moins de concurrence dans la poursuite de sa carrière, en ce sens que les diplômés universitaires sont proportionnellement moins nombreux dans la vente par rapport aux occasions réelles de carrière intéressante que dans les autres domaines du marketing ou de la gestion.

Finalement, à formation et à expérience égales, les jeunes diplômés vendeurs disposent généralement de revenus moyens plus élevés que ceux qui se sont dirigés dans d'autres domaines, étant donné la demande sur le marché du travail pour des vendeurs d'envergure. *Ainsi, à Montréal, le salaire annuel offert récemment aux nouveaux diplômés B.A.A. pour un poste de vendeur était de 3 000 $ à 10 000 $ supérieur au salaire offert pour un poste dans un autre domaine du marketing ou de la gestion.*

Le niveau de risque et la probabilité d'échec pour un jeune diplômé qui choisit la vente varient substantiellement, non seulement en fonction de ses capacités et de sa quantité de travail, mais aussi d'un poste de vendeur à l'autre. Toutes autres choses étant égales, plus les éléments variables représentent une proportion élevée de la rémunération totale du vendeur, plus le niveau de risque et la probabilité d'échec sont élevés pour le jeune diplômé. En toute justice, on doit aussi affirmer que plus les éléments variables représentent une partie élevée de la rémunération, plus le revenu maximum potentiel du jeune diplômé est élevé. Il doit être conscient que, dans un poste rémunéré seulement sous forme de commissions, sans aucun niveau minimum garanti, il assume presque tout le risque alors que l'entreprise qui l'embauche en assume très peu.

PLAN

2

La démarche de type marketing et le processus de planification

---

OBJECTIFS

Après l'étude de ce chapitre, vous devriez être capable de:
- Comprendre l'évolution du marketing.
- Comprendre les enjeux actuels du marketing.
- Saisir le processus de planification stratégique et le processus de marketing.
- Utiliser les outils usuels de gestion de marketing.

☐ Introduction

La fonction «vente» fait partie intégrante de la fonction «marketing». Toutefois, avant d'aller plus loin, il importe de bien situer ces deux fonctions ainsi que leur évolution respective. La compréhension de ce chapitre est capitale si l'on veut aborder le reste de la matière. La vente ne doit pas être séparée de la structure de l'entreprise comme c'était le cas auparavant. Le sort de l'entreprise était alors intimement lié à la fonction «vente», laquelle possédait une emprise certaine sur ses orientations stratégiques. Puisque la vente était une fin et non un moyen, on a pu constater des abus qui ont terni la profession de représentant.

Comme toute activité, la vente a connu une évolution. Celle-ci suit de très près celle du marketing. Après un rappel des notions rattachées au marketing et à son évolution, nous nous attarderons aux approches de la vente et du marketing. Il est essentiel de saisir le parallèle qui existe entre les deux approches afin de situer avec exactitude la fonction «vente» dans le plan de marketing de l'entreprise.

Nous aborderons le processus de planification du marketing afin de comprendre l'importance de cette activité dans la gestion de l'entreprise et dans la gestion de la force de vente. Enfin, nous examinerons de quelle façon l'environnement influence directement la vente.

Pour certains lecteurs, il s'agira de concepts nouveaux qu'ils devront maîtriser parfaitement, faute de quoi la valeur même de la fonction «vente» sera faussée dès le départ. Pour les autres lecteurs, ces concepts constitueront un rappel. Cependant, étant donné que ces notions sont à la base d'une saine compréhension de ce qui suivra, il faudra assimiler la matière de ce chapitre avant de poursuivre la lecture de ce livre.

☐ 2.1 L'évolution de la pensée managériale, du marketing et de la vente

Toute la philosophie qui sous-tend la vente moderne est issue d'un long processus d'évolution qui a changé la conception même de la gestion d'une entreprise. Rappelons que l'acte de vente fait partie de l'histoire de l'humanité et constitue probablement une des plus belles formes d'expression de la créativité et de l'intelligence humaines. L'homme primitif a sans doute compris assez vite que sa survie était intimement liée à sa capacité d'échanger, d'acheter et de vendre[1].

La vente permet à l'être humain d'effectuer de façon civilisée les transactions nécessaires à sa survie, à la qualité de sa vie et à son bien-être. L'animal échappe à la vente; quand un lion a faim, il chasse et tue. La vente est donc une stratégie de communication basée sur la négociation qui doit engendrer un échange profitable pour toutes les parties en cause, ce qui veut dire que celles-ci devraient avoir un pouvoir de négociation à peu près identique. Le représentant d'une importante entreprise d'aspirateurs a le droit de se présenter à votre porte. Par contre, vous avez le droit de lui refuser l'entrée, d'écouter sa démonstration mais de décliner son offre ou de l'accepter avec des modifications telles qu'une baisse de prix. Ce représentant possède un autre droit fondamental: celui de tenter de vous vendre sa marchandise. Il a le droit de répondre à vos objections, de rendre le produit plus intéressant, bref de tenter de vous persuader que vous feriez une bonne affaire si vous achetiez son produit. C'est le

---

1. L'invention de la négociation a été traitée dans le livre humoristique *Et le singe devint con*, de Cavanna (Paris, Éditions Belfond, 1984), plus précisément au chapitre 21 intitulé «L'homme fait fructifier son bien». Si on peut douter de la validité historique de cet écrit, en revanche on est assuré de passer un bon moment et de se dilater la rate. Toujours sur une note d'humour, on peut aussi relire *Vivre c'est vendre*, de Jean-Marc Chaput.

fondement même de notre société : presque tout est achetable et vendable. Un politicien vend sa perception des choses, un fidèle vend sa religion, vous vous vendez dans le but de décrocher un emploi. Les individus incapables de vendre quoi que ce soit sont bien mal en point : leurs idées auront de la difficulté à percer, les promotions au travail iront aux autres, ils seront une proie facile pour les marchands peu scrupuleux. Peut-être pourrait-on affirmer que la vente va de pair avec l'agressivité si nécessaire au fonctionnement d'une société.

Même si la vente est une pratique acceptée et encouragée depuis la nuit des temps, elle doit être rigoureusement contrôlée par l'entreprise. Un concept est apparu et s'est élaboré durant les années 50 : le marketing. Celui-ci, qui est le fruit de l'évolution de la pensée managériale, englobe plusieurs activités, dont la vente. Malheureusement, trop d'entrepreneurs confondent encore vente et marketing, directeur des ventes et directeur du marketing. Ce concept est plus qu'un mot à la mode qu'on place dans la conversation. Philip Kotler définit ainsi le marketing : « Activité humaine orientée vers la satisfaction des besoins et des désirs grâce à des processus d'échange[2] ».

Ainsi, la finalité d'une organisation, quoi que celle-ci puisse être, devrait avant tout être la satisfaction des clients qui font des affaires avec elle. Cette affirmation, bien qu'honorable, implique une façon de penser qui échappe encore à plusieurs gens d'affaires qui sont placés devant les approches de gestion suivantes : l'approche de la production, l'approche du produit, l'approche de la vente et l'approche du marketing. Voyons maintenant chacune d'elles.

2.1.1 L'approche de la production

Il s'agit d'une des plus vieilles approches connues. Elle a eu son heure de gloire au tournant du siècle. Elle est basée sur l'hypothèse que les consommateurs achètent surtout des produits qu'on trouve facilement et au moindre coût. Ainsi, la préoccupation majeure de l'entreprise sera de produire au coût le plus bas. Tous les efforts de gestion seront axés sur la diminution des coûts de production.

Plusieurs petits entrepreneurs se soucient de leurs coûts, au point, malheureusement, de réduire des dépenses qui pourraient être rentables. Le Bureau des véhicules automobiles est un exemple d'une organisation qui a adopté l'approche de la production. Les usagers désirant renouveler

---

2. Philip Kotler, M. G. McDougall et J. Picard, *Principes de marketing*, 2ᵉ éd., Boucherville, Gaëtan Morin Éditeur, 1985, p. 8.

leur plaque d'immatriculation doivent suivre bon gré mal gré une démarche qui favorise le traitement d'un plus grand nombre de demandes au coût le plus bas.

2.1.2 L'approche du produit

L'entreprise consacrera ici la majeure partie de ses efforts à l'amélioration et à la promotion d'un produit ou d'une marque, mais selon sa propre perception de ce produit. Il s'agit d'une approche unidirectionnelle qui tient pour acquis le fait que le client achètera le bien ou le service dont le rapport qualité-prix est le meilleur. Cette approche peut dans certains cas être intéressante, surtout si on a une excellente connaissance du marché et des goûts des consommateurs ou clients. Le problème qu'elle comporte est que l'entreprise prospérera tant et aussi longtemps que le produit sera aimé du client. Si celui-ci se détourne du produit, il est possible que toute l'entreprise en souffre.

2.1.3 L'approche de la vente

Il est capital, dans le cadre de ce livre, de bien saisir l'approche de la vente et ses conséquences. En vertu de cette approche, le client achètera le produit (ou une plus grande quantité du produit) si l'entreprise exerce une pression de vente sur lui. Le phénomène a lieu, par exemple, quand un vendeur d'automobiles vous dit, après avoir constaté votre intérêt pour un modèle en particulier, qu'un autre client est censé venir l'acheter le soir même.

La faiblesse de l'approche de la vente, on l'aura remarqué, est qu'elle favorise à outrance les résultats rapides en mettant davantage l'accent sur la vente que sur la satisfaction du client. Elle ne se préoccupe guère de la demande et des besoins des clients.

2.1.4 L'approche du marketing

L'approche du marketing, comme on l'a vu précédemment, commande à l'entreprise de faire passer les intérêts de l'acheteur avant toute autre chose. C'est donc une approche bidirectionnelle: dans un premier temps, l'entreprise recueille de l'information sur son client et sur ses goûts et ses besoins; dans un deuxième temps, elle lui propose un produit susceptible de le satisfaire pleinement. La communication va donc dans les deux sens.

2.1.5 Que penser de l'approche de la vente et de l'approche du marketing?

La vente est orientée vers les besoins du vendeur tandis que le marketing est orienté vers les besoins de l'acheteur[3]. Ces deux approches sont comparées au tableau 2.1.

TABLEAU 2.1
Approche de la vente et approche du marketing

Approche de la vente	Produit	Vente et promotion	Bénéfices provenant du volume des ventes
Approche du marketing	Besoins du client	Marketing intégré	Bénéfices provenant de la satisfaction du client

SOURCE: Philip Kotler, M. G. McDougall et J. Picard, *Principes de marketing*, 2ᵉ éd., Boucherville, Gaëtan Morin Éditeur, 1985.

Bien qu'on s'oriente de plus en plus vers le marketing, il y a encore trop d'entreprises qui favorisent l'approche de la vente. Cela est sans doute le résultat d'une méconnaissance du concept de «marketing». Même si une organisation semble avoir adopté l'approche du marketing (service de marketing important, postes prestigieux rattachés au marketing, etc.), elle peut en réalité être liée à une autre philosophie de gestion. Pour un grand nombre d'entrepreneurs, le marketing se résume à des activités routinières de mise en marché[4].

Les principes suivants peuvent être évoqués:

1. La vente fait partie du marketing, et non le contraire.

2. La vente moderne (orientée vers le marketing) n'exclut pas les techniques de persuasion normales pour inciter le client à régler son problème; ce qui compte, c'est la satisfaction à long terme[5].

---

3. Pour une discussion intéressante sur l'approche de la vente et l'approche du marketing, voir Theodore Levitt, «Le marketing bien tempéré», *Harvard-L'Expansion*, printemps 1978.

4. Pierre Filiatrault et Jean-Charles Chebat, «Pratiques de gestion de marketing dans les entreprises manufacturières québécoises», conférence présentée lors du 54ᵉ congrès de l'ACFAS, le 14 mai 1985.

5. Voir la note 3. Levitt indique entre autres que certaines entreprises auraient même trop favorisé le marketing au détriment de la vente.

3. La vente n'est pas la partie la plus importante du marketing; c'est une partie du P de promotion (voir plus loin la figure 2.6) dont l'importance est complémentaire aux autres parties.

4. La vente est un moyen et non une fin; c'est la satisfaction du client qui est la fin.

5. Bien que la fonction «vente» demande des budgets considérables de même qu'un personnel important, celle-ci ne devrait pas prendre une place démesurée dans l'entreprise, notamment en soumettant les autres fonctions aux objectifs de vente ou aux revendications de la force de vente. Certaines entreprises ont prévu un poste de vice-président des ventes. Il est intéressant de constater que l'existence de ce poste est fortement contestée (voir le chapitre 1). Certains auteurs préconisent le recours à un vice-président du marketing, auquel doivent être subordonnés les gestionnaires de l'équipe de vente. D'autres auteurs acceptent le poste de vice-président des ventes. Quoi qu'il en soit, en dépit du titre des postes, les objectifs et stratégies de vente doivent découler d'objectifs et stratégies globaux de marketing.

6. Le marketing n'est pas une technique ni un processus; c'est essentiellement une philosophie à laquelle doivent se rallier l'entreprise et tous ses cadres, dont évidemment les gestionnaires de l'équipe de vente.

2.1.6 L'approche actuelle du marketing

Nous avons vu que l'approche du marketing vise à satisfaire le client en lui proposant un produit susceptible de combler ses besoins, besoins qui auront préalablement été cernés à l'aide d'une recherche d'information. C'est ce que le représentant fait quand il prend le temps de questionner le client sur ses attentes avant de lui proposer un produit. Cependant, cette approche devrait être révisée en fonction des nouvelles réalités du monde des affaires. En effet, l'approche traditionnelle du marketing laisse entendre que l'entreprise qui satisfait le mieux son client a un avantage marqué sur la concurrence: ce facteur devient pour ainsi dire le seul cheval de bataille. Toutefois, depuis le milieu des années 70, on observe de plus en plus les phénomènes suivants[6]:

1. *Une prolifération des innovations de marketing* (par exemple, un détergent liquide pour lave-vaisselle). Certains auteurs ont même qualifié

---

6. Voir Christian Dussart, *Stratégie de marketing*, Boucherville, Gaëtan Morin Éditeur, 1986, p. 7.

le marketing de «tragédie américaine» tant il nuisait à l'innovation technologique (on n'offre aux consommateurs que des produits qu'ils connaissent[7]).

2. *Une concurrence renouvelée*   Des géants aux pieds d'argile (comme Lavalin) qui disparaissent ou connaissent de graves difficultés, des nouveaux venus qui inquiètent les gros (par exemple l'alliance IBM-Apple): le paysage de la concurrence se trouve sensiblement modifié; l'avenir n'a jamais été aussi incertain. Pour compliquer le tout, mentionnons le commerce outre-mer. Les Japonais, entre autres, ont inscrit de nouvelles variables dans le paysage nord-américain: la qualité élevée de leurs produits ainsi que de nombreuses innovations technologiques fiables. Des pays qui disposent d'une main-d'œuvre abondante et bon marché (Brésil, Mexique, Thaïlande, etc.) font leur apparition sur la scène du commerce, risquant de changer eux aussi certaines règles du jeu.

3. *Un environnement public omniprésent*   Les entreprises doivent maintenant rendre des comptes aux gouvernements, au public et aux groupes de pression. La société Alcan doit expliquer la nature des rejets de produits toxiques et la raison pour laquelle elle licencie des travailleurs. Hydro-Québec doit rassurer les Inuit au sujet du projet Grande-Baleine. Elle doit aussi faire pression auprès des autorités américaines contre le *lobby* du charbon. Kotler croit que le «supermarketing» pourra faire face à la situation; il ajoute ainsi deux nouvelles composantes du marketing mix traditionnel, soit le pouvoir politique et les relations publiques. Ces deux notions deviennent donc des facteurs stratégiques prépondérants. Les entreprises ont compris cela puisque les services de relations publiques sont de plus en plus puissants.

4. *Des changements chez les consommateurs et les clients eux-mêmes*
Étant plus informés, les consommateurs et les clients, qui sont sollicités de toutes parts, accordent beaucoup d'importance à la marque. Dans l'entreprise, on s'intéresse maintenant à la perception que le client a du produit et non plus à la perception qu'on voudrait qu'il ait.

Ainsi, nous devons enrichir l'approche traditionnelle du marketing. Nous appellerons celle-ci l'«approche stratégique du marketing». La figure 2.1 présente une synthèse de cette approche.

Autrement dit, la notion de «concurrence» devient si importante qu'on doit l'intégrer dans l'application même du concept de «marketing».

---

7. Nous vous recommandons fortement de lire l'article suivant, ne serait-ce que pour votre plaisir: Roger C. Bennett et R. G. Cooper, «The Misuse of Marketing: An American Tragedy», *Business Horizons*, vol. 24, novembre-décembre 1981, p. 51-61.

FIGURE 2.1
Approches de la vente, du marketing et du marketing stratégique

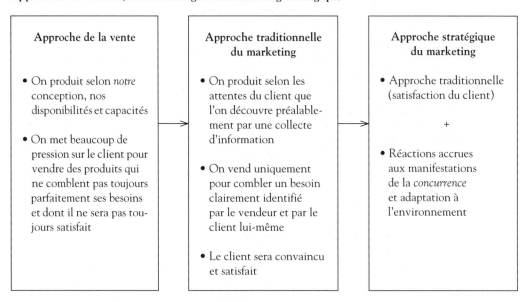

La concurrence a toujours préoccupé l'entreprise. Le concept traditionnel de «marketing» sous-entend que l'entreprise qui traite le mieux le consommateur est la plus concurrentielle. Il faut aller un peu plus loin dans notre analyse; non seulement doit-on appliquer les préceptes du marketing moderne, mais il faut en outre réajuster constamment celui-ci en fonction des actions et des réactions des concurrents. Il faut donc réagir aux manifestations de la concurrence. Cela se vérifie aisément quand on constate l'accent qui est mis de plus en plus sur la planification stratégique[8]. Les gestionnaires se transforment petit à petit en stratèges et on parle davantage de «marketing guerrier». Cette façon de voir les choses aura, on s'en doute, une incidence directe sur la gestion de l'équipe de vente. Celle-ci devient ni plus ni moins l'«armée terrestre» de l'entreprise, qui devra être déployée stratégiquement[9].

Cela nous amène à considérer les buts suivants que poursuit l'équipe de vente :

---

8. G. Day et R. Wensley, «Marketing Theory with a Strategic Orientation», *Journal of Marketing*, n° 47, automne 1983, p. 78-89; P. Anderson, «Marketing Strategies Planning and the Theory of the Firm», *Journal of Marketing*, n° 40, printemps 1982, p. 15-26.

9. Voir Al Ries et J. Trout, *Le Marketing guerrier*, Paris, McGraw-Hill, 1988, 179 p.

1. Le déploiement d'une équipe de vente constitue un outil servant à mener à bien la stratégie de marketing de l'entreprise et toute action dans ce domaine est subordonnée à cet objectif.

2. Il est impératif que l'équipe de vente s'adapte à l'approche du marketing et que tout gestionnaire ou vendeur soit formé de façon qu'il puisse évoluer et proposer des solutions qui permettront de satisfaire les besoins des clients. Face à cet objectif, des mécanismes de contrôle doivent être mis en place.

3. La gestion stratégique du marketing aura des conséquences pour l'équipe de vente. L'efficacité de celle-ci sera fonction de deux facteurs:

    a) l'intégration du programme de ventes au plan de marketing de l'entreprise, dont le respect du concept de «marketing»;

    b) la capacité des vendeurs et des gestionnaires d'analyser l'équipe de vente des autres entreprises, leurs forces et leurs faiblesses, et d'agir stratégiquement pour s'assurer constamment d'avantages concurrentiels.

En d'autres termes, dans le cas où l'on compterait sur des vendeurs hors pair orientés vers les besoins du client, d'excellents produits à des prix compétitifs et d'un système de marketing irréprochable, si le concurrent a ne serait-ce qu'un avantage de plus, notre stratégie concurrentielle risquera d'en souffrir. Un général s'assurera que ses soldats sont bien entraînés et qu'ils disposent du matériel nécessaire. Par contre, il devra les déployer, prévoir différents scénarios d'attaque, de défense ou de repli. C'est cela qui peut faire toute la différence. Le gestionnaire des ventes devra donc être ni plus ni moins un stratège, un général devant déployer une armée. Quant au vendeur, son rôle sera celui d'un soldat capable non seulement d'affronter le client, mais aussi de participer à la guerre que se font les autres concurrents. Considérons enfin la «roue de la concurrence» de la figure 2.2, qui identifie clairement la vente comme un des aspects concurrentiels importants[10]. Idéalement, une entreprise aspirant à devenir entièrement concurrentielle devrait l'être dans tous ces domaines. Le système des ventes est un de ceux-là.

☐ ## 2.2 Le processus de planification en marketing

2.2.1 Pourquoi faire de la planification?

La planification constitue une fonction vitale de l'entreprise. Rares sont celles qui peuvent s'en passer, particulièrement de nos jours. Hélas,

---

10. M. Porter, *Competitive Strategy: Techniques for Analysing Industries and Competitors*, New York, The Free Press, 1980.

FIGURE 2.2
Roue de la concurrence

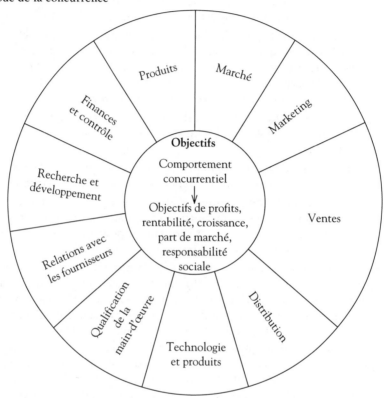

SOURCE: Christian Dussart, *Stratégie de marketing*, Boucherville, Gaëtan Morin Éditeur, 1986,
p. 9.

plusieurs entrepreneurs, notamment dans les petites et moyennes organisations, considèrent encore la planification comme une perte de
temps[11]. Il faut dire que la planification n'exclut pas les actions rapides
face aux changements qui se manifestent dans l'environnement. Il s'agit
simplement d'une activité qui permet à l'entreprise de voir venir les coups
et de s'y préparer en conséquence. Imaginons un capitaine qui désire
partir de Québec pour se rendre à Brest, en France. Il fait face à deux
options: il peut aller à l'aventure, vers le nord-est, et ajuster sa trajectoire
au fur et à mesure. Cette option, on en conviendra, paraît risquée. En
effet, tout imprévu risque de surprendre passablement ce marin. Si celui-

11. Pierre Filiatrault et Jean-Charles Chebat, *op. cit.*

ci possède une vaste expérience de la mer, il réussira peut-être à se rendre à bon port, mais ses chances de succès seront toujours hypothéquées. Celui-ci, par ailleurs, peut planifier son voyage. Il s'informera alors des plus récentes prévisions météorologiques, de la force des courants marins qu'il est susceptible de trouver sur sa route et de la position exacte de sa destination. Il sera beaucoup mieux préparé ainsi. Il aura une bien meilleure idée de la durée de sa traversée et des obstacles naturels qu'il risque de rencontrer, comme un ouragan ou un froid intense. Enfin, il pourra faire le point à plusieurs reprises pendant le voyage, corriger les déviations par rapport à sa route initiale, augmenter ou diminuer sa vitesse, bref respecter le mieux possible l'itinéraire prévu. Y aura-t-il des imprévus? Sans doute, mais il pourra consacrer plus d'énergie à ceux-ci, car il maîtrisera la situation.

L'entreprise doit, elle aussi, «naviguer» de la façon la plus sécuritaire. Plusieurs entrepreneurs soulignent que, quelle que soit la planification qui a été effectuée, tout tend à changer tellement vite de nos jours que les plans sont aussitôt désuets. Cet argument contre la planification peut devenir son allié le plus fidèle: la base de toute planification est en effet une recherche incessante d'information sur les manifestations de l'environnement, donc une meilleure compréhension de celui-ci. Cela permettra à l'entreprise d'élaborer un système de gestion qui l'aidera à prévoir le mieux possible ces changements et à y faire face rapidement et sereinement. L'environnement se fera tantôt amical en présentant des occasions que l'entreprise avisée saisira, tantôt menaçant en semant des pièges que l'entreprise bien préparée saura non seulement éviter, mais aussi transformer en avantages concurrentiels, compte tenu du fait que plusieurs concurrents ne sauront y faire face. En résumé, la planification permet:

a) de comprendre davantage l'environnement et ses changements;

b) d'analyser les possibilités qu'offre l'environnement et de déterminer celles qui pourront être saisies;

c) de prévoir plus adéquatement les menaces et de pouvoir non seulement éviter certaines d'entre elles, mais aussi en convertir d'autres en occasions (par exemple, pour une brasserie, il pourrait y avoir une menace dans le fait que les consommateurs boivent moins de bière à cause de la multiplication des barrages routiers; l'occasion pourrait alors être la vente d'une bière sans alcool); cette façon positive de voir les choses fait que les menaces sont considérées non plus comme une fatalité mais comme un défi;

d) d'élaborer les stratégies d'intervention adéquates pour atteindre les objectifs visés;

e) de contrôler rigoureusement l'efficacité de toutes les fonctions managériales.

2.2.2 Le processus de planification du marketing

Le programme stratégique de vente, comme nous l'avons vu au chapitre 1, est un des éléments du plan de marketing, qui fait lui-même partie du plan stratégique de l'entreprise. En effet, c'est ce dernier qui guidera toutes les fonctions de cette entreprise. Le plan stratégique constitue la planification la plus globale qu'on puisse faire. Puisque cela met en cause non seulement la raison d'être de l'organisation mais aussi son développement actuel et futur, la direction de l'entreprise et tous les cadres supérieurs devront participer au processus. Dans certains cas, on aura intérêt à consulter toute personne dont l'avis pourra être utile à cette planification. Kotler définit ainsi la planification stratégique:

> [...] le processus consistant à développer et à maintenir une correspondance stratégique entre l'organisation et ce qui constitue pour elle des opportunités marketing. Son objet est de définir la mission de la compagnie, de développer des objectifs, une stratégie de croissance et des plans de portefeuille de produits[12].

Suivant le plan stratégique de l'entreprise, un plan de marketing devra être construit. Celui-ci aura pour objet d'organiser la fonction «marketing» de façon qu'elle se conforme au plan stratégique. Le plan de marketing demandera un examen de l'environnement qui relèvera les possibilités qui pourront être exploitées et proposera les stratégies de marketing appropriées. Une stratégie de marketing selon l'approche évoluée du marketing moderne (comme nous l'avons vu précédemment) est définie de la façon suivante:

> Ensemble intégré et nécessairement évolutif des forces commerciales à déployer pour atteindre à moyen terme des objectifs de marché précis à la suite d'une approche planifiée qui tient compte d'une réalité concurrentielle donnée[13].

Notons l'importance accordée ici à l'environnement concurrentiel qui constitue, répétons-le, la pierre angulaire de la nouvelle approche du marketing. Enfin, nous proposons une définition logique de la stratégie de vente:

> C'est la coordination et la mise en place de toutes les composantes qui constituent le programme de vente stratégique en accord avec les objectifs de marketing préétablis et tenant compte des stratégies de vente des concurrents.

La figure 2.3 illustre les étapes du processus de planification en marketing. Nous expliquerons en détail chacune d'entre elles.

---

12. Philip Kotler, M. G. McDougall et J. Picard, *op. cit.*, p. 69.
13. Voir Christian Dussart, *op. cit.*, p. 9.

FIGURE 2.3
Processus de planification en marketing

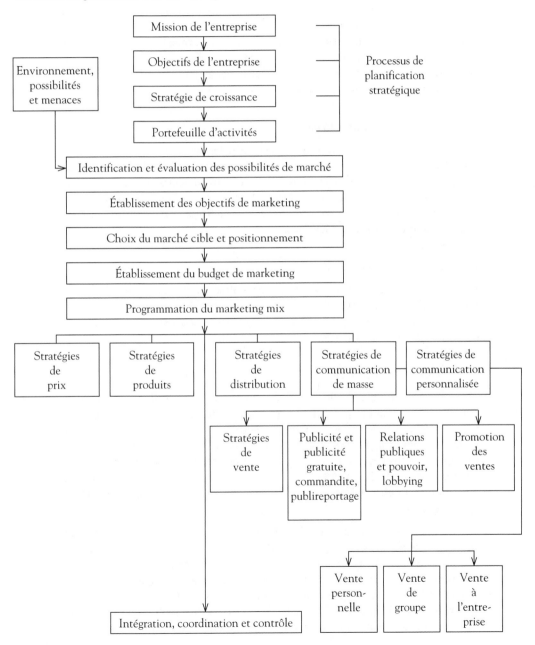

La mission

La mission de l'entreprise constitue sa raison d'être. La difficulté consiste à définir cette mission correctement. Certaines entreprises ont une mission trop étroite, ce qui limite leur choix entre les possibilités de développement. D'autres ont une mission tellement vague qu'elle ouvre la porte à des stratégies de développement inopportunes. On suggère de définir la mission en fonction des besoins. Ainsi, la mission de Bombardier pourrait être de combler certains besoins en matière de transport en commun ou récréatif. Une mission claire permettra de mieux identifier et évaluer les possibilités de marché.

Les objectifs de l'entreprise

Les objectifs doivent évidemment respecter la mission de l'entreprise et être réalisables. L'entreprise peut établir une foule d'objectifs comme celui d'augmenter sa part de marché de 2 % ou celui d'accroître la rentabilité de ses investissements à court terme de 1 %. Les objectifs doivent être réalistes, stimulants, compris et acceptés de tous, précis, hiérarchisés, cohérents, mesurables et flexibles.

La stratégie de croissance

L'entreprise doit choisir une stratégie de croissance pour assurer son développement. Il peut s'agir d'une croissance intensive (une augmentation de l'effort de marketing), d'une intégration (une acquisition, une fusion) ou d'une diversification (des activités nouvelles).

La gestion des activités

Une activité, qu'on appelle également SBU (*strategic business unit*), peut comprendre plusieurs produits ou marques. Une des SBU de Bombardier pourrait être les motoneiges. Chaque activité suscitera ses propres stratégies. En général, l'entreprise devrait posséder un ensemble d'activités capable d'assurer sa santé financière à court terme et son avenir à long terme. Une des méthodes les plus populaires de gestion du portefeuille d'activités est celle élaborée par le Boston Consulting Group (BCG) [voir la figure 2.4].

Ce diagramme montre que l'entreprise doit toujours pouvoir compter sur des «vaches à lait» (quadrant III), c'est-à-dire des activités ou des produits mûrs qui rapportent beaucoup maintenant mais dont les perspectives de croissance sont faibles. Cet argent sera en partie utilisé pour la recherche et le développement, lesquels devront servir à des activités ou produits nouveaux (quadrant I), dont la part de marché au début sera minime, mais qui auront un avenir prometteur. En ce qui concerne les

FIGURE 2.4
Profil de l'entreprise saine et profil de celle en difficultés financières

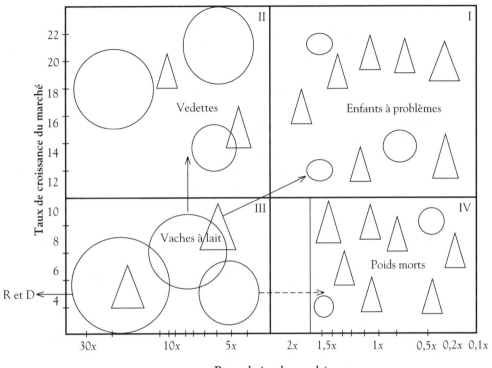

Part relative de marché

◯ Activités (SBU) de l'entreprise saine

△ Activités (SBU) de l'entreprise en difficulté financière

stratégies propres à chaque activité, le tableau 2.2 fait une synthèse de celles élaborées par Porter. Par exemple, selon ce dernier, une stratégie de base pourrait être la différenciation qui consiste à doter un produit d'une très forte image de marque et, conséquemment, de rendre celui-ci unique afin de créer une solide loyauté à la marque et protéger celle-ci des attaques concurrentes. À l'opposé, la stratégie des bas prix consiste à faire face à la concurrence au moyen de prix abaissés grâce à des coûts constamment contrôlés (cette stratégie favorise l'approche de la production).

TABLEAU 2.2
Stratégies d'affaires et conséquences pour l'équipe de vente

Type de stratégie (typologie de Porter)	Conséquences pour l'équipe de vente
Production axée sur les coûts Production axée sur la diminution des coûts grâce à un contrôle strict des dépenses par la courbe d'expérience. Part de marché élevée.	Sert de gros clients au moindre coût. Prix important.
Différenciation Création d'un produit perçu par tout le monde comme étant unique. Elle offre une protection étanche contre la concurrence à cause de la fidélité à l'image de marque et de la faible élasticité des prix.	Bénéfices associés au produit et à la qualité. Force de vente spécialisée.
Niche Concentration sur un segment de marché particulier. L'entreprise cherche à dominer ce segment bien que sa part de marché globale puisse être basse.	Spécialisation dans certains marchés et clients. Très haute spécialisation et expertise reconnues.

SOURCE: Adapté de William L. Cron et M. Levy, «Sales Management Performance Evaluation: A Residual Income Perspective», *Journal of Personal Selling and Sales Management*, août 1987, p. 58.

L'identification et l'évaluation des possibilités de marché

Il existe une possibilité de marché là où un besoin humain n'est pas satisfait. Cependant, l'entreprise ne peut considérer une possibilité de marché qu'aux conditions suivantes:

1. La possibilité de marché s'inscrit parfaitement dans la mission et dans les objectifs de l'entreprise.

2. La possibilité de marché est commercialement intéressante, rentable et prometteuse.

3. L'entreprise possède en quantité et en qualité les ressources humaines et matérielles pour exploiter convenablement cette possibilité de marché.

Chaque possibilité de marché doit être considérée dans son environnement propre avec ses forces et ses faiblesses, y compris celles des concurrents potentiels et réels. On doit ensuite tenter d'en chiffrer le marché potentiel et d'estimer la part de marché qu'on est en mesure de décrocher afin d'avoir une idée des ventes probables. Nous débattrons en profondeur cette question au chapitre 6.

L'établissement d'objectifs de marketing

Les objectifs de marketing doivent tendre à remplir une partie des objectifs de l'entreprise, lesquels seront atteints par un effort concerté de tous les services. Si, par exemple, un objectif de l'entreprise consiste à augmenter la rentabilité de 5 %, un objectif de marketing pourrait être l'accroissement de 10 % de la part de marché d'un des produits les plus rentables.

Le choix du marché cible et le positionnement

L'entreprise doit trouver le moyen d'entrer dans un marché cible intéressant. Supposons qu'elle en ait identifié un; elle constatera assez vite que les consommateurs et les clients de ce dernier n'ont pas tous les mêmes attentes. Elle segmentera donc ce marché. Un segment de marché est un ensemble de clients ayant en commun des besoins et des attentes. Cette homogénéité ne peut être parfaite, chacun ayant ses propres goûts. Cependant, c'est en cernant un besoin partagé entre plusieurs que l'entreprise pourra affiner sa stratégie de marketing. Le segment doit de plus être substantiel (il doit compter suffisamment d'individus pour qu'une stratégie de marketing particulière et rentable soit justifiée), accessible, réceptif et mesurable. Il existe différentes bases de segmentation. Bien que dans certains cas les segmentations traditionnelles (géographique, socio-économique) puissent être intéressantes, on met de plus en plus l'accent sur les variables psychologiques des attitudes et des comportements (psychographiques, style de vie, motivations). Cela est rendu possible notamment par une plus grande accessibilité au traitement sophistiqué de données. Une autre technique d'avenir en matière de détermination du marché cible est celle du positionnement perceptuel[14]. Nous avons vu précédemment que l'approche du marketing commande maintenant de ne s'intéresser qu'à la perception que le client a du produit (et non plus à la perception que l'entreprise a de son produit). Le processus de positionnement du produit est expliqué ci-dessous.

> L'idée de la carte perceptuelle est en fait fort simple, mais son traitement est complexe. On demande aux répondants, lors d'un sondage, d'évaluer quelques marques connues sur plusieurs attributs. Chaque attribut est noté de 1 à 10. Les données sont ensuite traitées à partir d'une technique d'ana-

14. Al Ries et J. Trout, *Le Positionnement*, Paris, McGraw-Hill, 1987.

lyse multivariée, qui permet de résumer les évaluations recueillies, pour finalement les placer sous forme graphique.

Une carte perceptuelle montre le positionnement relatif d'une marque (ou d'un magasin) sur les principaux attributs qu'utilisent les consommateurs pour évaluer le produit. Donc, elle met en relief les principales forces et faiblesses de chacun des concurrents. Ainsi, le changement de valeur d'un attribut change non seulement la position d'une marque sur la carte perceptuelle mais celle des marques concurrentes.

Les cartes perceptuelles ont commencé à être utilisées au cours des années 1970. Mais c'est surtout durant les années 1980 que leur emploi s'est répandu grâce à une plus grande accessibilité des ordinateurs et des logiciels, et à une meilleure appréciation des techniques d'analyse statistique plus sophistiquées[15].

En calculant quantitativement le niveau de perception en ce qui concerne un attribut particulier, non seulement saurons-nous comment est perçu le produit, mais de plus nous pourrons tenter de transformer cette perception (s'il y a lieu) en modifiant adéquatement le produit ou encore une variable de communication. Si, en outre, nous disposons du positionnement de tous les produits concurrents, il devient alors possible de choisir un segment de marché d'après la position convoitée sur la carte perceptuelle (voir l'exemple de la figure 2.5).

Enfin, rappelons qu'une des stratégies de positionnement est la modification d'une variable de communication. Si nous disposons d'un produit perçu comme étant peu durable et que nous sachions que celui-ci est très bien fabriqué, nous devrons essayer de comprendre les raisons de cette mauvaise perception et de changer la situation. Cette perception est-elle due à des expériences passées? Est-ce l'allure physique du produit qui le fait paraître fragile? C'est ici, évidemment, que le vendeur s'avérera utile. Celui-ci, qui est au courant de la situation, tentera de travailler directement à l'amélioration de la perception en misant sur l'attribut ou sur les attributs en cause...

La programmation du marketing mix

Une fois que la possibilité à exploiter est identifiée et qu'on sait quel sera le segment de marché visé et quel est le positionnement perceptuel idéal à atteindre, il reste à programmer les variables du marketing mix, soit la distribution, le prix, le produit et la promotion. Kotler ajoute à cette liste le pouvoir politique et les relations publiques, ce qui semble tout à fait logique selon la nouvelle perspective du marketing qui oblige à accorder plus d'importance à ces deux facteurs. Cependant, nous nous attarderons

---

15. Jean Saine, «Photo synthèse», *Info-Presse*, avril 1990, p. 60-63.

FIGURE 2.5
Carte perceptuelle : le marché des collations aux États-Unis

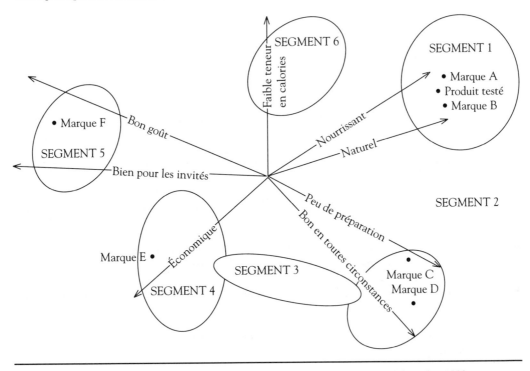

SOURCE : H. Assael, *Consumer Behavior and Marketing Action*, 2ᵉ éd., Boston, Kent Publishing Co., 1988.

à la partie du marketing mix qui nous intéresse plus particulièrement dans le cadre de ce livre, soit le P de la promotion (voir la figure 2.6), puisqu'il s'agit de la stratégie de communication de l'entreprise (voir le tableau 2.3).

La vente personnelle, on s'en doute, permet de communiquer au client un message adapté et complexe, notamment parce que celui-ci réagit instantanément aux messages envoyés. Cependant, on comprendra que cette forme de communication est employée surtout dans les cas suivants (là où le coût le justifie) :

— dans le domaine industriel : vente aux revendeurs, aux fabricants et aux établissements, lorsque des montants appréciables sont en jeu ;

— auprès du consommateur, si la complexité du produit le justifie (assurance-vie) ;

FIGURE 2.6
P de Promotion

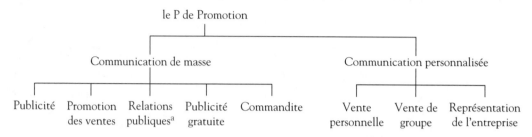

Publicité: toute forme de communication unidirectionnelle et médiatisée (supports électroniques, revues, circulaires) qu'on doit payer.

Promotion des ventes: tout ce qui n'est ni publicité ni vente, mais qui aide la vente (étalages, objets représentant l'entreprise, logos, etc.).

Relations publiques: communication qui sert l'image de l'entreprise à court, moyen et long terme (par exemple, une conférence de presse lors d'un investissement majeur).

Publicité gratuite: toute forme de publicité qu'on ne paye pas (comme un article sur l'entreprise dans une revue).

Commandite: communication de masse générée par un soutien financier à une activité culturelle, sportive ou humanitaire.

Vente personnelle: forme de communication personnelle et bidirectionnelle entre un vendeur qui représente l'entreprise ou ses produits et un client.

Vente de groupe: forme de communication personnalisée entre un vendeur ou un représentant et un groupe d'acheteurs potentiels (par exemple, démonstration des produits Tupperware).

Représentation de l'entreprise: forme de communication personnalisée entre un représentant et un client. Toutefois, ce représentant n'accomplit pas l'acte de vente mais représente l'entreprise et crée une image favorable de celle-ci (par exemple, un représentant missionnaire).

a Selon Kotler, il s'agirait d'un P à lui seul.

— auprès du consommateur, par pure stratégie (vente d'encyclopédies, d'aspirateurs).

On peut résumer les fonctions générales de la vente personnelle de la façon suivante:

TABLEAU 2.3
Composantes de la communication commerciale

Caractéristiques	Communication personnalisée	Communication de masse
ÉMETTEUR	Représentant	Organisme, fabricant, etc.
CODEUR	Argumentation du représentant	Agence spécialisée
TRANSMETTEUR	Représentant	Médias de masse
RÉCEPTEUR	Un client potentiel	Plusieurs clients potentiels
RÉTROACTION	Rapide, immédiate	Lente, non immédiate
PRODUIT	Plus complexe	Moins complexe
PRIX	Relativement élevé	Relativement faible
DISTRIBUTION	Surtout exclusive	Surtout intensive
MARCHÉ	Plutôt limité	Plutôt vaste
MOYENS	Force de vente	Promotion des ventes Publicité Relations publiques Commandites
CONTENU	Particulier	Général
COÛT	Relativement élevé par personne atteinte	Relativement faible par personne atteinte

SOURCE: Jacques M. Boisvert *et al.*, *Gestion du marketing*, Boucherville, Gaëtan Morin Éditeur, 1990, 621 p.

1. *Le processus de communication*   L'information va dans les deux sens: le client participe à la vente.

2. *Le processus d'adaptation*   Les produits et services sont adaptés individuellement aux problèmes du client.

3. *Le processus de collecte de renseignements*   Le vendeur recueille des renseignements afin de pouvoir satisfaire son client. Par ailleurs, cette information pourra être fort utile à l'entreprise.

La figure 2.7 présente une comparaison entre la communication par un représentant et la communication publicitaire.

FIGURE 2.7

Comparaison entre la communication par un représentant et la communication publicitaire

VALEUR	Communication personnalisée par un représentant	VALEUR	Communication publicitaire
ÉMETTEUR	+ Connaissance directe de l'interlocuteur	−	Connaissance du profil du consommateur moyen
MESSAGE	+ Message adaptable selon les réponses du client	−	Utilisation d'un seul argument (ou de deux)
	+ Utilisation possible de toute une gamme d'arguments	−	Utilisation d'un seul argument (ou de deux)
	− Contrôle de la forme et du contenu qui échappe à l'entreprise	+	Contrôle possible du contenu et de la forme du message
SUPPORT	+ Contacts humains personnalisés	−	Contacts non personnalisés
	− Possibilité de communiquer avec peu de clients en un certain temps	+	Possibilité de communiquer avec beaucoup de clients potentiels en peu de temps
RÉCEPTEUR	+ Erreur de codage qui ne touche qu'une personne	−	Erreur de codage qui atteint tout un marché
	+ Attention de l'interlocuteur plus facile à attirer	−	Difficulté de retenir l'attention du public
	+ Communication qui a souvent lieu pendant les heures de travail	−	Communication qui a souvent lieu pendant les loisirs
EFFETS	+ Possibilité de concrétiser l'achat immédiatement	−	Impossibilité d'obtenir une réponse concrète immédiate

+ avantage
− inconvénient

SOURCE: René Darmon, Michel Laroche et John Petrof, *Le Marketing: Fondements et applications*, 4ᶜ éd., Montréal, McGraw-Hill, 1989, p. 341.

L'évaluation et le contrôle

La dernière étape de la planification du marketing consiste dans l'évaluation des stratégies utilisées. On doit analyser en détail un écart par rapport aux objectifs de façon à aller au-delà de la simple constatation que les ventes sont insuffisantes. Nous examinerons au chapitre 15 l'analyse du volume des ventes. Cependant, le problème est de connaître les vraies raisons d'un écart. Pourquoi ce produit ne s'est-il pas assez vendu: est-ce à cause de son prix, de son inaptitude à combler le besoin présent ou d'une mauvaise communication? De plus, il faut analyser les écarts positifs. Malheureusement, trop d'entreprises ne se posent des questions que lorsqu'il est trop tard.

2.3 Les effets de l'environnement sur le marketing et la planification des ventes

Pour plusieurs entreprises, l'environnement présente un contexte d'incertitude qu'il faut subir. Pour celles qui font une planification sérieuse, au contraire, l'environnement est une source de défis. La base de toute planification est la recherche d'une information complète sur l'environnement. Chaque donnée recueillie constitue un avantage concurrentiel supplémentaire. Les entreprises qui ne se soucient guère des changements et des mutations qui se produisent dans leur entourage sont appelées, tôt ou tard, à disparaître. Retenons d'abord les principes suivants:

1. L'environnement est changeant. C'est pourquoi tout bon stratège tentera de prévoir le plus possible ces changements et d'en évaluer la nature et les effets.

2. Cette recherche d'information permettra d'identifier les possibilités de marketing. Celles-ci sont des manifestations positives pouvant se traduire en occasions d'affaires intéressantes.

3. Les menaces de l'environnement doivent constituer des défis et éventuellement se convertir en possibilités pour l'entreprise qui adopte un marketing stratégique. Ce pourrait, par exemple, être le cas des pressions sociales pour le respect de l'environnement. Une entreprise sans plan stratégique risque de réaliser l'ampleur du mouvement beaucoup trop tard; alors, elle ne disposera peut-être pas des moyens qui lui permettraient de remédier à la situation. Par ailleurs, l'entreprise qui adopte un marketing stratégique pourra utiliser cette menace (pour ses concurrents) comme une possibilité (c'est cela, le défi) et traduire cette dernière en avantage concurrentiel. Contrairement aux autres chaînes de restauration rapide, McDonald axe actuellement sa stratégie de marketing sur le respect de l'environnement (l'élimination des

contenants en styromousse) et sur une saine alimentation (le nouveau hamburger «léger»). Nul doute que cette entreprise a saisi avant les autres entreprises de sa catégorie les préoccupations de la société en cette matière et s'y est préparée en conséquence.

4. L'environnement peut obliger l'entreprise à modifier, adapter ou abandonner certaines stratégies de marketing et de vente. La Loi sur la protection du consommateur a changé la pratique de la vente itinérante. Celle interdisant la publicité destinée aux enfants a obligé les fabricants de jouets à modifier leurs stratégies de commercialisation.

5. L'environnement peut être lui-même influencé à long terme par le marketing. C'est le cas des lecteurs de disques compacts, qui ont été mis sur le marché avec une très forte pression commerciale. Ici, c'est le marketing qui a réussi à amener les amateurs de musique à abandonner les microsillons de vinyle.

6. L'environnement est le cadre de référence dans lequel l'entreprise doit évoluer. Cette dernière n'a pas le choix de s'y adapter et d'en tirer le meilleur parti.

7. Comme toutes les autres composantes du marketing, la vente est grandement influencée par l'environnement. Mentionnons les domaines suivants :

    a) *L'environnement économique* Pendant les périodes de récession, le commerce au détail est un des secteurs les plus affectés. Plusieurs commerces doivent fermer leurs portes.

    b) *L'environnement démographique* Un taux de divorces plus élevé et la taille des ménages qui se rétrécit peuvent obliger l'agent immobilier à considérer davantage la vente de copropriétés ou de duplex.

    c) *L'environnement naturel* Les manifestations des Cris et les moyens de pression de différents mouvements écologiques pourront forcer Hydro-Québec à revoir sa stratégie de vente d'électricité.

    d) *L'environnement concurrentiel* Le système de vente d'Alcan doit subir une concurrence plus vive avec la venue de nouvelles alumineries au Québec.

    e) *L'environnement légal et politique* Le représentant des services financiers devra peut-être s'attendre à des changements d'habitudes de consommation face à ce type de produits étant donné l'implantation de la Loi sur le partage du patrimoine familial. Certains consommateurs risquent d'être moins tentés par les REER (partageables) et un peu plus par différents plans d'investissement (exclus de la loi).

f) *L'environnement technologique*   Les représentants d'assurances disposent maintenant d'ordinateurs portatifs qu'ils apportent chez leurs clients. Cette situation s'avère nécessaire à cause de la complexité des produits achetés.

g) *L'environnement social et culturel*   Le niveau d'instruction de plus en plus élevé de la population et les changements de valeurs menant à une plus grande autonomie individuelle sont susceptibles de rendre la vente sous pression de moins en moins acceptable.

☐ Conclusion

Dans ce chapitre, nous avons évoqué les principes du marketing, son évolution, sa planification et l'environnement auquel il est soumis. Il est important de retenir en particulier la différence qui existe entre la philosophie de l'approche de la vente et celle de l'approche du marketing. L'approche du marketing n'est aucunement hostile à la vente ou aux techniques qui régissent cette activité. La vente doit plutôt être considérée comme un moyen, tandis que la satisfaction à long terme du client constitue la fin.

Nous avons également mis l'accent sur l'environnement concurrentiel particulier qu'on trouve maintenant ; cela amène invariablement une nouvelle pratique du marketing, qu'on nomme «marketing stratégique» et qui doit s'exercer dans un système rigoureux de planification. Nous avons passé en revue les différentes étapes de la planification du marketing (le but d'un ouvrage spécialisé n'est pas d'étudier ces étapes en profondeur, mais bien de les situer pour les lecteurs. Pour une information plus poussée, consulter des livres de base comme ceux mentionnés à la section suivante.)

De la planification du marketing résultera le plan de vente, ce dernier étant une partie du marketing mix, plus précisément du P de promotion. Enfin, nous avons brièvement illustré de quelle manière les différentes formes de l'environnement peuvent influencer une partie du système de vente ou le système en entier.

INFORMATION SUPPLÉMENTAIRE

Pour une lecture approfondie sur la stratégie de marketing, voir David Cravens, *Strategic Marketing*, Irwin, 1982.

Les lecteurs pourront se familiariser avec les différentes lois susceptibles d'influencer le système de la vente. Mentionnons entre autres la Charte canadienne des droits de la personne et la Charte québécoise des droits et libertés de la personne, la Loi relative aux enquêtes sur les coalitions (fédérale) et la Loi sur la protection du consommateur (provinciale).

En ce qui concerne les principes du marketing et la nature de l'environnement de marketing canadien, nous suggérons les manuels de base de René Darmon, Michel Laroche et John Petrof, *Le Marketing: Fondements et applications*, 4ᵉ éd., Montréal, McGraw-Hill, 1989, et Philip Kotler, M. G. McDougall et J. Picard, *Principes de marketing*, 2ᵉ éd., Boucherville, Gaëtan Morin Éditeur, 1985, 996 p.

QUESTIONS

1. Quelles sont les différences importantes entre l'approche de la vente et l'approche du marketing? Comment la vente doit-elle être perçue?

2. Que pensez-vous du poste de vice-président des ventes? Quels problèmes ce poste peut-il engendrer?

3. Quelles sont les nouvelles réalités auxquelles fait face le marketing actuel? Sur quelles politiques le gestionnaire des ventes doit-il mettre l'accent maintenant?

4. Pourquoi la fonction «marketing» doit-elle être planifiée? Quelle incidence cela aura-t-il sur la fonction «vente»?

5. Qu'entend-on par «positionnement du produit»?

6. À quelles grandes manifestations de l'environnement le représentant de Pitney-Bowes (fabricant de machinerie postale) pourrait-il être soumis durant la prochaine année?

7. Le directeur des ventes d'une importante entreprise de circulaires (impression et livraison) vous déclare, l'air piteux: «Je ne sais pas ce que l'avenir nous réserve. Il y a des mouvements de protestation contre les circulaires qui prétextent qu'il s'agit d'un gaspillage éhonté des ressources. Les conseils municipaux sont saisis de la question.» Que pourrait-il faire face à cette situation?

8. On dit que le niveau de compétence, d'instruction, d'habileté et de professionnalisme exigé des représentants industriels est de plus en plus élevé. Quelles manifestations de l'environnement pourraient être à l'origine de cela?

ANNEXE 2.1

Directeurs des ventes orientés vers le marketing et vers la vente

Orientation « marketing »

Planification du profit : plan de marketing et segmentation.

Orientation « vente »

Volume des ventes. Augmentation des ventes pour atteindre les quotas et maximiser les commissions et primes. Insensibles aux marges de profits.

Vision à long terme. Analyse continue des possibilités de nouveaux produits et marchés pour le développement futur.

Vision à court terme. Préoccupés par les besoins d'aujourd'hui.

Segmentation de marché et stratégies de marketing adaptées.

Vision restreinte du marché et règlement des problèmes au jour le jour.

Système d'information. Recherche et études de marché. Planification et contrôle.

Peu de temps accordé à la planification. Préfèrent vendre.

SOURCE : Adapté de Philip Kotler, « From Sales Obsession to Marketing Effectiveness », *Harvard Business Review*, novembre-décembre 1977, p. 67-75.

PLAN

3

Le processus d'achat organisationnel

OBJECTIFS

Après l'étude de ce chapitre, vous devriez être capable de:

- Saisir l'importance du processus d'achat en relation avec la gestion stratégique des ventes.
- Fournir des éléments stratégiques conduisant plus efficacement à des ententes.
- Distinguer les différentes situations influençant la vente.
- Identifier les membres composant un groupe décisionnel d'achat.
- Reconnaître les groupes prescripteurs dans le processus d'achat.
- Intégrer la stratégie de vente au comportement de l'acheteur.
- Situer les bases du pouvoir.
- Décrire les phases du processus d'achat.
- Saisir le processus d'adoption de l'innovation.

Introduction

Au cours de ce chapitre, nous analyserons les diverses facettes relatives aux comportements associés à l'acte d'achat dans un contexte de vente industrielle. Ce chapitre conduit au plan de vente stratégique que nous étudierons au chapitre suivant.

Il nous semble incontestable qu'un représentant ne peut entamer le processus de vente sans avoir au préalable analysé le comportement d'achat de son client. En fait, le comportement d'achat d'une entreprise s'apparente, sous certains points, à celui des consommateurs, soit à celui de monsieur et madame Tout-le-Monde. Cependant, l'approche que nous étudierons ne s'adresse pas à un ménage, mais plutôt à une organisation qui a aussi des besoins à combler.

Les conséquences stratégiques rattachées aux deux types de consommateurs sont forcément différentes. En tant que consommateurs, nous achetons des produits et des services pour plusieurs raisons, notamment pour notre usage personnel et pour nos loisirs. Quant au domaine industriel, la différence la plus frappante concerne la relation entre le représentant et l'acheteur. En effet, le vendeur s'adresse à un acheteur qui, dans une situation d'achat, cherche à maximiser les gains et à minimiser les pertes pour le compte d'une entreprise dont il fait partie[1]. Un représentant œuvrant dans le domaine de la vente industrielle doit effectivement composer avec cette réalité et les particularités qu'elle engendre. C'est du moins dans cette optique que nous abordons ce sujet dans les prochaines pages.

Nous verrons d'abord les différentes étapes du processus d'achat. Par la suite, nous examinerons les rôles des membres qui composent un groupe décisionnel d'achat. De plus, nous analyserons les diverses situations qui influencent le processus d'achat et de vente. Nous étudierons également un modèle du comportement de l'acheteur ainsi que les différentes bases du pouvoir qui y sont associées. Finalement, nous nous pencherons sur le processus d'adoption de l'innovation industrielle.

☐ 3.1 Les phases du processus d'achat et de décision

Nous étudierons d'abord les différentes phases du processus d'achat et de décision organisationnel. Il est en effet très important pour toute personne qui appartient à une équipe de vente de savoir comment s'effectue, phase par phase, une décision d'achat dans une organisation. Cette connaissance permettra notamment de mieux analyser les interventions au moyen des efforts qu'elles impliquent et de mieux évaluer le temps que requiert le processus d'achat avant qu'une commande ne soit exécutée.

3.1.1 La prévision ou la reconnaissance d'un besoin (ou d'un problème)

Le processus d'achat organisationnel se déclenche lorsque le problème est reconnu et que l'achat d'un produit permet de résoudre ce problème[2].

---

1. Thomas V. Bonoma, «Les ventes importantes: qui achète?», *Harvard-L'Expansion*, vol. 27, hiver 1982-1983, p. 44.
2. Pour plus d'information sur la définition du problème, voir Donald R. Lehmann et John O'Shaughnessy, «Difference in Attribute Importance for Different Industrial Products», *Journal of Marketing*, vol. 38, avril 1974, p. 36-42.

Ainsi, un achat de machinerie pourra régler un problème d'approvision-nement insuffisant d'un poste de production.

Il se peut aussi que l'achat d'un produit réponde à un besoin, qu'il constitue un élément manquant nécessaire à l'organisation. L'entreprise comblera ses besoins en choisissant parmi plusieurs produits et fournis-seurs.

Ordinairement, le représentant joue un rôle qui s'apparente à celui d'un conseiller, c'est-à-dire qu'il tente de résoudre le problème de son client. Dans la majeure partie des cas, la solution consiste à suggérer des produits ou des services qui correspondront le mieux aux besoins de l'entreprise. D'ailleurs, un client satisfait sera celui auquel le représentant aura proposé le produit adéquat.

3.1.2 La détermination et la description des caractéristiques et des bénéfices recherchés, de la quantité et des délais de livraison

La deuxième étape du processus d'achat est l'identification et la descrip-tion du produit recherché. L'entreprise doit cerner ses besoins, les ana-lyser et établir alors ses exigences afin de mieux satisfaire ceux-ci. Par exemple, l'entreprise doit-elle se procurer une machine qui fabrique 5 000 unités ou 35 000 unités par semaine? L'entreprise doit alors établir des paramètres afin d'être capable de communiquer avec le représentant.

Une mauvaise définition du besoin et des exigences peut se traduire par un achat regrettable. Un des rôles du représentant consiste souvent à aider les acheteurs à bien découvrir leur besoin et à y associer un produit qui réponde aux effets voulus. Par exemple, quel camion à plate-forme convient le mieux, compte tenu du travail à l'entrepôt, à l'extérieur, de la charge à soulever, du nombre d'heures d'utilisation par jour?

Un bon représentant doit orienter sa vente en fonction de la recherche du produit qui correspondra parfaitement au client. Agissant souvent en tant qu'expert, il lui arrive d'être dans une position où il pourrait exploiter son client. Bien entendu, une telle attitude constitue un manque d'éthique. Sous cet angle, le perdant est non seulement le client, mais aussi le représentant qui risque de compromettre sa carrière ainsi que la réputation de l'entreprise.

3.1.3 La recherche d'un fournisseur

Une fois que l'organisation aura clairement défini ses besoins, elle passera à l'étape suivante, qui consiste dans la recherche d'un fournisseur. Il s'agit alors d'identifier les fournisseurs qui vendent le produit recherché. L'identification des fournisseurs commence habituellement par le repérage de ceux avec lesquels l'entreprise travaille déjà; par la suite, si nécessaire, la recherche se poursuivra.

3.1.4 La collecte et l'analyse des appels d'offres

Après que l'entreprise a identifié certains fournisseurs potentiellement intéressants, elle les invite à présenter une offre de service ou une soumission, au moyen d'un appel d'offres. Suivant la situation d'achat et l'importance de celui-ci, cette étape sera plus ou moins complexe ou longue. Dans certains milieux, comme la fonction publique, une soumission exhaustive sera requise. Dans d'autres types d'organisations, une liste de prix écrite ou verbale suffira si l'achat est répétitif ou peu important, telle une boîte de disquettes. Par contre, une soumission complète sera nécessaire si l'entreprise doit se procurer 15 000 boîtes de disquettes par année. Dans cette situation, celle-ci possède un pouvoir d'achat important et elle tentera d'en bénéficier.

3.1.5 L'évaluation des offres
et la sélection des fournisseurs

Après avoir reçu les différentes soumissions, le groupe décisionnel d'achat évaluera les offres des fournisseurs. Certaines négociations continueront ou s'arrêteront; à cette étape, une entente peut être signée.

Lors de la phase d'évaluation des offres et de la sélection des fournisseurs, l'importance des critères de choix dépendra du sujet à évaluer: elle variera, par exemple, selon le choix du fournisseur, selon la classe de produit ou selon le produit, s'il s'agit d'une innovation.

Afin d'approfondir l'étude de la phase de l'évaluation, nous vous présentons les différents critères d'évaluation suivant leur importance et compte tenu des situations d'évaluation.

Les critères d'évaluation d'une offre portant sur le choix d'un fournisseur

Selon l'étude de Blainville et Dornoff effectuée en 1973[3], les facteurs influençant le choix d'un fournisseur sont, par ordre d'importance :

- le service ;
- la qualité du produit ;
- le soutien du fournisseur ;
- le prix compétitif ;
- la réputation du fournisseur ;
- la proximité du fournisseur ;
- l'amabilité du fournisseur ;
- la personnalité de l'agent de liaison ;
- la possibilité du crédit ;
- le prestige du fournisseur ;
- la réciprocité.

Les critères d'évaluation d'une offre portant sur une innovation

Selon l'étude d'Ozanne et Churchill réalisée en 1971[4], cinq facteurs influencent la décision d'achat à propos d'une innovation (nouveau produit, processus ou idée) :

1. La rapidité de la livraison : le fournisseur qui promet le délai de livraison le plus court.
2. La comparaison entre le coût et le bénéfice : la valeur économique considérée comme étant élevée.
3. Les caractéristiques spéciales du produit : sous l'angle de la capacité par rapport à la concurrence.
4. Les ventes personnelles : la relation qui existe entre le représentant et le distributeur.
5. L'expérience antérieure.

Les critères d'évaluation d'une offre selon la classe de produit

Selon l'étude effectuée par Lehmann et O'Shaughnessy en 1974[5], l'importance de certaines tâches varie selon la classe de produit.

---

3. Guy R. Blainville et Ronald J. Dornoff, «Industrial Source Selection Behavior – An Industry Study», *Industrial Marketing Management*, juin 1973.
4. Urban B. Ozanne et Gilbert A. Churchill Jr., «Five Dimensions of the Industrial Adoption Process», *Journal of Marketing Research*, vol. 8, août 1971, p. 322-328.
5. Donald R. Lehmann et John O'Shaughnessy, *op. cit.*

Premièrement, en ce qui concerne la classe de produit dont l'usage requiert un apprentissage, les facteurs les plus importants sont les suivants :

- le service technique offert;
- l'utilisation facile du produit;
- la formation donnée pour l'utilisation du produit.

La deuxième classe de produit portant sur le choix du fournisseur touche les problèmes de performance. L'importance des caractéristiques est la suivante :

- le service technique offert;
- la flexibilité du fournisseur;
- la qualité associée au produit.

Un autre type de problème est relié au facteur politique. Celui-ci se manifeste lorsqu'il s'agit d'un achat de matériel comportant un capital majeur et pour lequel plusieurs unités administratives ou groupes d'influence ne partagent pas le même avis.

Les facteurs les plus importants pour le choix d'un fournisseur sont alors les suivants :

- le prix;
- la réputation du fournisseur;
- la fidélité des données à propos du produit;
- l'efficacité de la livraison (sa fiabilité);
- la flexibilité du fournisseur.

3.1.6 La sélection d'un processus d'achat

Il s'agit du processus nécessaire à l'établissement de la commande, soit les formules à remplir, les modalités de la livraison, l'estimation des commandes par livraison, etc.

3.1.7 L'évaluation du produit et de sa performance

Lorsque le produit est livré et qu'il est utilisé, le processus d'évaluation est enclenché. Celle-ci porte principalement sur deux dimensions, soit le produit et le fournisseur. Après un certain temps, le produit sera jugé selon les objectifs fixés préalablement par l'entreprise. Le fournisseur sera lui aussi évalué, notamment selon les services fournis et la qualité de la livraison.

3.1.8 Le comportement de rachat

Dans le cas d'un rachat identique, le service des achats établira une politique d'achat automatique ou un processus de prise de commande.

Dans les autres situations d'achat, le processus de prise de commande est beaucoup moins automatisé étant donné qu'il s'agit d'un nouveau produit ou d'un achat modifié.

3.2 Les rôles des membres composant un groupe décisionnel d'achat[6]

Peu importe la situation d'achat, le représentant doit absolument se demander «à qui dois-je vendre?» avant d'élaborer le plan stratégique de vente. En effet, dans un domaine comme celui de la vente industrielle, la réponse à cette question n'est pas aussi simple qu'il n'y paraît. L'acheteur, qui constitue le gestionnaire responsable des achats, n'est pas l'unique décideur dans le processus d'achat. À ce titre, plusieurs participants au processus d'achat peuvent intervenir et influencer le déroulement de la vente.

Or, la notion de «groupe décisionnel d'achat» renvoie à l'ensemble des participants au processus d'achat. Leur rôle dans le processus peut être formel ou informel. La composition d'un groupe décisionnel d'achat peut effectivement changer d'une situation d'achat à une autre, de même que les rôles de ses membres durant le processus selon le type d'entreprise auquel ils appartiennent[7]. La composition d'un groupe décisionnel d'achat n'est pas déterminée en fonction d'une personne; elle est plutôt soumise à l'influence d'un ensemble d'individus pouvant compter parmi eux l'instigateur, les filtres, les prescripteurs, les décideurs, l'utilisateur et finalement l'acheteur (voir le tableau 3.1).

3.2.1 L'instigateur

L'instigateur est l'individu qui remarque qu'on peut résoudre un problème en se procurant un produit. Il est celui qui détermine un besoin qui doit être comblé dans une entreprise. L'importance et la complexité du processus dépendront de la nature des problèmes présents dans l'entreprise.

---

6. Thomas V. Bonoma, *op. cit.*
7. Robert E. Spekman et Louis W. Stern, «Environmental Uncertainty and Buying Group Structure: An Empirical Investigation», *Journal of Marketing*, vol. 43, printemps 1979, p. 54-64.

TABLEAU 3.1
Membres d'un groupe décisionnel d'achat et leurs rôles

Membres	Rôles
L'instigateur	– remarque le problème – détermine les besoins à combler
Les filtres	– agissent comme experts – conseillent le groupe
Les prescripteurs	– influencent le groupe
Les utilisateurs	– utilisent le produit ou le service – agissent comme évaluateurs
Les décideurs	– approuvent ou non un achat quelconque
L'acheteur	– prend possession du produit ou du service

L'instigateur peut, en raison d'un grave problème, formuler une demande pressante auprès du service des achats. De cette façon, il pourra exiger qu'on trouve un nouveau fournisseur qui vend le même produit mais d'une meilleure qualité. Dans cette situation, le représentant appelé sur place agira dans le contexte particulier où se situe l'organisation.

3.2.2 Les filtres

Les filtres ont comme rôle d'agir en tant qu'experts dans le processus d'achat, vu leur compétence dans le domaine technique, ou en tant que représentants des utilisateurs. À ce titre, le gestionnaire en approvisionnement (l'acheteur) peut s'associer à un groupe-conseil ou à divers groupes ou divers conseillers, afin de s'assurer que la charge qui lui incombe satisfasse l'entreprise dans la mesure du possible.

L'acheteur jouera un rôle de coordonnateur et se placera entre les différents fournisseurs et les différents groupes décisionnels. Il participera au processus final, alors que le choix sera fait. À ce stade, il établira les conditions et les règlements de la commande.

Les effets de l'intervention des filtres dans le processus d'achat peuvent être les suivants:

- un long processus décisionnel;
- une grande difficulté à influencer un groupe plutôt qu'une personne;

- des différences entre les règles émotionnelles;
- la division du pouvoir de persuasion;
- la limitation du pouvoir de l'acheteur à la coordination;
- la difficulté pour le représentant d'avoir des contacts directs avec les filtres: l'acheteur garde ce pouvoir, agissant alors comme un retransmetteur de l'information privilégiée;
- la difficulté pour les filtres de mesurer s'ils ont transmis l'information ou s'ils ont bien retransmis celle-ci; il faut les motiver à le faire, sinon ils risquent d'exercer une censure.

3.2.3 Les prescripteurs

Les prescripteurs sont des individus qui ont une influence quelconque sur le processus d'achat. Ils peuvent se situer à n'importe quel niveau de la hiérarchie de l'entreprise, malgré leur position informelle dans le processus d'achat. Le représentant doit prendre en considération les prescripteurs, car ils influencent les personnes qui possèdent un pouvoir décisionnel formel.

3.2.4 Les décideurs

Les décideurs détiennent le pouvoir réel en ce qui concerne l'approbation de l'achat d'un produit ou encore le choix d'un fournisseur. Ils peuvent approuver l'achat d'un matériel quelconque. Par contre, ils peuvent rejeter un fournisseur et s'opposer à des conditions d'achat.

On remarquera que plus un achat s'avère coûteux et important, plus il y a de décideurs à la tête de l'entreprise qui participent à ce processus. Dans le cas de certains types d'achats, le représentant doit faire passer les bons messages afin d'influencer les dirigeants de l'entreprise.

3.2.5 L'utilisateur

L'utilisateur est l'individu qui profite du produit ou du service ou qui l'utilise. Il jouit d'une influence certaine dans le processus d'achat. En effet, il agit souvent comme évaluateur après s'être servi du produit dans une situation normale d'utilisation.

3.2.6 L'acheteur

L'acheteur est ordinairement le mandataire, c'est-à-dire la personne qui a pour fonction de prendre possession du produit ou du service. L'acheteur fixera alors les diverses conditions de la commande. Il se chargera de négocier le prix, le contrat entre le vendeur et l'acheteur, le délai de livraison, etc.

Le représentant ne doit pas transmettre la même information à chacun des membres du groupe décisionnel d'achat[8]. Sa stratégie de communication différera selon le type d'achat et selon la personnalité du décideur.

☐ 3.3 Les différentes situations d'achat

La composition d'un groupe décisionnel d'achat peut changer d'une situation d'achat à une autre. Alors, qu'entend-on par l'expression « situation d'achat » ?

3.3.1 La situation d'achat selon le type de produit

Il existe trois types de situations d'achat: la nouvelle tâche, le rachat identique et le rachat modifié. Celles-ci peuvent être mises en relation avec différentes catégories de produits et elles influencent le processus d'achat.

Le modèle Buygrid élaboré par Robinson, Faris et Wind en 1961[9] permet d'analyser les phases du processus d'achat selon les diverses situations d'achat. Cet outil d'analyse sert à classifier et à mieux comprendre les comportements d'achat. Il en résulte alors une meilleure adéquation entre l'effort de marketing et le groupe décisionnel d'achat. Ce modèle est présenté au tableau 3.2.

La nouvelle tâche

La «nouvelle tâche» signifie qu'on achète un produit, une classe de produit, une marque ou une caractéristique inconnue pour la première fois. Le client doit alors accomplir une tâche d'évaluation et de sélection. Dans cette situation, les connaissances du client sont limitées. Le rôle du repré-

---

8. Frederick E. Webster Jr. et Yoram Wind, «A General Model for Understanding Organizational Buying Behavior», *Journal of Marketing*, avril 1972, p. 12-19.
9. Patrick J. Robinson, Charles W. Faris et Yoram Wind, *Industrial Buying and Creative Marketing*, Boston, Allyn and Bacon, Marketing Science Institute Series, 1967.

TABLEAU 3.2
Processus d'achat et de décision

	Nouvelle tâche	Rachat identique	Rachat modifié
Prévision ou reconnaissance d'un besoin ou d'un problème			
Détermination et description des caractéristiques et des bénéfices recherchés, de la qualité du produit et des délais de livraison			
Recherche d'un fournisseur			
Collecte et analyse des appels d'offres			
Évaluation des offres et sélection du fournisseur			
Choix d'un processus d'achat			
Évaluation du produit et de sa performance			
Comportement de rachat			

SOURCE: Patrick J. Robinson, Charles W. Faris et Yoram Wind, *Industrial Buying and Creative Marketing*, Boston, Allyn and Bacon, Marketing Science Institute Series, 1967.

sentant consistera alors à informer le client sur les caractéristiques et les bénéfices du produit compte tenu de ses besoins, afin de le convaincre d'acheter son produit et non celui d'un concurrent. Dans une situation où il n'y a pas de concurrence, il faut alors motiver le client à acheter le produit. Dans la situation où il existe un concurrent, il faudra de plus justifier l'achat et s'assurer que celui-ci se fera à l'avantage du représentant.

La nouvelle tâche vise un double objectif: amener le client à acheter le produit proposé et faire en sorte (par la persuasion) qu'il porte son choix sur le produit vendu par le représentant.

Le rachat identique

Dans le cadre d'une situation répétée, le client a déjà acheté le produit. Le représentant doit alors s'assurer de la satisfaction de son client quant à la livraison du produit, à sa qualité, etc., afin d'obtenir de sa part une certaine fidélité.

Dans le cas où l'acheteur se montre insatisfait face au produit actuel et au fournisseur, il sera très difficile pour le représentant de le convaincre de passer une nouvelle commande. Un représentant ayant un plan stratégique devra alors axer sa vente sur la modification du comportement d'achat.

Le rachat modifié

Le rachat modifié est une situation dans laquelle le client qui a acheté un produit par le passé désire plus d'information dans le but de changer de fournisseur ou de produit. Le représentant doit alors convaincre le client de la pertinence de changer de produit ou de fournisseur en lui proposant une meilleure entente quant au prix, au service ou à la livraison.

3.3.2 La situation d'achat selon la classe de produit

En plus de la situation d'achat, la classe de produit peut influencer le processus d'achat à l'intérieur d'un groupe décisionnel d'achat. Il existe en effet cinq grandes classes de produits[10].

– *Le matériel requérant un capital majeur*   Ce sont des produits qui ont une durée de vie utile supérieure à un an. Ces derniers ne font pas partie du produit final et ils coûtent plus de 10 000 $. C'est le cas des chariots élévateurs.

– *Le matériel requérant un capital mineur*   Ces produits ont une vie utile de plus d'un an; ils ne font pas partie intégrante du produit fini et ils coûtent entre 1 000 $ et 10 000 $. C'est le cas des micro-ordinateurs.

– *Les produits incorporés, finis et semi-finis*   Ces pièces sont intégrées au produit final. Elles doivent être modifiées ou faire partie du produit de fabrication.

– *Les pièces détachées*   Elles font partie du produit final, mais elles n'ont pas besoin d'être modifiées; elles sont simplement assemblées.

– *Les fournitures*   Ces biens, qui ne font pas nécessairement partie du produit final, servent de support à la fabrication d'un produit.

---

10. Donald W. Jackson, Janet E. Keith et Richard K. Burdick, «Purchasing Agents Perceptions of Industrial Buying Center Influence: A Situational Approach», *Journal of Marketing*, vol. 48, automne 1984, p. 75-83.

3.3.3 La situation d'achat opposant le fournisseur actuel au fournisseur potentiel

Finalement, le processus d'achat, et donc de vente, sera fort différent selon qu'on est en présence du fournisseur actuel ou du fournisseur potentiel. Ces deux cas impliquent par conséquent des stratégies de vente distinctes. Prenons l'exemple d'une organisation reconnue par l'acheteur pour être un fournisseur bien établi qui offre d'excellents services. Le processus sera très différent de celui qui s'applique à un fournisseur qui offre les mêmes produits mais qui n'a pas eu la chance de faire ses preuves. L'acheteur aura le choix entre acheter au fournisseur actuel et acheter le même produit à un nouveau fournisseur.

3.3.4 Les quatre groupes prescripteurs dans le processus d'achat

Selon la classe de produit et le type de décision, il est important que le représentant comprenne l'effet de la situation d'achat sur le processus d'achat. Ainsi, à l'intérieur du groupe décisionnel d'achat, quatre grands groupes prescripteurs sont identifiés, soit les achats, la production, l'ingénierie et la haute direction[11].

3.3.5 Les résultats selon la classe de produit, la décision d'achat et les prescripteurs

Dans le prolongement des notions précédentes, voici le résumé des résultats proposés par Jackson, Janet et Burdick (1984[12]), qui démontrent l'influence des décisions d'achat selon la classe de produit, la décision d'achat et les prescripteurs.

Les résultats selon la classe de produit

Lorsque la décision porte sur le choix du produit à acheter, l'influence relative du service de l'ingénierie est plus grande pour l'achat de produits incorporés ou de pièces détachées que pour l'achat de fournitures (voir le tableau 3.3).

Lorsque la décision porte sur le choix du fournisseur, l'influence relative du service des achats est plus grande pour l'achat de produits

---

11. Patrick J. Robinson, Charles W. Faris et Yoram Wind, *op. cit.*
12. Donald W. Jackson, Janet E. Keith et Richard K. Burdick, *op. cit.*

TABLEAU 3.3
Niveau d'influence relative selon la classe de produit

	Classe de produit		
Membres influents	Produits incorporés	Pièces détachées	Fournitures
Service de l'ingénierie	Influence importante	Influence importante	Influence moins importante

incorporés que pour l'achat de matériel requérant un capital majeur (voir le tableau 3.4).

TABLEAU 3.4
Niveau d'influence relative selon le choix du fournisseur

	Classe de produit	
Membres influents	Matériel requérant un capital majeur	Produits incorporés
Service des achats	Influence moins importante	Influence importante

Les résultats selon la décision d'achat

Selon la classe de produit, l'influence relative du service des achats sera plus grande dans le choix d'un fournisseur que dans le choix d'un produit (voir le tableau 3.5).

Lorsqu'il s'agit de matériel requérant un capital mineur ou de fournitures, l'influence relative de la production est plus grande dans les décisions concernant le produit que dans celles portant sur le fournisseur (voir le tableau 3.6).

Lorsque la classe de produit consiste dans des produits incorporés ou des pièces détachées, l'influence relative de la production et du service de l'ingénierie s'avère plus grande dans les décisions concernant le produit que dans les décisions concernant le fournisseur (voir le tableau 3.7).

TABLEAU 3.5
Niveau d'influence relative selon la décision d'achat

	Décision d'achat		
	Classe de produit	Produit	Fournisseur
Membres influents	Matériel requérant un capital majeur	Influence moins importante	Influence importante
Service des achats	Matériel requérant un capital mineur	Influence moins importante	Influence importante
	Produits incorporés	Influence moins importante	Influence importante
	Pièces détachées	Influence moins importante	Influence importante
	Fournitures	Influence moins importante	Influence importante

TABLEAU 3.6
Niveau d'influence relative selon la décision d'achat

	Décision d'achat		
	Classe de produit	Produit	Fournisseur
Membres influents	Matériel requérant un capital majeur	Influence importante	Influence moins importante
Production	Matériel requérant un capital mineur	Influence importante	Influence moins importante
	Fournitures	Influence importante	Influence moins importante

TABLEAU 3.7
Niveau d'influence relative selon la décision d'achat

	Décision d'achat		
	Classe de produit	Produit	Fournisseur
Membres influents			
Production	Produits incorporés	Influence importante	Influence moins importante
Service de l'ingénierie	Pièces détachées	Influence importante	Influence moins importante

Les résultats selon les prescripteurs

Lorsque la décision porte sur l'achat du produit, l'influence relative du service des achats et de l'ingénierie est plus grande que l'influence relative de la haute direction pour tous les produits (voir le tableau 3.8).

L'influence relative du service de l'ingénierie est plus grande que l'influence relative de tous les autres prescripteurs à propos des pièces détachées (voir le tableau 3.9).

L'influence relative de la production est plus grande que celle de la haute direction dans le cas du matériel requérant un capital majeur, des produits incorporés, des pièces détachées et des fournitures (voir le tableau 3.10 à la page 75).

Lorsque la décision porte sur le choix d'un fournisseur, l'influence relative du service de l'ingénierie est plus grande que l'influence relative de la production en ce qui concerne les pièces détachées (voir le tableau 3.11 à la page 76).

TABLEAU 3.8
Niveau d'influence relative selon les membres influents au sujet de l'achat d'un produit

Décision d'achat	Membres influents				
	Classe de produit	Service des achats	Production	Ingénierie	Haute direction
Achat d'un produit	Matériel requérant un capital majeur	Influence importante		Influence importante	Influence moins importante
	Matériel requérant un capital mineur	Influence importante		Influence importante	Influence moins importante
	Produits incorporés	Influence importante		Influence importante	Influence moins importante
	Pièces détachées	Influence importante		Influence importante	Influence moins importante
	Fournitures	Influence importante		Influence importante	Influence moins importante

TABLEAU 3.9
Niveau d'influence relative selon les membres influents au sujet de l'achat d'un produit

Décision d'achat	Membres influents				
	Classe de produit	**Service des achats**	**Production**	**Ingénierie**	**Haute direction**
Achat d'un produit	Pièces détachées	Influence moins importante	Influence moins importante	Influence importante	Influence moins importante

TABLEAU 3.10
Niveau d'influence relative selon les membres influents au sujet de l'achat d'un produit

Décision d'achat	Membres influents				
	Classe de produit	**Service des achats**	**Production**	**Ingénierie**	**Haute direction**
Achat d'un produit	Matériel requérant un capital majeur	Influence importante			Influence moins importante
	Produits incorporés	Influence importante			Influence moins importante
	Pièces détachées	Influence importante			Influence moins importante
	Fournitures	Influence importante			Influence moins importante

TABLEAU 3.11

Niveau d'influence relative selon les membres influents au sujet du choix d'un fournisseur

Décision d'achat	Membres influents				
	Classe de produit	Service des achats	Production	Ingénierie	Haute direction
Choix d'un fournisseur	Pièces détachées		Influence moins importante	Influence importante	

☐ 3.4 Le comportement de l'acheteur industriel

Dans la vie de tous les jours, nous consommons et achetons divers biens et services. Nous répondons à un comportement d'achat qui est propre au consommateur que nous sommes. Nous étudierons maintenant le même processus, mais en tenant compte cette fois des particularités de la vente industrielle. Ainsi, nous analyserons dans les prochaines pages le comportement de l'acheteur industriel, par le biais du modèle établi en 1973 par Jagdish N. Sheth[13].

L'acheteur industriel présente aussi un comportement d'achat. Le modèle du comportement de l'acheteur industriel que l'on trouve à la figure 3.1 se divise en sept grandes variables:

1. le monde psychologique des décideurs;
2. les attentes des participants;
3. la décision autonome ou la décision commune;
4. les particularités du produit;
5. les particularités de l'entreprise acheteuse;
6. le processus de prise de décision;
7. les facteurs situationnels.

À l'intérieur du processus d'achat, le processus d'évaluation présente des différences d'un participant à l'autre en raison de trois facteurs. Le premier facteur est d'ordre psychologique: l'individu est associé au processus d'achat. Le deuxième facteur est d'ordre situationnel; il s'agit

---

13. Jagdish N. Sheth, «A Model of Industrial Buyer Behavior», *Journal of Marketing*, vol. 37, octobre 1973, p. 50-56.

FIGURE 3.1   **Modèle de comportement de l'acheteur industriel**

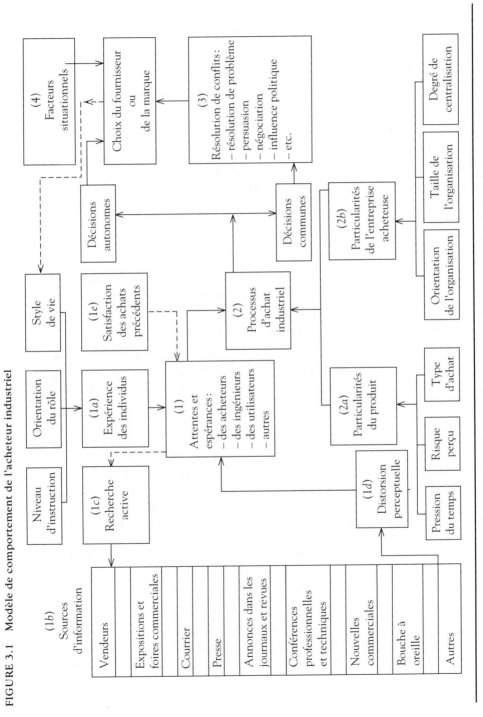

SOURCE: Jagdish N. Sheth, «A Model of Industrial Buyer Behavior», *Journal of Marketing*, vol. 37, octobre 1973, p. 51.

des conditions du processus d'achat auquel participe l'individu. Un dernier facteur, d'ordre conflictuel, peut influencer le processus d'achat.

3.4.1 Les sept variables du modèle de comportement de l'acheteur industriel

Le monde psychologique des décideurs

La figure 3.1 indique que, selon les attentes des dirigeants par rapport aux achats, leurs décisions seront influencées par cinq facteurs: (1a) l'expérience des individus; (1b) les sources d'information; (1c) la recherche active; (1d) la distorsion perceptuelle et (1e) la satisfaction des achats précédents.

Les attentes des participants

Les attentes peuvent être définies comme une satisfaction potentielle avant l'achat d'un produit à un fournisseur ou d'une marque.

La décision autonome ou la décision commune

Il est utile pour un vendeur de savoir reconnaître si la décision d'achat relève d'un acheteur-décideur qui possède tous les pouvoirs relatifs aux achats (décision autonome) ou si elle a été confiée à un groupe décisionnel d'achat (décision commune).

Dans le cas où la décision est prise en commun, un groupe décisionnel d'achat forme un comité ordinairement composé d'individus qui possèdent du pouvoir ou une expertise. Ceux-ci sont alors chargés d'émettre des recommandations quant aux produits qu'ils doivent analyser; certains comités disposent même de toute l'autorité nécessaire quant à la décision d'achat. Le caractère autonome ou collectif de la décision est influencé par des facteurs regroupés en deux catégories: les particularités du produit, qui comprennent le temps, le risque perçu et le type d'achat, et les particularités de l'entreprise acheteuse, soit l'orientation de l'organisation, la taille de celle-ci et le degré de centralisation des décideurs.

Les particularités du produit

Au sujet des particularités du produit, l'étude de Bonoma (1982-1983[14]) démontre que plus le risque d'achat est grand, plus l'organisation a tendance à faire appel à des spécialistes auxquels elle accorde un pouvoir

---

14. Thomas V. Bonoma, *op. cit.*

d'expertise. L'entreprise laisse par conséquent une partie ou la totalité de la tâche consistant à acheter un produit au jugement d'un groupe d'individus à cause de leur compétence réelle ou perçue.

Quant au type d'achat, soit de rachat identique ou de rachat modifié, la tendance est la suivante : plus l'achat est considéré comme étant nouveau, plus il y aura de décideurs experts ; plus l'achat est répétitif, moins il y aura de participants à la prise de décision.

En ce qui a trait au facteur temps, si une décision concernant un achat doit être prise rapidement, l'entreprise aura tendance à diminuer le nombre de participants au processus. Ce faisant, elle réduira considérablement les délais causés par toutes sortes de réunions, et accélérera de fait la démarche.

Les particularités de l'entreprise acheteuse

Une des caractéristiques qui déterminent le nombre de participants est en relation avec la structure de l'entreprise. Il s'agit de l'orientation de l'entreprise, c'est-à-dire le secteur d'activité et le type d'orientation qui est prôné. Ainsi, une organisation orientée vers la haute technologie sera davantage tentée, étant donné ses besoins, de faire appel à des ingénieurs lors du processus d'achat. D'un autre côté, si l'entreprise s'oriente vers la production, alors les achats risqueront plus d'être effectués par des individus appartenant à un domaine relié à la production.

Une deuxième caractéristique qui influence le nombre de participants est la taille de l'entreprise : plus l'entreprise est grande, plus les décisions auront tendance à se prendre conjointement.

Finalement, plus l'organisation est portée à centraliser ses pouvoirs, plus les décisions seront prises par un acheteur unique. Par le fait même, le processus d'achat devrait être plus court que dans une structure organisationnelle décentralisée.

Le processus de prise de décision

À cette étape, nous pouvons nous demander comment s'effectue le processus de prise de décision, à savoir quelles seront les sources de conflits possibles dans le processus décisionnel. Sur ce point, soulignons que plus il y a de participants dans le processus décisionnel, plus il y a de risques que des conflits éclatent. Ces conflits pourront alors être résolus par la persuasion, la négociation ou encore l'influence politique.

En plus des considérations touchant la prise de décision conjointe, il faut souligner les réseaux d'influence informels[15].

Les facteurs situationnels

Certains facteurs situationnels ont un effet plus ou moins important sur le processus d'achat dans une entreprise. Ce peut être un plan d'expansion dans le champ de la production ou l'étendue du réseau de distribution.

☐ 3.5 Les bases du pouvoir dans le processus d'achat

À l'intérieur du processus d'achat, il y a des groupes formels, déterminés à l'avance, qui ont une mission à remplir. Il y a aussi un réseau informel qui peut avoir une influence significative sur les décisions. À titre d'exemple, même si le président n'a pas de rôle formel dans le processus d'achat, il peut exercer une grande influence sur les principaux décideurs.

Par ailleurs, il existe certains pouvoirs à l'intérieur du processus d'achat qui agissent sur les décisions[16]:

– *Le pouvoir de récompense* Il s'agit de la possibilité de procurer à certains individus des faveurs d'ordre financier, social, politique, psychologique ou organisationnel afin de faciliter la prise de décision.

– *Le pouvoir de coercition* Il s'agit de la possibilité de pénaliser des personnes qui refusent de se prononcer ou qui ne partagent pas les opinions de certains individus. Cela peut prendre la forme d'une promotion compromise.

– *Le pouvoir d'influence* Il renvoie à la possibilité d'influencer une décision à la faveur de l'amitié, du charisme, etc.

– *Le pouvoir d'expertise* Il s'agit de la compétence réelle ou perçue des leaders d'opinion reconnue par les décideurs.

– *Le pouvoir structurel* Il est établi selon la hiérarchie dans l'entreprise et il correspond au pouvoir formel.

Il est important que le représentant tente de connaître les sources de pouvoir, oriente la vente en conséquence et opte pour des tactiques efficaces.

---

15. Pour plus d'information, voir Robert E. Spekman et Louis W. Stern, *op. cit.*
16. Thomas V. Bonoma, *op. cit.*

☐ 3.6 Le processus d'adoption de l'innovation dans l'achat industriel

Dans le cadre de la théorie de la diffusion et de l'adoption de l'innovation, le représentant doit envisager cinq étapes, lesquelles influencent aussi le processus d'achat[17] :

Première étape: la connaissance   À cette étape, le client est placé devant le produit.

Deuxième étape: l'intérêt   Il s'agit de la phase cognitive où l'acheteur établit une recherche active d'information.

Troisième étape: l'évaluation   C'est l'étape du traitement de l'information.

Quatrième étape: l'essai   À ce moment, l'acheteur teste le produit.

Cinquième étape: l'adoption   Il s'agit de l'achat du produit, de la commande.

Selon la recherche effectuée par Ozanne et Churchill en 1971[18], cinq facteurs peuvent mettre en marche le processus d'adoption de l'innovation :

1. Le problème de la capacité de production insuffisante.

2. Le problème de la spécialisation: il faut alors chercher une technologie de pointe qui réponde aux exigences d'un marché plus spécialisé.

3. La désuétude du matériel: la machinerie qui vieillit cause des problèmes de précision, de dépendance et d'entretien.

4. L'achat de remplacement: il est attribuable à des coûts trop élevés ou à une faible disponibilité des pièces détachées ou d'assemblage qui force l'entreprise à manufacturer celles-ci.

5. La nouvelle tâche ou le problème: dans ce cas, le client requiert des performances que l'entreprise ne peut fournir, vu ses capacités actuelles.

Cette étude démontre, entre autres choses, que les décideurs scientifiques et techniques travaillant dans une grande entreprise amorceront le processus d'adoption en ce qui concerne une nouvelle tâche à remplir

---

17. E. Rogers, *Diffusion of Innovations*, New York, The Free Press, 1969.
18. Urban B. Ozanne et Gilbert A. Churchill Jr., *op. cit.*

ou un nouveau produit à mettre au point. Par contre, dans les plus petites entreprises, les données démontrent que la pénurie de main-d'œuvre spécialisée déclenche davantage le processus d'adoption de l'innovation.

3.6.1 La durée du processus d'adoption

Selon l'échantillonnage de l'étude d'Ozanne et Churchill[19], le processus d'adoption varie entre 1 jour et 31 mois.

L'étape de l'intérêt est fréquemment provoquée par la visite d'un représentant ou par une lettre demandant de l'information à propos du produit. Le temps a un certain effet sur la stratégie de vente du représentant: si le processus est long, le fournisseur a plus de temps pour influencer les décideurs.

S'il y a plusieurs fournisseurs dans la course, la durée du processus offrira à la concurrence une meilleure occasion de présenter ses arguments. Les données indiquent aussi que les groupes décisionnels d'achat qui comptent peu de participants parviennent plus rapidement à une décision. Par ailleurs, les organisations qui ont un personnel spécialisé moins nombreux prennent plus de temps à se former une opinion sur la décision d'adoption.

☐ Conclusion

Nous avons analysé le processus d'achat sous une forme pragmatique ne faisant appel qu'à la raison. C'est du moins l'approche la plus répandue dans la documentation sur le sujet. Il existe néanmoins, selon l'expérience des auteurs, un facteur qui influence le processus d'achat considérablement: ce sont les sentiments. Même si le groupe décisionnel d'achat accomplit un travail rationnel, il ne faut pas sous-estimer les émotions et les sentiments qui existent dans la relation entre l'acheteur (les membres du groupe décisionnel d'achat) et le représentant. D'ailleurs, l'étude d'Ozanne et Churchill[20] nous démontre que le contact entre l'acheteur et le représentant est, en fait, un facteur important qui exerce une influence sur la prise de décision d'achat.

INFORMATION SUPPLÉMENTAIRE

AMES, Charles. «Le marketing particulier des biens industriels», *Harvard-L'Expansion*, hiver 1977-1978, p. 94-116.

---

19. *Ibid.*
20. *Ibid.*

BELLIZINI, Joseph A. « Organizational Size and Buying Influences », *Industrial Marketing Management*, n° 10, 1981, p. 17-21.

BOUCHARD, Jean-René et PELLETIER, Suzanne. *Marketing industriel*, Modulo Éditeur, 1985.

BRAND GORDON, T. *The Industrial Buying Decision*, New York, John Wiley and Sons Inc., 1972, p. 134.

BUSH, Paul et WILSON, David T. « An Experimental Analysis of a Salesman's Expert and Referent Bases of Social Power in the Buyer-Seller Dyad », *Journal of Marketing Research*, vol. 8, février 1976, p. 3-11.

CARDOZO, Richard N. et CAGLEY, James W. « Experimental Study of Industrial Buyer Behavior », *Journal of Marketing Research*, vol. 8, août 1971, p. 329-334.

DUMONT, D. « Le processus d'achat en milieu industriel », *Direction et Gestion*, n° 5, septembre-octobre 1972, p. 68.

GRASSELL, Milt. « What Purchasing Managers Like in a Salesperson... and What Drives them up the Wall », *Business Marketing*, juin 1986, p. 72-77.

KOTLER, Philip et LEVY, Sidney. « Buying is Marketing too! », *Journal of Marketing*, vol. 37, janvier 1973, p. 54-59.

McALEER, Gordon. « Do Industrial Advertisers Understand what Influences their Markets ? », *Journal of Marketing*, vol. 38, janvier 1974, p. 15-23.

MORRISON, Donald G. « Purchase Intentions Behavior », *Journal of Marketing*, vol. 43, printemps 1979, p. 65-74.

SILK, Alvin J. et KALWANI, Monohar U. « Measuring Influence in Organizational Purchase Decisions », *Journal of Marketing Research*, vol. 19, mai 1982, p. 165-181.

WEBSTER, Frederick E. Jr. « Informal Communication in Industrial Markets », *Journal of Marketing Research*, vol. 7, mai 1970, p. 186-189.

WEIGAND, Robert E. « Why Studying the Purchasing Agent is not enough? », *Journal of Marketing*, vol. 32, janvier 1968, p. 41-45.

WILSON, Elizabeth J. « A Case Study of Repeat Buying for Commodity », *Industrial Marketing Management*, vol. 13, n° 13, 1984, p. 195-200.

WIND, Yoram. « Industrial Source Loyalty », *Journal of Marketing Research*, vol. 7, novembre 1970, p. 450-457.

QUESTIONS

1. Quelle est la place du représentant dans le processus d'achat ?

2. Comment un représentant peut-il exercer une influence favorable sur les différents membres du groupe décisionnel d'achat ?

3. Selon vous, existe-t-il un lien entre l'efficacité d'un représentant et la connaissance du processus d'achat ?

4. Quels éléments peuvent influencer la durée de la décision d'achat ? Existe-t-il des éléments pouvant accélérer le processus ? Si oui, comment un représentant peut-il en tirer avantage ?

5. De quelle façon peut-on utiliser la notion de «pouvoir» le plus efficacement? Donnez un exemple.

6. Pourquoi est-il aussi important pour un vendeur de maîtriser le processus d'achat que celui de la vente?

7. Quel est, selon vous, le membre le plus important du groupe décisionnel d'achat?

8. Pour un représentant, quelle est la stratégie de vente la plus efficace dans le cas de la vente de produits incorporés selon l'influence des prescripteurs?

PLAN

4

Le processus de vente

OBJECTIFS

Après l'étude de ce chapitre, vous devriez être capable de:
- Reconnaître l'importance de la notion de «stratégie» dans le processus de vente.
- Saisir la portée des éléments intervenant entre le processus d'achat et le processus de vente.
- Permettre au gestionnaire de la force de vente d'atteindre une plus grande efficacité.
- Identifier les principales sources de prospection.
- Recueillir l'information préalable à une rencontre avec un client.
- Saisir la valeur de l'approche d'un client.
- Porter un diagnostic adéquat sur le déroulement de la vente.
- Faire une présentation permettant de valoriser le produit ou le service.
- Traiter les objections en en identifiant les différentes sources.
- Conduire une vente à sa conclusion au moyen de diverses techniques.
- Effectuer un suivi préventif et correctif.

Introduction

Ce chapitre porte sur l'élaboration d'un processus de vente. Celui-ci consiste en fait pour un gestionnaire de la force de vente à mettre en œuvre ses ressources, au cours des différentes étapes du processus de vente, en vue de vendre un produit ou un service à un client potentiel qui suit un processus d'achat, lequel client est une entreprise. Ce chapitre se situe donc dans le contexte de l'achat industriel.

Le processus de vente classique, indiqué à la figure 4.1, implique une série d'étapes qu'accomplit l'équipe de vente afin de concrétiser une vente, une entente.

FIGURE 4.1
Processus de vente

Prospection et développement $\rightarrow$ Préparation $\rightarrow$ Approche $\rightarrow$ Diagnostic

$\rightarrow$ Présentation $\rightarrow$ Traitement des objections $\rightarrow$ Conclusion $\rightarrow$ Suivi

☐ 4.1 Le processus de vente

Cependant, cette approche ne tient pas compte de la notion de «processus d'achat», laquelle est pourtant fort importante. C'est pourquoi, dans le cadre de ce livre, nous aborderons la vente en fonction du processus de vente stratégique, de manière à considérer le processus d'achat. Le processus est présenté dans le schéma suivant (voir la figure 4.2), en plus d'être expliqué dans les sections suivantes.

Afin d'établir un processus de vente stratégique, le gestionnaire de la force de vente doit, en premier lieu, effectuer le processus de vente; il doit, en second lieu, analyser le processus d'achat du client afin d'utiliser le plus efficacement les ressources qui sont à la disposition de l'entreprise.

Il s'agit d'atteindre dans les meilleures conditions les objectifs de vente. Il n'y a pas de bonne ou de mauvaise stratégie, il n'y a que des objectifs à réaliser. De la même manière, il ne peut y avoir de stratégie véritable sans que des objectifs aient été déterminés. Une fois que les objectifs ont été fixés et que le processus d'achat du client a été analysé, le processus de vente peut être abordé sur un plan stratégique.

La suite du chapitre traitera chacune des parties du processus de vente, l'analyse du processus d'achat du client et les objectifs de la force de vente.

FIGURE 4.2
Processus de vente stratégique

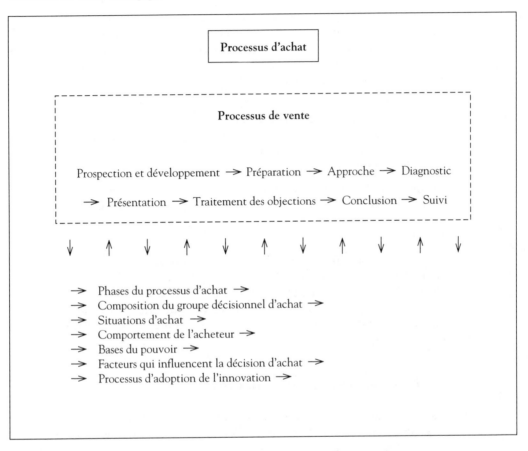

☐ 4.2 La prospection et le développement

Parmi les différentes tâches effectuées par un représentant, la prospection de nouveaux clients s'avère essentielle, car elle permet, entre autres, d'accroître le volume des ventes. Cet objectif peut également être atteint par le développement de la clientèle actuelle, c'est-à-dire par l'augmentation du nombre de produits vendus aux clients actuels. Une autre façon d'obtenir cette augmentation pourrait être l'achat de nouveaux produits par un client, ou encore une modification de la proportion des achats effectués aux dépens d'un fournisseur concurrent. Finalement, la prospection joue un rôle de renouvellement, car elle permet de remplacer les clients risqués, c'est-à-dire ceux qui sont susceptibles de passer chez d'autres fournisseurs.

Le principal travail d'un représentant consiste à établir un contact avec un client et à tenter de lui vendre un produit, de prendre sa commande. Afin de maximiser l'allocation de ses ressources, le représentant doit identifier les clients potentiels qui ont le plus de chances d'acheter le produit ou service proposé.

L'identification des clients s'avère une tâche importante. Cependant, le représentant doit classer ses clients potentiels en fonction des objectifs qu'il fixe avec le gestionnaire de la force de vente. De plus, ceux-ci se consulteront afin de sélectionner les meilleurs clients potentiels dans la liste des clients retenus.

Lorsqu'un individu ou une entreprise possède les exigences qui lui permettent d'être considéré comme un client potentiel acceptable, le représentant évalue s'il a la capacité de payer la commande qui pourrait être faite lors de la rencontre.

Une prospection efficace permet donc au gestionnaire et au représentant de cibler leur marché. À cette étape, on élimine les visites inutiles ou celles qui comportent un trop haut risque d'échec. Le représentant qui opte pour un processus de vente stratégique investit ses ressources là où il y a le plus de probabilités de conclure une entente et de justifier les efforts accomplis.

4.2.1 Les sources de prospection

Il existe plusieurs sources de prospection que le représentant – le prospecteur – peut utiliser afin d'établir une liste de clients potentiels acceptables. Examinons quelques possibilités.

Les références

Cette source provient d'individus qui recommandent des clients potentiels au prospecteur. Les références peuvent être faites par des individus qui ont un rôle dans la force de vente, par des connaissances, des amis, etc.

Les salons destinés aux spécialistes ou au grand public

Les salons constituent une excellente source pour le prospecteur. Ils lui permettent en effet de rencontrer une foule de clients potentiels qui œuvrent dans le même domaine. À titre d'exemple, un salon qui s'adresse aux spécialistes de la restauration fournit aux représentants une bonne occasion de repérer les propriétaires de petits et de grands restaurants et de rencontrer plusieurs personnes qui s'occupent de l'approvisionnement des chaînes de restauration rapide. Le représentant recueillera l'information pertinente des acheteurs-décideurs qui se montreront intéressés par son produit. Ordinairement, le représentant note les coordonnées des clients ou prend leur carte de visite.

La publicité

Certaines annonces publicitaires, surtout dans les magazines spécialisés, s'adressent aux membres de certaines professions. Par exemple, dans le magazine *Le Chef du service alimentaire*[1], on invite les lecteurs à téléphoner ou à écrire à l'annonceur s'ils désirent plus d'information. Une demande du client exprime son intérêt pour le produit en question.

Les clients actuels

Les clients actuels peuvent référer au prospecteur des connaissances qui sont susceptibles d'acheter ses produits. Le représentant doit alors éviter de tomber dans le piège de la guerre que peuvent se faire des concurrents.

Les clients actuels s'avèrent aussi une excellente source de développement. En faisant déjà des affaires avec eux, le représentant économise ses ressources, car il est souvent plus facile de vendre un nouveau produit à un client actuel qu'à un nouveau client. Sa tactique consistera donc à accroître les ventes et surtout à vendre à ses clients actuels plus de produits à l'intérieur de la gamme existante.

Les associations

Les associations, qui regroupent des membres d'un milieu quelconque – comme les domaines de l'automobile, de la restauration, du textile et de l'imprimerie –, sont souvent l'occasion d'établir des contacts avec des clients intéressants. De plus, les prospecteurs pourront échanger entre eux de l'information. Il est à noter que certaines associations fournissent des répertoires de clients œuvrant dans un domaine donné.

Les échanges entre les représentants

Une autre source de prospection est l'échange de clients potentiels entre des représentants. Lors de salons ou de rencontres, les représentants

---

1. Voir, par exemple, le magazine *Le Chef du service alimentaire* de Saint-Étienne-de-Lauzon (Québec).

partagent des renseignements sur certains clients. Il n'est pas rare de voir deux représentants du même domaine, mais qui n'offrent pas les mêmes produits, troquer de l'information.

Les répertoires ou les annuaires d'entreprises

Peu importe le domaine d'activité ou le marché visé, plusieurs répertoires et annuaires sont à la disposition des prospecteurs; ces derniers sous-estiment malheureusement la richesse de tels outils. Les répertoires et les annuaires donnent certains renseignements tels que le nom de l'acheteur, le secteur d'activité, le nombre d'employés, le nombre de magasins ou de franchises. Cette information servira au représentant plus tard dans le processus de vente.

Voici quelques exemples de répertoires et manuels : les annuaires téléphoniques et les pages jaunes, le répertoire des produits fabriqués au Québec en 1991, le manuel du CRIQ[2].

Les visites à l'aveuglette

Même si on y fait appel régulièrement dans certains domaines d'activités, la prospection par des visites à l'aveuglette (en anglais *cold calls*) n'est pas stratégique. Ce type de prospection consiste à rencontrer des clients sans avoir au préalable recueilli une information pertinente à leur sujet. C'est une prospection faite au hasard.

Le représentant risque fort de perdre son temps avec cette tactique, dont les résultats sont plus ou moins intéressants.

En résumé, le représentant doit toujours rechercher de nouveaux clients, que ce soit de façon formelle ou informelle. Il existe plusieurs sources de prospection que nous n'avons pas citées. Un bon prospecteur doit alors être imaginatif et perspicace afin de conduire sa recherche efficacement, c'est-à-dire selon les objectifs fixés.

4.2.2 La prospection et l'évaluation

La deuxième fonction de la prospection consiste à évaluer le client. Cette évaluation a pour but de déterminer les ressources qui seront allouées et d'établir les probabilités de vente en fournissant une estimation adéquate.

Les mesures permettant l'évaluation sont alors fixées selon les objectifs visés par le gestionnaire de la force de vente. Ainsi, un client peut

---

2. À titre d'exemple, voir *Le Répertoire des produits fabriqués au Québec en 1991*, Centre de recherche industrielle du Québec, 1991.

être jugé intéressant en fonction d'un objectif, mais être rejeté en fonction d'un autre objectif. Le processus de vente stratégique investira donc ses ressources dans des clients considérés comme étant acceptables ou présentant les risques d'échec les moins élevés.

Ces mesures portent notamment sur les points suivants:

— le volume d'achat;

— la fréquence de rachat;

— la capacité de payer;

— la rentabilité escomptée;

— la distance ou l'éloignement.

☐ 4.3 La préparation

Une fois que le représentant s'est établi une banque de clients potentiels, il passera à la deuxième étape: la préparation. Le représentant devra alors recueillir l'information appropriée qui favorisera les échanges lors de sa rencontre avec le client.

La préparation s'avère importante, car elle a pour but de connaître et de comprendre le client. Cette recherche d'information permettra entre autres au représentant de bien déterminer ses arguments de vente. En évitant d'embêter inutilement le client sur des points anodins, le représentant économise beaucoup de temps. La durée des rencontres étant courte, cette approche laisse alors plus de temps à la vente.

Un représentant bien préparé avant une rencontre peut davantage susciter un sentiment de confiance chez l'acheteur-décideur. Le client, qui se sentira dans le coup, sera alors plus réceptif aux suggestions émises par le représentant.

Afin de se préparer à l'entretien, le représentant devra recueillir de nombreux renseignements; ces derniers différeront selon le domaine d'activité et l'importance du client. Aussi, le représentant devra connaître certaines choses au sujet du processus d'achat de l'acheteur-décideur: son pouvoir d'achat, sa personnalité, ses besoins et les fournisseurs concurrents.

4.3.1 L'information préalable à la rencontre

Voici l'information que doit rechercher le représentant avant de rencontrer le futur client:

> — Il doit déterminer la période propice à l'achat de certains produits, comme les produits saisonniers ou les produits nécessaires à l'expansion de l'entreprise.

- Il doit connaître la perception de l'acheteur face à l'entreprise. À titre d'exemple, le client pourrait avoir des préjugés défavorables à l'égard de l'entreprise s'il a été mal servi auparavant.

- Il doit connaître les fournisseurs actuels (la concurrence) ainsi que leur position relative. Cette information aidera le représentant, lors de sa présentation, à mieux positionner son produit sans pour autant dénigrer ses concurrents, cette pratique n'étant pas tolérée[3].

- Il doit prendre connaissance des activités professionnelles du client. Ainsi, préalablement à la rencontre, le représentant pourrait effectuer une visite dans une succursale de vente afin d'établir l'importance relative des caractéristiques du produit face aux besoins de l'acheteur.

- Il doit déterminer approximativement le temps qu'il faudra à l'organisation acheteuse pour décider de l'achat et identifier les membres influents qui participent au processus décisionnel d'achat. Ce sujet a été examiné au chapitre 3.

Une préparation appropriée jouera un rôle crucial durant les étapes ultérieures du processus de vente.

☐ 4.4 L'approche

L'approche constitue le premier contact de personne à personne entre le vendeur et l'acheteur-décideur; elle est donc l'étape initiale de la rencontre.

La première impression que le représentant dégage est fort importante. Afin qu'une approche soit réussie, il faut, d'une part, attirer l'attention du client et, d'autre part, susciter son intérêt.

L'approche est en quelque sorte l'art de créer des contacts humains. Le représentant doit suggérer par son langage visuel[4] et par son langage verbal une perception qui provoquera un sentiment de confiance chez le client. Les premières minutes de la présentation sont décisives; c'est là que le représentant pourra créer une relation favorisant la réceptivité du client.

Toutefois, avant d'établir un contact personnel avec le client, il est préférable, voire obligatoire, que le représentant fixe un rendez-vous.

---

3. Milt Grassell, «What Purchasing Managers Like in a Salesperson... and What Drives Them up the Wall», *Business Marketing*, juin 1986, p. 72-77.
4. Pour plus d'information sur la tenue vestimentaire, voir Luc Beauregard, «L'uniforme du parfait cadre», *Les Affaires*, septembre 1982, p. 84-85.

La méthode de communication employée le plus souvent afin de fixer un rendez-vous est le téléphone. Le représentant tentera d'éveiller l'intérêt de l'acheteur lors de cette conversation. Afin de motiver le client à partager son temps avec un représentant, une tactique en usage consiste à proposer à l'acheteur la présentation d'un nouveau produit.

Une autre méthode consiste à atteindre le client par le biais du courrier ou d'une lettre de présentation accompagnée d'un catalogue ou d'une brochure. Dans la lettre, le représentant sollicitera une rencontre prochaine ; le catalogue ou la brochure pourra alors aider l'acheteur-décideur à mieux se préparer à la rencontre. D'ailleurs, cette méthode est parfois exigée par certains clients.

En pratique, le contact personnel se traduit par une poignée de main et l'échange de cartes de visite. Par la suite, le représentant pourra recourir à une introduction sur un sujet d'ordre général afin de créer un lien personnel. Cela permettra en outre à ce dernier de mieux cerner le comportement et la personnalité de l'acheteur-décideur. Peut-être les meilleurs vendeurs sont-ils ceux qui réussissent à reconnaître les différents styles des clients et qui adaptent leur style[5] de communication afin d'interagir plus efficacement avec eux.

Lors de la première rencontre, la discussion doit en principe conduire à la présentation de l'entreprise elle-même, afin que l'acheteur sache à qui il a affaire[6]. Après quoi, le processus de vente se poursuivra.

☐ 4.5 Le diagnostic

Le diagnostic est l'étape du processus de vente qui consiste à recueillir de l'information afin de découvrir les besoins du client que le représentant devra combler durant la rencontre. Il n'est pas toujours facile de déceler ceux-ci ; c'est pourquoi le succès de la vente est souvent lié à la capacité du représentant de proposer le produit qui corresponde le mieux à ses attentes.

Afin de déterminer les besoins et les désirs à combler, le représentant complétera sa recherche d'information en questionnant directement le client ou, dans certains cas, les utilisateurs ou les différents participants au processus d'achat.

---

5. Kaylene C. Williams et Rosann L. Spiro, «Communication Style in the Salesperson-Customer Dyad», *Journal of Marketing Research*, vol. 22, novembre 1985, p. 432-442.
6. Clifton J. Reichard, «Ventes industrielles : au-delà des prix et de l'obstination», *Harvard-L'Expansion*, vol. 38, automne 1985, p. 51-63.

À ce sujet, Desormeaux a relevé quatre types de questions à poser lors d'une rencontre[7]. Le premier type de questions est en relation avec la permission. Le représentant posera en effet des questions qui requièrent la permission du client afin d'aborder diplomatiquement des points sensibles. Il pourrait utiliser une des formulations suivantes : «Permettez-moi de vous suggérer…»; «Si vous me le permettez, j'aimerais vous signaler que, lors d'une visite que j'ai effectuée dans un de vos établissements, j'ai remarqué qu'il manquait de… C'est pour cette raison que j'ai l'intention de vous proposer une solution qui améliorera votre service…»

Le deuxième type de questions est d'ordre général: le représentant pose des questions ouvertes qui amèneront l'acheteur à divulguer de nombreux renseignements. Ainsi, le représentant pourra préciser l'orientation de la rencontre. Voici quelques exemples de questions générales: «Qu'est-ce que vous en pensez?»; «Quelles sont les raisons qui vous poussent à vouloir vous procurer…?» Les réponses obtenues serviront de cadre de référence au représentant, qui pourra ainsi mieux cerner la problématique du client.

Le troisième type de questions vise à recueillir une information particulière sur l'évaluation du produit découlant des perceptions de l'acheteur. Les questions de ce type sauront donc informer adéquatement le représentant sur le déroulement de la rencontre et de la vente. En accumulant des renseignements sur le sujet, le représentant pourra choisir le produit qui répondra le mieux aux besoins du client potentiel.

Le dernier type de questions permet au représentant de vérifier sa compréhension des besoins du client. Afin de mesurer celle-ci, le représentant essaiera d'obtenir l'approbation de l'acheteur sur certains points. Par exemple: «Si j'ai bien compris, vous désirez un produit qui réponde à cette utilisation…»; «Nous nous entendons sur le fait que tel produit répond à telles exigences.»

En fin de compte, le diagnostic permet au représentant de formuler des arguments de vente et d'élaborer l'étape de la présentation. Le représentant pourra proposer, lors de celle-ci, une sélection de produits qui seront de nature à mieux satisfaire les besoins du client potentiel.

☐ 4.6 La présentation

La présentation constitue l'étape où le représentant divulgue au client l'information pertinente sur le produit proposé. Grâce à des arguments

---

7. Robert Desormeaux, «L'équipe de vente», *Gestion du marketing*, Boucherville, Gaëtan Morin Éditeur, 1990, p. 538.

de vente appropriés, il tentera donc de convaincre le client d'acheter ce produit.

Les étapes antérieures avaient pour but d'attirer l'attention du client et d'éveiller son intérêt; la présentation vise maintenant à susciter chez lui le désir de combler un besoin au moyen d'un achat. Le représentant doit convaincre le client que la solution proposée répond à ses besoins et à ses attentes. Il effectuera alors sa présentation à l'aide de propositions et d'arguments de vente qui feront ressortir les caractéristiques du produit qui possède les bénéfices recherchés par l'acheteur.

En pratique, le représentant expose ou décrit le produit à l'acheteur-décideur, soit oralement, soit par différentes techniques de démonstration, telles que les échantillons, les graphiques ou la vidéo. Il est souhaitable de présenter le produit au client afin qu'il puisse l'essayer, le goûter, le palper, etc. Un achat comporte toujours un certain risque pour le client; un processus de vente est alors conçu pour répondre adéquatement à cette variable. Ainsi, le représentant doit être en mesure de transmettre l'information pertinente à l'acheteur-décideur.

Certains clients exigent du vendeur qu'il fasse sa présentation par le biais d'une soumission. Il est alors important que le représentant communique l'information appropriée et respecte les exigences (les formulaires, les devis, etc.) des clients. D'autres clients apprécient un résumé écrit de la présentation; ce dernier leur sert alors de guide d'achat qu'ils pourront consulter rapidement.

Finalement, l'art de la présentation consiste aussi dans l'analyse du langage verbal et gestuel du client. De plus, il faut adapter convenablement le processus de communication à chacune des parties en cause.

☐ 4.7 Le traitement des objections

Le traitement des objections est l'étape du processus de vente où l'acheteur-décideur exprime ses réserves à l'endroit du produit ou du service présenté. Le vendeur devra riposter à ces objections par des arguments appropriés visant à accroître l'intention d'achat du client.

Avec l'expérience, les représentants en viennent à connaître assez bien les réactions des clients; ils peuvent alors orienter leur présentation de manière à ne pas provoquer inutilement certaines objections. Ainsi, ils peuvent garder à l'esprit des répliques pertinentes afin de contrer les arguments négatifs. Les objections font partie du processus d'achat du client; le vendeur doit alors les aborder positivement, car le client démontre ainsi de l'attention pour le produit proposé. Les objections permettent en effet de renforcer certains arguments ou propositions de vente.

La tâche la plus difficile pour le représentant consiste à distinguer les objections réelles des fausses objections. Le client apporte une objection «réelle» quand il souhaite en savoir plus sur le produit. Mais il apportera de fausses objections afin de témoigner son désenchantement. Le représentant doit savoir jusqu'à quel moment il peut réfuter des objections; autrement dit, il doit savoir quand s'arrêter.

La vente n'est pas un processus qui vise à soumettre le client à des pressions indues. Elle exige de la part du vendeur du tact, de la délicatesse et du savoir-faire. Dans la vente, il faut écouter l'acheteur, observer ses réactions et s'y ajuster. Le vendeur devra chercher les points positifs sur lesquels la suite du processus pourra s'appuyer[8].

4.7.1 Les sources d'objections

Lors d'une rencontre, le vendeur doit être en mesure de traiter une foule d'objections. Voici cinq sources d'objections possibles.

Les objections concernant la marque de commerce de l'entreprise

Les objections se rapportant à l'entreprise sont engendrées par un sentiment d'aversion, non pas contre le vendeur, mais contre l'entreprise qu'il représente. Il existe une foule de raisons pouvant pousser un client à rejeter la marque de commerce de l'entreprise.

Le représentant doit alors corriger la perception négative du client à l'endroit de l'entreprise; il importe donc qu'il identifie l'origine du malaise. Il est effectivement possible que le client ait eu certains problèmes avec l'entreprise en question, par exemple à cause de l'approvisionnement, de produits défectueux ou encore de rumeurs sur l'entreprise. Pour le représentant, il s'agit non pas de nier les affirmations du client, mais de lui démontrer que les problèmes éprouvés dans le passé ont été résolus. Dans certains cas, le vendeur astucieux se servira de cette objection pour attester le dévouement qu'il porte au client et lui offrir un service après-vente hors pair.

Voici un exemple d'échange entre un vendeur et un client au sujet d'une objection touchant la marque de commerce de l'entreprise:

L'acheteur-décideur: Je connais très bien votre Injecteur n° 215, car j'ai déjà fait des affaires avec votre foutue compagnie. Je n'ai jamais rencontré

---

8. Rosann L. Spiro et Borton A. Weitz, «Adoptive Selling: Conceptualization, Measurement, and Nomological Validity», *Journal of Marketing Research*, vol. 27, février 1990, p. 61-69.

dans ma vie d'acheteur un fournisseur aussi pourri. De plus, vous ne respectez même pas vos prix.

Le représentant : Je suis désolé d'apprendre que nous vous avons causé autant d'ennuis et je comprends votre réaction. D'ailleurs, vous n'êtes pas la première personne qui me fait ces commentaires. Par contre, je suis heureux de vous annoncer que nous avons restructuré notre force de vente. En fait, nous garantissons nos livraisons dans un délai de 48 heures et nous garantissons nos prix pour une période de 12 mois. De plus, je porterai une attention particulière à votre entreprise si nous parvenons à une entente.

Les objections concernant les besoins à combler

L'acheteur-décideur exprime souvent son manque d'intérêt envers le produit en réfutant l'utilisation possible de celui-ci. Le vendeur stimulera son intérêt en lui démontrant les bénéfices reliés au produit proposé : il facilite le travail, permet d'augmenter les ventes, améliore la rentabilité, etc. Lors de l'explication des caractéristiques du produit ou du service en relation avec les bénéfices que le client en retirera, il sera peut-être difficile pour le représentant de le convaincre du rendement de ce produit ou service ; il pourra alors lui présenter un échantillon du produit ou un test au magasin ou à l'usine sans frais, tout en lui offrant le soutien nécessaire. Si l'échantillon ou le test est concluant, le client ne pourra plus réfuter les bénéfices reliés au produit en question.

Écoutons un échange entre un client et un représentant sur les objections concernant les besoins à combler :

Le client : Dans mon restaurant, les clients ne prennent pas beaucoup de dessert. Je ne suis donc pas intéressé à mettre au menu des gâteaux sans sucre.

Le représentant : Vous connaissez les préférences actuelles des consommateurs : selon mon expérience, un restaurant tel que le vôtre devrait vendre environ 10 gâteaux sans sucre par semaine. Si vous êtes d'accord, je vais vous en commander une caisse, et nous analyserons les ventes dans une semaine. Si les ventes ne sont pas satisfaisantes, je reprendrai sans frais les gâteaux...

Les objections au sujet du facteur temps

Les objections reliées au temps sont souvent utilisées par les clients, qui prétextent alors que le moment n'est pas propice à l'achat de tel ou tel produit. Lors de la présentation, le représentant doit identifier une période favorable.

Il se peut que le représentant constate, à l'étape de la préparation, que le client prévoit justement une période d'expansion pour son entreprise et qu'il est actuellement à la recherche de fournisseurs. De plus, il est intéressant de savoir que, dans certains domaines, la période de l'année est significative; la bonne période d'achat correspond au même phénomène.

À l'inverse, le représentant doit éviter les périodes qui ne jouent pas en sa faveur. Il veillera alors à ne pas importuner certains clients. Ainsi, il n'est pas conseillé d'aller rencontrer un restaurateur entre 11 h 30 et 12 h 30.

En plus de déterminer le moment propice à l'achat, le représentant doit maîtriser les objections visant à reporter l'achat éventuel. Dans certains cas, le fait de différer une intention d'achat suggère l'intérêt du client pour le produit proposé. L'argumentation du représentant peut alors souligner les avantages reliés à l'achat immédiat du produit, comme les bénéfices monétaires qu'on obtient lorsqu'on se procure le produit le plus rapidement possible.

Les objections se rapportant au prix

Un des objectifs de l'acheteur-décideur consiste à acquérir un produit qui détient le plus grand nombre de caractéristiques en fonction des bénéfices recherchés, et cela tout en payant le prix le plus bas. Les deux parties ont donc des objectifs différents à l'endroit du prix, car le vendeur tente, dans son intérêt et celui de l'entreprise à laquelle il appartient, de vendre le produit à un prix relativement élevé.

Loin de nier le prix proposé, le représentant doit plutôt le justifier habilement. Suivant la marge de manœuvre accordée à l'ensemble de la force de vente, le représentant peut bénéficier d'une certaine flexibilité quant à l'établissement des prix[9]. À défaut d'une réduction directe du prix, cela lui permettra peut-être d'offrir un rabais sur les quantités, une période de paiement plus longue ou encore une diminution de prix détournée, comme des allocations publicitaires.

Le représentant ne doit pas abaisser son prix sous l'influence du client. Au contraire, une argumentation sur le prix peut prendre une tournure positive en renforçant ses arguments de vente.

La justification d'un prix doit être rigoureuse et crédible. Le prix est déterminé par la qualité des composantes du produit, par la rapidité de la livraison, par le service après-vente, par la publicité diffusée, et plus

---

9. Richard B. Still, Edward N. Cunditt et Norman A. P. Govoni, *Sales Management Decisions, Policies and Cases*, Englewood Cliffs (N. J.), Prentice-Hall, 1976, p. 303.

encore. Une autre approche consiste à indiquer les bénéfices que l'acheteur-décideur peut réaliser grâce au produit; ceux-ci incluent une augmentation de la productivité et une diminution des frais d'entretien. Le représentant doit faire comprendre au client qu'il faut dans certains cas payer un peu plus pour économiser beaucoup.

Finalement, le représentant doit aussi justifier son prix par rapport à la concurrence. Il lui suffira alors de comparer les produits sur une base commune afin de faire ressortir les avantages de son produit.

☐ 4.8 La conclusion: passer à l'action

Une fois que les objections ont été traitées selon le processus de vente et que le représentant a réussi à convaincre le client des avantages qu'il retirera de l'achat du produit proposé, l'étape décisive du processus de vente est la conclusion. Elle consiste à obtenir l'approbation du client quant à l'achat du produit.

La conclusion se résume à la réalisation de la vente. Même s'il est important de demander au client de passer une commande, 50 % des représentants ne le font pas. Or, il semble que cette hésitation des représentants à conclure une vente soit liée à la peur du refus du client.

En fait, les acheteurs-décideurs s'attendent à ce que les représentants leur demandent de faire une commande, car très peu de clients signaleront leur intention d'acheter sans être sollicités directement. Dans de telles conditions, la vente risque fort de ne pas aboutir. Afin de remédier à la situation, un vendeur qui juge qu'un client est prêt à passer une commande doit avoir le courage de conclure sa vente.

Afin d'établir une vente efficace, le représentant doit juger adéquatement du moment où l'acheteur semble prêt à passer à l'action.

De quels moyens dispose le représentant afin d'identifier le bon moment pour clore la vente? En fait, celui-ci doit constamment prendre le pouls de l'acheteur dans le but de savoir s'il est prêt à acheter le produit. La tactique consiste alors à tenter de petites percées, sans toutefois mettre trop de pression. Le représentant doit repérer chez le client des signes positifs sur des caractéristiques et des avantages du produit.

Ainsi, le représentant pourrait poser les questions suivantes: «Quel est, parmi ces trois modèles, celui que vous préférez?»; «Dans combien de temps auriez-vous besoin du produit:»; «Les utilisateurs aimeraient-ils travailler avec ce produit?»

Dans le cas où l'acheteur manifesterait des réactions positives, qu'elles soient verbales ou gestuelles, le représentant pourrait reconnaître une intention d'achat.

Imaginons quelques commentaires que pourrait faire l'acheteur alors qu'il prendrait le produit dans ses mains: «J'aime bien le fait que ce produit soit très léger. Croyez-vous que vous pourriez me le livrer d'ici la semaine prochaine?»; «Gardez-vous ce modèle en inventaire?»; «Pourriez-vous organiser une présentation afin de montrer aux utilisateurs le fonctionnement de ce produit?»

4.8.1 Les techniques de conclusion

Il existe plusieurs techniques de conclusion; cependant, certaines sont plus efficaces que d'autres. Leur efficacité dépendra d'ailleurs du représentant lui-même et de son style d'intervention. Le style d'intervention à adopter doit correspondre à la personnalité du représentant. Lors du processus de vente, celui-ci choisira une technique, voire plusieurs, suivant la personnalité de l'acheteur et les influences de l'environnement (le groupe décisionnel d'achat). Finalement, la situation d'achat peut aussi influencer le choix d'une technique. Voyons de plus près certaines façons de conclure une vente.

Le choix par élimination

Cette technique consiste à préciser le choix d'un produit parmi d'autres. Elle a pour but de restreindre le choix offert à l'acheteur et ainsi l'aider à prendre une décision.

Voici un dialogue fictif entre un représentant et un acheteur:

Le représentant: Parmi cette gamme de produits, quel modèle préférez-vous? Le rouge, le vert ou le blanc?

L'acheteur: Le vert.

Le représentant: Ainsi, le vert vous convient mieux: allons pour ce modèle. Maintenant, préférez-vous la version automatique ou manuelle?

Le client: Automatique.

Le représentant: On pourrait vous livrer le produit lundi avec un mode de paiement qui ne comporte aucun intérêt pendant trois mois. Est-ce que ça vous va?

L'acheteur: Oui.

La vente est conclue.

La technique de la synthèse

La technique de la synthèse consiste à résumer les faits marquants de la rencontre en s'assurant l'accord du client. Cette technique est particulièrement appropriée lorsque l'échange d'arguments devient ardu et que les interlocuteurs ne réussissent pas à faire évoluer la discussion. La synthèse aide alors le vendeur à mieux diriger le processus de vente vers son aboutissement.

À titre d'exemple, voici un autre dialogue :

Le représentant : Le modèle Aj 2000 est donc celui qui convient le mieux en raison de la capacité de sa mémoire, de sa rapidité d'exécution et de la facilité qu'auront vos contremaîtres à opérer votre unité n° 2.

L'acheteur-décideur : En effet.

Le représentant : Alors, je vous recommande l'essai du modèle Aj 2000 par le biais de notre plan de location. Durant six mois, nous vous fournirons les ressources et l'assistance nécessaires à son exploitation. Après cette période d'essai, vous bénéficierez de notre plan d'achat ; nous déduirons alors du prix total la valeur de trois mois de location.

La conclusion par supposition

La technique de conclusion par supposition consiste, pour le vendeur, à tenir pour acquis que le client a déjà donné son accord à l'achat du produit. Après avoir perçu certains signes positifs, le représentant commence alors à transmettre la commande, sans toutefois solliciter celle-ci formellement. Si l'acheteur-décideur refuse d'effectuer l'achat, le vendeur devra arrêter le processus de vente déjà engagé. Si, par contre, le client y consent, il laissera le représentant continuer sa démarche.

La conclusion par le oui

La technique du oui oriente la conclusion de la vente vers une série de questions auxquelles le client répond par oui ou par une affirmation. Cette pratique met une pression sur l'acheteur-décideur, car après avoir approuvé les arguments de vente sur les points majeurs, il serait gênant pour celui-ci de revenir sur sa parole et de ne pas passer la commande. Cependant, lorsque cette technique est mal utilisée, le client peut se sentir coincé ; il risque à ce moment-là de refuser carrément d'acheter le produit.

Voici un exemple de cette technique :

Le vendeur : N'est-il pas juste de dire que vous recherchez des camions de livraison qui soient avant tout économiques ?

Le client : Bien, oui.

Le vendeur : Aussi, un camion qui consomme peu d'essence vous intéresse.

Le client : Oui, c'est ce que je veux, car ça me coûte trop cher d'essence.

Le vendeur : Alors, monsieur, je vous propose notre nouveau modèle de camion turbodiesel qui offre, par rapport à vos camions actuels, une économie d'essence pouvant aller jusqu'à 25 %. C'est une économie appréciable, n'est-ce pas?

Le client: Hum! oui.

Le vendeur: Donc, je vais vous proposer de racheter deux de vos camions à un bon prix, et je serai en mesure de vous faire livrer deux nouveaux camions la semaine prochaine. Est-ce que c'est une bonne affaire?

Le client: D'accord, si vous rachetez mes anciens camions.

La conclusion et les privilèges

À la suite d'une série d'objections portant sur le prix, la livraison ou le financement, le fait d'accorder un privilège peut permettre de conclure la vente. Ainsi, le représentant pourra faire une concession au client ou lui présenter une offre qu'il ne pourra refuser.

Par exemple, le vendeur pourrait dire au client: «Si vous passez une commande aujourd'hui, je vous propose, à titre de promotion, deux caisses gratuites lors de votre prochaine commande.»

La conclusion et la dernière chance

En vertu de cette technique de conclusion de la vente, le représentant informe le client que s'il retarde sa décision d'acheter, il ne bénéficiera pas des mêmes conditions qu'actuellement. Le vendeur peut alors évoquer une rareté possible du produit ou un important changement de prix prévu.

Ainsi, le vendeur pourrait dire au client: «Notre promotion de fin d'année prend fin vendredi. Si nous prenons votre commande aujourd'hui, vous économiserez 15 %, soit 55 $.»

Bien qu'elles puissent être efficaces, les techniques de conclusion ne sauraient contrebalancer une mauvaise présentation. Un processus de vente doit être soigneusement préparé, de manière que le traitement des objections s'effectue avec facilité et conduise naturellement à la conclusion. Par contre, le meilleur processus de vente n'est pas toujours couronné de succès; dans certains cas, plusieurs rencontres avec le client sont nécessaires. Dans d'autres cas, le représentant perd son temps et son énergie à tenter de vendre un produit. Comme nous l'avons dit précédemment, il doit savoir reconnaître le moment où il lui faudra renoncer.

☐ 4.9 Le suivi

Une fois la commande passée, le travail du représentant n'est pas pour autant terminé. Au contraire, le service après-vente occupe souvent une partie importante de son travail.

Le suivi consiste, entre autres, à s'assurer que la livraison sera effectuée à temps et selon les conditions établies lorsque la commande a été faite. Le représentant veille aussi à ce que le produit soit utilisé adéquatement. Il offre dans certains cas un service de formation aux utilisateurs. De plus, le représentant peut apporter des ajustements au produit afin qu'il satisfasse aux exigences du fabricant et du client.

Voici certaines erreurs commises lors du suivi de l'achat:

– une livraison effectuée au bon client, mais au mauvais entrepôt;

– un livreur qui ne respecte pas l'horaire ou le quai de déchargement: la marchandise est alors refusée et il doit repartir avec son chargement;

– des produits frais placés dans des congélateurs;

– une marchandise brisée ou endommagée lors de la réception.

Le suivi a pour fonction, d'une part, de prévenir les problèmes avant qu'ils ne surviennent et, d'autre part, de corriger, s'il y a lieu, la situation. Le suivi joue donc un rôle à la fois préventif et correctif (voir la figure 4.3).

4.9.1 Les fonctions du suivi

Susciter la fidélité du client

C'est lors du service après-vente, par conséquent lors du suivi, que le représentant pourra susciter chez le client une intégration favorable et un

FIGURE 4.3
Service après-vente

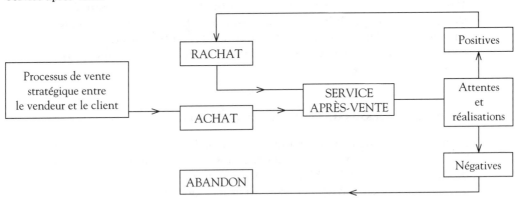

esprit de fidélité à l'entreprise. La fidélité du client est une variable fort importante, surtout si les achats sont répétitifs. Le suivi consiste en fait à s'assurer de la satisfaction du client après l'achat.

Analyser l'évolution des ventes

La deuxième fonction du suivi consiste dans l'analyse périodique de l'évolution des ventes, soit leur augmentation ou leur diminution. Par le biais de ses échanges avec le client, le représentant peut vérifier si celui-ci est satisfait; le cas échéant, il apportera les corrections nécessaires. Là-dessus, il y a trop de représentants qui attendent que les ventes se détériorent avant d'établir un suivi approprié avec le client.

L'analyse des ventes constitue pour le représentant une occasion d'établir avec le client de bons contacts, au cours desquels il pourra lui proposer de nouveaux produits, d'autres prix ou des conditions différentes.

Établir le lien entre les rencontres

La troisième fonction du suivi intervient dans les cas où la vente n'est pas conclue. Il arrive souvent que le représentant ne réalise pas une vente dès la première rencontre avec le client. Le processus de vente peut alors durer quelques mois et nécessiter plusieurs rencontres. Le suivi permet donc au représentant de faire le lien entre les rencontres et de mieux se préparer entre les visites.

Les principaux facteurs qui peuvent influencer le processus de vente et qui impliquent par conséquent un suivi de la part du vendeur sont souvent reliés au processus d'achat ainsi qu'à la participation des différents membres du groupe décisionnel d'achat. L'entreprise vendeuse doit dans certains cas effectuer des tests afin de mesurer les bénéfices recherchés par le produit, soit au magasin, au laboratoire, etc. Le représentant doit évidemment suivre avec attention l'évolution des tests et agir, si nécessaire, à titre d'intermédiaire entre l'organisation qu'il représente et le client potentiel.

Laisser le processus de vente suivre son cours

Finalement, un autre élément important dans le processus de vente est le temps nécessaire pour qu'un client se forme une opinion positive du produit ou encore qu'il établisse avec le vendeur une relation de confiance qui débouchera sur une conclusion éventuelle de la vente.

☐ Conclusion

Dans ce chapitre, nous avons décrit le processus de vente. Toutefois, dans la réalité du monde de la vente, il existe un facteur fort important qu'il ne faut pas sous-estimer chez l'acheteur: ses sentiments, c'est-à-dire ses dispositions envers le produit ou le vendeur. Le représentant cherchera alors à établir avec le client une relation favorable afin d'accroître les chances de vente.

Évidemment, les acheteurs-décideurs préfèrent, dans le cadre de leur travail, avoir affaire à des vendeurs agréables[10]. Les liens amicaux importent parfois davantage dans le choix d'un produit que les bénéfices recherchés. De la même manière, la fidélité peut être plus forte que les considérations rationnelles.

INFORMATION SUPPLÉMENTAIRE

CESPEDES, Frank, DOYLE, Stephen et FREEDMAN, Robert. «Faites travailler les vendeurs en équipe, *Harvard-L'Expansion*, vol. 56, printemps 1990, p. 78-84.

KAHN, George N. et SCHUCHMAN, Abraham. «Specialize Your Salesman», *Harvard Business Review*, janvier-février 1961, p. 90-98.

KEISER, Thomas C. «Comment négocier avec un client qu'il ne faut pas perdre», *Harvard-L'Expansion*, vol. 53, été 1989, p. 90-95.

LEVITT, Theodore. «Après la vente...», *Harvard-L'Expansion*, vol. 34, automne 1984, p. 21-28.

MACKAY, Harvey. «Le patron premier vendeur», *Harvard-L'Expansion*, vol. 50, automne 1990, p. 90-93.

MICHAELS, Ronald E. et DAY, Ralph L. «Measuring Customer Orientation of Salespeople: A Replication with Industrial Buyers», *Journal of Marketing Research*, vol. 22, novembre 1985, p. 443-446.

PERDUE, Barbara C. et SUMMERS, John O. «Purchasing Agents' Use of Negotiation Strategies», *Journal of Marketing Research*, vol. 28, mai 1991, p. 175-189.

SHAPIRO, Benson P. «La force de vente au service des clients», *Harvard-L'Expansion*, vol. 5, été 1977, p. 58-64.

SHAPIRO, Benson P. et POSNER, Ronald S. «Making the Major Sale», *Harvard Business Review*, vol. 64, n° 2, mars-avril 1976, p. 68-78.

---

10. Harvey B. Mackay, «Humanisez votre stratégie de vente», *Harvard-L'Expansion*, vol. 50, automne 1988, p. 82-89.

QUESTIONS

1. Qu'est-ce qui distingue le processus de vente classique du processus de vente stratégique?

2. Pourquoi le processus de vente proposé est-il «stratégique»? Justifiez votre réponse.

3. Parmi les différentes méthodes de prospection, laquelle, par définition, n'est pas stratégique?

4. Pourquoi la préparation est-elle si importante dans le processus de vente stratégique?

5. Qu'entend-on par «la première impression au sujet du vendeur»?

6. Quel est le rôle de l'approche?

7. En tant que directeur ou directrice des ventes, vous devez proposer à vos vendeurs un modèle de présentation qu'ils devront suivre. Quelle différence y aura-t-il entre un modèle de présentation portant sur un alliage qui est nettement supérieur à l'aluminium et un modèle portant sur une nouvelle lentille cornéenne qui peut être utilisée pendant un an?

8. Commentez l'affirmation suivante: «Les objections s'inscrivent dans le déroulement normal du processus d'achat.»

9. Quelle est, selon vous, la source d'objections la plus difficile à traiter?

10. Quelle est, selon vous, la technique de conclusion qui convient le mieux au domaine de la vente industrielle?

11. Que veut-on signifier lorsqu'on affirme que le suivi joue un rôle à la fois préventif et correctif?

12. Quelle est la place des sentiments dans le processus de vente stratégique?

II

L'ÉLABORATION
DU PROGRAMME DE VENTE

La deuxième partie de ce livre constitue le point de départ pour l'établissement d'une structure de vente. Elle rassemble toutes les opérations qui précèdent les actions d'implantation du programme de vente qui seront élaborées dans la troisième partie. C'est l'étape de la collecte de l'information utile et de la mise en place d'une structure opérationnelle qui pourra servir de cadre au programme de vente.

Au chapitre 5, nous étudierons la première étape du programme de vente, soit celle de l'établissement d'une structure hiérarchique opérationnelle. Le marché devra d'abord être découpé d'une façon pratique (par territoires, par produits, par types de clients, etc.). À cela s'ajoutera un organigramme permettant une gestion efficace des ressources humaines de la vente (des succursales, des agences, des directeurs des ventes, etc.).

Le chapitre 6 aborde le problème de l'estimation de la demande et de la prévision des ventes. Cette étape cruciale est souvent mal comprise et négligée. Malgré sa complexité, on ne peut l'ignorer, car la prévision des ventes est la base quantitative de toutes les actions futures d'implantation d'une force de vente (le nombre de territoires, les quotas, le recrutement des vendeurs dont l'entreprise a besoin, l'évaluation des représentants et l'estimation du volume des ventes). Une mauvaise évaluation de la demande entraîne des coûts supplémentaires ou la perte d'occasions d'affaires.

Le chapitre 7 indique de quelle façon on peut procéder à une répartition efficace du territoire global et fixer un quota à chacun des territoires formés, et donc à leur représentant attitré, en fonction de la prévision des ventes traitée au chapitre 6. Le quota deviendra une des bases importantes de l'analyse des ventes et de l'évaluation du représentant (quatrième partie).

PLAN

5

L'organisation de la force de vente

OBJECTIFS

Après l'étude de ce chapitre, vous devriez être capable de :
- Reconnaître l'importance stratégique de l'organisation d'une force de vente.
- Identifier les critères qui déterminent l'organisation de la force de vente.
- Analyser le choix entre l'utilisation de sa propre force de vente et l'utilisation d'une agence de vente.
- Évaluer les avantages et les désavantages du choix entre une force de vente interne et une force de vente externe.
- Comparer les divers critères déterminants.
- Définir les différentes bases de regroupement.
- Suggérer le choix d'une structure à une entreprise donnée.

Introduction

Le gestionnaire de la force de vente, tout comme l'entreprise d'ailleurs, doit connaître sa position concurrentielle, déterminer ses objectifs et concevoir une stratégie afin de les atteindre. Selon le processus de gestion stratégique choisi, le gestionnaire de l'équipe de vente doit formuler ses objectifs de vente ; en fonction de ceux-ci, il devra préparer un plan d'action.

La mise en œuvre d'un plan d'action amènera inévitablement le gestionnaire à organiser et à coordonner ses activités de manière à atteindre les objectifs fixés. Le but de l'organisation de la force de vente est de diviser et de coordonner des activités afin que le groupe puisse, tant collectivement qu'individuellement, accomplir des objectifs communs avec une grande efficacité[1].

Le rôle de l'organisation stratégique vise à dessiner une équipe de vente dans laquelle les ressources humaines seront affectées adéquatement. Une structure appropriée doit employer ses ressources de la façon la plus économique selon les objectifs formulés préalablement.

5.1 Les critères qui déterminent l'organisation de la force de vente

Afin de bâtir ou rebâtir efficacement la structure de la force de vente, le gestionnaire doit considérer un ensemble de critères déterminants. Ces derniers, qui sont cités par certains auteurs, peuvent être observés quotidiennement dans le monde des affaires[2]. Il s'agit des activités de vente, de la délégation des responsabilités et de l'autorité, de la coordination des activités de vente, de l'équilibre entre les activités de vente, de la stabilité de la force de vente, de la flexibilité de la force de vente, de la taille de la supervision de la force de vente et de l'adaptation de la force de vente au marché. Nous verrons ces critères dans l'ordre.

5.1.1 Les activités de vente

Le gestionnaire doit en principe structurer sa force de vente avec pragmatisme, c'est-à-dire en considérant les différentes activités qui devront être accomplies selon les objectifs fixés. Par la suite, il affectera ses représentants en fonction des activités de vente nécessaires au bon fonctionnement de l'équipe de vente.

En fait, le gestionnaire envisage la structure de la force de vente comme si elle était imperméable aux considérations humaines ; les membres de l'équipe doivent alors s'adapter à la structure imposée. Il est cependant difficile de dissocier les activités à effectuer des individus qui doivent les accomplir. Un gestionnaire habile doit faire la part des choses et adapter la structure selon les ressources humaines dont il dispose ou aimerait disposer.

---

1. Philip Kotler, *Marketing Management, Analysis, Planning and Control*, 3ᶜ éd., Englewood Cliffs (N. J.), Prentice-Hall, 1976, p. 472.
2. Gilbert A. Churchill Jr., Neil M. Ford et Orville C. Walker Jr., *Sales Force Management*, 3ᶜ éd., Homewood (Ill.), Richard D. Irwin, 1990, p. 118-126; William J. Stanton et Richard H. Buskirk, *Management of the Sales Force*, 7ᶜ éd., Homewood (Ill.), Richard D. Irwin, 1987, p. 50-61.

5.1.2 La délégation des responsabilités et de l'autorité

Dans une équipe de vente en expansion, le gestionnaire doit attribuer des responsabilités à des subordonnés et leur déléguer l'autorité nécessaire. Dans les faits, un directeur de territoire qui dirige une équipe de représentants doit détenir l'autorité qui lui permettra d'accomplir sa tâche.

Le recours au concept d'«équilibre» permet alors d'harmoniser les responsabilités d'un employé en lui fournissant l'autorité nécessaire pour commander et allouer adéquatement les ressources disponibles afin d'atteindre les objectifs fixés.

Un membre de la force de vente qui n'a aucune responsabilité, qui ne possède aucune autorité, ne pourra pas contribuer au succès de l'organisation. Par ailleurs, le responsable d'une unité de vente, tel un directeur de produit, qui ne possède aucune autorité ne pourra disposer des ressources disponibles afin d'effectuer sa tâche.

5.1.3 La coordination des activités de vente

Le gestionnaire de la force de vente doit accorder de l'importance à la coordination lors de l'établissement de sa structure. La coordination permet en effet d'harmoniser les activités et les fonctions et de les répartir, d'une part, entre les différents membres de l'équipe de vente et, d'autre part, entre l'unité administrative de marketing, l'unité administrative des ventes et les autres unités administratives de l'entreprise.

5.1.4 L'équilibre entre les activités de vente

Lors de la mise sur pied d'une force de vente, les activités doivent répondre à un équilibre quant au nombre d'unités nécessaires à son bon fonctionnement et quant à la charge de travail de chacune d'entre elles.

Le concept d'«équilibre» a donc le rôle de favoriser un flux d'activités optimal à l'intérieur de l'entreprise et de l'unité administrative de l'équipe de vente. Il s'agit, en fait, d'établir le nombre d'unités nécessaires pour chaque division géographique, pour chaque produit, etc.

5.1.5 La stabilité de la force de vente

L'organisation de la force de vente doit s'appuyer sur la stabilité afin de soutenir certains changements provoqués par les soubresauts de l'environnement, tels que la concurrence et les variations des facteurs économiques. Elle doit donc pouvoir résister à diverses réactions, souvent imprévisibles, sans que l'équipe de vente soit remaniée profondément.

5.1.6 La flexibilité de la force de vente

Pour faire suite au critère de la stabilité, la force de vente doit aussi être en mesure de subir certains changements sans qu'il y ait de modification importante dans la structure ; elle doit donc posséder une certaine flexibilité. Celle-ci constitue la capacité d'intégrer adéquatement des changements de tâches et d'activités.

À titre d'exemple, l'organisation de l'équipe de vente doit être assez flexible pour s'adapter aux diverses activités entre les saisons, pour permettre le lancement d'un nouveau service ou produit, etc. Une structure flexible aide la force de vente à se plier aux exigences des changements qui peuvent survenir durant de courtes et de moyennes périodes.

5.1.7 La taille de la supervision de la force de vente

La taille de la supervision se définit comme étant le nombre de subalternes placés sous l'autorité directe d'un supérieur. Son rôle consiste donc à fournir une supervision adéquate de l'équipe de vente. Le gestionnaire de cette équipe doit alors déterminer le nombre de représentants qui seront supervisés par un supérieur. Ce nombre peut varier selon plusieurs considérations, telles que les objectifs de l'équipe de vente, le domaine d'activité et les activités accomplies, les bases de regroupement, l'expérience des membres de l'équipe de vente et les connaissances de ces derniers.

5.1.8 L'adaptation de la force de vente au marché

Le gestionnaire de l'équipe de vente doit structurer celle-ci de manière qu'elle puisse répondre à la mission de l'entreprise et aux objectifs fixés. Selon le plan d'action envisagé, le gestionnaire devra aussi considérer le domaine d'activité dans lequel il opère, soit le marché qu'il sert.

Après avoir analysé les critères permettant d'établir une structure efficace, le gestionnaire peut alors concevoir ou modifier celle-ci selon certaines bases de regroupement. Cependant, avant d'élaborer un plan d'unité administrative, il faut se demander si on veut se doter d'une équipe de vente interne ou d'une équipe de vente externe, soit des agents de vente.

☐ 5.2 Choisir entre sa propre équipe de vente et des agents de vente

Le gestionnaire de l'équipe de vente doit choisir un des deux types de structures qui peuvent effectuer la fonction de la vente. En effet, il peut bâtir une équipe de vendeurs qui relèvera de son autorité, ou encore il peut se prévaloir des services offerts par des agents de vente, qui sont en fait une équipe de vente à l'extérieur de l'entreprise.

Bien entendu, les deux orientations comportent des avantages et des désavantages pour le fabricant. La balance penchera d'un côté ou de l'autre selon différents facteurs. Même si le fait de recourir à leurs services implique pour l'entreprise une certaine perte de contrôle, les agents de vente sont de plus en plus actifs dans l'économie canadienne et québécoise.

Les agents de vente reçoivent par contrat la responsabilité de vendre en tout ou en partie la production d'un fabricant qui ne désire pas s'engager dans la vente. Ils sont donc les mandataires qui effectuent la vente au nom du fabricant. À cet égard, on leur confie la vente d'un produit ou d'une gamme de produits ainsi que les activités de gestion qui s'y rattachent. Ordinairement, les agents de vente ne prennent pas possession des biens qu'ils doivent vendre ; ils se consacrent plutôt à la vente, aux moyens à mettre en œuvre pour assurer le bon fonctionnement de la distribution, lesquels incluent dans certains cas la gestion des inventaires territoriaux, la coordination et la transmission des différents flux d'information.

Le traitement de l'information permet surtout d'organiser efficacement le processus de distribution de façon à acheminer les commandes des clients, des fabricants et des diverses parties qui travaillent dans la distribution, tels les transporteurs. Sous ce rapport, les agences prévoient une équipe de vente et de gérance pour un certain nombre de fabricants, habituellement entre trois et six. En réalité, les clients des agences sont des fabricants qui ne se font pas directement concurrence ; autrement dit, malgré certaines similitudes quant à la marchandise, la vente de leurs produits ne provoque pas entre eux de situations conflictuelles. En principe, l'agence doit fournir un effort de vente équitable pour tous les produits ; elle ne doit pas favoriser un fabricant au détriment d'un autre pour des considérations de marque, par exemple.

La plupart des agences se spécialisent dans un secteur ou un domaine précis ; ainsi, elles regroupent certains fabricants qui s'adressent à des marchés cibles semblables. Lors de la visite d'un vendeur chez un client, elles peuvent de cette manière représenter plusieurs produits et fabricants en même temps. Les clients d'une agence de vente partagent entre eux l'ensemble des frais reliés à la vente, ce qui peut constituer pour ceux-ci une économie et leur procurer d'autres avantages. Enfin, une agence est habituellement composée de 5 à 10 représentants, mais certaines agences en comptent beaucoup plus.

Lorsqu'on charge un intermédiaire d'effectuer la vente des produits, on risque de renoncer à un certain contrôle, à moins de conclure des ententes afin de délimiter l'autorité de chacune des parties. En général, l'agence ne possède pas le pouvoir de changer les prix ni les conditions de paiement ou de livraison.

5.2.1 Les avantages reliés au fait de recourir à une équipe de vente extérieure[3]

Des contacts déjà établis avec des clients

Un des avantages qu'offrent les agences est le fait qu'elles possèdent déjà une liste de clients, ce qui représente un marché potentiel intéressant pour les fabricants qui y font appel. Les agences entretiennent ordinairement de très bonnes relations avec de nombreux clients dans un territoire de même qu'avec des clients majeurs. Cet avantage accroît les chances de l'entreprise d'atteindre des objectifs de vente, et dans certains cas plus rapidement car certaines étapes du processus de vente deviennent superflues.

Soulignons que ce ne sont pas toutes les agences qui ont des relations privilégiées avec des clients majeurs. À titre d'exemple, sur le marché de l'alimentation, le fait d'opter pour une agence plutôt que pour une autre augmentera les chances de succès chez un client majeur en particulier, et non chez les autres. Le choix d'une agence est alors une tâche qui peut influencer grandement la stratégie de vente, car il peut déterminer la composition de la liste des clients majeurs ciblés.

Une expertise dans le domaine où l'agence est spécialisée

L'agence est souvent considérée comme un expert dans le domaine où elle est spécialisée. Son premier atout consiste dans l'équipe de vente elle-même, qui est familière avec les applications des produits, tels que les boissons alcooliques, les aliments surgelés, les appareils électroménagers ou les articles de sport. Le deuxième atout de l'agence est qu'elle constitue pour le fabricant une source d'information crédible et efficace.

---

3. Gilbert A. Churchill Jr., Neil M. Ford et Orville C. Walker Jr., *op. cit.*, p. 126-132.

La diminution des coûts

Le choix de faire appel à une agence de vente plutôt qu'à sa propre équipe de vente est souvent lié à l'économie engendrée par la répartition des coûts fixes entre plusieurs fabricants.

La visibilité des coûts variables

Pour le fabricant qui recourt à une agence de vente, il est avantageux que les coûts variables soient apparents, c'est-à-dire que celle-ci soit généralement payée sous forme de commission consistant dans un pourcentage perçu sur les ventes effectuées. Par conséquent, les frais varient en proportion avec les ventes.

Le recours à l'expérience d'un expert

L'agence de vente, qui est un expert dans un domaine précis et qui connaît bien son marché, peut alors surpasser la capacité de vente d'une équipe de vente interne. Cet avantage sera encore plus significatif si on considère que le fabricant n'est pas expérimenté.

Le recours à l'expérience d'un gestionnaire

Lorsqu'il utilise les services d'une agence de vente, le fabricant peut bénéficier de l'expérience d'un gestionnaire; il n'a alors pas besoin de mettre sur pied des programmes de recrutement et de formation ou de s'occuper d'autres tâches inhérentes à la gestion des ventes. Cet avantage sera, comme le précédent, plus marqué si le fabricant n'est pas expérimenté. Le gestionnaire de l'entreprise productrice pourra ainsi se consacrer à d'autres tâches.

5.2.2 Les désavantages reliés au fait de recourir à une équipe de vente extérieure

Le fabricant perd la maîtrise du processus de la vente lorsqu'il recourt aux services d'une agence de vente. Ce faisant, il lui lègue le pouvoir de gérer la vente de ses produits. Naturellement, si le fabricant choisit de gérer sa propre équipe de vente, il conservera toute sa latitude, mais cette option est plus contraignante pour lui.

Dans le cas où le gestionnaire choisit une excellente agence, compte tenu de ses objectifs, et où les résultats sont très satisfaisants, il en ressort gagnant. D'un autre côté, s'il choisit la pire agence et que la mise en œuvre ne corresponde pas aux objectifs fixés, l'expérience risquera alors d'être douloureuse et l'entreprise sera perdante.

Voici une série de critiques qu'on adresse souvent aux agences : les clients ne sont pas visités assez fréquemment ; l'agence n'a pas recruté assez de clients ; le succès moindre d'un nouveau produit est attribuable à l'agence qui n'a pas fait son travail ; les représentants ne donnent pas assez d'importance aux produits lors des présentations ; les représentants ne connaissent pas bien le produit, ils ne le proposent pas assez ou encore ils le proposent mal ; les clients majeurs sont trop exigeants et l'agence ne sait pas négocier avec eux.

En ce qui concerne le peu de maîtrise qu'un fabricant peut exercer sur l'agence, lorsqu'il se présente des problèmes, les solutions suggérées par le fabricant sont souvent très mal reçues par le mandataire. Même si elles n'osent pas l'avouer, la plupart des agences hésitent à laisser un fabricant influencer leur façon de gérer la vente. En cas de problèmes éprouvés par l'agence, comme la perte subite de plusieurs représentants au profit d'un concurrent, le fabricant est alors impuissant et doit subir les conséquences de ces situations.

5.2.3 La répartition du temps des représentants entre différents produits

Le fabricant qui utilise les services d'une agence de vente peut se plaindre, à tort ou à raison, du fait que ses produits ne bénéficient pas de toute l'attention qu'ils méritent. Évidemment, il est souvent plus facile de motiver sa propre équipe de vente que celle des autres et, de plus, les représentants de l'équipe de vente interne ont l'avantage de passer tout leur temps à vendre la gamme de produits du fabricant. Cependant, il est possible pour un fabricant d'attirer l'attention des représentants de l'agence par le biais de concours ou de promotions de toutes sortes. Ces moyens peuvent en effet augmenter d'une façon significative le volume des ventes.

5.2.4 La sélection de la bonne agence

Choisir une agence qui convient au fabricant n'est pas une mince tâche : d'une part, il n'est pas toujours facile de mesurer la valeur des agences et, d'autre part, les agences ont beaucoup de clients. Le fabricant est alors placé devant la difficulté de trouver la meilleure agence qui acceptera de promouvoir ses produits, sachant qu'on ne peut considérer les agences qui représentent un concurrent. Les fabricants doivent dans certains cas faire des compromis, comme le fait de confier leurs produits à une agence qui existe depuis peu de temps. En fin de compte, même si une agence est libre, cela ne signifie pas qu'elle consentira à faire la promotion des produits de l'entreprise.

5.2.5 L'importance du fabricant aux yeux de l'agence

Outre la sélection de l'agence, il faut considérer l'importance que revêt le fabricant pour l'agence, par rapport aux autres clients de celle-ci. En effet, certaines agences avantagent des fabricants pour des raisons monétaires, étant donné que des lignes de produits sont plus payantes ou plus faciles à vendre ; l'agence a alors tendance à mieux traiter ses gros clients. Ainsi, le traitement d'un fabricant peut varier considérablement selon l'agence.

Si l'on considère tous les avantages et les désavantages énumérés précédemment, il reste que le choix d'une agence peut être fort intéressant même s'il implique une perte de maîtrise. Toutefois, celle-ci est en partie compensée par le fait que le fabricant peut exercer un suivi. Cette activité lui permet d'ailleurs d'entretenir de bonnes relations avec les divers membres de l'agence. Certaines entreprises nomment donc un responsable qui a l'autorité, au nom du fabricant, de superviser l'agence.

L'agence n'apprécie pas toujours que le fabricant lui impose un superviseur. Par contre, elle reçoit ainsi une ressource supplémentaire, étant donné que cet individu consacre une partie de son temps à la vente, contribuant ainsi à l'augmentation du volume des ventes. L'agence peut donc bénéficier de sa commission basée sur le volume des ventes sans avoir pour autant à rémunérer ce vendeur. Par ailleurs, ce superviseur pourra effectuer des tâches telles que le suivi des grosses commandes, le règlement des problèmes importants comme la distribution de même que la formation des représentants en ce qui concerne les produits de l'entreprise.

5.3 Les facteurs déterminants

Selon Stern[4], il y a deux ensembles de facteurs déterminants dans le choix d'une équipe de vente interne ou externe, soit les facteurs économiques et les facteurs stratégiques et de contrôle.

---

4. Louis M. Stern et Adel I. El Ansary, *Marketing Chanels*, 3ᵉ éd., Englewood Cliffs (N. J.), Prentice-Hall, 1988, chap. 5.

5.3.1 Les facteurs économiques

Parmi les facteurs à considérer, le critère économique est l'un des plus utiles car il permet de mesurer de façon tangible les coûts et bénéfices reliés à chacune des options.

Les agences de vente tirent leurs revenus de commissions s'établissant ordinairement autour de 7 %. Néanmoins, la commission versée à l'agence peut varier, à la hausse comme à la baisse, selon divers facteurs comme la valeur du produit et le volume des ventes envisagé.

Étant donné que les frais de vente sont répartis entre divers fabricants, les coûts engendrés par le recours à une agence de vente peuvent être dans certains cas inférieurs à ceux engendrés par une équipe de vente formée par l'entreprise. Les coûts fixes de l'agence sont souvent moindres car il y a en général moins de frais d'administration. À cet égard, l'agence prend en charge les divers frais de représentation, tels que les frais de déplacement, qui sont considérables.

Par contre, les coûts rattachés aux services d'une agence croissent proportionnellement aux ventes. Les frais totaux peuvent alors être nettement supérieurs à ceux découlant de l'utilisation d'une équipe de vente interne. Le niveau des frais d'une équipe de vente est relativement stable. Sur ce point, une hausse du volume des ventes pourrait favoriser l'équipe de vente interne, car elle est de nature à absorber les coûts de certaines activités sans augmenter les frais de façon importante.

Le gestionnaire qui doit choisir entre une équipe de vente interne et une agence de vente peut analyser les coûts reliés à ces deux options en considérant les objectifs de vente. Comme l'illustre la figure 5.1, il peut, à l'aide de deux droites qui représentent chacune des options, fixer un point d'équilibre. Ce point indique l'équilibre existant entre le volume des ventes en argent et les dépenses reliées à la vente des produits.

Ce graphique permet au décideur d'observer les niveaux de ventes et les coûts et de prendre ainsi une décision plus éclairée. Un autre avantage de ce graphique est qu'il peut aider le gestionnaire à établir un plan. Grâce à celui-ci, le fabricant trouvera le moment auquel il est souhaitable de passer d'une agence de vente à une équipe de vente interne.

Le recours aux services d'un agent de vente peut être approprié quand le marché semble incertain ou trop petit, c'est-à-dire quand les coûts d'une équipe de vente sont en deçà du point d'équilibre et ne permettent pas, par conséquent, de la rentabiliser. Si, par contre, les frais sont supérieurs au point d'équilibre, il sera alors opportun, du moins sur le plan monétaire, d'utiliser les services d'une équipe de vente interne. Dans cette situation, en effet, les coûts d'une agence augmentent beaucoup plus rapidement que ceux d'une équipe de vente interne.

FIGURE 5.1
Équilibre entre le volume des ventes et les dépenses reliées à la vente des produits

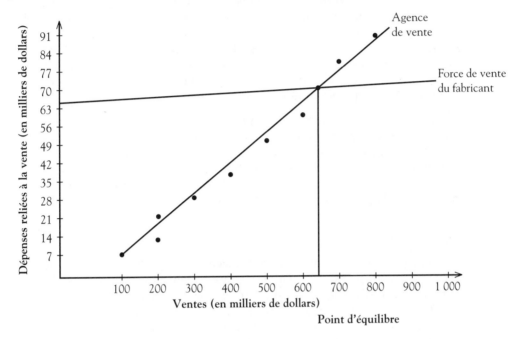

Agence : pourcentage des ventes : 7 %
Fabricant : un représentant + frais de représentation

Un gestionnaire peut adopter la stratégie qui consiste à combiner les deux formules, soit utiliser les services d'une agence dans les nouveaux territoires, ou dans les territoires plus petits, là où les risques sont plus élevés, et se servir de sa propre équipe dans les territoires où les ventes sont suffisantes ; le choix est donc rentable dans les deux cas. Finalement, à titre d'exemple, le gestionnaire peut faire appel aux services d'une agence afin d'introduire ses produits dans un pays étranger et ensuite, si les ventes sont concluantes, constituer sa propre équipe de vente.

5.3.2 Les facteurs relatifs à la stratégie et au contrôle

Outre les considérations monétaires, le gestionnaire doit examiner les facteurs reliés à la stratégie et au contrôle lors du choix entre une équipe de vente interne et une agence de vente.

La stratégie

L'équipe de vente interne et l'agence de vente ne présentent pas la même flexibilité. Chaque structure comporte des particularités qui la rendent intéressante. Si le gestionnaire opte pour une structure interne, il jouira d'une organisation qui résistera très bien aux changements susceptibles de survenir. L'avantage pour un gestionnaire de travailler avec une agence est qu'il peut changer d'agence assez rapidement et sans trop de problèmes. Une équipe de vente interne est stable mais peu flexible.

Un fabricant qui œuvre dans un environnement concurrentiel incertain, où les changements se précipitent et où les caractéristiques du marché se modifient constamment en raison des progrès technologiques qui influencent grandement le cycle de vie du produit, devrait songer à utiliser les services d'une agence de vente afin de se garantir la flexibilité nécessaire à la gestion du réseau de distribution[5].

Le contrôle

Le contrôle du rendement est un autre facteur à considérer. Bien qu'une agence de vente puisse être remplacée rapidement, il s'avère parfois difficile de juger adéquatement de son rendement. Effectivement, l'agence effectue des tâches de gérance qui échappent au contrôle du fabricant. Pour cette raison, il est souvent ardu d'analyser son rendement et de suggérer les correctifs qui s'imposent.

Dans de telles conditions, un fabricant perd une partie du contrôle qu'il exerçait sur sa propre structure, étant donné qu'il ne peut influer sur la façon dont l'agence administre son personnel ni sur les fonctions qui en découlent.

☐ 5.4 Le choix stratégique

Lorsqu'il gère sa propre force de vente, le gestionnaire peut contrôler plus efficacement les ventes ainsi que les stratégies à mettre en œuvre. À long terme, sa décision d'utiliser sa propre équipe de vente peut être bénéfique.

Le fait de choisir une agence de vente semble plus approprié lorsque le fabricant ou le marché est relativement petit, car sur le plan monétaire les avantages sont importants et doivent être considérés avec attention.

---

5. Robert W. Ruekert, Orville C. Walker Jr. et Kenneth J. Boering, «The Organization of Marketing Activities: A Contingency Theory of Structure and Performance», *Journal of Marketing*, vol. 49, hiver 1985, p. 13-25.

Ceux-ci peuvent même compenser largement les désagréments comme la perte de contrôle.

Il est également souhaitable que le fabricant opte pour une équipe de vente directe lorsqu'il peut en supporter les coûts d'exploitation.

☐ 5.5 L'unité administrative : les bases de regroupement

Dans les pages précédentes, nous avons approfondi le choix qu'un gestionnaire doit faire entre une équipe de vente interne et une agence de vente. Ce livre met d'ailleurs l'accent sur la gestion de l'équipe de vente interne de l'entreprise, et nous verrons maintenant la répartition de l'équipe de vente, c'est-à-dire la structuration des activités selon les objectifs et les stratégies permettant de répondre adéquatement aux besoins des marchés cibles. La figure 5.2 présente les cinq bases de regroupement.

FIGURE 5.2
Unité administrative et bases de regroupement

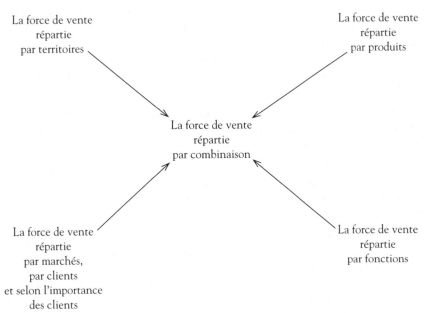

La force de vente
répartie
par territoires

La force de vente
répartie
par produits

La force de vente
répartie
par combinaison

La force de vente
répartie
par marchés,
par clients
et selon l'importance
des clients

La force de vente
répartie
par fonctions

5.5.1 Les différentes bases de regroupement

L'équipe de vente répartie par territoires

L'unité administrative géographique ou territoriale s'applique particulièrement bien aux entreprises qui accomplissent plusieurs activités et qui œuvrent dans plusieurs territoires. Ainsi, on gère l'équipe de vente par territoires et chacun d'eux peut à son tour être subdivisé en secteurs. La figure 5.3 présente une structure basée sur les territoires, les secteurs et les sous-secteurs, où chaque représentant possède son propre territoire de vente.

La répartition géographique est la structure la plus simple et la plus utilisée. Elle subdivise l'ensemble d'un marché cible en plusieurs parties et débouche sur l'établissement d'un territoire pour chacun des représentants. L'équipe de vente est donc structurée de telle sorte que le représentant est responsable de la vente de tous les produits offerts par le fabricant à tous les clients potentiels dans son territoire exclusif.

Parmi les avantages reliés à la structure géographique, il y a le fait que les territoires sont souvent plus petits. De cette façon, le représentant est plus en mesure de connaître ses clients et leurs besoins. En s'occupant de plus près de son marché, il peut mieux réagir face à la concurrence. La structure interne étant plus flexible, la stratégie et les tactiques employées peuvent alors permettre de répliquer plus adéquatement à la concurrence.

Le représentant étant l'unique vendeur dans son territoire, il est alors le seul responsable de son rendement. Il pourra ainsi acquérir un plus grand sens des responsabilités et accroître sa motivation au travail. Il gère son territoire comme si c'était son entreprise. Le succès ou l'échec dépend de lui, et non des autres, et les efforts qu'il y accomplit se répercuteront sur ses ventes.

Étant donné que les territoires sont relativement petits, les représentants n'ont pas besoin de parcourir de grandes distances, ce qui contribue à diminuer les coûts et le temps alloué aux déplacements.

Dans son territoire, le représentant vend ordinairement toute la gamme des produits offerts par le fabricant. Cette répartition évite en outre les redoublements : il n'y a donc pas de risques que plusieurs représentants rencontrent le même client.

Le principal désavantage de la répartition par territoires réside dans le fait que le représentant doit vendre l'ensemble de la gamme de produits du fabricant. Il existe un certain point où l'obligation de connaître tous les produits peut nuire à la vente de ceux-ci. En effet, le vendeur ne peut être un expert dans tous les domaines ; vu la liberté dont il jouit, il sera

FIGURE 5.3   **Équipe de vente répartie par territoires**

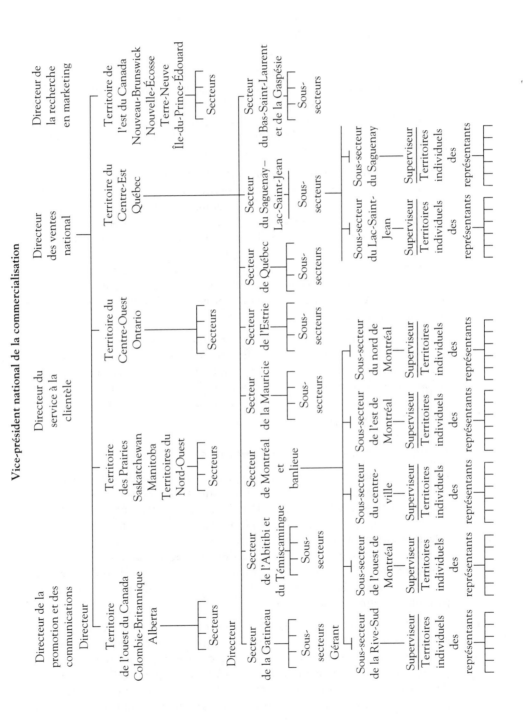

peut-être tenté de promouvoir davantage les produits les plus faciles à vendre et ceux qu'il connaît le mieux.

En ce qui concerne la gérance d'un territoire, les responsables, étant donné l'étendue de la gamme de produits, agissent en tant que généralistes. Ils partagent leur temps entre plusieurs activités, auxquelles ils ne peuvent s'adonner en profondeur. Le gestionnaire d'un territoire doit effectivement accomplir diverses tâches, telles que la gérance de plusieurs produits, le placement de la publicité dans les médias, de même que la promotion, le recrutement, la formation, etc.

Somme toute, la répartition de la force de vente par territoires convient bien à un fabricant dont la clientèle est relativement homogène et dont la gamme de produits est restreinte ou peu diversifiée. Dans de tels cas, le représentant peut mieux assimiler les connaissances sur les produits tout en s'adressant à des clients qui ont des comportements semblables. Il pourra alors percevoir plus adéquatement leurs besoins et réagir promptement face à la concurrence et aux différents environnements. Du fait qu'il travaille dans un secteur plus petit, les coûts des déplacements en temps et en argent sont alors inférieurs à ceux d'autres types d'unités administratives.

Cette structure perd toutefois une grande partie de son efficacité lorsque la gamme de produits est diversifiée et que les marchés sont très spécialisés. Il y a effectivement une limite à ce qu'un représentant peut accomplir, et aux connaissances qu'il doit posséder sur les produits et les marchés. Dans de tels cas, il faudra songer à opter pour une autre forme d'unité administrative.

L'équipe de vente répartie par produits

Plusieurs gestionnaires préfèrent répartir leur équipe de vente par produits, car ils jugent qu'une excellente connaissance des produits et des marchés est essentielle à la gestion efficace d'une structure. En vertu de ce type de répartition, la force de vente se spécialise dans des produits. Elle s'applique bien lorsque les produits sont soit technologiquement avancés, soit très complexes, ou encore lorsque la gamme de produits offerts par le fabricant est relativement grande et qu'il existe très peu de similitudes entre les produits et les marchés cibles. La répartition par produits est illustrée à la figure 5.4.

Le principal avantage de la répartition par produits est qu'elle permet à l'équipe de vente de se spécialiser. Ainsi, les représentants peuvent acquérir l'expertise et la compétence nécessaires à propos des usages du produit, de son rendement et de tous les autres aspects reliés de près ou de loin au produit. Un autre avantage est que chaque vendeur porte une attention presque exclusive sur une seule gamme de produits. En rapport

FIGURE 5.4   Équipe de vente répartie par produits

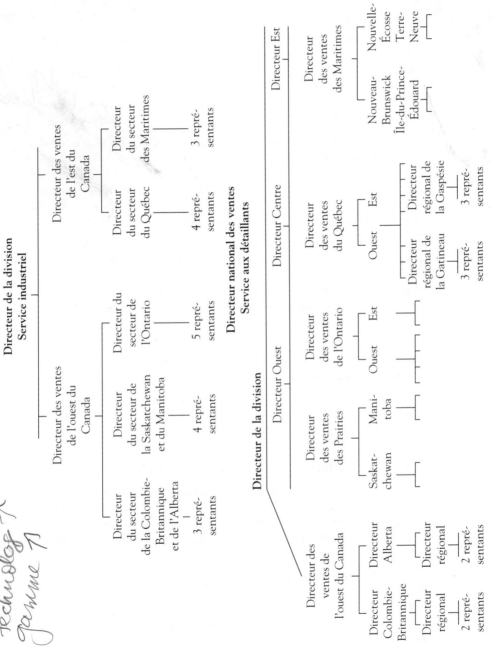

avec la gestion, les cadres ont alors la possibilité de se concentrer encore plus sur chaque gamme qui leur est confiée.

La spécialisation du représentant aura aussi un effet significatif sur les relations entre le client et l'unité administrative de production et de recherche et développement. Ainsi, dans les cas où les produits sont fabriqués selon les spécifications du client, le représentant spécialisé pourra avoir des échanges plus fructueux avec les clients, ce qui permettra une meilleure coordination lors de l'élaboration du prototype.

Le principal désavantage de la répartition par produits consiste dans le fait qu'il existe des risques de redoublement des tâches, c'est-à-dire que plusieurs vendeurs d'une entreprise peuvent visiter le même client. Cette situation implique des coûts et des frais de représentation plus élevés puisqu'il y a un plus grand nombre de représentants, lesquels effectueront un plus grand nombre de déplacements.

Pour ce qui est du choix de la structure, il convient de dire que, malgré des coûts plus élevés, l'unité administrative par produits est efficace dans le cas où la gamme de produits nécessite de la part des représentants une compétence et une expertise qui conduisent à l'utilisation d'un plan de vente stratégiquement adapté aux différents produits et marchés.

L'équipe de vente répartie par marchés, par clients et selon l'importance des clients

Nous distinguons sous cette forme de répartition deux bases de regroupement, soit, d'une part, le type de marchés et de clients et, d'autre part, l'importance des clients.

La répartition selon le type de marché et de client

Plusieurs entreprises choisissent de structurer leur équipe de vente en orientant leurs efforts et leurs ressources vers les marchés cibles plutôt que vers les territoires ou les types de produits. Le représentant se spécialise alors dans la vente de produits qui sont destinés à un segment de marché.

Ainsi, les vendeurs sont mieux placés pour établir des contacts féconds avec les clients et répondre adéquatement aux exigences et aux besoins du marché. À vrai dire, le fait de structurer l'équipe de vente selon la nature des marchés correspond au concept d'«orientation» du marketing moderne[6]. Cela permet de mieux définir les besoins ainsi que

---

6. Philip Kotler, Gordon H. G. McDougall et Jacques L. Picard, *Principes de marketing*, Boucherville, Gaëtan Morin Éditeur, 1980, p. 472.

les relations entre les différents segments de marché[7]. Le représentant vend alors tous les produits du fabricant aux marchés cibles qui ont été déterminés. La figure 5.5 illustre ce mode de regroupement.

Le principal avantage de la répartition par marchés est que le représentant acquiert une compétence par rapport au marché où il travaille. Il peut alors mieux répondre aux divers besoins à satisfaire. Étant bien placé pour recueillir l'information sur le marché, il a la possibilité d'orienter plus efficacement sa stratégie de vente.

Une bonne connaissance du marché permet de mieux percevoir les tendances de celui-ci et, par conséquent, de saisir plus rapidement les occasions et de riposter plus convenablement aux actions de la concurrence. En outre, une telle unité administrative peut allouer différemment ses ressources en raison d'exigences stratégiques ou de la dimension des marchés. Finalement, les représentants bien renseignés peuvent jouer un rôle très important au sein de l'entreprise en participant à l'élaboration des objectifs et des stratégies qui en découlent.

Étant donné que plusieurs représentants peuvent visiter plusieurs clients dans un territoire, les désavantages de la répartition par marchés sont essentiellement les mêmes que ceux de la répartition par produits. Il y a donc des risques de redoublements, lesquels se traduiront par des coûts plus élevés.

FIGURE 5.5
Équipe de vente répartie selon le type de marché et de client

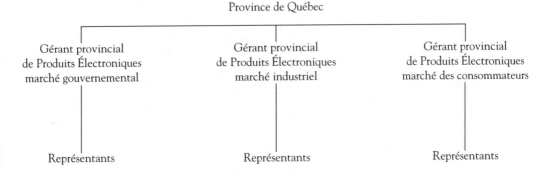

Directeur provincial des ventes de Produits Électroniques

Province de Québec

| Gérant provincial de Produits Électroniques marché gouvernemental | Gérant provincial de Produits Électroniques marché industriel | Gérant provincial de Produits Électroniques marché des consommateurs |

Représentants   Représentants   Représentants

---

7. Mack Hanan, «Reorganize Your Company Around Its Markets», *Harvard Business Review*, vol. 52, n° 6, novembre-décembre 1974, p. 63-74.

Une structure par marchés est appropriée lorsque le fabricant vise des marchés très différents. Il convient alors de faire des efforts de marketing qui seront propres à chacun des segments. La répartition par marchés permet, en effet, d'aborder chaque marché selon ses besoins et le travail qu'il faut y faire. L'équipe de vente tient ainsi compte des particularités des divers marchés. À titre d'exemple, dans le domaine des produits pharmaceutiques, il peut y avoir deux grands marchés, soit un pour les animaux qui s'adresse aux vétérinaires et un autre pour les humains qui s'adresse aux médecins. La stratégie de vente et le message ne seront évidemment pas les mêmes dans les deux cas.

La répartition selon l'importance des clients

Tôt ou tard, un fabricant se doit de modifier sa structure afin de consacrer plus d'énergie pour garder ou conquérir des clients importants. On appelle ordinairement ceux-ci les «clients majeurs», les «clients clés» ou les «clients nationaux». Ces clients constituent en fait des segments cruciaux pour l'entreprise et ils méritent par conséquent qu'on leur porte une attention particulière.

Certains fabricants ne reconnaissent pas l'importance stratégique de modifier d'une quelconque façon leur structure. Les représentants œuvrant dans un territoire s'occupent de l'ensemble des clients sans faire une discrimination significative; ainsi, ils visitent les clients réguliers et les clients importants tels que les clients nationaux.

Cependant, d'autres entreprises décident d'adapter leur structure selon l'importance des clients. Elles font alors des efforts particuliers à leur endroit. On leur réserve ordinairement les meilleurs représentants, c'est-à-dire ceux qui ont fait leurs preuves et qui bénéficient d'une expérience suffisante. La figure 5.6 présente une telle structure.

Le fait de traiter avec des clients nationaux nécessite effectivement des compétences spéciales. Le représentant responsable de comptes clients importants se voit attribuer la gestion de budgets souvent considérables pour la publicité et pour des allocations diverses; il a également la charge d'ententes qui ont été négociées durement. La concurrence à ce niveau étant féroce, il faut des experts pour mener à terme efficacement diverses stratégies et tactiques. Ce type de représentation requiert des qualités particulières et des capacités hors du commun.

Les avantages pour le fabricant d'opter pour une équipe de vente répartie selon l'importance des clients est que cette structure permet une meilleure coordination et un meilleur contrôle du processus de vente stratégique. Cette approche spécialisée implique donc les notions de «délégation de responsabilités» et d'«autorité» pour des individus qui sont en mesure, par leur position, de bien connaître les besoins des clients

FIGURE 5.6
Équipe de vente répartie selon l'importance des clients

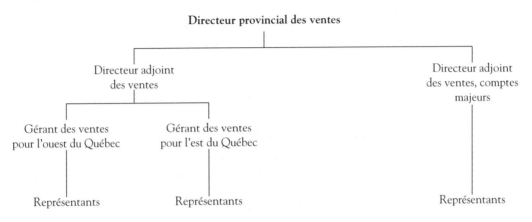

afin d'y répondre adéquatement. Cette structure permet également d'intervenir avec plus de flexibilité ; ainsi, suivant les exigences et l'évolution du processus de vente, il est plus facile d'amener les cadres supérieurs et les autres ressources jugées pertinentes à participer à celui-ci.

Par ailleurs, cette structure permet au responsable des clients majeurs d'établir des liens amicaux avec les acheteurs (le groupe décisionnel d'achat).

Parmi les désavantages de cette structure, on peut mentionner encore une fois le redoublement des activités de vente, lequel entraîne des coûts plus élevés.

L'équipe de vente répartie par fonctions

Finalement, certaines organisations répartissent leur équipe de vente par fonctions. Ordinairement, cette structure comprend deux activités, soit le maintien de la clientèle existante et le développement de la clientèle par la recherche de clients nouveaux. Pour traiter efficacement ces deux objectifs, il faut appliquer les processus de vente stratégique qui y correspondent le mieux.

Ainsi, le gestionnaire sélectionnera parmi sa force de vente les représentants les plus aptes à accomplir l'une de ces deux fonctions. Par conséquent, afin d'élaborer une stratégie d'expansion du marché, une structure regroupant les représentants spécialisés dans l'ouverture de comptes peut être fort viable. Le gestionnaire confiera alors à ses meilleurs vendeurs la fonction consistant à donner de l'information au client, à établir avec lui une relation de confiance et à identifier ses besoins. L'autre fonction consiste à charger certains représentants de conserver la clientèle actuelle. Les notions de «fidélité» et de «loyauté» s'avèrent très importantes; c'est pourquoi la stratégie adoptée doit considérer l'ensemble des achats qu'effectuera le client, et non les achats sporadiques.

Lorsqu'on met en place cette structure, il n'est pas facile d'identifier les représentants qui seront aptes à remplir une des deux fonctions. En outre, il y a des risques de frictions entre les deux groupes de vendeurs.

L'équipe de vente répartie par combinaison

Certaines entreprises, surtout les plus grandes, associent plusieurs types de répartition. L'objectif d'un tel choix consiste à maximiser les avantages de chaque structure et d'en minimiser les inconvénients. Cependant, il peut en résulter une certaine complexité de nature à nuire à l'entreprise.

☐ Conclusion

Il ressort de la lecture de ce chapitre que le gestionnaire de la force de vente doit considérer attentivement l'ensemble des critères déterminants permettant de structurer ou de restructurer l'organisation. Après l'analyse de ceux-ci, l'entreprise pourra décider de mettre sur pied une équipe de vente interne ou de faire appel aux services d'une agence de vente. Dans le cas où le fabricant adopte une structure interne, il est alors nécessaire qu'elle répartisse son équipe de vente adéquatement selon ses besoins et ceux du marché.

Il existe cinq bases de regroupement qui répondent aux objectifs de la majorité des entreprises: (1) par territoires; (2) par produits; (3) par marchés, par clients et selon l'importance des clients; (4) par fonctions et (5) par combinaison. Le choix du gestionnaire dépendra d'une foule de variables qu'il devra examiner afin de favoriser l'utilisation maximum des ressources humaines et d'atteindre ses objectifs selon la stratégie envisagée.

INFORMATION SUPPLÉMENTAIRE

BERGERON, Pierre-G. *La Gestion dynamique*, Boucherville, Gaëtan Morin Éditeur, 1986, chap. 8, p. 363-427.

DUSSART, Christian. *Stratégie de marketing*, Boucherville, Gaëtan Morin Éditeur, 1986, chap. 8, p. 227-302.

FILION, Marc et COLBERT, François (dir.). *Gestion du marketing*, Boucherville, Gaëtan Morin Éditeur, 1990, chap. 12, p. 564-569.

KOONTZ, Harold, DUCHARME, Gilles et POIRIER, Marcel. *Management: principes et méthodes de gestion*, Montréal, McGraw-Hill, coll. «Administration», chap. 10, p. 210-244.

QUESTIONS

1. Quels sont les principaux critères stratégiques pouvant servir à établir ou à modifier la structure d'une équipe de vente?

2. Vous êtes directeur ou directrice des ventes d'une organisation produisant des enceintes acoustiques de très haute fidélité. Lors d'une réunion, le président vous annonce qu'un plan d'exportations aux États-Unis est envisagé pour l'année prochaine. Il vous lègue la responsabilité d'embaucher les représentants d'ici huit mois. Commentez cette situation.

3. Comment peut-on profiter de l'expérience d'un expert lorsqu'on fait appel aux services d'une agence de vente?

4. Quel est, selon vous, le principal inconvénient relié au recours à une équipe de vente externe?

5. Sur quelle considération vous appuieriez-vous pour choisir entre une équipe de vente interne et une agence de vente si l'entreprise fabrique des produits selon les spécifications du client?

6. Quelle est la base de regroupement qui correspond le mieux à l'approche du marketing moderne?

7. Pourquoi devrait-on répartir une équipe de vente par produits plutôt que par territoires?

8. Dans quelle situation un directeur des ventes devrait-il répartir son équipe de vente selon l'importance des clients?

9. En tant que directeur ou directrice des ventes, quelles appréhensions auriez-vous face au choix d'une unité administrative par fonctions?

PLAN

6

L'estimation du marché potentiel et la prévision des ventes

OBJECTIFS

Après l'étude de ce chapitre, vous devriez être capable de:

— Maîtriser la terminologie propre à l'estimation du marché potentiel et à la prévision des ventes.

— Décrire les principales méthodes d'estimation du marché potentiel et de prévision des ventes.

— Bien saisir l'importance de ce processus dans l'élaboration d'un processus de vente stratégique.

— Maîtriser suffisamment d'outils pour estimer adéquatement le marché potentiel d'une entreprise et y faire des prévisions de ventes.

☐ ## Introduction

La première étape de la mise en place d'une force de vente consiste à évaluer le marché potentiel et, subséquemment, prévoir les ventes que l'entreprise devrait normalement enregistrer d'après l'expérience qu'elle possède, les manifestations prévues de l'environnement et le travail de marketing qu'elle compte effectuer.

Bien que nul ne puisse prédire l'avenir, il existe des méthodes relativement fiables pour évaluer le marché potentiel dans lequel œuvre l'entreprise, son évolution probable et les ventes que cette dernière devrait réaliser. L'utilisation de méthodes de prédiction aide à diminuer le risque. On sait que le marketing coûte très cher, qu'il porte sur le développement de produits, sur la publicité ou sur la répartition des territoires et des représentants. Ce chapitre examinera donc l'évaluation du marché potentiel et la prévision des ventes. Il permettra aux lecteurs de se familiariser avec les techniques prescrites dans ces cas-là et, conséquemment, de réduire les risques d'un mauvais investissement en marketing.

Grâce à l'évaluation du marché potentiel, on peut connaître l'existence d'une demande dans le domaine où l'on veut investir, la nature de cette dernière et son évolution probable. Le gestionnaire des ventes se fiera beaucoup au marché potentiel afin, entre autres, d'administrer les territoires de vente adéquatement.

La prévision des ventes indique un niveau de ventes qui pourrait être atteint compte tenu du travail de marketing que l'entreprise prévoit faire pendant une période donnée et d'un certain environnement. Les ventes potentielles sont la part de marché escomptée (que l'entreprise pense obtenir) multipliée par le potentiel de ventes de l'industrie. Cela constitue une limite à laquelle l'entreprise pourrait tendre si elle investissait davantage en marketing que ses concurrents. La différence entre la prévision des ventes et les ventes potentielles réside dans le fait que, dans le premier cas, on est conscient que les ressources allouées au marketing sont limitées, particulièrement durant une période de récession. De plus, l'entreprise ne peut jamais être sûre du niveau de dépenses en marketing de ses concurrents. Celle-ci risque donc de devoir renoncer à la part de marché prévue. Par ailleurs, cette dernière est difficile à estimer, surtout dans les marchés en croissance ou instables. Elle servira à établir les quotas de ventes et, par la suite, à évaluer la force de vente.

La figure 6.1 illustre le processus d'évaluation du marché potentiel, de prévision des ventes et d'élaboration des quotas.

Le gestionnaire commencera par recueillir de l'information sur l'environnement. Celle-ci sera d'ordre démographique (la population, les clients), économique (la croissance du produit intérieur brut – PIB) ou autre (la concurrence, etc.).

Quand le gestionnaire dispose de toute l'information utile, il tente d'estimer le marché potentiel. À l'aide de ce dernier, il estimera une part de marché réaliste que l'entreprise espère atteindre, compte tenu de l'environnement, et surtout des efforts de marketing qu'elle se propose d'accomplir. Il devra par la suite comparer ses prévisions avec les objectifs de la direction. Si elles sont en deçà de ces objectifs, cela signifie peut-être que les efforts de marketing ne sont pas suffisants. Dans le cas contraire, les objectifs sont sans doute trop conservateurs ou le programme de marketing lui-même se révèle trop ambitieux. Mais si les prévisions concordent avec les objectifs, le gestionnaire établira ses quotas de ventes, lesquels sont ni plus ni moins les objectifs particuliers du système de vente (ce sujet sera traité au chapitre 7).

FIGURE 6.1
Processus d'intégration de l'estimation du marché potentiel et de la prévision des ventes

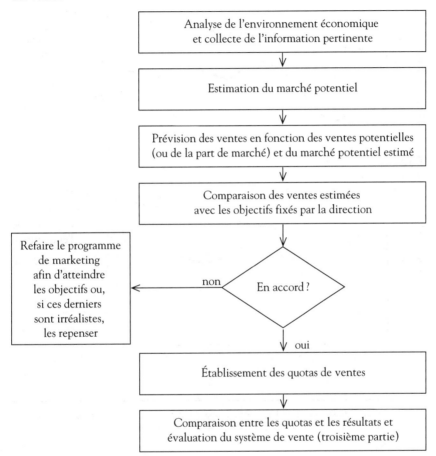

6.1 Une définition des termes importants

Définissons d'abord les termes clés qui sont employés dans ce chapitre (la figure 6.2 illustre ces notions):

Le marché potentiel Il s'agit des ventes prévues d'un produit (un bien ou un service) ou d'un groupe de produits pour l'industrie entière dans un marché précis pendant une période déterminée. Ainsi, on peut envisager le marché potentiel des produits biologiques (par exemple les produits agricoles cultivés sans l'aide de quelque produit chimique que ce

FIGURE 6.2

Relation entre les potentiels de marché et de ventes et la prévision des ventes

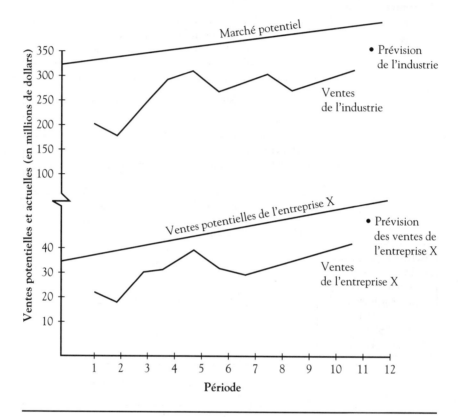

SOURCE: Adapté de Douglas J. Dalrymple et Leonard J. Parsons, *Marketing Management, textes et cas*, 4ᵉ éd., New York, John Wiley and Sons, 1986, p. 103.

soit) au Québec pour l'année 1991, lequel serait de l'ordre de six millions de dollars. Ici, le marché est un territoire. Cependant, il pourrait s'agir d'un groupe de consommateurs ou de toute autre unité fonctionnelle.

Les ventes potentielles Elles constituent la part de marché prévue du marché potentiel qu'une entreprise peut raisonnablement être en mesure d'atteindre. Le potentiel de ventes correspond donc à la part de marché. Ainsi, un producteur d'aliments biologiques pourrait estimer son potentiel de ventes (ou sa part de marché) à 10 % pour 1993.

La prévision des ventes C'est l'estimation des ventes (en dollars ou en unités du produit) qu'une entreprise ou une industrie espère atteindre (ou devrait logiquement atteindre) durant une période déterminée, dans un marché donné et compte tenu d'un plan de marketing défini. Ainsi, l'industrie des produits biologiques estimera ses ventes à 600 000 $ (10 % de 6 000 000 $) pour l'année 1991.

☐ 6.2 L'estimation du marché potentiel

6.2.1 Généralités

L'estimation du marché potentiel est le prélude de l'élaboration d'un programme de vente (ou de toute action reliée au marketing). Cette évaluation de la demande aura une incidence sur le travail de vente à accomplir et sur la façon de faire ce dernier. Le gestionnaire devra être en mesure d'identifier les clients potentiels et la capacité d'achat de chacun d'eux.

L'estimation du marché potentiel jouera un rôle dans le découpage du marché en territoires, dans le processus d'assignation de ces territoires aux représentants et dans l'évaluation de ceux-ci. Bien qu'on s'entende sur le fait qu'il soit hasardeux d'implanter un programme de marketing dans un domaine dont on ignore la demande, l'identification et la connaissance du marché potentiel ne sont pas toujours faciles, notamment dans le cas où les besoins sont mal précisés. Dans cette section, nous expliquons les différentes méthodes usuelles d'estimation du marché potentiel.

6.2.2 La méthode des ratios successifs

Cette méthode consiste à évaluer le marché potentiel d'un produit à l'aide d'une chaîne de ratios ou de multiplicateurs destinés à construire l'estimation de la demande potentielle selon des chiffres ou des données qu'on trouve dans le marché. Voici un exemple de ratios successifs. Supposons qu'un éditeur désire évaluer le potentiel d'un roman policier en français devant paraître en format de poche. Il peut alors s'en remettre à la méthode des ratios successifs de la façon suivante:

Population francophone du Canada		7 000 000
Dépenses per capita en livres annuellement	×	20 $
Dépenses totales en livres annuellement		140 000 000 $
Proportion allouée aux romans policiers de ce type	×	0,20
Dépenses totales en romans policiers annuellement		28 000 000 $
Proportion allouée aux formats de poche	×	0,30
Marché potentiel estimé en dollars		8 400 000 $
Prix moyen d'un roman en format de poche	÷	10 $
Marché potentiel estimé en unités		840 000 unités

Les données utilisées dans la méthode des ratios successifs peuvent facilement être trouvées dans de nombreux organismes. Mentionnons les organismes publics comme Statistique Canada ou le Bureau de la statistique du Québec. Des entreprises privées comme Dun & Bradstreet peuvent aussi être pourvoyeuses de données utiles. Les associations de différentes industries possèdent également des statistiques intéressantes sur leurs marchés respectifs.

Enfin, même si l'éditeur de notre exemple sait qu'environ 840 000 romans policiers en format de poche se vendront en 1993 au Canada, il ignore toujours quelle part du marché son roman obtiendra. De plus, des événements imprévus peuvent changer considérablement les données du problème ; entre autres, de combien d'unités la demande de livres baissera-t-elle à la suite de l'application de la taxe sur les produits et services ou à la suite de la récession qui a commencé en 1990 ?

6.2.3 La méthode de l'indice du pouvoir d'achat

Cette méthode est utilisée par les entreprises qui vendent des produits de consommation. Elle consiste à estimer le marché potentiel en dérivant des indices en fonction de données économiques. Supposons qu'un fabricant de vêtements sport désire ouvrir une succursale à Fredericton au Nouveau-Brunswick[1]. Il doit en premier lieu prendre connaissance de l'indice du pouvoir d'achat de Fredericton. Il pourra utiliser cette formule :

$$PA_i = 0,5\ y_i + 0,3\ r_i + 0,2\ p_i$$

où

PA_i = pourcentage du pouvoir d'achat national dans la zone i
y_i = pourcentage du revenu disponible à l'échelle nationale provenant de la zone i
r_i = pourcentage des ventes au détail à l'échelle nationale dans la zone i
p_i = pourcentage de la population nationale comprise dans la zone i

Après avoir consulté l'édition annuelle de *Canadian Markets* et le *Financial Post Magazine*, le fabricant remarque que le marché de Fredericton compte pour 0,19 % du revenu personnel, 0,34 % des ventes au détail

---

1. Exemple tiré de P. Kotler, H. G. McDougall et J. L. Picard, *Principes de marketing*, Boucherville, 2ᵉ éd. Gaëtan Morin Éditeur, 1985, p. 150, 152, 153.

et 0,20 % de la population du Canada. L'indice du pouvoir d'achat est donc le suivant:

PA (Fredericton) = 0,5 (0,19) + 0,3 (0,34) + 0,2 (0,20) = 0,237

Fredericton devrait donc présenter 0,237 % des achats de vêtements du pays. Si le fabricant en question espère vendre pour 25 000 000 $ de marchandises au niveau national, un montant de 59 250 $ (25 000 000 $ × 0,00237) sera enregistré par la succursale de Fredericton. Si ce fabricant n'accepte d'ouvrir une succursale qu'à la condition que celle-ci génère au moins 60 000 $ de ventes annuellement, la succursale de Fredericton peut constituer un risque financier. Il faut cependant prendre en considération d'autres facteurs susceptibles de changer quelque peu les données de l'analyse. Les indices utilisés précédemment sont issus d'observations objectives sur des ventes totales et sur la taille de la population. Le fait qu'il y ait à Fredericton une université comptant 7 000 étudiants peut rendre cette ville plus intéressante pour ce fabricant s'il opère beaucoup dans le segment des jeunes adultes. Par ailleurs, en plus d'être une ville universitaire, Fredericton est le siège d'un gouvernement. On y trouve donc une grande quantité d'emplois stables et bien rémunérés, ce qui représente un avantage supplémentaire pour un fabricant de vêtements haut de gamme.

6.2.4 La méthode d'agrégation des marchés

Cette méthode est utilisée par les entreprises du secteur industriel. Elle consiste à identifier tous les acheteurs potentiels d'un produit dans chaque marché et à faire l'addition du potentiel d'achats de chaque marché selon ce qui a été estimé. On peut trouver la base de données nécessaire à ces calculs à Statistique Canada, pour le marché canadien, et à l'Office of Management and Budget, pour le marché américain. Cette information est nommée «Standard Industrial Classification», ou SIC. Le code SIC identifie un secteur d'activité particulier au moyen de quatre chiffres. Ainsi, le secteur des mines de fer porte le code 0617. Les deux premiers chiffres, 06, font référence au type d'industrie. La classe D regroupe les codes 06 à 09 et comprend tout ce qui touche l'exploitation du sous-sol. Le code 06 concerne l'industrie minière tandis que le code 08 englobe les carrières et sablières. Les deux derniers chiffres identifient le sous-groupe industriel. Ainsi, dans la classe 06, les mines, le code 17 fait référence aux mines de fer tandis que le code 16 est associé aux mines d'uranium (voir le tableau 6.1).

Nous illustrerons par un exemple le fonctionnement de la méthode d'agrégation des marchés. Supposons qu'un fabricant de matériel minier

TABLEAU 6.1

Classification industrielle et production d'or par province ou territoire

Principales divisions selon la SIC	Principaux groupes d'industries selon la SIC (à 2 chiffres)	Sous-groupes d'industries selon la SIC (à 4 chiffres)
01-02 A. Agriculture	06 Industrie minière	0611 Mines d'or
	07 Pétrole brut et gaz	0612 Mines de cuivre et de
03 B. Chasse et pêche	naturel	cuivre-zinc
04-05 C. Exploitation forestière et	08 Carrières et sablières	0613 Mines de nickel-cuivre
services forestiers	09 Services miniers	0614 Mines de zinc-plomb-
06-09 D. Mines, carrières et puits de pétrole		argent
10-39 E. Industries		0615 Mines de molybdène
manufacturières		0616 Mines d'uranium
40-44 F. Construction		0617 Mines de fer
45-47 G. Transport et entreposage		0619 Autres mines de métaux
48-49 H. Communication et autres services publics		
50-59 I. Commerce de gros		
60-69 J. Commerce de détail		
70-74 K. Finance et assurances		
75-76 L. Services immobiliers et compagnies d'assurances		
77-80 M. Services aux entreprises		
81-84 N. Services gouvernementaux		
85 O. Services d'enseignement		
86-90 P. Services de santé et services sociaux		
91-95 Q. Hébergement et restauration		
96-99 R. Autres services		

SOURCE: *Standard Industrial Classification*, 1980, Ottawa, Statistique Canada, Standards Division, décembre 1980, cité dans: P. Kotler, H.G. McDougall et J.L. Picard, *Principes de marketing*, 2ᶜ éd. Boucherville, Gaëtan Morin Éditeur, 1985, p. 151.

vienne de mettre au point un appareil capable de distinguer l'or véritable de l'«or des dupes» (métal sans valeur) et qu'il entende vendre celui-ci 1 000 $ pièce[2]. Ce fabricant doit évaluer la demande par province ou territoire. Il décide d'affecter un représentant des ventes dans chaque province ou territoire dont le marché potentiel est supérieur à 50 unités.

---

2. *Ibid.*

TABLEAU 6.1
Classification industrielle et production d'or par province ou territoire (suite)

Province ou territoire	Nombre d'onces d'or produites	Nombre de ventes potentielles d'appareils (1 pour 1 000 onces)
Terre-Neuve	13 870	10
Île-du-Prince-Édouard	—	—
Nouvelle-Écosse	—	—
Nouveau-Brunswick	3 753	4
Québec	465 242	465
Ontario	739 547	740
Manitoba	43 794	44
Saskatchewan	18 229	18
Alberta	166	—
Colombie-Britannique	173 336	173
Yukon	35 750	36
Territoires du Nord-Ouest	198 121	198

SOURCE: P. Kotler, H. G. McDougall et J. L. Picard, *Principes de marketing*, 2ᵉ éd., Boucherville, Gaëtan Morin Éditeur, 1985, p. 152.

Le tableau 6.1 indique, d'après la classification industrielle, le nombre d'onces d'or produites par province ou territoire (le volume de production provincial ou territorial des entreprises comprises dans le code SIC 0611). Si ce fabricant espère vendre un appareil pour 1 000 onces d'or produites, il devra affecter un représentant au Québec, en Ontario, en Colombie-Britannique ainsi que dans les Territoires du Nord-Ouest.

Les codes SIC américains indiquent non seulement la production (nationale, par État, par ville), mais aussi le nombre d'employés travaillant dans chaque secteur.

6.2.5 La méthode de l'analyse de corrélation

Cette méthode statistique permet d'estimer le marché potentiel dans les cas où il existe une certaine relation entre la demande et une autre variable observable de l'industrie. Cette variable peut être de n'importe quelle nature pourvu qu'elle soit susceptible d'influencer la demande. Mais la variable en question n'importe pas tant que la qualité de la relation qu'elle a avec la demande. Cette qualité sera déterminée par le coefficient de corrélation (voir le tableau 6.2). Plus celui-ci se rapproche de +1, plus la variable explicative choisie risque d'être significative lors de l'établissement du marché potentiel. Notons qu'on peut obtenir une corrélation négative. Cela signifie simplement que la relation entre la variable explicative et la demande est inversement proportionnelle.

Supposons qu'on observe une relation entre la demande de blocs-moteurs et le nombre d'employés travaillant dans cette industrie. Autrement dit, on soupçonne que le nombre d'employés est relié proportionnellement au nombre de blocs-moteurs vendus. On peut visualiser cette relation à la figure 6.3. On remarque dans ce graphique que le nombre d'unités vendues de blocs-moteurs est directement proportionnel au nombre d'employés des entreprises clientes, soit la relation entre le nombre correspondant de blocs-moteurs vendus à chacun des clients de l'entreprise (y) et le nombre d'employés de chacune de ces entreprises (x). L'entreprise de notre exemple a donc 10 clients employant chacun de 50 à 250 employés. Plus le client possède d'employés, plus il est gros, et conséquemment, plus il achètera de blocs-moteurs.

Soit C, le coefficient de corrélation[3] :

$$C = \frac{N\sum(XY) - (\sum X)(\sum Y)}{\sqrt{N\sum X^2 - (\sum X)^2}\ \sqrt{N\sum Y^2 - (\sum Y)^2}}$$

$$C = \frac{10\,(1\,045\,000) - (5\,700)(1\,675)}{\sqrt{10\,(3\,490\,000) - (5\,700)^2}\ \sqrt{10\,(319\,375) - (1\,675)^2}}$$

$$C = \frac{902\,500}{965\,902,99}$$

$$C = 0,93$$

Étant donné que le taux de corrélation est très élevé (0,93), comme l'indique le calcul des données présentées au tableau 6.2, le nombre d'employés par client constitue donc un excellent prédicteur. Si l'entreprise a vendu, en tout, l'an dernier 1 675 blocs-moteurs à 10 clients totalisant 5 700 employés et que le nombre d'employés de cette industrie selon Statistique Canada soit de 50 000, elle pourra appliquer son propre ratio à celui de l'industrie :

5 700 employés d'entreprises clientes $\Rightarrow$ 1 675 blocs-moteurs
50 000 employés de l'industrie $\Rightarrow$ 14 693 blocs-moteurs

Le marché potentiel devrait donc être d'environ 15 000 blocs-moteurs. Par ailleurs, on peut écrire cette relation sous forme d'équation mathématique représentant la droite imaginaire de la figure 6.3 :

$$Y = a + bx$$

---

3. R. M. Hill *et al.*, *Industrial Marketing*, Illinois, Irwin, 1975, p. 151.

TABLEAU 6.2
Développement statistique servant à calculer le coefficient de corrélation

Client	X	Y	XY	Y²	X²
A	300	50	15 000	2 500	90 000
I	400	100	40 000	10 000	160 000
D	400	125	50 000	15 625	160 000
G	500	150	75 000	22 500	250 000
B	600	150	90 000	22 500	360 000
C	600	200	120 000	40 000	360 000
J	700	175	122 500	30 625	490 000
E	700	225	157 500	50 625	490 000
F	700	250	175 000	62 500	490 000
H	800	250	200 000	62 500	640 000
Total	5 700	1 675	1 045 000	319 375	3 490 000

où

Y = estimation du nombre de blocs-moteurs

X = nombre d'employés des entreprises clientes

a = ordonnée à l'origine (nombre de blocs-moteurs quand le nombre d'employés est nul)

b = coefficient de régression (variation du nombre de produits achetés par rapport à toute variation du nombre total des employés)

Ainsi, si nous utilisons les équations suivantes (la méthode des moindres carrés), nous obtenons[4] :

$$\sum Y = Na + b\sum X, \text{ où } 1\ 675 = 10a + 5\ 700b$$

$$\sum XY = a\sum X + b\sum X^2, \text{ où } 1\ 045\ 000 = 5\ 700a + 3\ 490\ 000b$$

Pour b :

$$(1\ 675 = 10a + 5\ 700b)\ 5\ 700$$
$$(1\ 045\ 000 = 5\ 700a + 3\ 490\ 000b)\ 10$$

$$9\ 547\ 500 = 57\ 000a + 32\ 490\ 000b$$
$$10\ 450\ 000 = 57\ 000a + 34\ 900\ 000b$$

$$902\ 500 = 2\ 410\ 000b$$
$$b = 0,37448$$

4. *Ibid.*, p. 152.

FIGURE 6.3

Diagramme de dispersion montrant la relation entre le nombre d'employés des entreprises clientes et la demande de blocs-moteurs

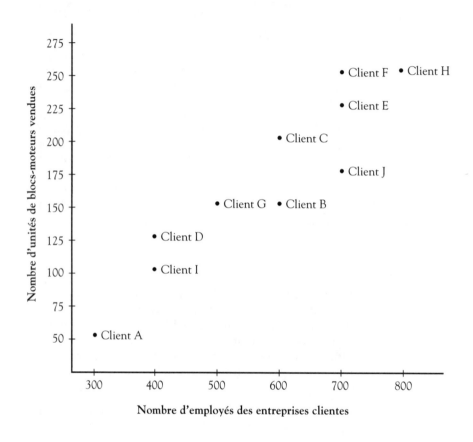

SOURCE: R. M. Hill *et al.*, *Industrial Marketing*, Illinois, Irwin, 1975, p. 151.

Pour a:

$$1\,675 = 10a + 5\,700\,(0{,}37448)$$
$$-10a = 2\,134{,}5360 - 1\,675$$
$$a = -45{,}9536$$
$$Y = -45{,}9536 + 0{,}37448x\,(x = 50\,000)$$

Par conséquent, $x = 50\,000$ employés, $y = 18\,678$ unités. Nous pouvons estimer le marché potentiel en tenant compte des variations du nombre d'employés dans l'industrie.

☐ 6.3 La prévision des ventes

6.3.1 Généralités

L'estimation du marché potentiel indique le volume maximal des ventes dans le marché dans les meilleures conditions. Cependant, l'entreprise doit connaître la part de ce marché potentiel qu'elle sera en mesure d'atteindre. Elle doit considérer non seulement les données du marché, mais aussi sa propre réalité, soit la variation de ses investissements en marketing, la qualité de la relation qu'elle sera en mesure d'entretenir avec ses clients et sa propre compétitivité.

La prévision des ventes constitue un des outils de planification de l'entreprise les plus importants et une des images les plus fidèles de sa santé et de sa compétitivité. Une entreprise saine et concurrentielle n'hésitera pas, en effet, à souscrire à des prévisions optimales (mais réalistes) qui reflètent son désir de croître et d'augmenter sa part de marché.

La prévision des ventes possède les 10 fonctions suivantes:
- la planification du travail de marketing;
- la planification du travail de vente;
- l'allocation optimale des ressources;
- l'estimation des rentrées de fonds;
- l'établissement de la politique de financement (dette ou capital-actions);
- l'établissement d'un processus de commande;
- la gestion des stocks;
- l'établissement de la politique de recrutement;
- l'établissement du budget d'exploitation;
- l'exercice d'une meilleure supervision du rendement des diverses unités de l'entreprise.

Dans cette section, nous identifierons puis illustrerons les méthodes les plus courantes de prévision des ventes. Le tableau 6.3 présente les différentes méthodes abordées.

6.3.2 Les méthodes subjectives

L'enquête sur les intentions d'achat

Cette méthode de prévision des ventes repose sur le fait que les acheteurs potentiels du produit ont une bonne idée de leurs intentions d'achat pour

TABLEAU 6.3
Classification des méthodes de prévision des ventes

Méthodes subjectives	• Enquête sur les intentions d'achat
	• Sommation des prévisions de chaque représentant
	• Jury d'experts
	• Méthode Delphi
Méthodes objectives	• Test de marché
	• Analyse des séries temporelles
	– Méthode de la décomposition
	– Méthode naïve
	– Méthode des moyennes mobiles
	– Méthode du lissage exponentiel
Analyse statistique de la demande	• Méthode de la régression simple
	• Méthode de la régression multiple

la prochaine année, de même que de la quantité de produits qu'ils désireront se procurer. Au moyen d'un échantillonnage statistique, on demande aux clients potentiels s'ils croient qu'ils achèteront le produit dans un avenir rapproché et, dans l'affirmative, en quelle quantité. La façon de joindre le client potentiel est très variable. Dans le marché industriel, à cause du nombre restreint de clients, on peut aborder ceux-ci par l'intermédiaire de l'équipe de vente. Dans le marché de la consommation, il faut procéder avec un échantillon représentatif de la clientèle. Cela peut se faire par téléphone ou par contact direct, comme dans un centre commercial ou lors d'une exposition telle que le Salon de l'habitation. Si 5 % des membres d'un échantillon représentatif déclarent qu'ils ont fermement l'intention de se procurer une unité d'un produit au cours de la prochaine année, ils peuvent être considérés par le fabricant comme faisant partie du marché potentiel. Si celui-ci est de 1 000 000 d'unités, l'entreprise peut compter vendre 5 % × 1 000 000, soit 50 000 unités. Notons qu'il n'est pas toujours nécessaire d'intervenir auprès du consommateur final. Dans certains cas, une enquête auprès des grossistes ou détaillants, qui connaissent bien leurs propres clients, peut se révéler suffisante.

Si cette méthode de prévision peut être utile à l'estimation du marché potentiel (en désignant une proportion de personnes qui s'intéressent au produit) par rapport à l'ensemble de la population, son application à la prévision des ventes d'une entreprise reste problématique. En effet, il n'est pas toujours aisé pour celle-ci de reconstituer un échantillon représentatif de sa clientèle potentielle. En outre, le client lui-même n'est pas nécessairement en mesure de dire avec exactitude s'il achètera ou non le produit. Plusieurs peuvent avoir l'intention de le faire sans pour autant agir. Par ailleurs, il faut pouvoir atteindre facilement la clientèle potentielle, ce qui n'est pas évident dans le marché de la consommation à cause du grand nombre de clients. Par contre, dans le marché industriel, où la spécialisation est de mise, le nombre restreint de clients et leur expertise propre rendent ce type d'enquête très efficace puisque ceux-ci sont facilement identifiables et accessibles. De plus, ils sont généralement très conscients de leurs besoins. Par ailleurs, le fait de pouvoir les atteindre presque tous est de nature à éliminer une marge d'erreur importante due à l'échantillonnage statistique et aux problèmes engendrés par son application.

La sommation des prévisions de chaque représentant

Cette méthode a l'avantage d'être très facile à appliquer. En fait, dans bon nombre d'entreprises, elle s'applique naturellement lors de l'établissement des quotas de ventes. Elle consiste à faire la sommation des diverses prévisions élaborées par chaque vendeur. On tient pour acquis qu'un vendeur connaît très bien son territoire et ses clients. Il devrait donc être en mesure d'estimer avec une certaine précision ses propres ventes, en s'appuyant sur sa connaissance de la conjoncture qui prévaut dans son territoire, des ventes habituelles et des variations probables de celles-ci en raison de l'accroissement des nouvelles commandes, du gain ou de la perte des clients ou des contrats en voie d'être signés ou annulés.

Si cette méthode semble intéressante vu la relation étroite qu'a le vendeur avec son territoire, un biais important peut néanmoins être causé par les sentiments mêmes du représentant à l'égard de son rendement. Ainsi, un représentant optimiste aura tendance à surestimer le marché. Par ailleurs, si les quotas sont en grande partie établis en fonction des prévisions par territoire, un vendeur pourra tenter de diminuer la pression administrative en sous-estimant ses ventes. En outre, il serait naïf de croire qu'un représentant possède une information exhaustive au sujet des fluctuations du marché. Il est possible que celui-ci soit porté à se fier à son intuition, laquelle est fondée sur des critères personnels, et donc subjectifs.

Le jury d'experts

Cette méthode de prévision implique la participation de cadres supérieurs ou de gestionnaires qui ont une longue expérience dans un domaine pouvant influer sur la prévision des ventes. L'avantage indéniable de cette méthode réside dans la possibilité qu'elle offre de considérer rapidement plusieurs facteurs subjectifs tels que les activités de la concurrence, l'environnement et les tendances économiques, les activités syndicales et les tendances légales. Bien que cette méthode permette à plusieurs personnes compétentes de confronter leurs idées à la lumière de leurs connaissances, elle comporte de nombreux problèmes. Mentionnons la subjectivité des participants. En effet, l'expérience de ces derniers, leur vision à long terme de même que leurs sentiments font varier considérablement leurs opinions. Enfin, s'il est possible d'arriver à un chiffre global pour la prochaine année, lequel sera malgré tout assez réaliste, la ventilation des prévisions par territoire, par produit (ou groupe de produits), par représentant (ou par succursale) et par groupe de clients risque de s'avérer passablement compliquée.

La méthode Delphi

Une variante intéressante de la méthode du jury d'experts consiste dans la méthode Delphi[5]. Cette méthode, qui jouit d'une grande popularité, permet de canaliser la dynamique d'experts en faisant converger leurs opinions vers une norme commune et acceptée de tous. En outre, elle élimine par elle-même les opinions extrêmes. Voici comment elle fonctionne (voir la figure 6.4):

1. Chaque expert établit sa prévision en se basant sur ses connaissances et sur son expérience.

2. Les prévisions individuelles sont réunies et le superviseur du processus prépare anonymement un sommaire de celles-ci. Notons que l'anonymat fait partie de la méthode et contribue à son succès.

3. Le sommaire est remis aux participants. Celui-ci comprend l'essentiel des prévisions et quelques statistiques qui s'y rattachent. Par ailleurs, on demande aux experts dont les positions sont extrêmes d'expliquer les raisons de leur choix. Ces explications sont ajoutées au sommaire. On peut donc connaître chaque fois les raisons qui ont conduit aux opinions les plus pessimistes ou les plus optimistes.

_____

5. Pour une revue intéressante de la méthode Delphi, nous vous suggérons les lectures suivantes: Marvin A. Jolson et Gerald Rossom, «The Delphi Method in Marketing Decision Making», _Journal of Marketing Research_, vol. 8, novembre 1971, p. 443-448; C. L. Qain, «Delphi-Forecast with Experts' Opinion», _The Journal of Business Forecasting_, vol. 4, hiver 1985-1986, p. 22-23; Jean-Claude Larréché et Réza Moinpour, «Managerial Judgment in Marketing: The Concept of Expertise», _Journal of Marketing Research_, vol. 20, mai 1983, p. 110-121; Shanker Basu, S. Roger et C. Shroeder, «Incorporating Judgments in Sales Forecast; Applications of the Delphi-Method at American Hoist & Denich», _Interfaces_, vol. 7, mai 1977, p. 27.

FIGURE 6.4
Méthode Delphi

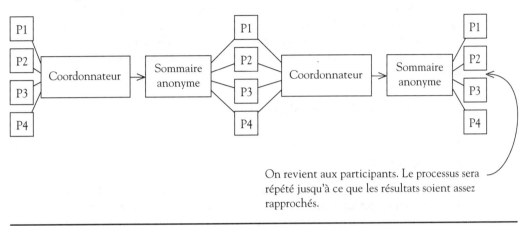

On revient aux participants. Le processus sera
répété jusqu'à ce que les résultats soient assez
rapprochés.

SOURCE: Gilbert A. Churchill Jr., Neil M. Ford et Orville C. Walker Jr., *Sales Force Management*, 3ᵉ éd., Homewood
(Ill.), Irwin, 1990, p. 171.

4. À la lumière de cette nouvelle information, les participants sont
    invités à reconsidérer leurs positions.

5. On répète le processus jusqu'à ce que les résultats soient assez
    semblables.

Cette méthode a ses partisans. Elle est perçue davantage comme une
façon «scientifique» d'utiliser des données qualitatives à des fins prévisionnelles. Voyons ce qu'en pense un de ses adeptes, un cadre de l'entreprise TRW:

> Cette méthode cherche à tirer des bénéfices optimaux de l'«approche du
> comité» tout en éliminant les désavantages traditionnels des séances
> typiques de *brainstorming*. Cette approche nous permet d'obtenir le maxi-
> mum de chaque individu, sans contrainte, et de profiter de la saine énergie
> du groupe. Nous sommes donc en mesure d'écarter les facteurs négatifs
> associés généralement aux débats de groupe, comme l'«expert agressif» qui
> défend ses opinions contre vents et marées, le cadre supérieur qui impose
> ses idées à ses subordonnés qui n'osent pas le contredire ou le vendeur
> bavard qui réussirait à vendre des réfrigérateurs aux Esquimaux[6].

Autrement dit, on permet aux participants dont les positions sont
extrêmes de défendre leurs opinions rationnellement, sans exercer une

6. Harper Q. North et Donald L. Pyke, «Probes of the Technological Future»,
    Harvard Business Review, nᵒ 417, mai-juin 1969, p. 70.

pression indue sur le groupe, peu importe leur personnalité. Chacun pourra se faire une idée objective sans le biais engendré par les facteurs humains. Notons cependant qu'un des problèmes de cette méthode est la durée du processus. Chacun doit réviser ses positions à la lumière de la nouvelle information. Si les opinions sont diversifiées, on devra recommencer le processus plusieurs fois, ce qui risque de prendre beaucoup de temps.

6.3.3 Les méthodes objectives

Le test de marché

Bien que le test de marché soit une méthode connue depuis de nombreuses années, son utilisation dans la prévision des ventes constitue un phénomène récent. La démocratisation du marketing, l'intérêt grandissant pour la recherche et l'accessibilité accrue aux techniques de traitement de données ont sans aucun doute favorisé cette situation. Aux États-Unis, on dépense annuellement plus d'un milliard de dollars en tests de marché[7]. Elles sont maintenant rares les entreprises qui changent leur stratégie de marketing, par exemple pour lancer un nouveau produit ou modifier un produit existant, sans recourir au test de marché.

Cette technique de prévision des ventes consiste à placer sur un marché donné un nouveau produit et à observer l'attitude des consommateurs à l'égard de celui-ci. Cette expérience peut renseigner le fabricant sur l'intérêt du marché pour son produit, sur les modifications qu'il devra y apporter et, par extrapolation, sur la part de marché qu'il sera susceptible d'obtenir. Celle-ci multipliée par le volume du potentiel des ventes donnera la prédiction des ventes de l'entreprise. Il va sans dire que la région choisie doit être représentative du pays. Ainsi, on dit souvent que la région du Saguenay–Lac-Saint-Jean est un bon endroit pour tester le marché francophone, à cause notamment de la très forte homogénéité de sa population et de la représentativité socio-économique de celle-ci. Le recours à cette méthode diminue grandement le risque financier associé à la distribution d'un nouveau produit qui échoue. Selon l'institut A. C. Neilsen, trois produits sur quatre qui ont subi avec succès un test de marché remportent le même succès, tandis que quatre produits sur cinq qui n'ont pas subi de test de marché échouent[8].

---

7. Voir le supplément intitulé «Test Marketing» dans *Advertising Age*, n° 58, 24 août 1987, p. S1-S12.
8. «Test Marketing: What's in Store», *Sales Marketing Management*, n° 128, 15 mars 1982, p. 57-85.

Bien que le test de marché permette (surtout dans le cas des produits de consommation) de déterminer les risques d'introduction de mauvais produits ou de stratégies de marketing inappropriées, celui-ci n'a pas que de bons côtés. Un test de marché mal fait risque en effet d'engendrer des erreurs de marketing très coûteuses. Selon le directeur de la recherche en marketing de General Mills, le test de marché «est extrêmement coûteux, informe la concurrence sur nos activités, demande beaucoup de temps et n'est pas toujours fiable, mais nous n'avons rien de mieux pour le moment[9]». Le premier problème mentionné est son coût. Celui-ci inclut l'expérimentation proprement dite (l'échantillonnage, la collecte et le traitement des données, etc.), les frais de production très élevés dus à la petite quantité de produits mis en marché et au soutien promotionnel accordé (les échantillons du produit, les concours, les coupons, etc.). Le deuxième problème évoqué en ce qui concerne le test de marché est sa durée. On doit en effet s'assurer d'une expérimentation suffisamment longue pour engendrer un niveau de fiabilité satisfaisant. Ainsi, la société Procter and Gamble a testé pendant neuf ans la couche jetable Pampers avant de lancer ce produit à l'échelle nord-américaine[10]. Pour sa part, Bell Canada a testé le nouveau service de gestion des appels pendant plusieurs mois dans une ville des provinces des Prairies avant de rendre ce service accessible sur une plus grande échelle. Toujours selon l'institut A. C. Nielsen, seulement 13 % des tests de marché durant 2 mois peuvent fournir des prédictions nationales valables. Pour ceux dont la durée est de 10 mois, ce pourcentage augmente à 83 %[11]. La durée devient donc un facteur de fiabilité important et on recommande de fixer celle-ci à un an au moins. Par ailleurs, une période trop longue risquerait non seulement de coûter très cher par rapport à une qualité des renseignements supplémentaires négligeable, mais elle laisserait amplement le temps aux concurrents de réagir.

Les résultats eux-mêmes peuvent être faussés par des variables environnementales. Ce serait le cas d'un fabricant de garages saisonniers qui ne se fierait qu'à la région de Québec (la plus enneigée, paraît-il) pour prédire ses ventes québécoises. Enfin, le soin accordé à la région où se déroule le test risque d'être moindre à l'échelle nationale, ce qui pourrait susciter différents problèmes qui n'ont pas été prévus, reliés par exemple à la livraison ou à des règlements municipaux.

---

9. «To Test or not to Test, Seldom the Question», *Advertising Age*, n° 55, 20 février 1984, p. M10-M11.
10. Julie B. Solomon, «P & G Rolls Out New Items at Faster Pace, Turning away from Long Marketing Testing?», *The Wall Street Journal*, n° 64, 11 mai 1984, p. 25.
11. «How to Improve Your Chances for Test-Market Success», *Marketing News*, n° 18, 6 janvier 1984, p. 12-13.

L'analyse des séries temporelles

Cette méthode ne concerne que les entreprises (ou les industries) qui existent depuis un certain temps et qui disposent conséquemment de données s'étendant sur plusieurs années. C'est en s'appuyant sur ces dernières qu'on tentera de prédire l'avenir, dans la mesure où l'on considère que le passé est garant de l'avenir et qu'on devrait retrouver dans le futur une structure semblable à celle qu'on a connue dans le passé.

La méthode de la décomposition

Lorsqu'on utilise des données temporelles pour prévoir les ventes, on peut augmenter la précision des projections en éliminant les variations saisonnières. Celles-ci sont souvent la cause de changements importants du volume des ventes durant une période relativement courte. Il n'est pas extraordinaire qu'un fabricant de skis vende plus de produits l'automne que le printemps. Celui-ci aurait alors intérêt à comparer les données de l'automne à celles des automnes précédents. En éliminant les variations saisonnières, le gestionnaire dispose de données comparatives utiles à l'analyse des rendements d'une courte période et peut, par conséquent, effectuer des prévisions qui donneront immédiatement une image claire et sans biais de ce qu'on peut attendre des périodes à venir.

Si on examine l'évolution des ventes d'une entreprise pendant une longue période, on pourra constater certaines variations sporadiques. Il est peu probable, en effet, qu'on observe une augmentation mensuelle constante depuis plusieurs années. Ces types de variations sont de trois ordres : la tendance, le cycle et les variations saisonnières.

La tendance   Elle est la mesure de tendance qui fait référence à l'évolution à long terme des ventes. Ainsi, la tendance des ventes de lecteurs de disques compacts est positive. Notons que les produits (ou industries) en croissance généreront des tendances plus fortes. L'entreprise doit, elle aussi, pouvoir observer la tendance de ses ventes, compte tenu du développement qui lui est propre.

Le cycle   Il renvoie à un comportement des ventes qui tend à se répéter au cours des années. Ainsi, une entreprise peut observer que, durant une période de quatre ans, ses ventes connaissent une croissance très forte la première année, un ralentissement la deuxième, une stabilisation la troisième et une chute rapide la quatrième, et que cette situation se répète de façon régulière dans le temps. Cela veut dire que ses ventes se comportent de façon cyclique.

Les variations saisonnières   Elles correspondent au comportement des ventes à l'intérieur d'une année. Ainsi, le commerçant de skis alpins

TABLEAU 6.4
Calcul d'un indice saisonnier selon des données temporelles sur les ventes

Trimestre	Année 1	2	3	4	Moyenne trimestrielle de ces 4 années	Indice saisonnier
1 (hiver)	51	59	56	72	59,5 (hiver)	0,75
2 (printemps)	74	99	84	102	89,8 (printemps)	1,14
3 (été)	88	86	94	97	91,3 (été)	1,16
4 (automne)	78	61	87	76	75,5 (automne)	0,96
Moyenne annuelle	73	76	80	87		

Ventes totales des 4 années: 1 264 (16 observations)
Moyenne des ventes trimestrielles: 1 264 ÷ 16 (observations) = 79

Indice saisonnier = moyenne trimestrielle (calculée par trimestre)
                        ÷ moyenne trimestrielle

Indice saisonnier = hiver   = 59,5 ÷ 79 = 0,75
                   = printemps = 89,8 ÷ 79 = 1,14
                   = été   = 91,3 ÷ 79 = 1,16
                   = automne   = 75,5 ÷ 79 = 0,96

devrait voir ses ventes baisser de février à juillet, ce dernier mois connaissant le niveau le plus bas d'une année à l'autre. Les tableaux 6.4 et 6.5 montrent comment on peut éliminer ces variations saisonnières afin de produire des données comparatives montrant les résultats du trimestre

TABLEAU 6.5
Données de ventes dessaisonalisées

Trimestre	Année 1	2	3	4
1 (hiver)	69	80	76	97
2 (printemps)	65	87	74	89
3 (été)	76	74	81	87
4 (automne)	81	64	91	79

sans biais. Ainsi, ce qui serait un résultat excellent pour le trimestre d'hiver peut être un résultat médiocre pour le trimestre d'été.

Notons que ces trois types de variations peuvent être peu présents ou même absents. Ainsi, une entreprise peut constater dans ses ventes une forte tendance à long terme mais aucun cycle particulier. Par ailleurs, certains produits comme le dentifrice n'obéissent ni à un cycle ni à des variations saisonnières. Par contre, d'autres produits comme le bonnet de laine peuvent être saisonniers mais n'obéir à aucun cycle ou tendance.

La méthode de la décomposition permet d'éliminer les variations saisonnières et d'obtenir des données qu'il est plus facile de comparer à l'intérieur d'une année ; de cette façon, on pourra avoir une idée plus nette de l'avenir et des prévisions à effectuer. Le tableau 6.4 présente les ventes trimestrielles d'une entreprise pour une période de quatre années. Au bout de chaque ligne, on trouve la moyenne trimestrielle des quatre années et l'indice saisonnier correspondant (indice du trimestre = moyenne du trimestre ÷ moyenne des quatre trimestres). Les indices de 1,14 et de 1,16 pour les trimestres du printemps et de l'été indiquent qu'il est souhaitable d'obtenir pour ces deux saisons un volume des ventes supérieur à celui des deux autres saisons. L'indice de 0,75 pour le trimestre d'hiver montre que ce trimestre est le moins bon. Si, par ailleurs, on calcule la moyenne annuelle, on arrive à des chiffres respectifs pour ces quatre années de 73, 76, 80 et 87. On constate une tendance exponentielle, donc très marquée. Si l'on disposait d'un plus grand nombre d'années d'observations, on pourrait découvrir s'il existe un cycle. Et si l'on calculait des moyennes respectives pour les quatre années suivantes (années 5, 6, 7 et 8) de 78, 81, 85 et 92, on trouverait la même configuration de croissance exponentielle que celle des quatre premières années malgré une forte baisse à l'année 5. Il serait donc possible que nous soyons en présence d'un cycle de quatre ans.

La méthode de la décomposition implique des modèles mathématiques complexes capables d'isoler quatre variables distinctes, soit la tendance, le cycle, les variations saisonnières et un facteur d'erreur. Le fonctionnement de ces outils est illustré par la courbe de la figure 6.5. On extrapolera la courbe jusqu'à la période qu'on veut prédire en tenant compte de la tendance exponentielle, des variations saisonnières et du cycle à la baisse.

Le tableau 6.5 reprend les données temporelles du tableau 6.4, mais les variations saisonnières ont été supprimées. Pour ce faire, on a divisé les résultats trimestriels de chaque année (du tableau 6.4) par l'indice saisonnier correspondant. Ainsi, on obtient le résultat du trimestre d'été de l'année 3 (81) en divisant 94 par l'indice saisonnier correspondant (1,16), soit 94 ÷ 1,16 = 81. Cette démarche, qui est décrite aux tableaux

FIGURE 6.5
Courbe de données temporelles sur les ventes

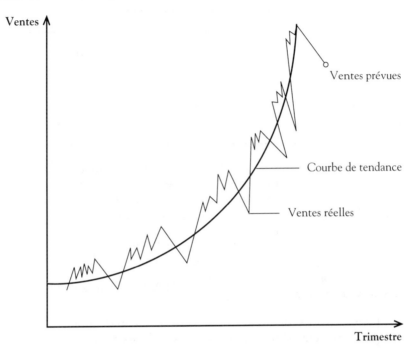

6.4 et 6.5, illustre de quelle manière on peut dessaisonaliser les données de ventes, autrement dit éliminer les variations saisonnières. Cela permet de comparer objectivement les trimestres entre eux à l'intérieur d'une année ou d'observer le même trimestre à travers les années. On devra ajouter les variations saisonnières aux données dessaisonalisées, pour obtenir la prévision réelle, comparable à la configuration régulière, simplement en multipliant ces données par leur indice saisonnier, comme nous le verrons dans les prochains exemples. Même si cette façon de procéder complique quelque peu les choses, elle doit être adoptée pour les raisons suivantes : (1) les données dessaisonalisées permettent une analyse comparative supérieure; (2) cette façon de faire est largement répandue dans le monde des affaires; (3) les erreurs de prévisions sont réduites.

La méthode naïve

La méthode d'analyse dessaisonalisée la plus simple qu'on puisse trouver est la méthode naïve. Son utilité réside surtout dans la comparaison et elle sous-entend que la meilleure estimation du futur est la valeur présente; autrement dit, rien ne devrait changer à court terme. Cette méthode peut inclure le facteur saisonnier. Si on se réfère au tableau 6.4, on obtient pour l'année 1 les données suivantes:

	Trimestre			
	1	2	3	4
Ventes actuelles	51	74	88	78
Prévisions naïves		51	74	88

La prévision pour le deuxième trimestre sera ni plus ni moins la donnée réelle du premier trimestre (prévision du deuxième trimestre: 51; réalité: 74). On constate aisément les limites de cette méthode. Calculons l'erreur de prévision avec la formule suivante:

$$\text{Erreur de prévision en pourcentage} = \frac{\text{prévision} - \text{valeur actuelle}}{\text{valeur actuelle}}$$

$$\text{Erreur de prévision pour le deuxième trimestre} = \frac{51 - 74}{74} = 31\ \%\ \text{(en valeur absolue)}$$

Il va sans dire qu'un tel taux d'erreur est inacceptable. On pourra réduire nettement celui-ci en utilisant les résultats dessaisonalisés, comme le montre le tableau 6.5. Ainsi, on obtient:

	Trimestre			
	1	2	3	4
Ventes dessaisonnalisées	69	65	76	81
Prévisions naïves		79	75	73
		$(69 \times 1,14)$	$(65 \times 1,16)$	$(76 \times 0,96)$

Il ne faut pas oublier de remettre le facteur saisonnier dans la donnée pour en arriver à un chiffre réel. Par exemple, pour le deuxième trimestre, il faut multiplier de nouveau la prévision (69) par l'indice saisonnier (1,14). Si on calcule encore une fois l'erreur de prévision pour le deuxième trimestre à la lumière de ces nouveaux chiffres, on aura, selon l'équation utilisée plus haut:

$$\text{Erreur de prévision en pourcentage} = \frac{79 - 74}{74}$$
$$= 7\ \%$$

L'ajustement saisonnier devient alors capital dans les prévisions naïves. Par ailleurs, il peut être intéressant d'obtenir l'erreur moyenne de toutes nos observations. Pour ce faire, on doit utiliser la formule suivante :

Pourcentage d'erreur moyenne en valeur absolue (MAPE)

$$MAPE = \frac{\sum_{i=1}^{n} \left[\dfrac{\text{prévision} - \text{valeur actuelle}}{\text{valeur actuelle}} \right]}{n}$$

où n = nombre de prévisions devant être effectuées.

Dans notre exemple, on obtient :

$$MAPE = \frac{\begin{array}{l} \left[\dfrac{51-74}{74}\right] + \left[\dfrac{74-88}{88}\right] + \left[\dfrac{88-78}{78}\right] + \left[\dfrac{78-59}{59}\right] + \left[\dfrac{59-99}{99}\right] \\[2mm] + \left[\dfrac{99-86}{86}\right] + \left[\dfrac{86-61}{61}\right] + \left[\dfrac{61-56}{56}\right] + \left[\dfrac{56-84}{84}\right] + \left[\dfrac{84-94}{94}\right] \\[2mm] + \left[\dfrac{94-87}{87}\right] + \left[\dfrac{87-72}{72}\right] + \left[\dfrac{72-102}{102}\right] + \left[\dfrac{102-97}{97}\right] + \left[\dfrac{97-76}{76}\right] \end{array}}{15}$$

$$= \frac{\begin{array}{l} 0,31 + 0,16 + 0,13 + 0,32 + 0,40 + 0,15 + 0,40 + 0,09 \\ + 0,33 + 0,10 + 0,08 + 0,20 + 0,29 + 0,05 + 0,28 \end{array}}{15*}$$

$$= 22\,\%*$$

De la même manière, si on utilisait les données dessaisonalisées du tableau 6.5, on obtiendrait la moyenne absolue en pourcentage d'erreur (MAPE) suivante :

$$MAPE = \frac{\begin{array}{l} \left[\dfrac{79*-74}{74}\right] + \left[\dfrac{75-88}{88}\right] + \left[\dfrac{73-78}{78}\right] + \left[\dfrac{60-59}{59}\right] + \left[\dfrac{91-99}{99}\right] \\[2mm] + \left[\dfrac{101-86}{86}\right] + \left[\dfrac{71-61}{61}\right] + \left[\dfrac{47-56}{56}\right] + \left[\dfrac{87-84}{84}\right] + \left[\dfrac{86-94}{94}\right] \\[2mm] + \left[\dfrac{78-87}{87}\right] + \left[\dfrac{67-72}{72}\right] + \left[\dfrac{111-102}{102}\right] + \left[\dfrac{103-97}{97}\right] + \left[\dfrac{84-76}{76}\right] \end{array}}{15}$$

$$= 9,5\,\%$$

La méthode des moyennes mobiles

Grâce à cette méthode, on calcule la prévision pour la prochaine période d'après la moyenne des dernières observations. La formule utilisée est la suivante :

---

* Données auxquelles on a remis le facteur saisonnier, comme nous l'avons vu précédemment : 79 = 69 × 1,14 ; 75 = 65 × 1,16 ; etc.

$$P_{t+1} = \frac{V_t + V_{t-1} + \ldots + V_{t-n+1}}{n}$$

où

P_{t+1} = prévision pour la prochaine période
V_t = ventes de la période courante
n = nombre de périodes incluses dans la moyenne mobile

On peut se servir des moyennes mobiles dans les seuls cas où les ventes n'obéissent pas à une forte tendance. Considérons l'exemple suivant :

		Ventes	sur 2 ans	Moyenne mobile sur 3 ans	sur 4 ans	sur 5 ans
Période	1	100				
	2	110				
	3	114				
	4	120				
	5	132				
(à prévoir)	6	?	126 $\frac{(120 + 132)}{2}$	122 $\frac{(114 + 120 + 132)}{3}$	119 $\frac{(110 + 114 + 120 + 132)}{4}$	115 $\frac{(100 + 110 + 114 + 120 + 132)}{5}$

Il serait logique d'obtenir une prévision supérieure à 132 à cause de la tendance à la hausse observée. Cependant, la chose est mathématiquement impossible avec la méthode des moyennes mobiles. Par ailleurs, on peut utiliser cette dernière avec des données dessaisonalisées. Si nous reprenons l'exemple des tableaux 6.4 et 6.5, nous obtenons les prévisions illustrées au tableau 6.6.

Comme on peut le constater, on n'accorde de l'importance qu'aux résultats les plus récents. Toutefois, il est important de se demander combien de périodes doivent être incluses dans la moyenne mobile. C'est en comparant différentes longueurs que l'entreprise pourra trouver celle qui lui convient le mieux. Si on compare le MAPE (pourcentage d'erreur moyenne en valeur absolue) des prévisions calculées pour les trois dernières périodes à l'aide de la moyenne mobile sur deux et trois périodes, on obtient :

MAPE (moyenne mobile sur 2 périodes)

$$= \frac{\left[\dfrac{67,7 - 78,0}{78,0}\right] + \left[\dfrac{58,1 - 59,0}{59,0}\right] + \left[\dfrac{91,8 - 99,0}{99,0}\right]}{3}$$

$$= \frac{0,132 + 0,015 + 0,072}{3} = 7,3\ \%$$

TABLEAU 6.6
Prévisions réalisées avec la méthode des moyennes mobiles

	Période					
	1 (hiver)	2 (printemps)	3 (été)	4 (automne)	5 (hiver)	6 (printemps)
Ventes actuelles	51	74	88	79	59	99
Ventes dessaisonalisées	69	65	76	81	80	87
Prévisions (moyennes mobiles sur 2 périodes)			77,7	67,7	58,1	91,8
Prévisions (3 périodes)				67,2	54,8	90,1

Prévisions sur 2 périodes (moyennes mobiles)

$$P_3 = \left(\frac{V_1 + V_2}{2}\right) \times I_3$$

(indice du 3e trimestre)

$$= \left(\frac{69 + 65}{2}\right) \times 1,16 \text{ (tableau 6.4)}$$

$$= 77,7$$

Prévisions sur 3 périodes (moyennes mobiles)

$$P_4 = \left(\frac{V_1 + V_2 + V_3}{3}\right) \times I_4 \text{ (indice du 4}^e \text{ trimestre)}$$

$$= \left(\frac{69 + 65 + 76}{3}\right) \times 0,96 \text{ (tableau 6.4)}$$

$$= 67,2$$

MAPE (moyenne mobile sur 3 périodes)

$$= \frac{\left[\dfrac{67,2 - 78,0}{78,0}\right] + \left[\dfrac{54,8 - 59,0}{59,0}\right] + \left[\dfrac{90,1 - 99,0}{99,0}\right]}{3}$$

$$= \frac{0,14 + 0,07 + 0,09}{3} = 10,0\,\%$$

D'après la courbe des ventes de cette entreprise, la moyenne mobile sur deux ans semble la plus intéressante pour le moment.

La méthode du lissage exponentiel

Cette méthode, qui s'inspire de celle des moyennes mobiles, considère que l'observation la plus récente pourrait peser davantage dans le calcul de la prévision. Conséquemment, on accordera à celle-ci un poids supérieur aux résultats antérieurs si on estime que la dernière période est garante de l'avenir. Dans le cas contraire – si, par exemple, la dernière année a été mauvaise ou s'il y a eu des circonstances imprévues –, on pourra alléger l'effet de la dernière période sur la prévision. Cette méthode paraît plus intéressante que celle des moyennes mobiles, laquelle accorde une importance égale à toutes les observations incluses dans le calcul de la prévision. La formule du lissage exponentiel est la suivante :

$$\overline{V}_t = \alpha\, V_t + (1 - \alpha)\, \overline{V}_{t-1}$$

où

$\overline{V}_t$ = prévision de ventes à calculer pour la période $t + 1$

α = poids accordé à la dernière observation (ventes de la dernière période)

V_t = ventes actuelles de la période t

$\overline{V}_{t-1}$ = ventes estimées de la période $t - 1$ (période précédant celle qui nous intéresse)

Voici comment on obtient la prévision réelle lorsqu'on utilise des données dessaisonalisées :

$$P_{t+1} = \overline{V}_t \times I_{t+1}$$

où

P_{t+1} = prévision réelle des ventes pour $t + 1$ (facteur saisonnier ajouté)

$\overline{V}_t$ = prévision dessaisonalisée pour t

I_{t+1} = indice saisonnier pour $t + 1$

Dans l'exemple du tableau 6.7, on constate qu'un α plus grand (0,8 au lieu de 0,2) donne une prévision plus juste pour la période 4. Les ventes réelles qui ont été de 77,8 (ajout du facteur saisonnier) avaient été estimées à 67 avec un α de 0,2 et à 71,0 avec un α de 0,8. Cela nous amène à envisager une question d'une importance capitale lors de l'utilisation de la méthode du lissage exponentiel : quelle doit être la valeur de α ? Cette valeur arbitraire pourrait, idéalement, être déterminée par l'essai de plusieurs d'entre elles. Le choix s'arrêtera sur celle qui respectera le mieux la courbe des ventes de l'entreprise au cours des années et générera les prévisions les plus exactes. Plus α sera petit, plus nous jugerons que toutes les observations antérieures sont importantes, car l'accent mis sur la dernière prévision tient compte de toutes les prévisions antérieures (contrairement aux moyennes mobiles qui ne retiennent que 2, 3 ou 4 données temporelles). Plus α sera grand, plus la dernière observation sera prise en considération pour la prochaine prévision.

Le tableau 6.8 présente l'essai de trois valeurs ($\alpha = 0,2$, 0,5 et 0,8) concernant la prévision des ventes de chaux agricole. Dans ce cas, à cause de la forte tendance à la baisse, un α plus grand (0,8) semble la meilleure solution, car la dernière période est probablement la plus représentative

TABLEAU 6.7
Prévisions des ventes à l'aide de la méthode du lissage exponentiel ($\alpha = 0,2$)

	Période			
	1	2	3	4
Ventes dessaisonalisées (tableau 6.5)	69,0	65,0	76,0	81,0
Ventes estimées ($\overline{V}_t$)		68,2	69,8	72,0
Prévisions des ventes (P_{t+1})			79,1	67,0
Prévisions des ventes avec un α de 0,8[a]			76,3	71,0
Ventes réelles (ajout du facteur saisonnier[b])			88,1	77,8

$$\overline{V}_t = \alpha V_t + (1 - \alpha) \overline{V}_{t-1}$$
$$P_{t+1} = \overline{V}_t \times I_{t+1}$$
$$\overline{V}_2 = 0,2 (65,0) + 0,8 (69,0^c)$$
$$= 68,2 (P_3 = 68,2 \times 1,16 = 79,1)$$
$$\overline{V}_3 = 0,2 (76,0) + 0,8 (68,2)$$
$$= 69,8 (P_4 = 69,8 \times 0,96 = 67,0)$$
$$\overline{V}_4 = 0,2 (81,0) + 0,8 (69,8)$$
$$= 72,0$$

a $P_3 = \overline{V}_2 \times I_3 = [0,8 (65,0) + 0,2 (69,0)] \times 1,16 = 65,8 \times 1,16 = 76,3$
$P_4 = \overline{V}_3 \times I_4 = [0,8 (76,0) + 0,2 (65,8)] \times 0,96 = 74,0 \times 0,96 = 71,0$

b Ventes avec le facteur saisonnier de la période 3 = $76,0 \times 1,16 = 88,2$ (ventes dessaisonalisées × indice trimestriel).
Ventes avec le facteur saisonnier de la période 4 = $81,0 \times 0,96 = 77,8$.

c Puisqu'on ne dispose pas de la prévision pour la période 1, on prend la donnée réelle dessaisonalisée afin d'amorcer le processus.

de l'avenir. Notons qu'il existe des modèles de prévision très sophistiqués qui empruntent certains éléments et à la méthode du lissage exponentiel et à celle des moyennes mobiles. Ces modèles élaborés par Box et Jenkins[12] (comme le modèle ARIMA) sont passablement complexes et ne sauraient être abordés en profondeur dans le cadre de cet ouvrage.

---

12. G. E. Box et G. M. Jenkins, *Time Series Analysis*, 2e éd., Holden Day, 1976.

TABLEAU 6.8

Ventes annuelles et prévisions des ventes de chaux agricole pour la région du Saguenay–Lac-Saint-Jean selon la méthode du lissage exponentiel (en dollars)

Année	Ventes annuelles	Ventes prévues		
		$\alpha = 0{,}2$	$\alpha = 0{,}5$	$\alpha = 0{,}8$
1974	22 029			
1975	31 027	22 029	22 029	22 029
1976	45 665	23 829	26 528	29 227
1977	29 411	28 196	36 097	42 377
1978	24 269	28 439	32 754	32 004
1979	24 896	27 605	28 511	25 816
1980	16 300	27 063	26 704	25 080
1981	13 800	24 911	21 502	18 056
1982	26 700	22 688	17 651	14 651
1983	23 000	23 491	22 175	24 290
1984	23 000	23 393	22 588	23 258
1985	23 028	23 314	22 794	23 052
1986	28 926	23 257	22 911	23 033
1987	28 579	24 391	25 918	27 747
1988	23 000	25 228	27 249	28 413
1989	18 000	24 783	25 124	24 083
1990	15 000	23 426	21 562	19 217
1991		21 741	18 281	15 843

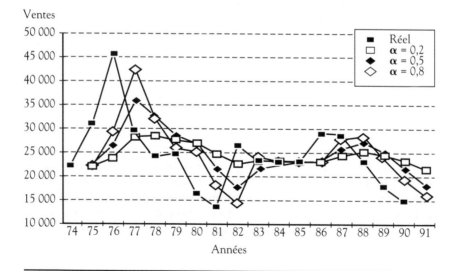

SOURCE: Ministère de l'Agriculture du Québec.

6.3.4 L'analyse statistique de la demande

La méthode de la régression simple

La méthode de la régression simple implique une relation entre une variable dépendante (Y, les ventes) et une variable indépendante (X, le temps). Cette relation, exprimée par une équation (Y = a + bX), est illustrée par une droite. Le processus utilisé pour trouver cette équation est la méthode des moindres carrés, comme le montre le tableau 6.9. La droite générée par l'équation obtenue au tableau 6.9 est illustrée par la figure ci-dessous.

Droite de régression d'après les données du tableau 6.9

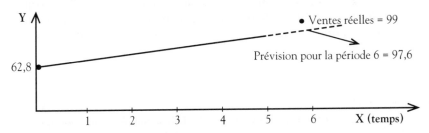

La méthode de la régression simple sera d'autant meilleure que le nombre d'observations passées qui y sont incluses sera élevé.

TABLEAU 6.9
Établissement d'une équation de régression par la méthode des moindres carrés

	Période X	Ventes Y	XY	X²
	1	69[a]	69	1
	2	65	130	4
	3	76	228	9
	4	81	324	16
	5	80	400	25
Total ($\sum$)	15	371	1 151	55
Moyenne	3	74,2		

$$Y = a + bX$$

$$b = \frac{n\sum XY - \sum X\sum Y}{n(\sum X^2) - (\sum X)^2}$$

$$b = \frac{5(1\ 151) - 15(371)}{5(55) - (15)^2}$$

$$b = 3,8$$

$$a = \bar{Y} - b\bar{X}$$
$$= 74,2 - 3,8(3)$$
$$= 62,8 = \text{ordonnée à l'origine}$$

L'équation de la droite est donc : Y = 62,8 + 3,8X

$$P_6 = [62,8 + 3,8(6)]\ 16$$
$$= 85,6\ (1,14)$$
$$= 97,6$$

Erreur (97,6 − 99)/99[b]
$$= 1,4\ \%$$

a Données du tableau 6.5.   b Données du tableau 6.4.

La méthode de la régression multiple

La régression multiple fait intervenir plusieurs variables indépendantes au lieu d'une seule comme dans le cas de la régression simple. L'élaboration d'une méthode de régression multiple demandera donc une série de données temporelles pour chaque variable indépendante. Si on se base sur les calculs requis par la méthode de la régression simple que nous venons de voir, on peut, sans risque de se tromper, affirmer que ce type de modèle de prévision nécessite l'usage de l'ordinateur. Le tableau 6.10 illustre une utilisation du modèle de la régression multiple.

On constate que le revenu disponible (Y_t^D) a une incidence positive sur la demande, tandis que le prix des automobiles (P_t^i) en a une négative. Malgré leur complexité, ces modèles sont de plus en plus utilisés, à cause

TABLEAU 6.10

Analyse de régression à des fins de prédiction de la demande d'automobiles

Équation générale d'estimation (dérivée selon la régression multiple)

$$D_t^i = B + B1Y_t^D + B2P_t^i + B3G_t + B4Z_t^E + B5Z_t + E$$

où

D_t^i = demande au sujet de la dimension de la voiture, incluant le facteur saisonnier et ajustée selon la taille de la population, où :
  $i = 1$: sous-compacte
  $i = 2$: compacte
  $i = 3$: intermédiaire
  $i = 4$: grande
  $i = 5$: de luxe (très grande)

Y_t^D = revenu disponible dessaisonalisé et ajusté selon la taille de la population en dollars constants (1967 = 100)

P_t^i = prix moyen d'une automobile de dimension i ajusté en dollars constants

G_t = prix de l'essence en dollars constants

Z_t^E = 1 pour les premier et deuxième trimestres de 1974 (pénurie d'essence), 0 autrement

Z_t = 1 pour le premier trimestre de 1970 (grève des TUA), 0 autrement

E = erreur

Équation servant à prédire la demande de sous-compactes :

$$D_t = -709\,190 + 2\,570Y_t^D - 275P_t + 3\,470G_t + 101\,000Z_t^E$$

R^2 = 91 % (modèle très fiable)

SOURCE: Rodney L. Carson et Michael Umble, «Statistical Demand for Automobile and Their Use for Forecasting in an Energy Crisis», *Journal of Business*, n° 53, 1980, p. 193-204.

notamment de leur plus grande accessibilité. On trouve maintenant plusieurs logiciels sur eux, lesquels fonctionnent en outre sur des ordinateurs plus petits. Notons toutefois que la construction et la validation de tels outils demandent des connaissances très poussées en statistique. Les gouvernements ont abondamment recours à des modèles de ce genre, comme le ministère des Finances, qui voudrait savoir dans quelle mesure une hausse d'impôts de 1 % affecterait les dépenses des consommateurs.

6.3.5 Une comparaison entre les différentes méthodes de prévision

Chaque méthode de prévision comporte des avantages et des inconvénients. Le tableau 6.11 à la page 168 dresse un sommaire des points forts et des points faibles de chacune d'entre elles. Le choix d'une méthode n'est pas chose facile. La taille de l'entreprise, l'existence de données temporelles, le degré de sophistication du matériel informatique, l'expertise des gestionnaires du marketing et l'utilisation probable de la prévision sont autant de facteurs qui peuvent influencer ce choix. Le tableau 6.12 à la page 170 indique les résultats d'une enquête visant à cerner les habitudes des entreprises américaines en matière de prévision des ventes. La sommation des opinions de la force de vente et le jury d'experts semblent posséder la meilleure cote de popularité. Bien que les méthodes quantitatives se soient élaborées à un rythme très rapide, les entreprises ont encore une grande confiance dans les techniques qui ont recours au jugement et à la participation des gestionnaires et de la force de vente. À ce sujet, considérons cette situation :

> Le processus prévisionnel est stimulant pour les membres participants du comité de prévisions. Cela les oblige à penser plus loin, à évaluer les possibilités d'augmenter le rendement et de dresser les plans de façon coordonnée. Ces facteurs sont plus importants que l'efficacité des modèles qui émergent du processus[13].

Et un vice-président d'une entreprise de matériel ajoute :

> Nous ne voulons pas remplacer le processus actuel par un autre qui serait peut-être plus efficace et précis mais qui aurait pour effet de réduire la participation étroite du personnel[14].

En somme, on peut affirmer que les méthodes subjectives sont très populaires à cause du facteur humain et de leur tangibilité. Quant aux

---

13. Stanley J. Pokempner et E. L. Pailey, *Sales Forecasting Practices: An Appraisal*, New York, National Industrial Conference Board, 1970. (Citation reprise par Gilbert A. Churchill Jr., Neil M. Ford et Orville C. Walker Jr., *Sales Force Management*, 3ᵉ éd. Irwin, 1990.)
14. *Ibid.*

TABLEAU 6.11

Sommaire des avantages et des inconvénients des différentes méthodes de prévision

Méthode	Avantages	Inconvénients
Enquête sur les intentions d'achat	• Prévisions directement reliées aux acheteurs	• Clients potentiels devant être peu nombreux et bien identifiés
	• Information sur le produit pouvant être détaillée	• Application difficile dans le marché de la consommation
	• Utile à la planification de la stratégie de marketing	• Assujettie à la précision de chaque acheteur
	• Utile dans le cas d'un nouveau produit	• Coûteuse, processus long et complexe
Sommation des prévisions de chaque représentant	• Participation des ressources (vendeurs) responsables des résultats	• Estimation subjective et intéressée et biais possible
	• Relativement précise	• Mécanismes d'ajustement nécessaires pour supprimer les biais
	• Contrôle et direction de la force de vente favorisés	• Processus coûteux dans le cas d'estimations biaisées (processus à reprendre)
	• Données par territoire	
Jury d'experts	• Facile et rapide	• Prévisions diluées (l'opinion de chacun compte, même si celle-ci est non pertinente)
	• Pas de stratégies élaborées	• Très coûteux
	• Vision collective de la direction	• Responsabilités dispersées
	• Utile dans le cas de nouveaux produits ou d'innovations	• Dynamique de groupe parfois néfaste (influence mutuelle)
Méthode Delphi	• Influence réduite de la dynamique de groupe	• Coûteuse et longue
	• Utilisation possible de statistiques	
Test de marché	• Test ultime pour la connaissance des réactions du consommateur face au produit	• Concurrence informée sur les activités de l'entreprise
	• Meilleure allocation des ressources du programme de marketing	• Réactions des concurrents favorisées
	• Utile dans le cas de nouveaux produits et d'innovations	• Coûteux et long (avant l'obtention de résultats satisfaisants)

TABLEAU 6.11
Sommaire des avantages et des inconvénients des différentes méthodes de prévision (suite)

Méthode	Avantages	Inconvénients
Analyse des séries temporelles	• Utilisation de données temporelles	• Inutile dans le cas de nouveaux produits et d'innovations
	• Objective, économique	• Facteurs de tendance, de cycle, de saison et de phase du cycle de vie à évaluer et à intégrer
		• Expertise et jugement nécessaires
		• Ventilation difficile par territoire
Analyse statistique de la demande	• Intuition nécessaire	• Identification des facteurs influençant les ventes pour une prévision fiable
	• Objectivité due à l'aspect quantitatif	• Expertise et habileté technique
	• Vérification possible des résultats	• Sophistication peu invitante pour certains gestionnaires
	• Prise en considération de tous les facteurs ayant une incidence sur les ventes	

SOURCE: Gilbert A. Churchill Jr., Neil M. Ford et Orville C. Walker Jr., *Sales Force Management*, 3ᵉ éd., Homewood (Ill.), Irwin, 1990, p. 186-187.

méthodes objectives, elles font appel à des connaissances poussées en statistique et en traitement de données. Que peut-on dire au sujet de l'efficacité de chacune d'elles?

Il existe un certain nombre d'études qui comparent l'efficacité des différentes méthodes. Cependant, rien de concluant ne se dégage de ces études. Certaines recherches penchent pour les méthodes quantitatives[15], tandis que d'autres préfèrent celles qui sont subjectives[16]. On a même

---

15. Spyros Makridakis et M. Hibon, «Accuracy of Forecasting: An Empirical Investigation», *Journal of the Royal Statistical Society*, série A, vol. 142, 2ᵉ partie, 1979, p. 97-145.

16. Mark M. Moriarity et A. J. Adams, «Management Judgment Forecasts, Composite Forecasting Models, and Conditional Efficiency», *Journal of Marketing Research*, nᵒ 21, août 1984, p. 239-250.

TABLEAU 6.12

Utilisation des différentes méthodes de prévision par les entreprises américaines (en pourcentage)

Méthode prévisionnelle	Entreprises qui l'utilisent régulièrement	Entreprises qui l'utilisent occasionnellement	Entreprises qui ne l'utilisent pas
Méthodes subjectives			
Enquête sur les intentions d'achat	16	10	19
Enquête sur l'industrie	15	21	18
Sommation des prévisions de chaque représentant	45	17	13
Jury d'experts	37	22	8
Méthodes objectives			
Analyse des séries temporelles			
Méthode naïve	31	21	9
Méthode des moyennes mobiles	21	10	16
Méthode du lissage exponentiel	11	12	19
Analyse statistique de la demande			
Méthode de la régression simple	6	13	20
Méthode de la régression multiple	12	9	21

SOURCE: Adapté de Gilbert A. Churchill Jr., Neil M. Ford et Orville C. Walker Jr. et repris de Douglas J. Dalrymple, *Sales Forecasting Practices: Results from a 1983 United States Survey*, Indiana University, *working paper*. Échantillon de 134 entreprises.

tenté de comparer les différentes techniques d'extrapolation de données temporelles, mais les résultats ne peuvent permettre d'affirmer la supériorité d'une technique par rapport aux autres[17]. Le tableau 6.13 présente les résultats d'une étude visant à comparer le pourcentage d'erreur prévisionnelle de quatre méthodes quantitatives. Curieusement, les méthodes les plus simples font meilleure figure, bien que les modèles de régression comptent de plus en plus d'adeptes. Autrement dit, il n'existerait pas de méthodes prévisionnelles bonnes ou mauvaises; tout dépendrait plutôt des conditions dans lesquelles se trouve l'entreprise et de l'utilisation qu'elle veut faire des prévisions. Dans certains cas, le fait d'obtenir rapidement une prévision relativement fiable est plus important que le degré de précision de cette dernière. Le domaine de la gestion des ventes évolue dans un environnement dynamique où l'efficacité mana-

17. Spyros Makridakis et M. Hibon, *op. cit.*

TABLEAU 6.13

Comparaison du pourcentage d'erreur moyenne en valeur absolue (MAPE) selon les méthodes prévisionnelles et le nombre de périodes

Méthode	Période							
	1	2	3	4	5	6	9	12
naïve	14,5	15,0	15,1	15,3	15,6	16,6	19,0	21,0
des moyennes mobiles	12,9	13,6	13,7	13,8	14,3	15,3	17,7	19,8
du lissage exponentiel à 2 variables	12,0	12,8	13,2	13,7	14,8	16,0	19,7	23,0
de la régression	19,6	20,6	21,1	21,1	21,9	22,8	25,3	27,4

SOURCE: Spyros Makridakis et M. Hibon, «Accuracy of Forecasting: An Empirical Investigation», *Journal of the Royal Statistical Society*, série A, vol. 142, 2ᵉ partie, 1979, p. 103.

gériale est de mise. Par ailleurs, certains facteurs contribueraient tout de même à augmenter la précision et l'efficacité de la précision. Mentionnons une certaine stabilité des données temporelles de base[18], l'horizon temporel de la prévision[19], la complexité de la structure du modèle prévisionnel[20], le raffinement du système informatique et, sans doute le facteur le plus important, la dessaisonalisation des données (d'où l'accent mis sur cet élément dans le présent chapitre[21]).

Enfin, nous pouvons tirer trois conclusions qui sont de nature à guider le gestionnaire aux prises avec un problème de prévision des ventes.

En premier lieu, il se peut qu'une méthode qui fonctionne bien avec une base de données ne soit d'aucune utilité avec une autre. Ainsi, la méthode des moyennes mobiles peut très bien convenir à des données stables mais produire de piètres résultats lorsqu'une série temporelle comporte une forte tendance.

18. Steven P. Schnaus, «Situational Factors Affecting Forecast Accuracy», *Journal of Marketing Research*, n° 21, août 1984, p. 290-297.
19. Douglas J. Dalrymple, *Sales Forecasting Practices: Results from a 1983 United States Survey*, Indiana University, *working paper*.
20. Steven W. Hartley et W. Rudelius, «How Data Format and Problem Structure Affect Judgmental Sales Forecasts: An Experiment», Conférence AMA, 1986.
21. Douglas J. Dalrymple, *op. cit.*

En deuxième lieu, il est préférable d'utiliser plusieurs méthodes simultanément que de perdre du temps à essayer de trouver la meilleure. Ainsi, il peut être opportun d'employer des méthodes quantitatives pour les prévisions à court terme dont se servent régulièrement les différents secteurs d'activités de l'entreprise, tandis que les méthodes subjectives peuvent s'avérer fort intéressantes pour les prévisions à plus long terme ou quand il y a des conséquences humaines. Mentionnons que le processus de planification comprend plusieurs aspects prévisionnels, tels que le plan de marketing et le processus de vente stratégique.

En dernier lieu, il faut éviter le piège qui consiste à donner une importance démesurée aux prévisions. Bien que ces dernières soient essentielles à une saine gestion, plusieurs gestionnaires ont tendance à se dissimuler derrière les chiffres. N'oublions pas que l'entreprise évolue dans un environnement changeant et instable et que même les meilleures méthodes ne peuvent prévoir l'imprévu. Aussi, les prévisions constituent un guide général et non pas un absolu. Les gestionnaires doivent aussi prévoir des solutions de rechange et accepter de réviser leurs positions lorsque l'environnement les y oblige[22].

☐ Conclusion

L'estimation du marché potentiel constitue la première étape du processus d'implantation du système de vente. Il s'agit du volume des ventes que le marché pourrait être en mesure d'enregistrer dans les meilleures conditions. Nous avons vu quatre méthodes souvent utilisées pour estimer le marché potentiel, soit la méthode des ratios successifs, la méthode de l'indice du pouvoir d'achat, la méthode d'agrégation des marchés et la méthode de l'analyse de corrélation.

La prévision des ventes concerne la partie du marché potentiel que l'entreprise espère obtenir compte tenu de sa situation, de l'environnement où elle évolue et du travail de marketing qu'elle est prête à faire. Nous avons passé en revue les méthodes de prévision des ventes les plus utilisées. Il n'existe pas à proprement parler une méthode supérieure à une autre. Ce qui importe, c'est que le gestionnaire puisse établir un système de prévision qui lui conviendra et qui satisfera les besoins de son entreprise. Le recours à plusieurs méthodes simultanément peut être intéressant en ce sens. Enfin, il ne faut pas déshumaniser le processus prévisionnel ni accorder une importance excessive aux prévisions. Celles-ci, qui peuvent être perturbées par les changements qui surviennent dans l'environnement, doivent servir de guide plutôt que de réponse.

---

22. Pierre Wack, «Scenarios: Unchartered Waters Ahead», *Harvard Business Review*, n° 63, septembre-octobre 1985, p. 73.

INFORMATION SUPPLÉMENTAIRE

Pour obtenir des données permettant d'estimer le marché potentiel, on peut consulter: Statistique Canada, Standard Industrial Classification; *Canadian Markets (Financial Post Magazine)*; *Canadian Key Business Directory* (Dunn & Bradstreet); Compusearch inc.; Les «500» (*Les Affaires*); les revues spécialisées des différentes industries.

Pour approfondir l'étude des méthodes de prévision et de certaines techniques de régression:

AAKER, David A. et DAY, G. S. *Marketing Research*, 2ᵉ éd., New York, John Wiley and Sons, 1983.

ARMSTRONG, J. Scott. *Long Range Forecasting*, 2ᵉ éd., New York, John Wiley and Sons, 1985.

LILIEN, G. L. et KOTLER, P. *Marketing Decision Making: A Model-Building Approach*, New York, Harper & Row Publishers, 1982, 807 p.

PERRIER, Jean, CHÉRON, E. J. et ZINS, M. *Recherche en marketing, méthodes et décisions*, Boucherville, Gaëtan Morin Éditeur, 1984.

QUESTIONS

1. De quelle façon estimeriez-vous le marché potentiel pour chacun des produits suivants?

   a)   une montre en or;

   b)   un nouvel engrais;

   c)   un territoire pour la chasse au faisan;

   d)   une résidence pour personnes âgées;

   e)   un projet d'appartements de luxe en copropriété;

   f)   un nouvel antibiotique pour des infections oculaires;

   g)   un fromage de chèvre;

   h)   un nouveau logiciel graphique;

   i)   un exerciseur pour parfaire l'élan au golf;

   j)   un photocopieur en couleurs.

2. Expliquez sommairement comment vous vous y prendriez pour estimer votre part de marché en ce qui concerne les produits cités à la question 1.

3. Une technique de prévision objective facile et pratique consiste dans le lissage exponentiel, dont la formule est la suivante :

$$\overline{X}_{t+1} = \alpha\, X_t + (1 - \alpha)\, X_t$$

où

$\overline{X}_{t+1}$ = ventes à estimer pour la prochaine période

$\overline{X}_t$ = ventes estimées de la période actuelle

X_t = ventes réelles de la période actuelle

a) Pourquoi utilise-t-on un poids α ?

b) Comment détermine-t-on la valeur de α ?

c) De quelle façon obtient-on $\overline{X}_t$?

4. Quelle sera la prévision des ventes de chaux agricole pour 1992, 1993, 1994 et 1995 (voir le tableau 6.8) si on utilise un α de 0,6 ?

5. Quels sont les principaux avantages et inconvénients de la méthode Delphi ? Comment appliqueriez-vous cette méthode pour prédire les ventes de beurre ? (Demande décroissante ; en 1990, la consommation était de 3,61 kilos par habitant.)

6. La demande de fromages de spécialité (Oka, Brie, Camembert, etc.) est fortement croissante depuis les années 60. Toutefois, il n'est pas toujours facile de faire des prévisions dans ce domaine. On vous approche pour que vous tentiez d'estimer ce que pourraient être les ventes en kilo par habitant pour les cinq prochaines années. (Suggestion : faites un graphique et prenez le temps de visualiser la courbe.)

Année	Kilo par habitant
1960	0,62
1965	0,86
1970	1,53
1975	2,64
1980	3,68
1981	3,86
1982	4,09
1983	4,11
1984	4,41
1985	4,76
1986	5,34
1987	5,62
1988	5,64
1989	5,87
1990	5,80

SOURCE : *Les Faits saillants laitiers québécois*, Université Laval, Groupe de recherche en économie et politique agricole, 1991.

7. Dans les provinces Maritimes, en Saskatchewan et dans plusieurs pays (États-Unis, Suède, etc.), pour contrer la chute de la

demande de beurre et diminuer la croissance de celle de la margarine, on a mis sur le marché des mélanges de beurre et de margarine dans des proportions variables (50 % beurre − 50 % margarine, 20 % − 80 %, 80 % − 20 %, 40 % − 60 % et 60 % − 40 %). En 1993, le produit était toujours illégal au Québec. Avant de faire pression pour obtenir un changement de la loi, on se demande quel genre d'accueil les Québécois réserveraient au produit, et surtout si ce produit risque d'affecter la vente du beurre. On proposerait un produit à faible teneur en matières grasses saturées et goûtant le beurre. À la lumière de ce que vous savez sur le beurre et sur la margarine de même que sur les motifs du consommateur face à l'utilisation d'un produit ou de l'autre, préparez un plan de recherche sur ce produit incluant un test de marché quant à la réaction de la population.

8. On vous soumet les chiffres des ventes trimestrielles de l'entreprise Dubeau Électronique enr. (en milliers de dollars):

	Année				
Trimestre	1	2	3	4	5
1	228	232	253	313	?
2	236	244	264	306	?
3	189	252	211	263	?
4	165	222	199	276	?

Vous êtes choisi pour faire les prévisions trimestrielles pour la cinquième année. Le propriétaire de l'entreprise vous demande par surcroît de lui suggérer la méthode qui convient le mieux à sa situation (celle qui engendre le MAPE le plus bas). Après avoir calculé les indices saisonniers et procédé aux ajustements nécessaires des données, essayez la méthode naïve et celle des moyennes mobiles.

Quels sont les avantages à dessaisonaliser les données temporelles?

9. Il y a plusieurs tendances quant aux prévisions des ventes. Certains gestionnaires ne jurent que par les méthodes quantitatives tandis que d'autres croient que le jugement est la seule source d'information crédible en ce domaine. Quels sont les avantages et les inconvénients des méthodes quantitatives et des méthodes

qualitatives? Quand doit-on utiliser chacun de ces deux types de méthodes? Quelles lignes directrices pourrait-on donner à un propriétaire de PME en cette matière? Est-ce que des méthodes de prévision sophistiquées (la modélisation, la régression simple, la régression multiple, etc.) peuvent lui être accessibles?

PLAN

7

Les territoires et les quotas

OBJECTIFS

Après l'étude de ce chapitre, vous devriez être capable de :
- Comprendre la nécessité d'établir des territoires de vente.
- Connaître le processus de gestion des territoires.
- Maîtriser les différentes techniques permettant de déterminer le nombre approprié de territoires.
- Délimiter géographiquement un territoire.
- Associer correctement un représentant à un territoire.
- Fixer et utiliser adéquatement les quotas.

Introduction

Ce chapitre clôture la deuxième partie de ce livre : l'élaboration du programme de vente. Après avoir évalué le marché potentiel et estimé la demande, le gestionnaire des ventes doit aménager l'étendue de son marché en districts qu'on nommera « territoires de vente ». Chaque territoire accueillera un vendeur qui y évoluera. Ce dernier y sera en quelque sorte chez lui et tentera, par le biais de sa profession, de le développer au maximum. Cependant, la détermination du nombre optimal de territoires et leur délimitation nécessitent certaines connaissances et techniques qui seront abordées au cours des prochaines pages. Dans la dernière section de ce chapitre et de cette partie, nous verrons comment on détermine un quota (ou plusieurs quotas) pour chaque vendeur ou chaque territoire. Nous expliquerons les différentes méthodes qui sont à la disposition du gestionnaire des ventes pour la détermination des quotas, laquelle est la suite logique de la détermination des territoires.

☐ 7.1 Les territoires de vente

7.1.1 Généralités

L'établissement de territoires de vente constitue une partie importante de la gestion des ventes. Exception faite de quelques domaines comme l'assurance-vie où le représentant n'est généralement pas affecté à une région délimitée, les entreprises devant gérer une force de vente répartissent cette dernière par territoires pour des raisons pratiques et logiques. Tout d'abord, définissons ce qu'est un territoire :

> Territoire de vente : une certaine quantité de clients actuels et potentiels associés à une unité de vente (représentant, succursale, grossiste, détaillant) et situés dans une région délimitée[1].

Contrairement à ce qu'on pourrait penser, le territoire est déterminé davantage par le groupe de clients confié au représentant que par la région comme telle. À la rigueur, un territoire pourrait être fragmenté (bien que cette solution ne soit guère prisée). On tentera préférablement de regrouper des clients qui sont situés dans la même région afin de faciliter les visites effectuées par la force de vente. Il est important, par ailleurs, que des frontières existent bel et bien autour de ces groupes de clients.

7.1.2 Pourquoi établir des territoires ?

L'établissement de territoires est une décision capitale en gestion des ventes ; elle constitue la base de l'orientation du travail de vente. Un nombre inapproprié de territoires coûte cher en ventes ratées. La gestion de territoires est une des activités les plus accaparantes : non seulement faut-il déterminer le bon nombre de territoires (et, conséquemment, de représentants) et bien délimiter ceux-ci, mais encore faut-il être conscient de leur caractère dynamique. Dans chaque territoire, il y a des clients et des concurrents qui disparaissent, et d'autres qui viennent s'y établir. Il est donc nécessaire de remettre régulièrement en question la formation des territoires et l'allocation des ressources. En gros, les territoires existent pour les raisons suivantes :

– *C'est la façon la plus efficace de visiter tout le marché*   L'absence de territoires inciterait les représentants à aller voir les meilleurs clients et à négliger les plus petits. En instaurant des territoires, on est certain que

---

1. William J. Stanton et R. M. Buskirk, *Management of the Sales Force*, 7ᵉ éd., Irwin, 1987, p. 497.

la force de vente parcourra toute l'étendue du marché. Chaque représentant finira par connaître son domaine à fond, prévoira ses besoins et les changements éventuels et sera constamment en contact avec les clients.

– C'est la façon la plus efficace d'intégrer le travail de vente aux autres aspects du marketing   La gestion par territoires permet de diriger et de contrôler le travail de marketing. Si, par exemple, une campagne publicitaire est requise pour un territoire particulier, on pourra faire suivre celle-ci par une intervention spéciale de la force de vente auprès des détaillants.

– C'est la façon la plus efficace de contrôler la performance du système de vente   En exerçant une surveillance sur chaque territoire, on peut retracer les rendements insatisfaisants, les personnes en cause ainsi que les raisons possibles de cette situation.

– Cela favorise une meilleure compréhension des problèmes que connaît chaque territoire   Le travail de vente et les autres fonctions du marketing peuvent être ajustés d'après les particularités de chaque secteur du marché. Ainsi, les besoins en marketing d'un territoire urbain dans lequel la concurrence (entre les vendeurs de diverses entreprises) est vive sont sans doute différents de ceux d'un territoire rural très vaste et beaucoup moins visité par cette dernière, notamment à cause du volume potentiel des ventes moins élevé et des frais de déplacement plus importants.

– Cela permet d'exercer un meilleur contrôle des coûts   En connaissant le secteur du représentant, les clients qu'il doit rencontrer et la répartition de ces derniers, le gestionnaire est au courant des coûts d'exploitation et des frais de déplacement de celui-ci et il peut exercer une meilleure surveillance en cette matière.

– Cela permet d'augmenter l'efficacité générale de l'entreprise   Différentes études, comme celle présentée au tableau 7.1, concluent à une augmentation de la prospérité dans l'entreprise qui répartit sa force de vente par territoires.

7.1.3 Les problèmes résultant d'une mauvaise formation des territoires

La figure 7.1 illustre les quatre situations qui peuvent résulter d'une mauvaise formation des territoires.

Première situation: charge de travail trop grande et potentiel trop petit
Cette situation se caractérise par un nombre insuffisant de clients,

TABLEAU 7.1

Entreprises ayant bénéficié de l'établissement de territoires

Secteur de l'entreprise observée	Base de répartition	Conséquences
Pellicules de rayons X	Répartition de l'équipe de vente en districts	Augmentation des profits bruts de 131 000 $
Publicité	Répartition de l'équipe de vente par comptes clients	Augmentation des profits nets de 17 % à 21 %
Appareils électroménagers	Répartition du travail de vente par secteurs commerciaux	Augmentation des ventes de 830 000 $
Transport aérien de passagers et de marchandises	Répartition du travail de vente par comptes clients	Augmentation des ventes de 8,1 %
Produits de consommation (A)	Réduction de la taille de la force de vente et répartition par comptes clients	Volume maintenu avec 50 % de réduction du travail de vente
Produits de consommation (B)	Répartition de l'équipe de vente par régions et par circuits de distribution	Augmentation des ventes de 7 %
Produits alimentaires	Répartition du travail de vente par comptes clients	Augmentation des ventes de 8 % à 30 %
Services de transport	Réduction de la taille de la force de vente et répartition du travail de vente	Ventes maintenues avec une réduction de 10 % à 20 % de la taille de l'équipe de vente

SOURCE: Adapté de Raymond W. Laforge *et al.*, «Using Contingency Analysis to Select Selling Effort Allocation Methods», *Journal of Personal Selling and Sales Management*, août 1986, p. 23.

lesquels sont disséminés sur un vaste territoire. Le représentant placé dans cette situation passera la majeure partie de son temps à voyager, ce qui entraînera des frais de déplacement excessifs. Il lui restera peu de temps pour s'occuper adéquatement des clients. Cette situation est très désagréable car, en plus de recevoir une rémunération insatisfaisante en raison du nombre trop petit de clients, le représentant se voit confiné dans un emploi de commis voyageur. Celui-ci pourrait fort bien être tenté de partir. Une solution possible à cette situation serait que l'entreprise retire son représentant à temps plein de ce territoire et confie ce dernier à une agence de vente.

Deuxième situation: charge de travail trop grande et potentiel trop grand Ici, le territoire est beaucoup trop grand pour une seule per-

FIGURE 7.1
Mauvaise formation des territoires

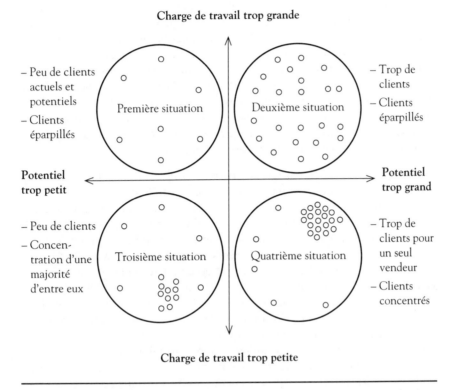

Charge de travail trop grande

– Peu de clients
  actuels et
  potentiels

– Clients
  éparpillés

Première situation

Deuxième situation

– Trop de
  clients

– Clients
  éparpillés

Potentiel
trop petit

Potentiel
trop grand

– Peu de clients

– Concen-
  tration d'une
  majorité
  d'entre eux

Troisième situation

Quatrième situation

– Trop de
  clients pour
  un seul
  vendeur

– Clients
  concentrés

Charge de travail trop petite

SOURCE : Adapté de Thomas R. Wotruba, *Sales Management : Concepts, Practice and Cases*, Goodyear Publishing Co. Inc., 1981, p. 320.

sonne : il y a trop de clients et ils sont éparpillés sur toute la surface de celui-ci. Le représentant qui fait face à cette situation sera tout simplement incapable de s'acquitter correctement de ses fonctions. Non seulement devra-t-il parcourir un territoire trop vaste, mais de plus il n'aura pas le temps de s'occuper adéquatement de chaque client. En outre, il devra négliger les activités étrangères à la vente comme la tenue des registres et la rédaction de rapports d'activités. Une solution envisageable consiste à découper le territoire en deux ou plusieurs parties et d'ajouter le nombre de représentants en conséquence. Par ailleurs, certains gros clients pourraient être confiés au gérant des ventes.

Troisième situation : charge de travail trop petite et potentiel trop petit
Cette situation se produit lorsque le territoire compte un nombre insuffisant de clients et que ceux-ci sont majoritairement groupés. Le

représentant n'aura pas à se déplacer beaucoup et disposera de tout son temps pour rencontrer le peu de clients qu'il a. Il pourra être incité à vendre le plus possible à chacun d'eux, par conséquent à favoriser les quantités excédentaires en s'adonnant notamment à la vente sous pression (*overselling*). Il pourra même solliciter des clients insolvables et leur offrir des conditions de crédit trop avantageuses, ce qui serait évité s'il avait suffisamment de clients. De plus, le représentant qui dispose de beaucoup de temps aura tendance à s'attarder chez chacun de ses clients. Enfin, cette situation encourage les activités non productives telles que de longs repas, et certains représentants pourraient même faire des incursions dans les territoires voisins. La solution qui conviendrait ici serait de combiner deux ou plusieurs de ces territoires en un seul.

Quatrième situation: charge de travail trop petite et potentiel trop grand Cette dernière situation survient lorsqu'il y a un nombre trop élevé de clients actuels ou potentiels et que ceux-ci sont concentrés majoritairement dans une partie du territoire. Il est peu probable que le représentant qui se trouve dans cette situation s'en plaigne. En effet, celui-ci dispose d'un bassin énorme de clients accessibles sans avoir à effectuer un grand nombre de déplacements. Il pourra être tenté de visiter ceux-ci trop souvent et de ne choisir que les plus intéressants, au détriment des autres. De plus, il pourrait bénéficier de cette manne en touchant une rémunération excessive en regard de la somme des efforts investis et, conséquemment, se reposer sur ses lauriers. On observe cette situation dans les centres-villes des grandes agglomérations urbaines. La solution pourrait consister à convertir les plus gros comptes clients en comptes maison (l'entreprise s'occupe du client), à affecter dans ce type de territoire plusieurs représentants spécialisés dans un domaine de la vente (par exemple un représentant missionnaire, un prospecteur et un représentant de service) afin d'accroître la compétitivité ou même à recourir à des vendeurs résidants (vendeurs chargés d'un compte majeur et qui ont un bureau en permanence chez le client).

☐ 7.2 Le processus de gestion des territoires

On peut observer à la figure 7.2 le processus généralement suivi lors de l'implantation de territoires. Passons en revue chacune de ces étapes.

7.2.1 La détermination du nombre de territoires

Cette première étape est la plus cruciale car le nombre de territoires correspondra au nombre de représentants. Il existe plusieurs méthodes pour établir le nombre optimal de territoires à implanter. Voici les principales:

FIGURE 7.2
Processus de gestion des territoires à court terme et à long terme

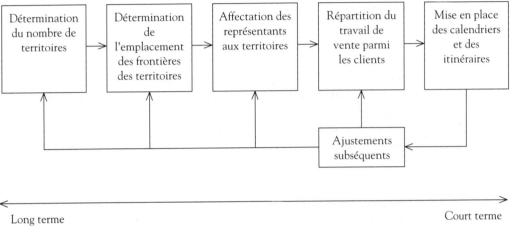

SOURCE: Adapté de Thomas R. Wotruba, *Sales Management: Concepts, Practice and Cases*, Goodyear Publishing Co. Inc., 1981, p. 103.

La méthode de la charge de travail

Cette façon de déterminer le nombre de territoires tient compte de la charge de travail qu'un représentant moyen peut supporter et de la charge de travail totale nécessaire pour répondre adéquatement aux besoins du territoire. Cette méthode compte cinq étapes[2]:

Première étape: l'établissement du temps total dont dispose chaque représentant Supposons que le représentant d'une industrie travaille en moyenne 7 heures par jour, 4,5 jours par semaine et 48 semaines par année. Cela veut donc dire: 7 heures/jour $\times$ 4,5 jours/semaine $\times$ 48 semaines = 1 512 heures par année par représentant.

Deuxième étape: la répartition du nombre d'heures nécessaires d'après la tâche du représentant La répartition du temps de travail du représentant est, selon les données moyennes accessibles de l'industrie:

2. Walter J. Talley Jr., «How to Design Sales Territories», *Journal of Marketing*, vol. 25, janvier 1961, p. 8-12.

Activités de vente	45 %, soit	680 heures (0,45 × 1 512)
Déplacements	30 %, soit	454 heures (0,30 × 1 512)
Activités non reliées à la vente	25 %, soit	378 heures (0,25 × 1 512)
Total	100 %	1 512 heures

On entend par «activités de vente» la prospection, la fixation de rendez-vous, la présentation de vente, la rédaction du contrat et du bon de commande. Les déplacements font référence au temps de travail que le représentant passe dans sa voiture, tandis que les activités non reliées à la vente sont diverses: le travail de bureau, les services, les activités de promotion, etc.

Troisième étape: la classification de la clientèle d'après le travail de vente requis Les clients actuels et potentiels doivent être classifiés selon le travail de vente qu'ils requièrent. Il existe plusieurs bases de classification, comme le volume des ventes, la rentabilité ou le temps consacré à chaque client (si on a établi des registres). Pour qu'elle soit pertinente, la base de classification doit permettre d'identifier clairement des groupes de clients dont les besoins nécessitent un travail de vente différent. Supposons que la base choisie soit le volume des ventes. On obtient donc:

Premier groupe	Gros clients	225 comptes
Deuxième groupe	Clients moyens	670 comptes
Troisième groupe	Petits clients	1 200 comptes

Quatrième étape: la spécification de la longueur et de la fréquence des visites pour chaque catégorie de clients Le gestionnaire des ventes devra, d'après son expérience, déterminer la longueur moyenne de la visite par catégorie de clients. Généralement, les visites seront plus longues chez les clients les plus importants. Cette catégorie bénéficiera d'ailleurs de visites plus fréquentes. Le gestionnaire en question a donc déterminé de la façon suivante les besoins du client moyen de chaque catégorie:

Premier groupe   28 visites par année × 50 minutes par visite = 23 heures par année
Gros clients

Deuxième groupe 14 visites par année × 30 minutes par visite = 7 heures par année
Clients moyens

Troisième groupe   6 visites par année × 20 minutes par visite = 2 heures par année
Petits clients

Le temps nécessaire de visites du marché sera, par catégorie:

Premier groupe	225 clients ×	23 heures/client	=	5 175 heures
Deuxième groupe	670 clients ×	7 heures/client	=	4 690 heures
Troisième groupe	1 200 clients ×	2 heures/client	=	2 400 heures
Total				12 265 heures

Il faut donc 12 265 heures de travail de vente pour répondre adéquatement aux besoins de ce marché.

Cinquième étape: le calcul du nombre de représentants requis   Chaque représentant consacre 680 heures à la vente et il en faut 12 265 pour satisfaire le marché. Cela donne 12 265 heures totales ÷ 680 heures par représentant = 18 représentants nécessaires. Il faut donc délimiter 18 territoires.

Les principaux avantages de cette méthode sont son accessibilité, sa grande simplicité et la fiabilité des résultats qu'elle génère. Cependant, il faut être prudent avant de poser une relation entre la grosseur du client et le travail de vente qui devra être accompli. Cette relation n'existe pas toujours. De plus, l'établissement de paramètres de longueur et de fréquence des visites selon des données temporelles s'avérera hasardeux si ces paramètres risquent d'être modifiés, par exemple lors de l'introduction de produits plus complexes qui nécessitent un temps de visite supérieur.

La méthode du point mort

Cette méthode d'estimation du nombre de territoires tient compte du volume des ventes minimum nécessaire de la part de chaque représentant pour que celui-ci soit rentable pour l'entreprise (pour qu'il atteigne au moins son point mort[3]). Pour cette situation, on utilise la relation suivante:

$$\text{Volume des ventes requis par représentant au point mort} = \frac{\text{coûs directs engendrés par un représentant}}{\text{marge brute en pourcentage}}$$

Supposons que les coûts directs moyens engendrés par un représentant soient les suivants:

---

3. Robert F. Vizza, *Time and Territorial Management for the Salesmen*, New York, Sales Executive Club of New York Inc., 1971, p. 15-16.

Salaire de base	20 000 $
Commissions habituelles	15 000 $
Frais divers (formation, etc.)	10 000 $
Coûts directs d'un représentant	45 000 $

$$\text{Marge brute de l'entreprise en pourcentage} = \frac{\text{ventes} - \text{coût des marchandises vendues}}{\text{ventes}}$$

$$= 25\,\%$$

Ainsi, le volume des ventes minimum requis est le suivant:

$$\frac{45\ 000\ \$}{0,25} = 180\ 000\ \$ \text{ par représentant}$$

Autrement dit, si tous les vendeurs produisaient des ventes de l'ordre de 180 000 $, l'entreprise n'enregistrerait ni profits ni pertes.

Supposons que les ventes prévues soient de 2 500 000 $; alors il faudra:

$$\frac{2\ 500\ 000\ \$}{180\ 000\ \$} = 14 \text{ vendeurs, donc 14 territoires}$$

Le quinzième vendeur ne serait pas rentable pour l'entreprise.

Cette méthode simple et accessible a cependant les mêmes faiblesses que la précédente, car la taille de la force de vente est basée sur le volume des ventes passé. De plus, on s'intéresse au nombre de territoires au point mort plutôt qu'au nombre qui optimiserait les profits. Il serait alors plus opportun de diminuer la marge brute afin de tenir compte d'un certain niveau de profits. Si on retranchait 10 % à la marge brute, on aurait un pourcentage «ajusté» de 15 %. À ce moment, chaque représentant devrait générer un volume des ventes de 300 000 $ (45 000 ÷ 0,15) et le nombre optimal de représentants et de territoires serait de 8 (2 500 000 ÷ 300 000). L'entreprise pourrait espérer faire des profits en économisant le coût qu'entraînent 6 vendeurs. Il reste toutefois à savoir si 8 représentants seulement peuvent engendrer un volume des ventes de 2 500 000 $...

La méthode des ventes potentielles

Cette méthode s'avère très pratique dans le cas où les potentiels des ventes des territoires sont inégaux[4]. Différentes recherches montrent en

4. K. F. Griffith, «Establishing Sales Territories and Deploying Sales Man Power», *Marketing Research in Action, Studies in Business Policies*, nº 84, 1957, p. 75-77.

effet que, dans les territoires ayant un modeste potentiel des ventes, la pénétration du marché est plus importante que dans ceux qui ont un gros potentiel. Plusieurs facteurs expliquent les modifications du potentiel des ventes d'un territoire, dont l'arrivée ou le départ de concurrents, l'acquisition de clients et les changements dans les besoins de ces derniers. À ce moment-là, il est possible qu'un réaménagement du territoire soit nécessaire afin de mieux équilibrer les potentiels des ventes et parallèlement les taux de pénétration du marché[5].

Supposons qu'une entreprise dispose de cinq territoires de vente. Cette dernière associe à chacun d'eux le volume des ventes généré, le potentiel des ventes et le taux de pénétration (volume/potentiel). On trouve donc le tableau suivant :

Territoire	Volume des ventes (en $)	Potentiel des ventes (en $)	Potentiel des ventes (en %)	Taux de pénétration (en %)
A	200 000	800 000	14[a]	25[b]
B	95 000	270 000	5	35
C	235 000	2 430 000	41	10
D	115 000	360 000	6	32
E	190 000	2 000 000	34	10
	835 000	5 860 000		

a   Potentiel/territoire ÷ potentiel total = 800 000 $ ÷ 5 860 000 $ = 14 %.
b   Volume/territoire ÷ potentiel/territoire = 200 000 $ ÷ 800 000 $ = 25 %.

Comme on peut le constater, plus le potentiel des ventes est grand, plus la pénétration du marché est petite, et vice versa (territoire C = potentiel de 41 % et pénétration de 10 %; territoire B = potentiel de 5 % et pénétration de 35 %). Ce phénomène peut s'expliquer par le fait qu'un potentiel élevé a davantage tendance à attirer les concurrents; le territoire dans lequel on constate cette situation risque alors d'être le théâtre d'une concurrence plus vive. Ainsi, en augmentant le nombre de territoires, on pourrait obtenir une meilleure pénétration du marché dans chacun de ces derniers (particulièrement dans ceux dont le taux de pénétration est anémique) car le potentiel de chacun diminuerait. Le représentant, quant à lui, pourrait bénéficier de plus de temps pour sillonner son territoire, ce qui aurait une incidence positive sur les ventes et les

---

5. Walter J. Semlow, «How Many Salesmen Do You Need?», *Harvard Business Review*, vol. 37, mai-juin 1959, p. 126-132.

profits. La meilleure façon de calculer l'effet d'un réaménagement des territoires sur les profits consiste à simuler ces derniers après des réaménagements fictifs du nombre de territoires. Supposons qu'on désire connaître l'effet d'un découpage en 3, 8, 12 et 20 territoires (plutôt qu'en 5 comme c'est le cas actuellement):

Découpage (nombre de territoires)	Potentiel relatif idéal (en %)	Territoire actuel dont le potentiel est le plus près	Pénétration actuelle (en %)	Volume des ventes possibles (en $)
3	33,3[a]	E[b]	10[c]	586 000[d]
8	12,5	A	25	1 465 000
12	8,3	D	32	1 875 200
20	5,0	B	35	2 051 000

a   En 3 territoires: 100 % ÷ 33,3 % par territoire.
b   E = potentiel de 34 % = taux le plus près de 33,3 %.
c   Taux de pénétration de E = 10 %.
d   Soit 10 % (taux de pénétration) × 5 860 000 $ (potentiel total) = 586 000 $.

Il est opportun de clarifier certains points de ce tableau. La deuxième colonne indique le potentiel des ventes idéal. Si on découpait le marché en 8 territoires, on essaierait d'obtenir un potentiel égal à 12,5 % (100 ÷ 8), bien qu'il s'agisse là d'un taux idéal et qu'il soit improbable qu'on arrive à un résultat aussi précis sur le terrain. Le potentiel de 12,5 % constitue alors un étalon vers lequel on devrait tendre si on choisissait ce nombre de 8 territoires. La troisième colonne identifie le territoire actuel dont le potentiel des ventes en pourcentage est le plus près du potentiel relatif par territoire propre à chacun des nombres mentionnés pour d'éventuels découpages. La quatrième colonne renvoie au taux de pénétration actuel de chaque territoire, tandis que la cinquième colonne indique le volume des ventes probable établi selon les données fournies par un territoire ayant un potentiel correspondant. Ainsi, dans un réaménagement en 8 territoires, on devrait observer dans chacun d'eux un potentiel des ventes de 12,5 % et des ventes de 1 465 000 $, toujours d'après l'expérience que nous procure un territoire ayant un potentiel semblable.

Le nombre optimal de territoires sera déterminé selon le niveau de profits générés par chaque type de réaménagement. Supposons que les coûts directs de chaque représentant soient de 50 000 $ et que les coûts variables atteignent 50 % du volume des ventes. Voici ce que nous obtiendrions, avec les réaménagements précédents:

	3 territoires	8 territoires	12 territoires	20 territoires
Ventes	586 000	1 465 000	1 875 200	2 051 000
Coûts variables (50 %)	293 000[a]	732 500	937 600	1 025 500
Marge brute	293 000	732 500	937 600	1 025 500
Coûts directs de la force de vente (50 000 × nombre de vendeurs)	150 000[b]	400 000	600 000	1 000 000
Profit	143 000	332 500	337 600	25 500

a   Coûts variables = 50 % × volume des ventes = 0,5 × 586 000 = 293 000.
b   Coûts directs de la force de vente = 50 000 $/vendeur = 3 vendeurs × 50 000 $ = 150 000 $.

On constate qu'on obtient le profit optimal avec un découpage de 12 territoires dont le potentiel des ventes est de 8,3 %. Avec 8 territoires, l'équipe de vente est insuffisante et, conséquemment, l'entreprise manquera plusieurs occasions. Avec 20 territoires, les coûts sont trop élevés et rongent les profits. Dans notre exemple, la solution idéale consiste à découper le marché en 12 territoires. Cependant, il serait opportun de recommencer cette simulation avec des réaménagements proches de 12 (10, 11, 13 ou 14) territoires afin d'affiner l'analyse.

La méthode de la valeur ajoutée

Cette méthode préconise l'engagement de représentants et, en conséquence, l'addition de territoires correspondants tant et aussi longtemps que chaque vendeur supplémentaire apportera plus à l'entreprise que ce qu'il lui aura coûté[6]. La valeur ajoutée de ce dernier obéit aux rendements décroissants; autrement dit, le cinquantième vendeur devrait générer moins de profits que le cinquième. Il restera à déterminer le nombre correspondant au vendeur qui est de trop, celui qui coûte plus cher à l'entreprise que ce qu'il lui rapporte. Supposons qu'une entreprise sache qu'elle a besoin d'une soixantaine de représentants (et de territoires). Elle en ignore cependant le nombre exact. Mais elle sait que le coût des

6. Charles E. Allen, «A Level-Headed Approach to Increasing Sales Force Productivity», *Sales and Marketing Management*, 13 juin 1977, p. 48-51.

marchandises vendues par un représentant est égal à 60 % du volume des ventes que celui-ci a généré. De plus, ce dernier coûte à l'entreprise 25 000 $ en salaire fixe et 15 % de son volume des ventes en commission. Le gestionnaire des ventes élabore donc le tableau suivant:

Changement dans la force de vente	Volume des ventes ajouté	Coût ajouté des biens vendus	Marge brute ajoutée	Coûts totaux ajoutés/vendeur	Contribution ajoutée aux profits
40 ou 41	200 000 $[a]	120 000 $[b]	80 000 $[c]	55 000 $[d]	25 000 $[e]
50 ou 51	140 000	84 000	56 000	46 000	10 000
60 ou 61	110 000	66 000	44 000	41 500	2 500
61 ou 62	104 000	62 400	41 600	40 600	1 000
62 ou 63	99 000	59 400	39 600	39 850	− 250

a   Le quarante et unième vendeur génère des ventes de 200 000 $. Le cinquante et unième est évidemment moins productif (rendements décroissants) et enregistrera des ventes de 140 000 $ seulement.
b   Coût des biens vendus = 60 % du volume des ventes = 60 % × 200 000 $ = 120 000 $.
c   Marge brute = 200 000 $ − 120 000 $ = 80 000 $.
d   Coûts directs totaux par vendeur = 15 % du volume des ventes en commission + 25 000 $ en salaire et frais divers = 0,15 (200 000 $) + 25 000 $ = 55 000 $.
e   Marge brute ajoutée − coûts totaux ajoutés = contribution ajoutée (ou marginale) = 80 000 $ − 55 000 $ = 25 000 $.

On constate que le soixante-troisième représentant est superflu car il risque d'engendrer une perte de 250 $. Cette méthode, bien qu'elle soit séduisante à cause notamment de sa linéarité, comporte certaines faiblesses. La faiblesse la plus importante réside dans le fait qu'il n'est pas toujours facile de déterminer la courbe des rendements décroissants. La construction de celle-ci nécessite en effet des données temporelles. Enfin, si l'entreprise a obtenu par le passé le volume total de 6 237 000 $ avec 63 représentants (63 × 99 000 $) et le volume total de 6 448 000 $ avec 62 représentants (62 × 104 000 $), la qualité variable de la force de vente et de l'environnement pourrait changer passablement les règles du jeu dans l'avenir.

7.2.2 La détermination de l'emplacement et des frontières des territoires

Après avoir fixé le nombre de territoires (et donc le nombre de représentants) optimal, il faut, au cours de la deuxième étape, délimiter ceux-ci. Même si, idéalement, tous les territoires doivent avoir une superficie et un potentiel des ventes égaux, on observe rarement cette situation. Sur le marché de la consommation, les consommateurs ou les détaillants sont assez bien répartis. Dans le marché industriel, par contre, les clients peuvent être éparpillés de sorte qu'il est possible de trouver des territoires scindés en plusieurs parties ou étendus à l'extrême. Quoi qu'il en soit, on essaiera toujours de dessiner des territoires qui permettront de diminuer le temps de voyages et les coûts associés à ces derniers, et conséquemment d'augmenter la productivité du représentant. Deux méthodes de délimitation de territoires peuvent être utiles au gestionnaire des ventes.

La méthode de la charge de travail

Avec la méthode de la charge de travail, on utilise les mêmes données que celles qui ont servi à déterminer le nombre de territoires. Les clients avaient alors été classés par groupes, selon le volume des ventes imputable à chacun d'eux. Si on considère que les plus gros clients ont besoin de 200 heures de service par année, les clients moyens de 100 heures et les petits clients de 50 heures et que le représentant peut consacrer entre 600 et 700 heures par année à la vente, alors on procédera au découpage du marché de la manière illustrée à la figure 7.3 (méthode de Talley). Si tous les clients sont de même importance, le découpage devient plus faible car le nombre de clients par territoire sera la seule variable considérée (voir la figure 7.4).

La méthode du potentiel des ventes

Cette méthode est particulièrement utile quand le nombre de clients potentiels ou actuels est trop élevé et que ceux-ci ne peuvent être identifiés et localisés précisément. Dans ce cas, le potentiel des ventes est établi non plus selon le nombre et la classification des clients, mais selon la région. Cette méthode s'avère intéressante surtout pour le marché de la consommation, car il est généralement facile d'obtenir des statistiques sur les potentiels des ventes régionaux. On pourra par la suite regrouper autant de régions déterminées (et dont le potentiel des ventes est statistiquement connu) qu'il le faudra pour occuper un vendeur durant une année. Voici les territoires dont on se sert habituellement au Canada.

1. *Les provinces* Il sera intéressant de recourir à ces entités surtout pour des raisons légales. On trouve en général les divisions suivantes: les provinces de l'Ouest, l'Ontario, le Québec et les provinces Maritimes. Notons cependant que l'étendue de ces territoires est immense et qu'une division par provinces sera davantage utile à une entreprise industrielle qui ne possède que quelques gros clients. Ce serait le cas d'une entreprise américaine de pompes à usage médical destinées au milieu hospitalier. Un territoire possible serait l'est du Canada (l'est de l'Ontario, le Québec et les provinces Maritimes).

FIGURE 7.3
Délimitation des territoires par la méthode de la charge de travail
(méthode de Talley)

1. Identification des clients actuels et potentiels sur le marché où travaille l'entreprise	A E H K L B D F I M C G J O N
2. Classification des clients d'après le temps à allouer à chacun d'eux	A(G) E(M) H(P) K(P) L(G) B(P) D(P) F(M) I(P) M(P) N(M) C(P) G(P) J(M) O(M)
3. Découpage géographique du marché d'après la charge de travail réaliste par vendeur (de 600 à 700 heures/année d'activité de vente)	Territoire 1 (en heures) Territoire 2 (en heures) A = 200 I = 50 B = 50 J = 100 C = 50 K = 50 D = 50 L = 200 E = 100 M = 50 F = 100 N = 100 G = 50 O = 100 H = 50 650 650

(P): Petits; (M): Moyens; (G): Gros.

2. Les territoires linguistiques Certaines entreprises pourraient être tentées, pour des raisons culturelles, de construire un territoire francophone qui regrouperait le nord-est de l'Ontario, le Québec, le nord et une partie de l'est du Nouveau-Brunswick (ou un fragment de ce vaste territoire).

3. Les régions métropolitaines Le Québec compte 5 régions métropolitaines (Montréal, Québec, Chicoutimi-Jonquière, Sherbrooke et Trois-Rivières) et l'Ontario, 10. Les autres provinces canadiennes en possèdent deux ou une seule. Notons que plusieurs territoires sont généralement taillés dans les plus grandes régions métropolitaines. Le centre-ville de Montréal pourrait, par exemple, renfermer un territoire.

4. Les régions Au Québec, les différentes régions sont numérotées. La grande région de Québec est la région 03. Mais cette délimitation s'avère surtout utile à l'administration gouvernementale.

FIGURE 7.4

Délimitation des territoires basée sur le nombre de clients (si ceux-ci ont la même importance et nécessitent un nombre égal d'heures de visites)

1. Identification des clients par petits districts

2. Regroupement des unités jusqu'à un total de 225 clients, ce qui équivaudrait dans cet exemple à la charge de travail annuelle normale d'un représentant

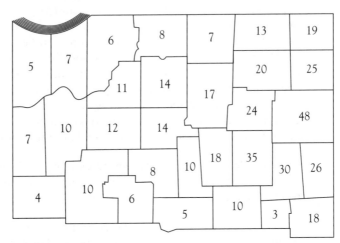

3. Découpage de 2 territoires regroupant 225 clients chacun – notons que ces derniers ont la même importance et nécessitent le même nombre d'heures de visites

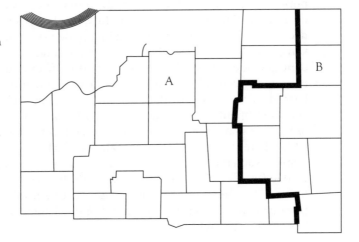

5. *Les codes postaux* Le code postal canadien a été mis au point par la Société des postes dans les années 70 et a son équivalent dans presque tous les pays occidentaux. Ce code possède six caractères, trois lettres et trois chiffres disposés alternativement. En plus d'être très simple, il possède une grande efficacité car il permet d'identifier le côté d'une rue entre deux intersections. Il a été implanté pour accélérer le classement du courrier et pour réduire les erreurs de livraison (gare aux personnes qui n'inscrivent pas le bon code postal!). Bien que ce système ait été originalement destiné à la Société des postes, plusieurs organismes, dont Statistique Canada, ou entreprises privées, comme Compusearch, se le sont approprié à leurs propres fins. Ainsi, Statistique Canada a des données démographiques exactes sur chaque code postal (ou sur ses parties). L'organisme connaît notamment le revenu moyen des codes H2L (centre-sud de Montréal) et H8S (Lachine). La société ontarienne Compusearch a amassé toutes les données du recensement et peut divulguer des renseignements intéressants sur la population d'un territoire (peu importe lequel), la structure socio-économique de cette population, ses dépenses de consommation, etc. L'utilisation des données regroupées par code postal constitue une aide précieuse dans la délimitation de territoires.

6. *Les codes* SIC   Au chapitre 6, nous avons parlé des codes SIC. Notons qu'ils peuvent également s'avérer très utiles à la détermination de territoires dans le marché industriel.

7. *Autres unités de mesure*   Le gestionnaire qui éprouve un problème de délimitation de territoires trouvera par le biais de divers organismes publics (tels que Statistique Canada, Bureau de la statistique du Québec ou le ministère de l'Industrie et du Commerce) ou privés les données nécessaires à une construction adéquate de ses territoires. Nous ne pouvons, dans le cadre de ce livre, élaborer davantage ce sujet. Notons cependant que nous vivons dans un monde de chiffres et de statistiques et que nous sommes fort bien outillés au Canada pour produire les données de base dont a besoin tout gestionnaire. Un modèle complexe appelé GEOLINE[7] peut aussi servir à délimiter les territoires. Ce dernier est utilisé par de grandes entreprises comme la multinationale pharmaceutique CIBA. Il tentera au moyen de calculs mathématiques d'arriver à un nombre souhaitable de territoires ayant un potentiel égal. Il s'agit d'abord de déterminer différents centres de territoires; en s'appuyant sur la localisation des clients, le modèle veillera ensuite à minimiser la distance à parcourir entre le centre et un nombre de clients équivalent au potentiel des ventes recherché.

7.2.3 L'affectation des représentants aux territoires

La troisième étape du processus de gestion des territoires consiste à affecter les bonnes ressources aux bons endroits. Après avoir déterminé la

---

7. Sidney W. Hess et Stuart A. Samuels, «Experiences with A Sales Districting Model: Criteria and Implementation», *Management Science*, vol. 18, n° 4, partie II, décembre 1971, p. 54.

taille de la force de vente et dessiné les territoires, on doit maintenant s'intéresser aux ressources humaines qui composent la force de vente. En effet, tous les territoires sont distincts et possèdent des particularités. Un représentant peut exceller dans un territoire et connaître un rendement moyen dans un autre. Sur ce point, le gestionnaire des ventes devra exercer son jugement de manière à procéder à l'affectation optimale de ses représentants. Il devra donc faire une évaluation de chacun d'eux et des besoins de chaque territoire afin d'effectuer les meilleurs mariages possible. Ainsi, il pourra tenter de calculer un «indice d'habileté» pour chaque représentant en se basant sur les caractéristiques suivantes[8]: l'expérience dans la vente, l'autonomie, la régularité des visites, une mise soignée, la capacité de supervision d'agents manufacturiers, la coopération avec le superviseur et la capacité d'organisation et de planification du travail. Ces caractéristiques devront elles-mêmes être évaluées et cotées selon le type de clients qu'on trouve dans chacun des territoires. Ainsi, pour certains clients, c'est surtout la régularité des visites qui importe, tandis que, pour d'autres, c'est l'expertise des représentants. L'exemple suivant présente la façon de calculer l'indice d'habileté:

Caractéristique	Poids de la caractéristique (basé sur le type de clientèle)	Évaluation du représentant n° 3 sur la caractéristique	Score × poids de la caractéristique
1. Expérience	5	6	30
2. Autonomie	4	8	32
3. Régularité	3	6	18
4. Mise	1	7	7
5. Supervision	2	6	12
6. Coopération	2	8	16
7. Organisation	4	8	32
Total	21		147

Indice d'habileté à servir le type de clientèle du territoire
= 147 ÷ 21 = 7,0 sur une échelle de 0 à 10
= 0,7 sur une échelle de 0 à 1

---

8. A. Parasuraman et Ralph L. Day, «A Management Oriented Model for Allocating Sales Effort», *Journal of Marketing Research*, vol. 14, février 1977, p. 27.

Supposons une force de vente qui compte trois représentants auxquels on attribue un indice d'habileté de la manière décrite ci-dessus.
Considérons le tableau suivant :

Territoire	Potentiel des ventes	Représentant nº	Indice d'habileté	Ventes escomptées	Pourcentage des ventes escomptées
A	500 000 $	1	1,0	500 000 $	40 %
B	500 000	2	0,8	400 000	32 %
C	500 000	3	0,7	350 000	28 %
	1 500 000 $			1 250 000 $	

On constate immédiatement l'importance de l'indice d'habileté. Bien
que les trois territoires aient un potentiel des ventes égal, les résultats
escomptés ne seront pas les mêmes pour les trois représentants, le représentant 1 étant plus «habile» que les deux autres et le représentant 3
l'étant moins. En se basant sur cette information, on peut modifier
quelque peu la grosseur des territoires de manière à tenir compte des
différents niveaux d'habileté des représentants :

Territoire	Potentiel des ventes ajusté	Représentant nº	Indice d'habileté	Ventes escomptées
A	600 000 $	1	1,0	600 000 $
B	480 000	2	0,8	384 000
C	420 000	3	0,7	294 000
	1 500 000 $			1 278 000 $

Ce tableau nécessite des explications. On obtient la colonne «Potentiel
des ventes ajusté» en multipliant le pourcentage escompté des ventes du
représentant (la dernière colonne du tableau précédant celui-ci) par le
potentiel des ventes de 1 500 000 $. Dans le cas du représentant 1, on
s'attend à ce qu'il produise 40 % des ventes à cause de son habileté plus
grande (et non pas 33,3 % si les 3 représentants étaient également habiles).
Vu les circonstances, il est normal de lui attribuer un territoire dont le
potentiel des ventes est égal à 40 % du potentiel total, soit $0,4 \times$
$1 500 000 \$ = 600 000 \$$, et non 500 000 $. En procédant de la même
façon pour les deux autres vendeurs ($0,32 \times 1 500 000 \$$ et $0,28 \times$
$1 500 000 \$$), on obtient la colonne «Potentiel des ventes ajuté». Si on
multiplie les valeurs de cette dernière par l'indice d'habileté qui ne change

évidemment pas, on aura les ventes escomptées, les territoires étant réajustés de cette manière. On voit que le résultat total est légèrement supérieur à 1 250 000 $, soit de 1 278 000 $, car on a utilisé l'habileté supérieure du représentant 1 en lui assignant un territoire plus grand que celui des deux autres. Notons que ce type d'analyse peut être repris avec les catégories de clients (les gros, les moyens et les petits).

Si les territoires sont fixes et que leurs frontières ne puissent être révisées, le gestionnaire des ventes doit déterminer les ventes totales ou la contribution au profit que chaque vendeur serait susceptible d'apporter dans chaque territoire et choisir le meilleur mariage possible compte tenu des habiletés de chacun à servir les différents types de clientèle de l'entreprise. Observons le tableau suivant:

| Territoire | Potentiel des ventes par groupe de clients | | | Potentiel des ventes total par territoire |
	1 (petits)	2 (moyens)	3 (gros)	
A	220	0	0	220
B	10	75	25	110
C	25	185	5	215
D	0	10	100	110
Potentiel total par type de client	255	270	130	655

Ainsi, il n'y a que de petits clients dans le territoire A, tandis qu'on n'en trouve aucun dans le territoire D. Les quatre représentants de l'entreprise ont été évalués et un indice d'habileté a été établi pour chacun d'eux, et ce pour chaque catégorie de clients. Ces résultats permettront d'effectuer une répartition efficace de ces effectifs parmi les territoires en prenant en considération les particularités de la clientèle de ces derniers.

| Représentant | Indice d'habileté/catégorie de clients | | |
	1	2	3
W	0,4	0,6	0,9
X	0,8	0,5	0,1
Y	0,5	0,5	0,4
Z	0,3	0,4	0,4

On constate que les quatre représentants ont des niveaux d'habiletés différents selon le type de clients. Supposons qu'on décide d'affecter le représentant W au territoire où il sera le plus performant. On doit alors procéder, pour chaque territoire, de la façon suivante :

$$
\begin{array}{l}
\text{Territoire A} = 220^a\ (0,4)^b\ +\quad 0\ (0,6)\ +\quad 0\ (0,0)\ =\quad 88,0 \\
\text{Territoire B} =\quad 10\ (0,4)\ +\quad 75\ (0,6)\ +\quad 25\ (0,9)\ =\quad 71,5 \\
\text{Territoire C} =\quad 15\ (0,4)\ +\ 185\ (0,6)\ +\quad 5\ (0,9)\ =\ 121,5 \\
\text{Territoire D} =\quad\ 0\ (0,4)\ +\quad 10\ (0,6)\ +\ 100\ (0,9)\ =\quad 96,0
\end{array}
$$

a   Potentiel des ventes pour le groupe 1 de clients (petits) pour le territoire A.
b   Indice d'habileté du représentant W dans cette catégorie de clients.

Idéalement, le représentant W devrait être affecté au territoire C car c'est là qu'il produira les meilleurs résultats (121,5). On répète le processus de la même façon avec les trois autres représentants. On remarque que ces calculs sont relativement simples lorsqu'ils portent sur quatre représentants seulement.

Dans le cas d'une force de vente importante, comme il arrive souvent, il sera intéressant de recourir à l'ordinateur afin de pouvoir produire tous ces calculs. Le tableau suivant montre les choix optimaux en ce qui concerne les autres représentants :

Représentant	Volume des ventes escompté selon l'affectation du représentant au territoire			
	A	B	C	D
W	88	71,5	[121,5]	96
X	[176]	118	113	15
Y	110	[52,5]	107	45
Z	66	43	83,5	[44]

Les besoins des territoires B et D ne seront pas satisfaits d'une manière optimale étant donné que les meilleurs vendeurs ne pourront y être affectés. Cependant, on devra tenter de rendre efficaces les représentants qui y seront désignés. Le fait de laisser le territoire C au représentant Z et le territoire A au représentant Y ne serait pas la solution la plus heureuse à cause du manque à gagner résultant d'une mauvaise utilisation des deux meilleurs représentants, soit W et X.

7.2.4 La répartition du travail de vente parmi les clients

Une fois l'appariement représentant-territoire effectué, on doit décider de la répartition du travail de vente parmi les différents clients.

Le tableau 7.2 illustre une méthode de répartition selon une fonction (sans distinction de catégorie de clients). On voit que l'augmentation optimale des ventes mensuelles se produit lors de la troisième visite. Les quatrième et cinquième visites sont moins payantes, tandis que la sixième est carrément nuisible et occasionne une perte. Par ailleurs, l'absence de visite génère tout de même un minimum de ventes (grâce au renouvellement des commandes, etc.). Cela veut dire qu'un nombre insuffisant

TABLEAU 7.2

Relation entre le nombre de visites et les ventes

Nombre hypothétique de visites chez le client moyen	Ventes moyennes correspondantes par client	Variation dans le nombre de visites	Variation dans les ventes moyennes mensuelles
0	50 $		
1	500 $	0 ou 1	50 $ à 500 $ = +450 $
2	1 000 $	1 ou 2	500 $ à 1 000 $ = +500 $
3	1 600 $	2 ou 3	1 000 $ à 1 600 $ = +600 $
4	1 900 $	3 ou 4	1 600 $ à 1 900 $ = +300 $
5	2 000 $	4 ou 5	1 900 $ à 2 000 $ = +100 $
6	1 700 $	5	2 000 $ à 1 700 $ = −300 $

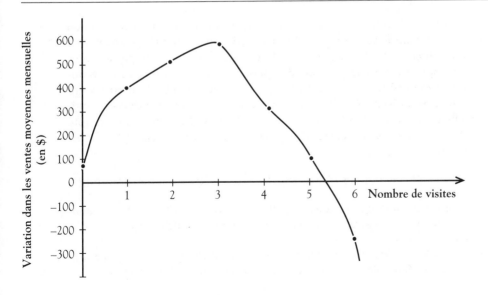

ou un nombre excessif de visites peuvent entraîner un manque à gagner car le client risque de se sentir négligé ou encore harcelé (on considère que le coût de chaque visite est stable). Les rapports d'opérations des représentants et les données sur les ventes passées devraient permettre au gestionnaire d'élaborer sa propre courbe «nombre de visites pour ventes mensuelles» et de déterminer le nombre optimal de visites par client auquel le représentant devrait se conformer. Notons qu'il s'agirait d'un nombre moyen : certains clients peuvent exceptionnellement requérir plus ou moins de visites.

Le fait de connaître le nombre moyen optimal de visites s'avère très utile à l'allocation du temps du représentant. Cependant, certains gros clients nécessitent qu'on se penche sur leur cas. La société General Electric a élaboré un modèle de régression simple qu'il est intéressant d'examiner[9] :

$$T = 0,96 + 0,0048P + 0,14S$$

où

T   = pourcentage du temps du représentant à allouer à ce compte client

0,96 = pourcentage minimum du temps du représentant à allouer à un compte, peu importe son importance, sa part de marché ou son potentiel

P   = potentiel du volume des ventes en milliers de dollars (potentiel égal pour tous les fournisseurs, en postulant qu'il est le même quel que soit le fournisseur)

S   = part de marché du volume des ventes à atteindre

Ce type d'équation, qui constitue un outil de travail pour General Electric, demande toutefois des données temporelles fiables et une bonne connaissance de la statistique. Un tel outil ne convient donc pas à toutes les entreprises, mais le gestionnaire peut, à la rigueur, mettre au point son propre outil d'allocation du temps du représentant. Si on en revient à l'équation présentée précédemment, le représentant, qui devrait servir un client avec un potentiel des ventes de 500 000 $ et dont on escompte à 50 % les achats dans l'entreprise, devrait consacrer à ce client (en pourcentage) :

$$T = 0,96 + 0,0048 (500) + 0,14 (50) = 10,36 \% \text{ de son temps}$$

Certains modèles complexes peuvent aussi être utilisés pour l'allocation du temps des vendeurs. Passons en revue les principaux :

---

9. Robert W. Baeder, «General Electric's Scientific Method for Helping Salesmen Generate More Sales», *Business Management*, novembre 1968, p. 30-33.

ALLOCATE   Ce modèle détermine le travail de vente qui doit être effectué auprès des clients actuels ou potentiels selon le potentiel des ventes pour chacun et le taux de pénétration déjà atteint avec chacun d'entre eux[10].

CALLPLAN   Ce modèle détermine les normes relativement à la fréquence des visites pour chaque client de façon à maximiser les ventes (dont on soustrait les frais de déplacement). Il distingue les clients réguliers des clients potentiels; non seulement répartit-il le temps de visite entre les différents clients réguliers, mais il le fait aussi entre ces derniers et les clients potentiels[11].

SCHEDULE   Ce modèle semble convenir aux besoins des petites entreprises qui disposent d'une force de vente restreinte. Sur la base des données fournies par le représentant sur le potentiel des ventes de chaque client, ce modèle établit la longueur des visites, le pourcentage de la contribution du client au profit et la pénétration estimée du client selon une simulation de trois niveaux de travail de vente. Le représentant déterminera la contribution au profit qu'il attend de chaque client et le modèle lui indiquera le nombre de visites qu'il doit faire pour atteindre l'objectif désiré[12].

Notons que tous ces modèles sont des modèles mathématiques complexes dont l'implantation et l'application demandent l'intervention d'experts. Il appartient au service des ventes de chaque entreprise d'élaborer ses outils. Ce qui compte, ce n'est pas la complexité de ceux-ci (bien que, parfois, cela puisse s'avérer nécessaire), mais bien les résultats qu'ils produisent et leur capacité de s'adapter aux besoins de l'entreprise.

7.2.5 La mise en place des calendriers et des itinéraires

Les entreprises encouragent les représentants à établir un itinéraire de visites afin de minimiser le temps et les coûts de déplacement. Il ne serait pas correct, par exemple, qu'un représentant se rende chez un client à

10. James M. Comer, «ALLOCATE: A Computer Model for Sales Territory Planning», *Decision Sciences*, vol. 5, juillet 1974, p. 323-338.
11. Leonard M. Lodish, «CALLPLAN: An Interactive Salesman's Call Planning System», *Management Science*, vol. 18, partie II, décembre 1971, p. 25, 40. Voir aussi Erin Anderson, Leonard M. Lodish et B. A. Weitz, «Resource Allocation Behavior in Conventional Channels», *Journal of Marketing Research*, vol. 24, février 1987, p. 85-97.
12. Gary M. Armstrong, «The SCHEDULE Model and the Salesman's Effort Allocation», *California Management Review*, vol. 18, été 1976, p. 43-51.

l'autre bout du territoire sans visiter les clients voisins de ce dernier. Il faut cependant comprendre qu'un itinéraire de visites est un guide et non un cadre rigide. En cas de nécessité (une vente urgente, un service exigé, etc.), le représentant doit aller rencontrer le client, peu importe l'itinéraire tracé.

Certains modèles peuvent aider le gestionnaire ou le représentant à établir un itinéraire. Mentionnons le modèle TOURPLAN[13], qui peut régler ce type de problème. Cependant, le représentant est probablement le mieux placé pour mettre au point un itinéraire efficace, car non seulement connaît-il ses clients et le temps qu'il doit consacrer à chacun d'eux en ce qui a trait aux visites et à leur fréquence, mais il a une perception de son espace qui risque d'échapper à une personne qui se trouve à l'extérieur du territoire. Pour procéder à ce travail, il existe une méthode simple, dite des «angles obtus», illustrée à la figure 7.5. Après avoir relié entre eux les clients les plus éloignés du territoire, ce qui devrait donner une figure s'approchant du cercle dans les cas extrêmes, on tente de joindre les clients situés au centre de la figure. La façon optimale de relier ces clients à ceux situés sur la bordure de la figure consiste à obtenir les angles les plus grands. À la figure 7.5, si on avait relié G à E et E à F, cela aurait donné un angle très aigu et aurait eu pour effet d'allonger la route. En reliant E à F et à D, on obtient un angle très ouvert (plus de 90°), ce qui optimise l'efficacité de l'itinéraire.

7.2.6 Les ajustements subséquents

Nous avons vu, au début de ce chapitre, que les territoires sont des entités dynamiques, et non statiques. À partir du moment où l'on comprend que des clients peuvent s'installer dans un territoire ou le quitter, que des concurrents peuvent agir de la sorte, que les besoins changent ou que l'entreprise peut modifier sa stratégie ou son marketing mix, on doit accepter le fait que des modifications d'ordre territorial soient toujours possibles. Il peut s'agir de changer de représentant ou de changer les frontières du territoire.

Il n'est pas souhaitable de changer de représentant trop souvent, car le fait de maintenir un représentant dans un territoire pendant une certaine période constitue un investissement pour l'entreprise. Le représentant a besoin d'un certain temps pour s'habituer à son territoire et pour l'exploiter adéquatement. Au fil des mois et des années, il acquerra une expertise considérable de son environnement territorial. Le fait de changer

---

13. James B. Cloonan, «TOURPLAN: A Sales Call Routing and Scheduling Program», *working paper*, Chicago, University DePaul, septembre 1973.

FIGURE 7.5
Méthode des angles obtus (ou des grands angles)

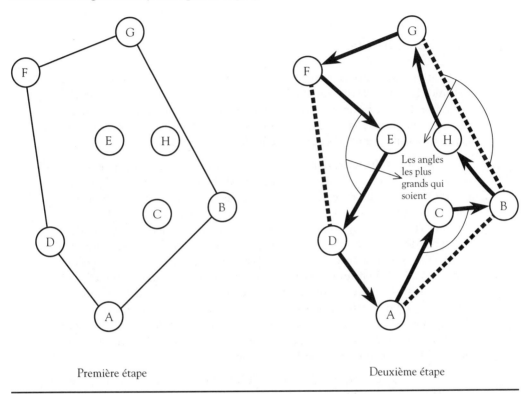

Première étape   Deuxième étape

SOURCE: Jan Wage, *The Successful Sales Presentation: Psychology and Technique*, Londres, Leviathan House, 1974, p. 83.

de représentant est un retour à zéro qui entraînera une nouvelle période d'adaptation avec les coûts que cela implique. Mais parfois le gestionnaire n'a pas le choix d'effectuer cette opération. Ce sera le cas lorsqu'un représentant est incapable de s'adapter aux nouveaux produits ou aux techniques récentes ou de satisfaire de nouveaux besoins de sa clientèle.

Nous avons vu qu'il est possible d'ajuster les limites du territoire d'après l'habileté de la force de vente. Cependant, on peut être amené à changer des frontières en raison de variations importantes du potentiel du marché. Dans certains cas, il faudra fragmenter un territoire en plusieurs, et dans d'autres, fusionner certains d'entre eux. Cela provoquera l'engagement ou la mise à pied de représentants, suivant le nombre de territoires obtenu. Par ailleurs, la distance est un facteur à considérer lors de la fusion de territoires existants[14].

☐ 7.3 Les quotas

La fixation des quotas survient immédiatement après le processus de délimitation des territoires. Si le gestionnaire attribue au vendeur X le territoire 4, c'est pour des raisons d'affectation optimale des ressources. On s'attend donc à ce que ce représentant atteigne des résultats établis. Ceux-ci seront quantifiés; on parlera alors de «quotas».

Les quotas du représentant peuvent s'inscrire dans un processus de gestion par objectifs (GPO ou, en anglais, MBO, *management by objectives*). La GPO s'étend aux diverses activités de l'entreprise et englobe non seulement des objectifs de résultats, mais aussi toute autre forme d'objectifs (des activités, des comportements, etc.) souhaitables. Un des atouts de la GPO réside dans le haut taux de participation qu'elle nécessite. Les employés visés sont consultés et les objectifs seront fixés selon un certain consensus. Mais le quota n'est pas toujours établi à la suite d'une consultation; ainsi, le nouveau représentant n'a pas son mot à dire quant aux objectifs qu'il doit atteindre les premières années. Toutefois, on comprendra aisément les nombreux avantages qu'il y a à demander au représentant de participer à la fixation de ses quotas. Cette mesure devient alors son objectif à lui, et non celui de l'entreprise.

Le quota, sur lequel est basée l'évaluation du représentant, tient compte de deux facteurs: le représentant lui-même (ses aptitudes, son expérience et le niveau de rendement qu'il est normal d'attendre de sa part) et le territoire (potentiel). Généralement, le quota est une mesure faisant référence aux résultats de ventes (il existe d'autres formes de quotas, comme nous le verrons plus loin) exprimés en dollars ou en unités. On dira qu'il s'agit du niveau de ventes «idéal» devant être atteint par un représentant, un territoire, une succursale ou toute autre unité de référence utile. Si le marché est divisé en territoires, le quota sera rattaché à chacun de ces derniers et à son potentiel des ventes. Sinon, il sera relié au représentant et à ses aptitudes. Autrement dit, c'est le potentiel des ventes qui impose le quota dans le premier cas, et le gestionnaire devra assigner un territoire au représentant susceptible d'y avoir le meilleur rendement, bien que des ajustements touchant les territoires (comme nous l'avons vu précédemment) ou les quotas puissent être effectués d'après l'habileté du représentant. Dans le deuxième cas, le quota sera

---

14. Douglas K. Smith, «Painless Way to Split A Salesman's Territory», *Industrial Marketing*, septembre 1964, p. 106-109.

directement relié au rendement normal d'un représentant compte tenu de son niveau d'expérience, et les ajustements pourront également être faits selon le niveau d'habileté du représentant afin de conserver un caractère humain et personnel au quota.

Voici à quoi servent les quotas :

Ils motivent la force de vente   Les quotas constituent la cible à atteindre pour le vendeur. Celui-ci a une mesure à laquelle il peut se référer. Les quotas motiveront la force de vente lors de leur réalisation de même que lors de leur dépassement. Le représentant sait qu'il sera évalué d'après son quota ; il subira donc une certaine pression pour atteindre celui-ci. Notons que cette pression peut avoir sur le représentant un effet positif ou négatif. Dans ce dernier cas, il faudra tenter de trouver la cause du problème ainsi que sa solution. Le quota était-il réaliste ? La personnalité du vendeur est-elle compatible avec ce genre de travail ? Enfin, le représentant ne se contentera pas d'atteindre son quota ; il essaiera de le dépasser. Le surplus peut en soi être très gratifiant et valoir beaucoup plus que la prime qui y est rattachée. Aux yeux du représentant, le quota permet de se mesurer à soi-même[15].

Ils dirigent et contrôlent le travail de la force de vente   L'utilisation de quotas permet à la direction des ventes d'identifier et de corriger rapidement les problèmes éventuels. Pour faire cela, le gestionnaire peut notamment fixer plusieurs quotas dans différentes activités, lesquels serviront à évaluer le représentant. Si un quota est déterminé pour chaque produit et qu'on constate que les objectifs de vente n'ont pas été atteints pour un produit particulier, on pourra se pencher sur le cas de ce dernier. Ce produit est-il suffisamment en demande dans le territoire ? Le représentant éprouve-t-il des difficultés à en faire la promotion et, dans l'affirmative, pour quelles raisons ? En outre, l'utilisation de plusieurs quotas permet de mieux diriger le représentant vers les activités qu'on veut qu'il effectue ou vers celles sur lesquelles on désire mettre l'accent (par exemple un nouveau produit). Il faut cependant s'assurer que les autres activités ne seront pas négligées pour autant (comme le service ou le travail de bureau), car il est impossible de fixer un quota sur les moindres tâches.

Ils permettent d'évaluer le rendement du représentant   Bien que le quota ne soit pas le seul guide à considérer lors de l'évaluation du représentant, il constitue un point de référence équitable. Les raisons pour lesquelles un représentant n'atteindrait pas son quota sont nombreuses et peuvent

---

15. G. Benjamin, «Get Greater Commitment by Letting Salespeople Help Set the Quotas», *Sales and Marketing Management*, n° 24, 7 avril 1980, p. 90.

même échapper à la volonté de ce dernier. Cependant, le quota pourra indiquer clairement au gestionnaire la présence d'un problème potentiel. On peut par surcroît se servir des quotas pour évaluer une succursale au complet; la direction de l'entreprise évaluera le directeur de la succursale de la même manière et le salaire de celui-ci pourrait en dépendre. Notons que la comparaison des résultats avec les quotas peut avoir une incidence sur la rémunération. Ainsi, certaines entreprises donnent une prime pour le dépassement du quota (ou d'un certain pourcentage du quota).

Par ailleurs, pour soutenir efficacement l'évaluation du représentant, les quotas doivent être réalisables, compréhensibles et complets. Voyons chacune de ces qualités.

Les quotas irréalistes suscitent une motivation négative et risquent de provoquer l'effet contraire à celui souhaité. Des quotas *réalisables* doivent tenir compte des facteurs personnels propres au représentant de même que du potentiel du territoire; par conséquent, on ne peut s'attendre à ce qu'un débutant ait le même rendement qu'un représentant expérimenté.

Les quotas doivent être *compréhensibles*, c'est-à-dire qu'ils doivent être suffisamment bien définis de manière à être clairs pour tout le monde. Si on fixe un quota de 50 nouveaux clients par mois, fait-on référence à des nouveaux clients du représentant ou de l'entreprise? Ceux-ci se trouvent-ils à l'intérieur du marché actuel? S'agit-il d'anciens clients qui reviendraient à l'entreprise? Un manque de précision peut prêter à confusion et diriger le représentant vers des cibles non souhaitées.

Enfin, les quotas doivent être *complets*, c'est-à-dire qu'idéalement on devrait fixer un quota sur tous les résultats ou activités qui feront l'objet de l'évaluation. Si l'entreprise considère que l'activité de prospection est capitale pour le succès du jeune représentant et a l'intention d'évaluer ce dernier sur le nombre d'appels téléphoniques hebdomadaires qu'il fait aux clients potentiels, il serait alors naturel qu'elle impose à celui-ci un quota qui pourrait être, par exemple, de 20 appels téléphoniques quotidiennement.

7.3.1 Le processus de fixation des quotas

Il existe trois grandes étapes dans ce processus: la sélection des types de quotas, la détermination de l'importance relative de chaque type de quota et la détermination du niveau des quotas.

La sélection des types de quotas

L'entreprise doit en premier lieu savoir sur quoi exactement elle entendra fixer des quotas. Idéalement, les quotas devraient porter sur des activités ou des résultats qui seront considérés lors de l'évaluation de la force de vente. Il existe plusieurs types de quotas, soit les quotas de volume des ventes, les quotas d'activités, les quotas financiers et les objectifs de développement professionnel. Le tableau 7.3 donne une liste des principaux quotas utilisés. Il n'est pas nécessaire de tous les employer; cela dépend de la philosophie de l'entreprise et de la direction qu'elle désire donner à sa force de vente.

Les quotas de volume des ventes

Il s'agit des quotas de base, qui sont les plus utilisés. Cela s'explique aisément par le fait qu'ils renvoient aux résultats quantitatifs à atteindre.

TABLEAU 7.3
Principaux types de quotas

1. Quotas de volume des ventes
   – en dollars
   – en unités
   – en points
   – par ligne de produits
   – par catégorie de clients
2. Quotas d'activités
   – nouvelles visites
   – nouveaux clients potentiels
   – nouveaux comptes
   – visites d'anciens clients
   – lettres d'introduction aux clients potentiels
   – comptes réactivés
   – entrevues de vente
   – démonstrations
   – temps par visite
   – étalages montés
   – visites de service
   – propositions de prix
   – réunions de détaillants
   – recouvrement des comptes en souffrance
   – enquêtes et études
   – rapports
   – réunions de vente
   – congrès, expositions
3. Quotas financiers
   – dépenses (totales ou segmentées)
   – marge brute (totale ou par catégorie de clients)
   – contribution marginale (totale ou par catégorie de clients)
   – profit net (total ou par catégorie de clients)
4. Objectifs de développement professionnel
   – habileté à la vente et aptitudes
   – planification
   – attitudes
   – ambition

Cependant, s'ils sont la base de tout plan de quotas, une approche uniquement axée sur les résultats est un peu simpliste (comme nous le verrons au chapitre 17) car il faut tout de même considérer la façon dont le représentant s'y est pris pour atteindre ces résultats. Les quotas de volume des ventes revêtent deux formes. Ils s'expriment d'abord en unités monétaires. Cette forme de quotas est la plus directe, car elle permet à l'entreprise d'exercer un contrôle sur la productivité et la rentabilité du représentant. Cependant, l'entreprise perd alors le contrôle sur la quantité de chaque produit vendu. Ainsi, un représentant pourrait être tenté de vendre une faible quantité de produits coûteux et de négliger les produits bas de gamme ou les petites commandes.

Par ailleurs, les quotas exprimés en unités physiques permettent d'orienter le travail de vente vers les différents produits, lignes de produits ou clients. On incite le vendeur à vendre un minimum d'unités et à s'intéresser à tous ses clients. Le problème est qu'il pourrait alors désirer augmenter le volume d'unités en diminuant le prix des produits, notamment en donnant toujours le maximum d'escomptes; conséquemment, il réduirait la marge de profit[16]. Une solution aux problèmes engendrés par ces deux types de quotas consiste à fixer parallèlement un quota de volume en unités monétaires et un autre en unités physiques. De cette façon, les deux quotas pourraient être ventilés par segment, pour une meilleure direction.

Les quotas d'activités

Les quotas d'activités permettent d'orienter le représentant vers des activités qui favoriseront la vente. Ils impliquent une vision à long terme, selon laquelle le gestionnaire des ventes sait exactement quelles activités sont en cours et dans quelle mesure on doit les pratiquer pour obtenir des résultats. Ce type de quotas est particulièrement intéressant pour les nouveaux venus à qui on doit montrer une méthode de travail qui les aidera à parvenir au succès. Les quotas d'activités sont souvent basés sur l'expérience de l'entreprise, de l'industrie ou du gestionnaire. On peut, par exemple, inciter les représentants à effectuer 100 appels téléphoniques par semaine à autant de clients potentiels afin d'obtenir un rendez-vous si on sait par expérience que, sur ces 100 clients, 10 accepteront la rencontre et une vente sera réalisée. Un quota de 50 nouveaux clients par année pourrait donc être appuyé par un quota d'activités de 100 appels téléphoniques par semaine à des clients éventuels. On trouve une liste exhaustive des quotas d'activités au tableau 7.3.

---

16. Leon Winer, « The Effect of Product Sales Quotas on Sales Force Productivity », *Journal of Marketing Research*, vol. 10, mai 1973, p. 180-183.

Les quotas financiers

Les quotas financiers permettent au gestionnaire d'exercer un contrôle sur des questions d'ordre financier. En imposant au représentant une marge brute minimale, on le force à atteindre une certaine rentabilité; de cette façon, il vendra une quantité minimale de produits ayant une marge élevée (plus difficiles à vendre) ou il veillera à accorder des escomptes modérés aux clients. Le gestionnaire amènera aussi le représentant à limiter ses frais de déplacement. Le profit net est un critère intéressant car il combine le quota de la marge brute avec celui des dépenses. Pour vendre un produit ayant une marge élevée, le représentant peut être tenté d'engager des dépenses excessives en se rendant trop souvent chez le client ou en l'invitant à manger dans des restaurants hors de prix. Il peut alors être tenu de contribuer à l'obtention du profit net. Pour affiner la gestion, on peut ventiler tous ces quotas par segments.

Les objectifs de développement professionnel

Ces objectifs ne sont pas faciles à établir car ils mettent en jeu des considérations qualitatives. Nous verrons au chapitre 17 comment on peut évaluer un représentant sur des critères qualitatifs comme l'attitude au travail ou la démonstration de vente. Cependant, le gestionnaire doit exiger du représentant un minimum d'attention au développement de sa carrière. Ce dernier, en effet, doit avoir une perspective à long terme; il n'est pas représentant pour un an, mais idéalement pour toute la durée de sa carrière. Il doit donc partager cette philosophie et l'entreprise peut l'aider en ce sens. La carrière de représentant exige un engagement personnel et le gestionnaire des ventes a le devoir, pour l'entreprise et pour le représentant, de veiller à ce que toute la force de vente participe à ce processus.

La détermination de l'importance relative de chaque type de quota

Une fois que la direction des ventes a arrêté son choix quant aux types de quotas à utiliser, elle fera face au problème suivant: est-ce que tous les quotas ont la même importance? Non. Ainsi, le quota du volume monétaire des ventes est plus important que celui du nombre de clients potentiels auxquels on a envoyé une lettre car, même si la fin ne justifie pas nécessairement les moyens, on exigera toujours des résultats concluants. Le tableau 7.4 présente une façon d'utiliser plusieurs types de quotas.

Comme on le constate, les deux représentants obtiennent des rendements identiques, bien qu'ils s'y soient pris de façon différente pour atteindre ces résultats. La direction de l'entreprise a jugé que cinq quotas

TABLEAU 7.4

Comparaison du rendement de deux représentants d'après un plan basé sur plusieurs quotas

	Niveau fixé	Résultats	Pourcentage atteint	Poids	Pourcentage atteint × poids
			F. Marceau		
Volume des ventes (en dollars)	180 000 $	220 000 $	122	5	610
Volume des ventes (en unités)	6 000	7 500	125	1	125
Marge brute	100 000	120 000	120	2	240
Nouveaux clients visités	75	50	67	2	134
Visites de service	100	30	30	1	30
				11	1 139

Rendement de F. Marceau: 1 139 ÷ 11 = 103,5 % du quota général

	Niveau fixé	Résultats	Pourcentage atteint	Poids	Pourcentage atteint × poids
			C. Dupuis		
Volume des ventes (en dollars)	200 000 $	170 000 $	85	5	425
Volume des ventes (en unités)	7 000	5 500	79	1	79
Marge brute	130 000	100 000	77	2	154
Nouveaux clients visités	90	155	172	2	344
Visites de service	120	165	137	1	137
				11	1 139

Rendement de C. Dupuis: 1 139 ÷ 11 = 103,5 % du quota général

seraient suffisants pour les besoins de l'entreprise; elle a arrêté son choix sur le volume des ventes (en dollars et en unités), la marge brute, les nouveaux clients visités et les visites de service. Un poids a été attribué à chaque quota. Les raisons de ce choix et de ces poids s'inscrivent dans la philosophie et l'expérience de l'entreprise. Le quota général est la combinaison de tous les quotas ayant une importance inégale. Faut-il féliciter ces deux représentants pour le dépassement de leur quota général? Évidemment, mais on doit demander à F. Marceau, qui a obtenu des résultats spectaculaires, de ne pas négliger les activités de prospection et de service. Ce représentant a tendance à travailler à court terme. Quant à C. Dupuis, il devra veiller à accroître les résultats de ses ventes et à diminuer quelque peu ses visites non lucratives. Cette mise au point faite, on peut affirmer que les deux représentants ont servi également les intérêts de l'entreprise.

Soulignons enfin que les poids attribués aux différents quotas peuvent être modifiés selon le nombre d'années d'existence des territoires. Ainsi, dans un territoire nouveau ou qui vient de connaître un afflux exceptionnel de nouveaux clients ou de clients potentiels, on peut accorder une importance relative supérieure à tous les quotas reliés au développement (le volume des ventes, les visites chez les nouveaux clients, la prospection, etc.). Dans le cas d'un territoire plus vieux dont les besoins sont satisfaits, une importance accrue sera accordée au service et aux dépenses pour le maintien de la clientèle.

La détermination du niveau des quotas

Après avoir déterminé la nature des quotas ainsi que leur importance relative, le gestionnaire doit en fixer le niveau. Cette étape ultime est particulièrement délicate car on considère le cas de chaque représentant et on lui assigne des objectifs qui lui seront propres. Le tableau 7.5 indique les principales bases de fixation du niveau des quotas (ou des objectifs).

Le niveau des quotas de volume des ventes

Il existe plusieurs façons de fixer le niveau des quotas de volume des ventes. Si on dispose de données temporelles, on doit tenter de prévoir les ventes de la prochaine année (voir le chapitre 6) en s'interrogeant sur une éventuelle croissance ou décroissance de celles-ci. En se basant sur la prévision des ventes de l'entreprise, on fixe le quota en conséquence (le plus souvent cette mesure de prévision). On devra ventiler ce quota par territoires en tenant compte évidemment du potentiel des ventes de chacun et de l'indice d'habileté du représentant qui y est affecté. Notons que le quota est rattaché en premier lieu au territoire et que le gestionnaire doit assigner ce dernier au représentant susceptible de réaliser le chiffre d'affaires le plus élevé. Le tableau 7.6 montre une façon de ventiler un quota global par territoires. On considère trois facteurs de pondération, soit le potentiel des ventes du territoire, les ventes antérieures et les ventes estimées. Ces trois facteurs sont exprimés en pourcentage du marché total dans lequel intervient l'entreprise.

On constate qu'un degré d'importance différent a été associé aux facteurs. Le potentiel des ventes du territoire semble être la composante majeure pour la détermination du niveau du quota, car on lui a attribué

TABLEAU 7.5
Bases de fixation du niveau des quotas

Bases pour les quotas de volume des ventes
1. Ventes antérieures de l'entreprise et de l'industrie
2. Potentiel des ventes
3. Prévision des ventes

Bases pour les quotas d'activités
1. Objectifs et politiques de l'entreprise et de la gestion des ventes
2. Caractéristiques du territoire, des clients actuels et potentiels et de la concurrence
3. Rapports de ventes
4. Données d'études de marché

Bases pour les quotas financiers
1. Données financières antérieures
2. Budget disponible de la gestion des ventes
3. Profit

Bases pour les objectifs de développement professionnel
1. Description de tâche
2. Analyses du temps et du travail
3. Buts personnels et professionnels du vendeur ou du gestionnaire

TABLEAU 7.6
Ventilation du quota total de l'entreprise par territoires

Territoire	Pourcentage du potentiel des ventes (0,5)	Pourcentage des ventes antérieures (0,3)	Pourcentage des ventes estimées (0,2)	Indice du quota	Quotas en dollars
A	24,3	22,4	24,6	23,79	11 895 000
B	19,6	18,7	20,0	19,41	9 705 600
C	16,7	21,2	18,4	18,39	9 195 000
D	26,9	20,8	20,0	23,69	11 845 000
E	12,5	16,9	17,0	14,72	7 360 000
Total	100,0	100,0	100,0	100,00	50 000 000

SOURCE: Adapté de Harold H. Heinecke, «Sales Quotas», *Marketing Research in Action, Studies in Business Policies*, n° 84, 1957, p. 64.

un poids de 0,5. Les ventes antérieures viennent en deuxième place avec un poids de 0,3 tandis que les ventes estimées paraissent moins importantes (poids de 0,2). Cet exemple démontre qu'il est possible de ventiler adéquatement un quota général. Le poids respectif des composantes de même que ces dernières sont sujets à des modifications suivant la situation de l'entreprise. Si, par exemple, les ventes obéissent à une forte tendance, nul doute que leur prévision jouira d'un poids supérieur. Le cas du tableau 7.6 indique que l'entreprise connaît des ventes stables puisqu'elle accorde plus d'importance aux ventes antérieures qu'aux ventes estimées. Les territoires sont sans doute bien servis et semblent avoir une clientèle établie car le potentiel des ventes de chacun d'eux joue un rôle très important; ils sont probablement considérés comme étant stables.

Le niveau des quotas d'activités

Le gestionnaire doit connaître le travail à accomplir pour obtenir un certain niveau de résultats. Ainsi, les rapports sur des activités passées informeront ce dernier sur le nombre d'appels téléphoniques requis pour obtenir un rendez-vous et le nombre d'entrevues de vente nécessaires à la conclusion d'un contrat.

Le niveau des quotas financiers

Ici aussi l'expérience et le savoir-faire de l'entreprise entrent en ligne de compte. Généralement, cette dernière connaît ses niveaux de marge brute et de profit net idéaux. Une comparaison avec les entreprises de la même taille de l'industrie peut être de mise. On devra aussi déterminer une assiette de dépenses de déplacement réaliste qui permettra au vendeur de parcourir adéquatement son territoire. D'habitude, c'est lors de l'élaboration des budgets que les objectifs financiers sont déterminés. On pourra fixer les quotas financiers en connaissant le coût des marchandises ainsi que les déplacements que chaque représentant doit effectuer.

Le niveau des objectifs de développement personnel

Le représentant doit être hautement motivé pour accomplir efficacement son travail. Le gestionnaire le secondera en lui imposant certains objectifs de développement personnel et professionnel. Cela peut se traduire par des cours de perfectionnement que le vendeur devra réussir, par un changement d'attitude observable, etc. Ces normes pourront ensuite être considérées lors de l'évaluation.

☐ Conclusion

Le territoire est l'unité de référence de la gestion des ventes. C'est dans celui-ci qu'on enverra le représentant et c'est en fonction de lui qu'on évaluera le rendement. Le gestionnaire des ventes devra prendre conscience de deux questions fondamentales à régler : non seulement doit-il déterminer le bon nombre de territoires qui seront dotés des bonnes frontières, mais doit-il encore saisir la dynamique de ces derniers. Le potentiel des ventes, la concurrence et les besoins de la clientèle sont des facteurs appelés à varier. Cela peut entraîner des révisions de frontières et des changements d'affectation des représentants. Nous avons donc proposé dans ce chapitre des méthodes rationnelles visant à déterminer le nombre adéquat de territoires et, conséquemment, la taille correspondante de la force de vente. Cette dernière est hétérogène ; chaque vendeur a des forces qui lui permettent de produire de meilleurs résultats dans certains territoires ou chez certains clients. Il faut donc s'assurer de l'affectation optimale de la force de vente en assignant à chaque représentant le territoire dans lequel il est susceptible de connaître le meilleur rendement. Nous avons proposé certaines méthodes d'affectation basées sur l'indice d'habileté. Le but de ces démonstrations a surtout été de faire comprendre aux lecteurs l'importance de disposer d'outils adéquats de gestion des territoires. Les quotas sont le plus souvent rattachés au territoire (s'il y a une division en territoires ; autrement le quota est attribué au représentant) et constituent l'ultime mesure du rendement. Toutefois, la gestion des quotas amène elle aussi sa part de problèmes. Outre le choix des quotas les plus pertinents, le gestionnaire devra fixer le niveau de ceux-ci de même que le poids associé à chacun d'eux en tenant compte du territoire, du représentant qui y est affecté et de l'expérience de l'entreprise. De plus, la participation du représentant à l'élaboration de ses quotas est extrêmement importante[17] ; le gestionnaire devrait donc veiller à obtenir cette précieuse collaboration.

INFORMATION SUPPLÉMENTAIRE

Voir une excellente source de documentation sur les territoires et les quotas :

WOTRUBA, Thomas R. *Sales Management : Concepts, Practice and Cases*, Goodyear Publishing Co. Inc., chapitres 6 et 7.

---

17. Thomas R. Wotruba et Michael L. Thurloui, «Sales Force Participation in Quota Setting and Sales Forecasting», *Journal of Marketing*, vol. 40, avril 1976, p. 11-16.

La Société des postes peut fournir de plus amples renseignements sur les codes postaux canadiens.

QUESTIONS

1. Pourquoi est-il si important de former des territoires?

2. Quels sont les problèmes associés à un mauvais découpage des territoires? (Mettre en relation le potentiel des ventes et la charge de travail.)

3. Vous venez d'accéder au poste de directrice ou directeur des ventes de l'entreprise Portes et Fenêtres du Québec inc. On vous demande de mettre en place une force de vente par territoires. Le premier problème auquel vous faites face consiste à déterminer le bon nombre de vendeurs que vous répartirez ultérieurement en autant de territoires. Vous obtenez les données suivantes pour cette industrie (moyennes):

Nombre d'heures travaillées chaque jour	9
Nombre de jours/semaine	5,5
Nombre de semaines de vacances	3
Heures/semaine passées au bureau	12
Heures/semaine de déplacements	20

   De plus, la répartition des clients est la suivante pour votre entreprise:

Gros détaillants (comme Canadian Tire)	54
Détaillants moyens (des entrepreneurs moyens)	178
Petits détaillants (comme les petits entrepreneurs, les quincailleries)	334

   Vous savez que le vendeur passe 60 minutes en moyenne chez un gros détaillant, 45 minutes chez un détaillant moyen et 30 minutes chez un petit détaillant. On doit visiter les gros détaillants 20 fois par année, les moyens 10 fois et les petits 2 fois. Quel serait le nombre idéal de vendeurs?

4. Un gestionnaire des ventes examine la structure des territoires de vente en place depuis plus de cinq ans. Les données suivantes proviennent de l'année en cours:

Territoire	Volume des ventes (en $)	Potentiel des ventes (en $)	(en %)
A	510 000	2 000 000	33,3
B	400 000	1 000 000	16,7
C	410 000	1 200 000	20,0
D	430 000	1 500 000	25,0
E	250 000	300 000	5,0
	2 000 000	6 000 000	100,0

a) Quels devraient être le volume des ventes et la pénétration du marché si ce gestionnaire décide de:
   i) rediviser le marché en 4 territoires?
   ii) rediviser le marché en 6 territoires?
   iii) rediviser le marché en 20 territoires?

b) Quelle serait la meilleure solution parmi les trois précédentes si le coût des marchandises vendues était de 50 % du montant des ventes et le coût engendré directement par chaque vendeur (en moyenne), de 50 000 $?

5. Une entreprise a quatre territoires dont le potentiel des ventes, l'indice d'habileté du représentant et les résultats des ventes de ce dernier sont les suivants:

Territoire	Potentiel des ventes (en $)	Représentant	Indice d'habileté	Ventes obtenues (en $)
A	510 000	1	0,9	450 000
B	500 000	2	1,0	500 000
C	500 000	3	0,7	350 000
D	500 000	4	0,6	300 000

On vous demande de procéder à des ajustements de territoires qui tiendraient compte de l'habileté des représentants et qui seraient susceptibles d'accroître les ventes totales. De combien augmenteraient les ventes?

6. Une entreprise sert trois catégories de clients (petits, moyens et gros) répartis dans quatre territoires. Le gestionnaire des ventes n'est toutefois pas certain si ses quatre représentants sont affectés aux bons territoires; il vous demande de procéder à une répar-

tition. On vous soumet l'indice d'habileté par catégorie de clients de chaque représentant et vous décidez de vous baser sur le nombre de clients de chaque catégorie dans chaque territoire pour établir votre solution. On vous procure l'information suivante :

Territoire	Potentiel des ventes de chaque catégorie de clients			Potentiel des ventes total
	1	2	3	
A	300	0	0	300
B	10	90	25	125
C	30	185	5	220
D	0	5	105	110

Représentant	Indice d'habileté par catégorie de clients		
	1	2	3
W	0,2	0,7	0,9
X	0,8	0,6	0,2
Y	0,7	0,5	0,9
Z	0,5	0,5	0,5

7. Après avoir examiné différents rapports de ventes, vous calculez le volume des ventes moyen correspondant au nombre de visites effectuées chez le client moyen (toutes catégories confondues). Vous obtenez la relation suivante :

Nombre de visites	Volume des ventes/ client
0	400
1	1 000
2	1 700
3	2 200
4	2 600
5	2 900
6	3 000

Votre représentant moyen sert 50 clients potentiels et peut effectuer 75 visites par mois. Combien de clients le représentant devrait-il visiter mensuellement si on se fie au nombre optimal de visites? Comment expliquer qu'aucune visite rapporte 400 $? Comment expliquer une telle fonction?

8. Pourquoi les quotas d'activités sont-ils importants? Devraient-ils l'être autant que les quotas de volume des ventes? Expliquez.

9. Vous devez, pour la prochaine année, fixer les quotas de ventes de vos cinq représentants. Le quota que votre succursale doit atteindre est de 5 000 000 $, ce qui correspond à la prévision des ventes. On vous donne l'information suivante: les ventes passées (par territoire), auxquelles vous attribuez un poids de 0,3, les ventes de cette année (poids de 0,2), le potentiel (poids de 0,5) et l'indice d'habileté de chacun des représentants.

Représentant	Ventes de l'an dernier (en milliers de dollars)	Ventes de cette année (en milliers de dollars)	Potentiel (en milliers de dollars)	Indice d'habileté
A	900	1 200	1 600	1,0
B	450	500	1 900	0,7
C	450	700	1 600	1,2
D	750	1 000	1 900	0,8
E	450	600	1 000	1,3
	3 000	4 000	8 000	

Quels seraient les quotas respectifs des cinq représentants compte tenu des éléments fournis ci-dessus? Êtes-vous d'accord avec les poids proposés? Expliquez.

10. Depuis un an, vous établissez des quotas de trois types – par volume des ventes, par visites et par appels téléphoniques – afin de mieux superviser vos vendeurs. Toutefois, vous vous rendez vite compte que le quota sur le volume des ventes demeure le plus important et qu'on doit le considérer davantage dans l'évaluation finale. Vous fixez donc les quotas par activités de même que leurs poids respectifs de la façon suivante:

	Quota (en $)	Poids
Volume des ventes	1 000 000	5
Nombre de visites	200	2
Nombre d'appels téléphoniques	1 000	1

Vos deux vendeurs, par ailleurs, présentent les statistiques suivantes pour ces trois activités :

	F. Tremblay	R. Simard
Volume des ventes	1 350 000 $	950 000 $
Nombre de visites	160	300
Nombre d'appels téléphoniques	800	1 400

a) Calculez le dépassement général des quotas de chaque représentant (en pourcentage).

b) Faites une brève analyse de la situation à la lumière de cette information en considérant chaque vendeur individuellement, puis en comparant les vendeurs entre eux.

c) Pourquoi utilise-t-on plusieurs types de quotas ?

CAS DE LA PARTIE II

Cas 1   La société Bakker

La stratégie d'expansion

La société Bakker vient d'achever la construction de ses nouvelles installations de production à Ottawa, où elle a aussi son siège social. Cette usine permettra à Bakker de tripler, voire de quadrupler, sa production.

La décision de construire une usine et d'engager la phase d'expansion provient des conclusions d'une étude de marché commandée par Bakker. Une firme de consultation en marketing était chargée d'analyser le potentiel des ventes de la pâtisserie surgelée au Canada. Les résultats de l'étude ont confirmé ce que les dirigeants prévoyaient. En effet, les pâtisseries surgelées ont un potentiel de ventes fort important et, de plus, on peut entrer dans le marché canadien sans faire trop d'efforts, sauf au Québec où la concurrence indirecte est la plus forte.

La stratégie

La stratégie de croissance de Bakker se déroulera en trois étapes. La première étape consiste à entrer d'une façon dynamique dans le marché québécois. Lors de la deuxième étape, la société partira à la conquête du marché des provinces de l'Atlantique. Enfin, à la troisième étape, la croisade se poursuivra dans les provinces de l'Ouest canadien.

La gamme de produits et le marché

La gamme de produits offerts par Bakker comprend principalement des gâteaux et des brioches surgelés de qualité supérieure. En fait, les pâtisseries Bakker se comparent avantageusement, sur le plan du goût comme sur celui de l'apparence, aux meilleures pâtisseries fraîches que l'on trouve dans nos quartiers, et à un prix souvent nettement inférieur. Le marché cible est essentiellement composé des restaurateurs indépendants et des grandes chaînes de restauration.

La concurrence

La concurrence directe dans le domaine de la pâtisserie surgelée n'est pas très vive, mais elle existe. Une maison américaine exploite une unité de production à Toronto qui fabrique des pâtisseries semblables et travaille dans le même marché cible que Bakker. Cette unité n'est pas très dynamique, mais elle approvisionne la chaîne de restaurants considérée comme la plus importante au Canada.

La force de vente

Bakker a confié l'organisation de la vente à des agences de vente. La société Bakker a fait ce choix à la suite de recommandations émanant des consultants. Le plan de vente prévoit l'utilisation des services d'une agence par province.

Après avoir effectué plusieurs démarches et vérifications, Bakker a décidé de demander à Alimentex, une agence de vente de Montréal, de vendre ses produits au Québec. Cette agence comprend une vingtaine de représentants répartis à travers le Québec. En plus de l'équipe de vendeurs réguliers, trois représentants se partagent la responsabilité des ventes aux comptes majeurs. La petite équipe est dirigée par Louise Laporte. Compte tenu de l'importance du nouveau client, elle prend, à titre exceptionnel, la responsabilité de représenter elle-même les produits Bakker auprès de tous les comptes majeurs du Québec.

QUESTIONS

1. Que pensez-vous de la décision de Louise Laporte de vendre elle-même les produits Bakker? Quelles sont les conséquences possibles de ce geste?

2. Si vous étiez à la place de Louise Laporte, quel serait votre plan stratégique?

Cas 2 La société Matériaux de Toitures Canada

La société Matériaux de Toitures Canada est l'entreprise manufacturière de bardeaux d'asphalte la plus importante en Amérique du Nord. Elle est implantée à Montréal depuis 1922 et elle distribue ses produits à travers le Canada et l'est des États-Unis.

Au Canada seulement, 11 représentants se partagent 11 territoires. La répartition est constituée comme suit: M. McMillen représente la société en Colombie-Britannique et en Alberta. Mme Elisii est responsable du marché de la Saskatchewan et du Manitoba. En Ontario, il y a trois représentants pour trois territoires; un quatrième vendeur se joindra à eux prochainement; il s'occupera plus particulièrement des comptes majeurs en Ontario, qui relèvent du directeur des ventes national, M. Laberge. Le Québec compte quatre représentants; comme dans la province voisine, un cinquième vendeur s'ajoutera à eux pour les mêmes raisons. Quant à Mme Arsenault, elle vend ses produits au Nouveau-Brunswick. Finalement, M. Becker travaille dans les autres provinces.

Au mois de décembre 1991, la société Matériaux de Toitures Canada a été vendue. L'entreprise a alors changé de nom et réorienté sa mission. Le nouvel acquéreur est une société qui œuvrait déjà dans le domaine de la quincaillerie, ses activités gravitant autour des produits de plomberie.

La force de vente du nouvel acquéreur, en ce qui concerne les produits de plomberie, était confiée à diverses agences de vente réparties sur l'ensemble du territoire canadien. Cependant, après avoir examiné la force de vente existante de sa nouvelle acquisition, l'entreprise songe sérieusement à confier la vente de tous les produits, bardeaux d'asphalte et produits de plomberie, à la force de vente de M. Laberge.

Cette proposition provoque évidemment des remous, et des changements s'imposent. M. Laberge s'apprête donc à restructurer sa force de vente.

QUESTION

En supposant que la nouvelle administration décide de confier ses ventes à l'équipe de M. Laberge, comment restructureriez-vous la force de vente et quels seraient ses objectifs?

III

L'IMPLANTATION
DU PROGRAMME DE VENTE

La troisième partie de ce livre porte sur l'implantation du programme de vente. Cette implantation a pour premier objectif de permettre aux gestionnaires d'administrer les différentes tâches et fonctions de chacun des membres de l'équipe de façon à obtenir d'eux le meilleur rendement.

Nous examinerons d'abord certaines variables du comportement du représentant. Par le biais du modèle élaboré en 1977 par Walker, Churchill et Ford, nous démontrerons les conséquences managériales des divers déterminants qui influencent le rendement des vendeurs.

Par la suite, nous étudierons les caractéristiques et les aptitudes du représentant. Puis, nous nous pencherons sur le processus de recrutement, sur la sélection des vendeurs, sur leur formation et sur le plan de rémunération. Finalement, nous verrons comment le gestionnaire peut motiver la force de vente.

PLAN

8

Le comportement et le rendement des représentants

OBJECTIFS

Après l'étude ce chapitre, vous devriez être capable de:

— Faire le lien entre les variables qui composent le modèle du rendement et les tâches et fonctions rattachées à l'implantation de la force de vente.

— Identifier les variables et les facteurs qui influencent le comportement et le rendement des vendeurs.

— Reconnaître les comportements des représentants dans leurs tâches et fonctions.

— Distinguer les stratégies de gestion qui favorisent le rendement.

☐ Introduction

Dans ce chapitre, nous étudierons l'analyse des comportements des représentants et de leur rendement. Pour cela, nous nous appuierons principalement sur le modèle élaboré en 1977 par Walker, Churchill et Ford[1].

La figure 8.1 présente le modèle composé de différents facteurs qui influencent le rendement des vendeurs. Le rendement est le rapport entre les efforts accomplis par les représentants et les résultats qu'ils ont obtenus, le tout en conformité avec les buts et les objectifs de l'entreprise.

Le comportement d'un vendeur représente les efforts effectués par celui-ci. Ils sont en relation avec les tâches que le représentant doit

---

1. Orville C. Walker Jr., Gilbert A. Churchill Jr. et Neil M. Ford, «Motivation and Performance in Industrial Selling: Present Knowledge and Needed Research», *Journal of Marketing Research*, vol. 14, mai 1977, p. 158-168.

FIGURE 8.1
Modèle de rendement

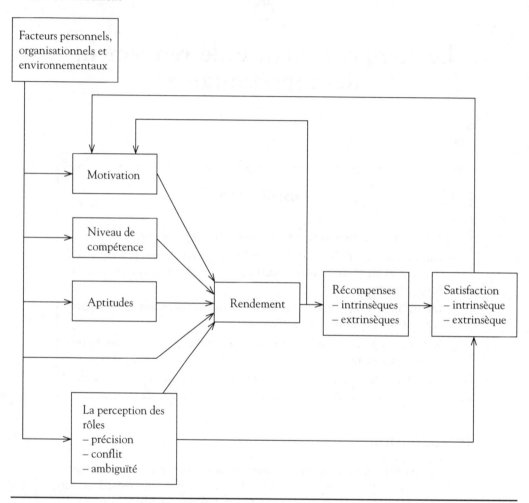

SOURCE: Orville C. Walker Jr., Gilbert A. Churchill et Neil M. Ford, «Motivation and Performance in Industrial Selling: Present Knowledge and Needed Research», *Journal of Marketing Research*, vol. 14, mai 1977, p. 158.

exécuter dans le cadre de sa fonction. Ces efforts influencent grandement le niveau de rendement réalisé, lequel peut être mesuré par le nombre de nouveaux clients potentiels joints, la qualité des présentations, etc.

L'analyse des différents facteurs qui influencent le niveau de rendement des représentants permet au gestionnaire d'une équipe de vente de mieux comprendre comment les individus exécutent leurs tâches et leurs fonctions. Cette approche peut aider celui-ci à administrer les ressources humaines de façon à atteindre plus efficacement les objectifs fixés.

De fait, le principal élément influant sur la rentabilité de la force de vente est le groupe de vendeurs lui-même. Nul doute qu'un des rôles importants du gestionnaire de l'équipe de vente consiste à fournir et à coordonner les divers éléments propres à stimuler le rendement des représentants.

Le rendement d'un représentant repose sur l'ensemble de variables suivant :

a)   la motivation ;

b)   le niveau de compétence ;

c)   les aptitudes ;

d)   les rôles et les perceptions ;

e)   les facteurs personnels, organisationnels et environnementaux ;

f)   les récompenses ;

g)   la satisfaction.

Il est à noter, au sujet du modèle de rendement, que les variables sont interdépendantes. Cela signifie que l'absence d'un seul élément affectera le rendement du vendeur.

☐ 8.1 La motivation

Le premier facteur, la motivation, se définit comme étant le niveau d'effort qu'un représentant est prêt à fournir dans chacune des activités ou des tâches associées à sa fonction. Ainsi, à la somme des efforts accomplis dans des activités de vente par un représentant doivent en principe correspondre les résultats escomptés. À titre d'exemple, nous pouvons supposer qu'une augmentation du nombre de nouveaux clients visités aura un effet positif sur le volume des ventes.

8.1.1 La théorie des résultats escomptés

Selon la théorie des résultats escomptés conçue par Victor Vroom en 1984[2], les individus vivent d'espoir ; ces derniers sont motivés à condition de recevoir en retour une récompense. Cette théorie comprend trois éléments : les attentes en ce qui concerne le rapport entre les efforts et les résultats, les attentes face aux résultats désirés et la valence.

---

2. Victor Vroom, *Work and Motivation*, New York, John Wiley and Sons, 1984.

Les attentes établies sur le lien entre les efforts et les résultats motivent le représentant au travail, car il souhaite alors atteindre des résultats selon les objectifs de vente. Par exemple, un représentant pourrait fonder ses espoirs sur la visite de 10 nouveaux clients potentiels par semaine. Cela pourrait lui procurer une augmentation substantielle de ses ventes.

Les attentes reliées à des résultats désirés impliquent la notion de «récompense». Par conséquent, le représentant doit être en mesure de faire un lien entre les résultats escomptés et la récompense. Si le représentant ne peut établir de rapport entre une augmentation du volume des ventes et une récompense telle qu'un voyage d'agrément, alors sa motivation s'en trouvera réduite. Ainsi, il pourrait justifier son manque d'entrain au travail en se disant qu'il ne sert à rien de fournir des efforts s'ils ne se traduisent pas par la reconnaissance ou par une récompense.

Pour sa part, la valence constitue le degré de satisfaction d'un représentant face aux types de récompenses. Les représentants accordent différentes valeurs aux récompenses. Certains associent la récompense à un mode de rémunération, que ce soit le salaire ou la prime. Pour d'autres, la récompense recherchée est reliée à l'avancement dans leur carrière. Par contre, il n'y a pas de valeur limite attribuée à l'effort effectué dans le but d'atteindre des résultats. En ce sens, une promotion aura plus de prix si elle est plus difficile à atteindre[3].

Les facteurs touchant la motivation sont reliés entre eux, c'est-à-dire que si l'un des trois éléments est moins élevé que les autres, cela altérera le niveau de motivation du représentant. Si on multiplie la valence par les attentes sur le rapport entre les efforts et les résultats et par les attentes sur les résultats espérés, on obtient le niveau de motivation d'un individu qui désire entreprendre une action.

La motivation peut s'exprimer comme suit :

Motivation = attentes sur le rapport entre les efforts et les résultats
$\times$ attentes sur les résultats espérés $\times$ valence

8.1.2 La motivation et les règles

Afin de motiver les représentants de manière qu'ils améliorent leur rendement, on propose les règles suivantes :

1.   Les représentants ont des besoins différents ; il est alors important que les récompenses correspondent aux besoins de chacun.

---

3. Ajay K. Kohli, «Some Unexplored Supervisory Behaviors and Their Influence on Salespeople's Role Clarity, Specific Self-Esteem, Job Satisfaction and Motivation», *Journal of Marketing*, vol. 22, novembre 1985, p. 424-433.

2. Afin que le vendeur soit toujours motivé, les résultats escomptés et les récompenses qui y sont associées doivent être clairement identifiés.

3. Le gestionnaire doit s'assurer que les résultats demandés soient adaptés à la situation de travail. En effet, les exigences ne doivent pas être trop grandes ou encore trop faciles à réaliser. Concrètement, des objectifs trop élevés décourageront le représentant et des objectifs trop simples ne le pousseront pas à se dépasser.

4. Les récompenses doivent être attribuées de façon juste et équitable. En effet, les injustices affecteront la motivation des représentants.

8.2 Le niveau de compétence

Le niveau de compétence est l'ensemble des acquis ou des connaissances d'un individu qui lui permettent d'accomplir une tâche désignée.

À ce titre, la compétence exigée variera selon divers éléments, tels que la situation d'achat et le domaine d'activité. L'expérience du représentant et la formation qu'il a reçue peuvent avoir une influence sur son rendement. Malgré le peu d'études concluantes sur le sujet, nous pouvons tout de même supposer qu'un représentant bénéficiant d'une compétence appropriée tendra à fournir un meilleur rendement qu'un représentant qui possède moins d'expérience de travail et de connaissances.

8.3 Les aptitudes

Les aptitudes sont les dispositions naturelles ou acquises servant à accomplir une tâche telle que la vente. Elles sont composées, d'une part, de caractéristiques reliées à la personnalité et, d'autre part, de caractéristiques descriptives[4].

8.3.1 Les caractéristiques reliées à la personnalité

La domination   Il s'agit de la capacité d'un individu à maîtriser et à influencer son environnement ou à diriger les autres individus.

---

4. Lawrence M. Lamont et William J. Landstrom, «Identifying Successful Industrial Salesmen by Personality and Personal Characteristics», *Journal of Marketing Research*, vol. 14, novembre 1977, p. 517-529.

L'endurance L'endurance se mesure par la capacité de travailler de longues heures et de persévérer malgré les difficultés.

La reconnaissance sociale Elle consiste dans le degré d'importance que des individus accordent au jugement d'autrui sur eux-mêmes.

L'empathie[5] L'empathie est l'habileté à ressentir et à interpréter les besoins et émotions des individus, dans le but de leur vendre un produit ou un service.

La pulsion du moi Cette variable de la personnalité correspond à un vif besoin personnel d'un vendeur de conclure une vente.

8.3.2 Les caractéristiques descriptives

L'âge, la taille et le poids Ces caractéristiques sont considérées comme des prédicteurs du niveau de rendement d'un représentant. On leur associe en fait des qualités telles que l'énergie, la vitalité et l'initiative qu'un représentant est susceptible de manifester au travail.

L'instruction Cette variable prend toute son importance lorsqu'il faut vendre un produit complexe requérant un ensemble de connaissances dans un domaine.

Les associations professionnelles Il s'agit d'activités qui ne sont pas reliées à la vente comme telle. La participation à ces associations professionnelles peut contribuer au développement personnel du vendeur et renforcer les liens entre celui-ci et ses clients.

8.3.3 Des suggestions pour améliorer le rendement

Examinons l'étude de Lamont et Landstrom (1977[6]) qui porte sur les suggestions visant à améliorer le rendement. Selon eux, le représentant devrait posséder certaines caractéristiques reliées à la personnalité:
- une bonne aptitude au travail, comme de la persévérance ou une disposition à rechercher des solutions aux problèmes;
- le désir de voir son travail reconnu;
- de l'attention aux réactions de l'entourage;

5. David Mayer et Herbert M. Greenberg, «What Makes a Good Salesman», *Harvard Business Review*, juillet-août 1984, p. 119-125.
6. Lawrence M. Lamont et William J. Landstrom, *op. cit.*

– de la flexibilité afin qu'il puisse s'adapter aux diverses conditions de son environnement de travail.

Toujours d'après cette étude, le représentant devrait posséder les caractéristiques descriptives suivantes :

– un physique impressionnant, être grand et dynamique ;

– une intelligence vive, même si la scolarité n'est pas élevée ;

– un engagement dans des organisations sociales ou professionnelles ;

– l'aspiration à une carrière dans le domaine de la vente, sans avoir nécessairement un désir d'avancement.

Il faut cependant faire une mise en garde en ce qui touche cette liste de caractéristiques proposées. Tout d'abord, certaines dimensions telles que la complexité du produit, la complexité du processus de vente ou le type de vente détermineront plus adéquatement les habiletés que le représentant devra avoir. Ensuite, les habiletés n'expliquent pas à elles seules le rendement. La perception des rôles et les facteurs personnels, organisationnels et environnementaux exercent aussi une influence.

8.4 La perception des rôles

Le vendeur est appelé à jouer différents rôles. Ceux-ci comprennent l'ensemble des activités et des comportements reliés à la fonction de vendeur.

Les rôles sont communiqués par des individus faisant partie de l'entourage du représentant, qu'ils travaillent ou non dans l'entreprise. Il s'agit de personnes qui s'intéressent au rendement du vendeur. C'est le cas des gestionnaires, des superviseurs, des collègues, des clients et des membres de la famille.

Le vendeur développe ainsi une perception des rôles qu'il doit jouer et de la tâche à accomplir. Cette perception influence la définition de ses rôles dans l'entreprise, de même que sa vision du rendement.

Il y a trois facteurs à considérer en ce qui a trait à la perception des rôles : la précision des rôles, le conflit dans la perception des rôles et l'ambiguïté dans la perception de ceux-ci. Les rôles qu'un représentant doit réaliser sont déterminés par les attentes et les demandes exprimées par l'environnement[7].

La *précision des rôles* signifie le degré de justesse selon lequel un représentant perçoit les demandes de ses collègues et, plus particulièrement, des gestionnaires. Ceux-ci pourront s'interroger sur la capacité du

---

7. *Ibid.*

représentant de percevoir ses tâches adéquatement. Là-dessus, la précision des rôles perçus désigne la correspondance existant entre les demandes des supérieurs et les attentes du vendeur.

Un *conflit dans la perception des rôles* se produit lorsque le représentant perçoit différentes demandes qui semblent contradictoires. Ainsi, il peut y avoir un conflit entre les demandes des clients et celles de l'entreprise. Dans son travail, le représentant connaît régulièrement des situations où il se sent placé entre les requêtes des clients et les politiques du fabricant.

À titre d'exemple, un client important demande au vendeur qu'on lui accorde une extension de la période de paiement. Il veut obtenir 60 jours au lieu de 30 jours, sans quoi il risque de faire une partie de ses achats chez un concurrent. Le fabricant ne voulant rien concéder, le vendeur se trouve dans une position conflictuelle. Il est partagé, d'une part, entre son intérêt personnel et celui du client et, d'autre part, entre l'intérêt du fabricant et la perte de profit de ce dernier.

Il y a *ambiguïté dans la perception des rôles* lorsque le représentant éprouve le sentiment de ne pas posséder toute l'information nécessaire afin d'accomplir adéquatement sa fonction. Dans certains cas, celui-ci sera indécis. Il pourrait alors se poser les questions suivantes: comment dois-je agir avec mes confrères? Comment pourrais-je satisfaire les demandes et les attentes qui me sont exprimées? Comment mon rendement sera-t-il évalué? De quelle manière serais-je récompensé? Etc. À ce sujet, l'étude de Behrman et Perreault[8] démontre clairement que l'indécision d'un représentant face à ses fonctions est susceptible de nuire à son rendement.

L'influence de ces facteurs reliés à la perception des rôles amène des conséquences sur le comportement d'un représentant. Ces facteurs peuvent, en effet, provoquer un sentiment d'insatisfaction[9] qui se traduira par une baisse du niveau de motivation et conduira à une augmentation du roulement du personnel des ventes[10].

Dans le contexte de la vente industrielle, les représentants risquent fort de se trouver dans des situations où les rôles sont imprécis, ambigus et conflictuels. D'où l'importance, pour les supérieurs, de contrôler, ou du moins d'influencer par le biais de politiques et d'autres mesures per-

---

8. Douglas W. Behrman et William D. Perreault Jr., «A Role Stress Model of the Performance and Satisfaction of Industrial Salespersons», *Journal of Marketing*, vol. 48, automne 1984, p. 9-21.

9. Ajay K. Kohli, *op. cit.*

10. George H. Lucas Jr. *et al.*, «An Empirical Study at Salesforce Turnover», *Journal of Marketing*, vol. 51, juillet 1987, p. 34-59.

tinentes des éléments ayant un effet sur la détermination et la perception des rôles. Dans des conditions qui sont de nature à réduire l'interprétation fautive des rôles, le niveau de rendement tendra à s'accroître.

8.5 Les facteurs personnels, organisationnels et environnementaux

Selon le modèle proposé, le rendement d'un représentant sera influencé par des facteurs personnels, organisationnels et environnementaux.

Les *facteurs personnels*, soit la vie en dehors du travail, peuvent effectivement influencer le niveau de rendement d'un représentant. Il est facile d'imaginer qu'un vendeur qui éprouve des difficultés émotionnelles, familiales ou autres sera moins enclin à fournir des efforts soutenus au travail.

Le rendement peut également être affecté par des *facteurs organisationnels* comme la qualité du service après-vente, l'image de l'entreprise, l'image de la marque et la position concurrentielle (la part de marché). Ces facteurs peuvent aussi être constitués d'éléments tels que la promotion du produit, la publicité qui entoure celui-ci ainsi que la qualité de la gestion du service des ventes.

Certains *facteurs environnementaux* qui ont une incidence sur l'entreprise peuvent, par le fait même, influencer le rendement du représentant. Par exemple, le contexte économique et les forces concurrentielles n'ont pas de prise directe sur les facteurs environnementaux; cependant, le représentant sera, d'une manière ou d'une autre, soumis à des contraintes.

8.6 Les récompenses

Selon le modèle de rendement, les récompenses sont reliées au rendement du représentant. Le lien existant entre ces deux éléments est particulièrement complexe. Néanmoins, le rendement est un concept multidimensionnel qui reflète les différents aspects de la fonction d'un vendeur.

Le représentant est évalué selon divers critères, comme le volume des ventes réalisé, la rentabilité et le nombre de nouveaux clients acquis.

Le modèle élaboré par Walker, Churchill et Ford distingue deux types de récompenses: les récompenses extrinsèques et les récompenses intrinsèques. Les récompenses extrinsèques ne sont pas déterminées ni attribuées par le vendeur lui-même; elles proviennent plutôt des gestionnaires ou de l'environnement comme les clients. Ces récompenses sont rattachées à la réalisation de besoins d'ordre inférieur, et se concrétisent par le salaire, les primes et les promotions. Au chapitre 13, nous examinerons en profondeur les différents facteurs entourant la rémunération.

Les récompenses intrinsèques, quant à elles, sont liées au besoin d'accomplissement. Ce type de récompense est d'un ordre supérieur, c'est-à-dire que le représentant possède des valeurs comme la réussite et le dépassement de soi. Celles-ci impliquent, de la part du représentant, de la persévérance sur le plan personnel et sur le plan de sa carrière.

☐ 8.7 La satisfaction

La satisfaction constitue le contentement ressenti par le représentant en rapport avec les récompenses reçues. Les récompenses sont offertes au vendeur lorsqu'il a accompli ce qu'on attendait de lui. Elles ont un effet majeur sur la satisfaction que celui-ci éprouve dans sa fonction et dans son milieu de travail.

Comme dans le cas des récompenses, la satisfaction peut être intrinsèque ou extrinsèque.

La satisfaction intrinsèque est associée aux récompenses accordées en raison de l'accomplissement des tâches. Celle-ci correspond aux fonctions et aux possibilités de carrière qui peuvent se présenter. Ainsi, la satisfaction intrinsèque peut conduire le représentant à rechercher l'accomplissement de soi.

Pour sa part, la satisfaction extrinsèque est associée aux récompenses extrinsèques. Le représentant a alors reçu suffisamment de récompenses sur le plan de la rémunération, des politiques de l'entreprise, des gestionnaires et des collègues, ainsi que de la qualité des clients et du territoire.

La satisfaction d'un représentant est fonction de sept facteurs, selon une étude de Churchill, Ford et Walker[11] :

- la fonction et les tâches à accomplir;
- la qualité de la supervision;
- les politiques de l'entreprise et le soutien qu'elle offre;
- le plan de rémunération;
- les possibilités d'avancement;
- les collègues;
- les clients.

---

11. Gilbert A. Churchill Jr., Neil M. Ford et Orville C. Walker Jr., «Organizational Climate and Job Satisfaction in the Salesforce», *Journal of Marketing Research*, vol. 13, novembre 1976, p. 323-332.

Finalement, la perception que le représentant a de ses rôles influence la satisfaction[12], la motivation et le rendement[13]. C'est pourquoi il est important que le gestionnaire de la force de vente clarifie les rôles que le vendeur devra jouer.

☐ Conclusion

L'étude et l'analyse du modèle de rendement s'avèrent sans contredit d'une immense importance pour le gestionnaire qui travaille dans la vente. Ce modèle est plus qu'un outil de réflexion; il consiste en un guide favorisant la mise en œuvre d'actions appropriées favorisant le rendement.

Les différents éléments de l'environnement ont une influence sur le rendement des représentants. Ainsi, une gestion efficace favorise le rendement, et le contraire est aussi vrai. De même, la motivation conditionne grandement celui-ci. Nous approfondirons au chapitre 14 le rôle de motivation qu'exerce la force de vente.

INFORMATION SUPPLÉMENTAIRE

CHURCHILL, Gilbert A. Jr., FORD, Neil M. et WALKER, Orville C. Jr. «Measuring the Job Satisfaction of Industrial Salesmen», *Journal of Marketing Research*, vol. 11, août 1974, p. 254-260.

CRON, William L. «Industrial Salesperson Development: A Career Stages Perspective», *Journal of Marketing*, vol. 48, automne 1984, p. 41-52.

DOYLE, Stephen X. et SHAPIRO, Benson P. «Comment motiver votre force de vente», *Harvard-L'Expansion*, vol. 18, automne 1980, p. 25-34.

FRY, Louis W. *et al.* «Analysis of Alternative Causal Models of Salesperson Role Perceptions and Work-Related Attitudes», *Journal of Marketing Research*, vol. 23, mai 1986, p. 153-163.

JOHNSTON, Mark A. *et al.* «A Longitudinal Assessment of the Impact of Selected Organizational Influences on Salespeople's Organizational Commitment During Early Employment», *Journal of Marketing Research*, vol. 27, août 1990, p. 333-344.

MACKAY, Harvey B. «Humanisez votre stratégie de vente!», *Harvard-L'Expansion*, automne 1988, p. 82-89.

---

12. Douglas W. Behrman et William D. Perreault Jr., *op. cit.*
13. Thomas N. Ingram et Danny N. Bellenger, «Personal and Organizational Variables: Their Relative Effect on Reward Valences of Industrial Salespeople», *Journal of Marketing Research*, vol. 20, mai 1983, p. 198-205.

MICHAELS, Ronald E. *et al.* «Influence of Formalization on the Organizational Commitment and Work Alienation of Salespeople and Industrial Buyers», *Journal of Marketing Research*, vol. 25, novembre 1988, p. 376-383.

TEAS, Kenneth R. «An Empirical Test of Models of Salesperson's Job Expectancy and Instrumentality Perceptions», *Journal of Marketing Research*, vol. 18, mai 1981, p. 209-226.

TEAS, Kenneth R. «Supervisory Behavior, Role Stress, and the Job Satisfaction of Industrial Salespeople», *Journal of Marketing Research*, vol. 20, février 1983, p. 84-91.

TYAGI, Pradeep K. «Perceived Organizational Climate and the Process of Salesperson Motivation», *Journal of Marketing Research*, vol. 19, mai 1982, p. 240-254.

QUESTIONS

1. Selon vous, quel est l'essentiel de l'étude portant sur le rendement des représentants élaborée par Walker, Churchill et Ford?

2. Expliquez dans vos propres mots la théorie des résultats escomptés.

3. Afin de motiver un représentant, pourquoi est-il si important d'identifier clairement les récompenses?

4. Sur le plan des aptitudes, quelle est la différence entre les caractéristiques reliées à la personnalité et les caractéristiques descriptives et peuvent-elles, selon vous, être des facteurs déterminants du rendement?

5. Quel est le rapport entre la perception des rôles et le rendement?

6. Comment les facteurs organisationnels peuvent-ils influencer le rendement d'un vendeur et quelles seraient, selon vous, les mesures qu'un directeur des ventes pourrait prendre afin d'améliorer cet aspect des choses?

PLAN

9

Le rendement et la détermination des caractéristiques personnelles des représentants

---

OBJECTIFS

Après l'étude de ce chapitre, vous devriez être capable de:

- Saisir la notion de «rendement dans la vente» et les variables qui l'influencent.
- Distinguer les caractéristiques qui permettent de prédire le rendement.
- Évaluer l'importance de la sélection des vendeurs dans une force de vente.
- Reconnaître les caractéristiques recherchées en fonction des types de vente.
- Préciser les caractéristiques souhaitées selon le type de vente.
- Identifier les groupes de variables pouvant être influencées et celles qui ne peuvent pas l'être.
- Évaluer l'importance des caractéristiques démographiques et physiques.
- Comprendre l'effet des antécédents et de l'expérience sur le rendement.
- Expliquer les liens entre l'état civil, le style de vie et le rendement.
- Saisir la valeur des aptitudes dans le rendement.
- Souligner la portée de la personnalité dans la prévision du rendement.
- Reconnaître dans les habiletés une variable pouvant influencer le rendement.

☐ Introduction

La population voit souvent dans le représentant un individu qui aime s'exhiber, qui est un grand parleur et un petit faiseur et qui est forcément un bon menteur. En fait, ces caractéristiques relèvent de la caricature. Cette image est associée non seulement au novice mais aussi à plusieurs individus qui travaillent dans la vente. Elle est fondée sur des perceptions plutôt que sur des critères pragmatiques.

Dans la deuxième partie de ce chapitre, nous aborderons les variables qui déterminent le rendement chez un représentant. Nous analyserons les caractéristiques personnelles, soit les facteurs qui agissent sur le rendement. Nous parlerons également des caractéristiques managériales, telles que la perception des rôles, la motivation et les facteurs organisationnels et environnementaux, qui ont aussi une incidence sur le rendement.

La détermination des caractéristiques personnelles d'un vendeur est utile dans la mesure où, selon le type de vente (directe, interne, promotion des ventes, etc.), certaines favorisent davantage le rendement que d'autres. Nous approfondirons cette approche stratégique dans la troisième partie de ce chapitre.

☐ 9.1 Peut-on apprendre à être un bon représentant?

Peut-on apprendre à être un bon représentant? C'est la question que se posent plusieurs gestionnaires et chercheurs. Cette question, Bragg se la pose également dans une étude publiée en 1988[1]. Sa recherche démontre que 85 % des participants (2 000 gestionnaires en marketing) ont évoqué le fait que la formation et la supervision sont des facteurs plus marquants sur le plan du rendement que les caractéristiques personnelles. Toutefois, certains d'entre eux croient le contraire. Selon ces derniers, en effet, les bons vendeurs sont ceux qui possèdent des traits et des qualités cruciaux permettant d'atteindre un niveau de rendement élevé. Il est donc difficile de déterminer si cette qualité de bon vendeur est innée ou acquise.

Afin de jeter un peu de lumière sur cette problématique, Churchill et ses collaborateurs[2] ont examiné en 1985 la relation entre le rendement et les facteurs personnels et organisationnels basés sur le modèle de ren-

---

1. Arthur J. Bragg, «Are Good Salespeople Born or Made», *Sales and Marketing Management*, septembre 1988, p. 74-78.
2. Gilbert A. Churchill Jr., Neil M. Ford, Steven W. Hartley et Orville C. Walker Jr., «The Determinants of Salesperson Performance: A Meta-Analysis», *Journal of Marketing Research*, vol. 22, mai 1985, p. 103-108.

dement (voir le chapitre 8). En s'appuyant sur une méthode appelée «méta-analyse», ils ont sélectionné 116 études élaborées entre 1918 et 1982; 1 653 observations ont alors été recueillies. Les chercheurs ont classifié les variables du modèle de rendement en six catégories, que l'on trouve au tableau 9.1.

TABLEAU 9.1
Catégories de variables influençant le rendement des représentants

1. Les aptitudes	Elles regroupent les capacités innées pouvant servir à accomplir des tâches et activités de vente : les traits de personnalité, l'intelligence, etc.
2. Les caractéristiques personnelles	Il s'agit des traits physiques, des antécédents familiaux, de l'éducation, de l'expérience de travail et dans la vente, etc.
3. Les niveaux d'habiletés	Ce sont les capacités d'accomplir des tâches et des activités de vente. Les habiletés sont acquises et non innées chez un individu. Il s'agit notamment de la formation et de la supervision.
4. La perception des rôles	Elle est en rapport avec la précision des rôles, le conflit et l'ambiguïté dans la perception de ceux-ci (voir le chapitre 8).
5. La motivation	C'est le désir de fournir des efforts en vue d'atteindre des résultats.
6. Les caractéristiques organisationnelles et environnementales	Il s'agit des facteurs de l'organisation et de l'environnement influençant le rendement, dont les territoires et la position concurrentielle de l'entreprise.

SOURCE: Gilbert A. Churchill Jr., Neil M. Ford et Orville C. Walker Jr., *Sales Force Management*, 3e éd., Homewood (Ill.), Richard D. Irwin, 1990, p. 38.

9.1.1 Les deux groupes de catégories de variables influençant le rendement

Les catégories peuvent à leur tour être subdivisées en deux groupes: le groupe de variables non influençables et le groupe de variables influençables.

Le premier groupe de variables se compose des catégories que sont les aptitudes et les caractéristiques personnelles. Il est intéressant de noter que, dans ces cas, le directeur des ventes ne peut exercer aucune influence sur le niveau de rendement des représentants, outre le fait de recruter et de sélectionner des candidats selon certaines règles et méthodes que nous étudierons aux chapitres 10 et 11.

Le deuxième groupe de variables que nous étudierons davantage dans ce chapitre peut subir l'influence de certaines actions, comme la formation, que nous verrons plus particulièrement au chapitre 12. Les catégories sont les niveaux d'habiletés, la perception des rôles, la motivation et les caractéristiques organisationnelles et environnementales.

9.1.2 Les résultats de la recherche de Churchill *et al.*

Les résultats de la recherche de Churchill et de ses collaborateurs permettent d'observer l'influence de chacune des catégories sur le rendement des vendeurs[3] :

1. Les *aptitudes* d'un individu expliquent une variation moyenne du rendement des représentants de 2 % seulement.

2. Les *caractéristiques personnelles* ont une influence sur le rendement de l'ordre de 2,5 %.

3. Les *niveaux d'habiletés* comptent pour 7,2 % des facteurs qui agissent sur le rendement des vendeurs.

4. La *perception des rôles* est le facteur qui contribue le plus au rendement avec un taux de 8,6 %.

5. La *motivation* représente 3,5 % des facteurs influençant le rendement.

6. Les *caractéristiques organisationnelles et environnementales* ne constituent que 1 % de la variation du rendement.

Quelques conclusions sur les résultats de la recherche de Churchill *et al.*

Sous certaines réserves, il est possible de tirer des conclusions de cette étude[4]. D'abord, aucune des six catégories expliquant le rendement n'a un taux d'incidence dépassant 8,5 %. Cela laisse croire que le rendement d'un représentant est fonction d'une grande variété d'influences, incluant les traits personnels et les facteurs organisationnels.

En outre, la force de la relation entre les catégories de variables et le rendement change selon le type de clients et les produits ou services

---

3. *Ibid.*
4. Gilbert A. Churchill Jr., Neil M. Ford et Orville C. Walker Jr., *Sales Force Management*, 3ᵉ éd., Homewood (Ill.), Richard D. Irwin, 1990, p. 383-384.

offerts. Cela permet de penser que les traits de personnalité, les aptitudes et les habiletés peuvent être différents selon la tâche et les activités de vente.

Finalement, en moyenne, les variables que peuvent influencer ou contrôler les gestionnaires, comme la perception des rôles, les habiletés et la motivation, expliquent pour une plus grande part le rendement. Cependant, les caractéristiques personnelles jouent aussi un rôle dans celui-ci.

À la suite de cette méta-analyse, on peut considérer que les qualités qui font qu'un vendeur est bon s'avèrent à la fois innées et acquises[5]. Le directeur des ventes doit alors faire les bons choix stratégiques, c'est-à-dire sélectionner les individus auxquels conviendra la tâche à accomplir, car le niveau de rendement peut varier grandement entre des représentants qui effectuent la même tâche. Autrement dit, certains individus ont un meilleur rendement dans un domaine que dans un autre. Ainsi, il est capital que le représentant cadre dans sa fonction. Par ailleurs, il ne faut pas oublier que le rendement de celui-ci est étroitement lié à la qualité de la gestion qu'un leader exercera à l'endroit de son travail.

Les coûts associés à la mauvaise sélection d'un représentant sont énormes. En fait, il faut considérer certains coûts directs imputables au salaire versé avant le licenciement, le temps investi par le gestionnaire pour la formation et les frais d'administration. Pour une période d'essai de trois mois, si l'on prend un salaire de base de 30 000 $, il en coûte à l'employeur environ 7 500 $ en salaire, 2 000 $ en temps investi par le gestionnaire et 3 000 $ en frais divers comme ceux reliés à l'automobile ou aux annonces pour le recrutement. Cela fait donc 12 500 $. Les coûts indirects sont évidemment engendrés par une productivité très faible, les coûts de formation, les erreurs effectuées chez les clients, les occasions de vente perdues, les influences négatives et les déceptions des participants à la formation et, finalement, une certaine altération de l'image de l'entreprise[6].

Afin d'éviter certaines erreurs de sélection, le gestionnaire doit être en mesure d'identifier les caractéristiques personnelles d'un vendeur capable d'offrir un bon rendement. En dépit des traits de personnalité, des habiletés et des aptitudes, des individus possédant les mêmes niveaux de motivation et de formation et la même perception des rôles n'auront pas un rendement égal. D'où l'importance d'approfondir davantage les caractéristiques en question. Le tableau 9.2 présente les différentes

---

5. *Ibid.*, p. 384.
6. Inspiré de l'article de *La Presse* intitulé « Le coût des erreurs de recrutement », 107e année, n° 49, 7 décembre 1990, cahier B, p. 6.

catégories de variables de la personnalité et leurs définitions. Ensuite, nous aborderons les résultats d'une recherche sur le sujet qui nous préoccupe.

☐ 9.2 Les caractéristiques recherchées et le rendement

Afin de porter un regard objectif, qui ne soit pas fondé sur des perceptions, nous aborderons les caractéristiques recherchées par le biais de l'étude que Ford et ses collaborateurs ont effectuée en 1988[7]. Cette étude scrute les six catégories de variables de la personnalité en plus d'approfondir la relation existant entre celles-ci et le rendement par le biais d'une méta-analyse. Ces catégories de variables sont énoncées et définies au tableau 9.2.

TABLEAU 9.2
Catégories de variables de la personnalité

Catégories de variables	Définition
1. **Les caractéristiques physiques**	**La classification basée sur les traits physiques**
L'âge, le sexe et l'apparence physique	La grandeur, le poids, l'apparence générale, etc.
2. **Les antécédents et l'expérience**	**La formation et les expériences de travail**
L'histoire personnelle et les antécédents familiaux	L'occupation de la mère et du père, le nombre d'enfants, l'âge des enfants, les activités sportives et autres
Le niveau d'instruction	Le nombre d'années de scolarité, les diplômes obtenus
Le sujet de formation	Le type de diplôme et l'orientation (majeure, mineure, M.B.A., M.Sc.), les cours de vente, les programmes de formation
L'expérience de vente	Le nombre d'années d'expérience, le nombre et le type d'activités de vente, les promotions et l'histoire de la carrière

---

7. Neil M. Ford, Orville C. Walker Jr., Gilbert A. Churchill Jr. et Steven W. Hartley, «Selecting Successful Salespeople: A Meta-Analysis of Biographical and Psychological Selection Criteria», *Review of Marketing*, Michael J. Houston (dir.), Chicago, American Marketing Association, 1988, p. 90-131.

TABLEAU 9.2
Catégories de variables de la personnalité (suite)

Catégories de variables	Définition
L'expérience en dehors de la vente	Les emplois occupés, la stabilité, etc.
3. L'état civil et le style de vie	**L'état civil, familial, financier, les loisirs**
L'état civil	L'état civil actuel, le nombre et l'âge des enfants, l'occupation de l'épouse ou de l'époux
Le statut financier	La rémunération précédente et la rémunération actuelle, le revenu total de la famille, les diverses augmentations de salaire, les actifs et les pertes, les biens assurables, etc.
Les activités et le style de vie	Le temps alloué aux associations et aux clubs sociaux, les tâches assumées dans une organisation, les passe-temps et les intérêts
4. Les aptitudes	**Les caractéristiques personnelles qui déterminent chez un individu l'ensemble des habiletés permettant d'accomplir des tâches et des activités reliées à la vente**
L'intelligence	Le résumé des analyses mesurant les habiletés mentales, les résultats totaux des tests d'intelligence
Les habiletés cognitives	Les mesures particulières des habiletés et processus mentaux, incluant la flexibilité mentale, la visualisation spatiale, le raisonnement et la logique inductifs, la mémoire visuelle et associative et la fluidité des idées
L'habileté verbale	L'habileté reliée à la compréhension et à l'utilisation des mots et à l'éloquence
L'habileté mathématique	L'habileté mentale reliée à la compréhension et à l'utilisation des nombres et aux associations quantitatives
L'aptitude à la vente	Les caractéristiques et habiletés reliées à l'exécution d'une activité de vente
5. La personnalité	**Les traits personnels reflétant l'adéquation entre un individu et la situation observée dans l'environnement**
Le fait d'être responsable	Le fait d'être fiable, stable émotivement, ponctuel, de composer avec les frustrations, de tenir ses promesses, de bien planifier

TABLEAU 9.2
Catégories de variables de la personnalité (suite)

Catégories de variables	Définition
La domination	Le fait de prendre les commandes, d'exercer un leadership, d'avoir confiance dans ses idées, de désirer avoir du pouvoir
La sociabilité	Le fait d'aimer les activités sociales, les interactions et la conversation
L'estime de soi	Le fait de démontrer sa confiance en soi et dans son choix de carrière, de supporter les critiques, d'avoir une attitude positive face aux autres et à soi-même
La créativité et la flexibilité	Le fait d'être innovateur, flexible, tolérant, prêt à endosser des idées et des méthodes nouvelles
Le besoin d'accomplissement et les récompenses intrinsèques	Le fait d'être travaillant, de vouloir faire de son mieux, de rechercher le succès dans la compétition, de désirer produire des choses inédites, de vouloir se développer et s'accomplir
Le besoin de pouvoir et les récompenses extrinsèques	Le fait d'être motivé principalement par le désir du gain et de l'avancement, d'éprouver un fort besoin de sécurité et un grand désir d'exercer son pouvoir et son autorité
6. Les habiletés	**La compétence et les attitudes nécessaires afin d'accomplir avec succès une fonction déterminée ; les habiletés peuvent changer en raison de la formation et de l'expérience**
Les habiletés professionnelles	Les habiletés reliées à l'entreprise et à la fonction : la maîtrise du vocabulaire de la ligne de produits de l'entreprise, la connaissance de l'entreprise et de ses politiques
La présentation de vente	Les habiletés reliées à l'évaluation des clients, le style de présentation, l'habileté à traiter les objections et à conclure une vente
L'entregent	Les habiletés reliées à la compréhension, à la persuasion et à la bonne entente avec les gens
Les habiletés de gestion	Les habiletés reliées à l'organisation et à la direction

TABLEAU 9.2
Catégories de variables de la personnalité (suite)

Catégories de variables	Définition
L'estime professionnelle	Le niveau de préférence pour les tâches et activités associées à la vente, comme la prospection et la présentation de vente

SOURCE: Neil M. Ford et al., «Selecting Successful Salespeople: A Meta-Analysis of Biographical and Psychological Selection Criteria», Review of Marketing, Michael J. Houston (dir.), Chicago, American Marketing Association, 1988, p. 102-104.

9.2.1 Les résultats concernant les variables de la personnalité et le rendement selon Ford et al.

Les résultats de l'étude de Ford, Walker, Churchill et Hartley[8] sont percutants malgré le fait que chaque variable prise isolément ne puisse prédire avec précision le rendement. Ces résultats sont résumés au tableau 9.3. L'analyse qui suit porte sur les six catégories de variables de la personnalité.

Les caractéristiques physiques

Le sexe, l'âge et l'apparence physique comptent au total pour environ 1 % de la variation du rendement. Ces résultats sont certes étonnants, mais ils s'avèrent rassurants. En fait, il n'y a pratiquement pas de relation entre ces variables et le niveau de rendement. Cela indique, par conséquent, que l'attribution d'un poste de vendeur n'est pas basée sur une discrimination portant sur le sexe, l'âge et l'apparence. La vente est alors ouverte aux femmes autant qu'aux hommes, sans une discrimination qui soit justifiable sur le plan du rendement.

Dans une étude concernant les femmes dans la vente industrielle[9], 76 % des participants considèrent qu'il n'existe pas de différence quant

---

8. Ibid.
9. John E. Swan, Charles M. Futrell et John Todd, «Same Job – Different Views: Women and Men in Industrial Sales», Journal of Marketing, vol. 42, janvier 1978, p. 92-98.

TABLEAU 9.3

Moyenne des corrélations entre les types de variables personnelles et la variation dans le rendement des vendeurs

Variables influençant le rendement	Nombre de corrélations	Moyenne pondérée Coefficient de corrélation (R)	(R²)
1. Caractéristiques physiques			
Âge	61	0,105	0,011
Sexe	37	0,083	0,007
Apparence physique	49	0,099	0,010
2. Antécédents et expérience			
Histoire personnelle et antécédents familiaux	29	0,457	0,209
Niveau d'instruction	40	0,046	0,002
Sujet de formation	42	0,093	0,009
Expérience de vente	26	0,168	0,028
Expérience en dehors de la vente	54	0,116	0,014
3. État civil et style de vie			
État civil	32	0,345	0,119
Statut financier	31	0,247	0,061
Activités en dehors du travail et style de vie	38	0,130	0,017
4. Aptitudes			
Intelligence	38	0,118	0,014
Habiletés cognitives	21	0,259	0,067
Habileté verbale	20	0,135	0,018
Habileté mathématique	41	0,152	0,023
Aptitude à la vente	58	0,191	0,037
5. Personnalité			
Fait d'être responsable	42	0,200	0,040
Domination	125	0,156	0,024
Sociabilité	94	0,103	0,011
Estime de soi	106	0,141	0,019
Créativité et flexibilité	51	0,120	0,014
Besoin d'accomplissement et récompenses intrinsèques	81	0,156	0,024
Besoin de pouvoir et récompenses extrinsèques	25	0,135	0,018
6. Habiletés			
Habiletés professionnelles	28	0,306	0,094
Présentation de vente	44	0,220	0,048
Entregent	43	0,147	0,022
Habiletés de gestion	25	0,301	0,091
Estime professionnelle	115	0,101	0,010

SOURCE: Neil M. Ford *et al.*, «Selecting Successful Salespeople: A Meta-Analysis of Biographical and Psychological Selection Criteria», *Review of Marketing*, Michael J. Houston (dir.), Chicago, American Marketing Association, 1988, p. 108-109.

au rendement entre les hommes et les femmes et 22 % des participants croient que les hommes ont un meilleur rendement[10].

De leur côté, Swan et ses collaborateurs (1984[11]) ont étudié la vente industrielle et l'image des représentantes. Ainsi, sur 23 caractéristiques attribuées aux hommes et aux femmes, 15 ont été accordées plus souvent aux femmes. Le tableau 9.4 présente les résultats de cette étude.

Finalement, les représentantes ne sont pas perçues défavorablement chez les acheteurs industriels et ne subissent pas de problèmes particuliers d'acceptation par les clients[12].

Les lois et l'équité dans l'emploi

Il existe au Canada 10 lois provinciales correspondant aux chartes provinciales des droits de la personne et la loi canadienne sur les droits de la personne. Elles ont toutes comme objectif de protéger les citoyens contre les motifs de distinction illicites en matière d'emploi.

Il est illégal de faire de la discrimination selon des caractéristiques individuelles telles que l'âge, le sexe, la couleur, la race, la religion, l'origine ethnique et la situation sociale d'un individu. Il est alors important, pour le gestionnaire de la force de vente, de se conformer aux lois en vigueur dans sa province et au Canada lors du processus d'identification des caractéristiques individuelles recherchées chez les candidats[13].

La notion d'«affinité»

Certaines caractéristiques physiques telles que l'âge, le sexe ou la nationalité ont une certaine influence sur le rendement. Cette relation est attribuable à la notion d'«affinité».

La notion d'«affinité» s'explique par le fait qu'un représentant qui négocie avec des acheteurs avec lesquels il partage certaines ressemblances tendra à améliorer sa performance de vente. En effet, lorsqu'il existe des

---

10. Leslie Kanuk, «Women in Industrial Selling», *Journal of Marketing*, vol. 46, janvier 1978, p. 87-91.
11. John E. Swan, David R. Rink, G. E. Kiser et Worsen S. Martin, «Industrial Buyer Image of the Saleswoman», *Journal of Marketing*, vol. 48, hiver 1984, p. 110-116.
12. Dan H. Robertson et Donald W. Hackett, «Saleswomen: Perceptions, Problems and Prospects», *Journal of Marketing*, vol. 43, juillet 1977, p. 66-71.
13. Pour plus d'information à propos des lois et de l'équité dans l'emploi au Québec, vous pouvez consulter la *Charte des droits et libertés de la personne du Québec*, Commission des droits de la personne du Québec, Publications du Québec, 1990, p. 22.

TABLEAU 9.4
Moyenne des résultats classifiant les représentants et les représentantes[a]

| Caractéristiques | Ventes[b] | | H > F | H < F |
	Hommes	Femmes		
1. Comprend les gens	4,90	4,96		✔
2. Est amical	5,67	5,84		✔
3. Est considéré par l'acheteur comme un individu	5,36	5,54		✔
4. Est prêt à faire tout ce qui est en son pouvoir pour satisfaire l'acheteur par l'entremise du fournisseur	5,03	5,13		✔
5. Est vigoureux, a beaucoup d'enthousiasme	4,83[b]	5,40[b]		✔
6. Sait écouter	4,62[b]	4,98[b]		✔
7. A un jugement stable	4,60	4,66		✔
8. Est curieux	4,95	5,15		✔
9. Connaît l'entreprise qui l'emploie	4,37[b]	4,23[b]	✔	
10. Connaît le produit de l'acheteur	4,29	4,02	✔	
11. Fait preuve d'imagination dans l'application des produits du fournisseur à ceux de l'acheteur	4,29	4,14	✔	
12. Inspire confiance	5,11	5,16		✔
13. A confiance en soi	4,86	5,02		✔
14. Connaît ses produits	5,13[b]	4,93[b]	✔	
15. Est prêt à faire une présentation	4,57[b]	5,05[b]		✔
16. Comprend les problèmes de l'acheteur	4,10	4,02	✔	
17. Fait le suivi des commandes	3,34[b]	4,61[b]		✔
18. Fait preuve de régularité	4,55	4,37	✔	
19. Fait des présentations de vente adaptées à chacun des acheteurs	3,85[b]	4,10[b]		✔
20. Fournit de l'assistance technique	4,54[b]	3,92[b]	✔	
21. Présente plusieurs idées à l'acheteur	4,03[b]	3,90[b]	✔	
22. Est prêt à prendre en charge les commandes prioritaires	4,62[b]	5,11[b]		✔
23. N'évite pas de parler d'achat	4,33[b]	5,57[b]		✔

a Chaque caractéristique était graduée selon une échelle de 7 points: 7 = très descriptif et 1 = très peu descriptif.

b Les caractéristiques démontrent une différence significative à un niveau de 0,05 entre l'évaluation des représentants et des représentantes pour n'importe laquelle des trois analyses se rapportant au tableau.

SOURCE: John E. Swan, David R. Rink, G. E. Kiser et Worsen S. Martin, «Industrial Buyer Image of the Saleswoman», *Journal of Marketing*, vol. 48, hiver 1984, p. 114.

ressemblances entre deux individus, les chances sont alors grandes pour que s'établissent entre eux une complicité ainsi que des liens amicaux.

Ainsi, vu son empathie pour le client, le représentant sera plus en mesure de reconnaître les besoins de celui-ci. Du point de vue de l'acheteur, le fait que l'image d'un vendeur corresponde en grande partie à la sienne devrait lui inspirer confiance en ce qui a trait aux propositions que le vendeur est susceptible de lui faire. Finalement, les affinités sont un phénomène humain en vertu duquel on a tendance à mieux s'entendre avec des gens qui nous ressemblent sous certains points.

Malgré le fait qu'il soit normal que le vendeur ait des affinités avec certains clients, il reste que l'application de ce concept n'est pas évidente. Il suffit d'imaginer la situation suivante: la moyenne d'âge des acheteurs dans un domaine d'activité quelconque se situe entre 45 et 55 ans. Dans ce cas, le directeur des ventes devrait-il sélectionner uniquement des représentants dont l'âge correspond à celui de l'ensemble de ses clients? Prenons maintenant une situation très différente: les acheteurs dans le domaine de la mode sont pratiquement tous très jeunes. Devrait-on alors choisir des vendeurs aussi jeunes que les acheteurs et qui ont les mêmes goûts vestimentaires? Dans les deux situations précédentes, il serait possible de tendre vers un certain niveau d'affinités entre les représentants et les clients. Cependant, la réalité est rarement conforme à ces exemples. En effet, l'ensemble des clients constitue une grande diversité d'individus. Il devient alors difficile, voire impossible, pour un directeur des ventes d'apparier les représentants et les clients en fonction de leurs affinités.

Par surcroît, l'étude de Churchill, Collins et Strang (1975[14]), qui a mesuré des caractéristiques comme l'instruction, la religion, l'allégeance politique, l'âge, la taille, la nationalité, le sexe et la race, a démontré qu'aucune caractéristique n'a eu un effet significatif sur une entente ou l'absence d'une entente entre le client et le vendeur. Par contre, deux indices d'affinités exercent une influence notable sur la quantité vendue d'un produit. Il semble en effet que le client soit porté à acheter davantage lorsqu'il se reconnaît des affinités avec le vendeur. À noter cependant que les affinités n'expliquent alors qu'une variation de 2 %. Une autre recherche, effectuée par Weitz (1981[15]), met, elle aussi, sérieusement en doute la validité de l'hypothèse concernant les affinités.

On ne saurait nier les résultats des recherches portant sur la théorie des affinités et les difficultés entourant son application. Ainsi, il semble

---

14. Gilbert A. Churchill Jr., Robert H. Collins et William A. Strang, «Should Retail Salespersons Be Similar to Their Customers?», *Journal of Retailing*, vol. 51, automne 1975, p. 29-43.
15. Barton A. Weitz, «Effectiveness in Sales Interactions: A Contingency Framework», *Journal of Marketing*, vol. 50, hiver 1981, p. 85-103.

qu'un directeur des ventes ne devrait pas songer à sélectionner les membres de sa force de vente sur la base de caractéristiques observées chez ses clients.

Les antécédents et l'expérience

Au tableau 9.3, on remarque avec étonnement que l'histoire personnelle et les antécédents familiaux comptent pour 20,9 % de la variance expliquée. Cette variable est donc celle qui influence le plus le rendement, spécialement chez les jeunes représentants au début de leur carrière[16]. Celle-ci, qui prédit le mieux le succès d'un vendeur, constitue une bonne indication de la motivation de l'individu et de son niveau de maturité émotionnelle.

Pour leur part, le niveau d'instruction et le sujet de la formation comptent pour 0,02 % et 0,09 % du rendement, ce qui est surprenant. L'expérience de vente et l'expérience de travail en dehors de la vente totalisent respectivement 2,8 % et 1,4 % de la variance observée ; elles ont donc peu d'influence sur le rendement. Fait à remarquer, la majorité des entreprises considèrent, lors du recrutement, l'expérience comme étant un des facteurs les plus importants, alors que dans la réalité elle a très peu d'effet sur le niveau de rendement potentiel. Il faut cependant noter que l'expérience est exigée dans la majorité des demandes d'emploi. Cette pratique se justifie dans la mesure où, même si l'expérience ne prédit pas le rendement, un vendeur d'expérience parviendra à un niveau de rendement beaucoup plus rapidement qu'une recrue. Dans la même veine, le niveau d'instruction peut aussi permettre d'atteindre plus vite un certain rendement, sans pour autant améliorer directement celui-ci.

L'état civil et le style de vie

L'état civil et la famille représentent 11,9 % de la variance, ce qui en fait un bon indice de prévision du rendement. Pour ce qui est du statut financier, il compte pour 6,1 % de la variance, tandis que les activités et le style de vie n'atteignent que 1,7 % de la variance reliée au rendement.

Il semble donc que l'état civil et la famille correspondent encore une fois au niveau de maturité et de motivation, lequel influence véritable-

---

16. Pour plus d'information sur l'influence exercée aux différentes étapes de la carrière des représentants, voir William L. Cron et John W. Slocum Jr., «The Influence of Career Stages on Salespeople's Job Attitudes, Work Perceptions and Performance», *Journal of Marketing Research*, vol. 23, mai 1986, p. 119-129 ; Mark W. Johnston *et al.*, «A Longitudinal Assessment of Impact of Selected Organizational Influences on Salespeople's Organizational Commitment During Early Employment», *Journal of Marketing Research*, vol. 27, août 1990, p. 333-344.

ment le rendement. Les obligations financières exerceraient également un effet de cet ordre. Cela sous-entend qu'un individu ayant des responsabilités familiales améliorera son rendement, surtout si les récompenses sont monétaires, comme les primes. Quant aux activités en dehors du travail et au style de vie, ils ont un lien très peu solide avec le rendement (1,7 %). Ainsi, ces derniers ne sont pas de bons indicateurs du niveau de rendement.

Les aptitudes

D'après l'étude de Ford et de ses collaborateurs, les aptitudes peuvent prédire le rendement avec plus ou moins de force suivant les variables. Celles-ci représentent une prévision totale de 16 %.

Mentionnons que l'intelligence compte pour seulement 1,4 % de la variance et que l'habileté verbale et l'éloquence n'atteignent que 1,8 % de la variance, ce qui est inférieur à l'habileté mathématique (2,3 %). L'aptitude à la vente n'obtient que 3,7 % de la variance. Finalement, les habiletés cognitives sont le facteur qui prédit le mieux le rendement avec une variance de 6,7 %. La flexibilité mentale, le raisonnement et la logique face à la solution de problèmes semblent alors importer davantage.

La personnalité

La personnalité, qui est composée de variables telles que le fait d'être responsable, la domination, la sociabilité et l'estime de soi, a une valeur de prédiction très faible. Nous découvrons avec stupéfaction qu'elle explique seulement 15 % de la variation du rendement des représentants. Cependant, certaines variables de la personnalité conviennent mieux que d'autres à des situations de vente.

Les habiletés

Les habiletés, chez un représentant, comprennent les habiletés professionnelles, l'habileté à faire une présentation de vente, l'entregent, les habiletés de gestion et l'estime professionnelle.

Les habiletés professionnelles et les habiletés de gestion sont les facteurs qui comptent le plus avec respectivement 9,4 % et 9,1 % de la variance. Le troisième facteur en importance est l'habileté à produire une présentation de vente, qui constitue 4,8 % de la variance. Fait surprenant, l'entregent n'obtient que 2,2 % et, finalement, l'estime professionnelle n'explique que 1 % de la variation entre les représentants.

À la suite de cette analyse des résultats de la recherche de Ford, nous sommes à même de nous poser de nombreuses questions sur les variables prévisionnelles du rendement. Dans la prochaine section, nous aborderons selon une nouvelle approche les caractéristiques permettant de prédire le rendement, soit les différents types de vente.

☐ 9.3 La typologie des postes de représentant et les caractéristiques recherchées

Nous examinerons maintenant la question des caractéristiques recherchées par le biais de la typologie de Desormeaux[17] de même que par le biais de l'étude de Ford *et al.* (1988).

Que le type de vente influence le choix des caractéristiques recherchées, cela semble logique. Effectivement, si on considère le type de vente, les tâches et les activités qui en découlent, la situation d'achat et l'influence du groupe décisionnel d'achat, on se rend compte que l'efficacité des échanges entre le représentant et le client dépendra des caractéristiques que possède le premier. Alors, certaines qualités chez un représentant sont plus pertinentes pour un type de vente que pour un autre. En effet, chaque type de vente exige des caractéristiques particulières.

9.3.1 Les types de vente et les caractéristiques qui y sont associées

La vente interne

Le vendeur interne travaille ordinairement dans un lieu et ne se déplace pas pour visiter les clients. La majeure partie de ses ventes se fait par téléphone ou encore en personne, mais alors c'est le client qui vient à sa rencontre.

La principale qualité que l'on recherche chez le vendeur interne est la connaissance du produit ou sa capacité d'apprendre au sujet de celui-ci. Le représentant doit être en mesure de répondre adéquatement aux interrogations des clients et de leur transmettre l'information d'une façon claire.

Souvent, les vendeurs internes sont appelés à faire de la vente active, c'est-à-dire à analyser les besoins du client afin de lui proposer le produit qui satisfera ceux-ci.

---

17. Robert Desormeaux, «Quel genre d'équipe de vente vous faut-il?», *Gestion*, avril 1987, p. 12-23.

La vente directe

Dans le cas de la vente directe, le vendeur effectue lui-même la livraison des produits qu'il vend directement, souvent à des amis, à des parents ou à des connaissances. Les qualités requises sont minimales. En effet, l'entreprise cherche d'abord une personne qui semble posséder la motivation nécessaire. Ensuite, elle veut trouver un individu capable de vaincre sa gêne et de solliciter son entourage.

La promotion des ventes

Ici, le vendeur ne réalise aucune vente, il informe plutôt les utilisateurs éventuels sur ses produits. Il exerce donc une influence quant au choix de ses produits sur les gens qui participent à la décision d'achat. Dans la plupart des cas, ce travail s'accomplit auprès de membres de professions comme les médecins ou les architectes.

On demande principalement à un promoteur des ventes d'être dynamique, d'avoir de l'entregent et de la facilité dans les relations publiques. Il doit être capable de transmettre de l'information et des suggestions avec tact et objectivité. Lorsque ce représentant fait preuve de diplomatie avec ses clients, il est en mesure de fournir une information pertinente et bien articulée.

Bon communicateur, il est appelé à persuader les clients. Le rôle de ce vendeur consiste en effet à influencer les clients, et non à conclure la vente. On ne passe pas de commande à proprement parler dans ce type de vente. De surcroît, une personnalité agréable, capable d'empathie, constitue un atout. La persévérance est également importante car ce type de vente implique souvent des relations à long terme.

La vente commerciale

Le représentant commercial vend aux divers distributeurs dans un domaine d'activité donné. Il travaille donc en relation avec les grossistes, les distributeurs et les détaillants. Sa tâche consiste à vendre ses produits à des distributeurs qui les revendront à d'autres clients sans leur apporter une transformation apparente. Ainsi, dans le domaine de l'alimentation, le représentant (le fabricant) vend ses produits à un distributeur (un supermarché) qui les revend aux consommateurs. Le rôle principal du vendeur commercial est d'aider le distributeur à vendre davantage de produits par le biais d'un soutien à la promotion et de techniques marchandes (*merchandising*). Ainsi, parmi les qualités recherchées chez celui-ci, il y a la connaissance du domaine d'activité de ses clients ainsi que la connaissance de la gestion des opérations de vente au détail.

Par ailleurs, la connaissance du marketing s'avère importante pour le représentant commercial car l'ensemble de son travail consiste à stimuler la consommation de ses clients. Il est, en outre, souhaitable qu'il ait de l'empathie et de la compréhension envers ses clients; il doit aussi être capable d'établir une relation à long terme avec ceux-ci. Les représentants qui ont le meilleur rendement dans la vente commerciale sont en général plus âgés que les bons vendeurs travaillant dans un autre type de vente[18].

La vente de développement

La principale fonction du vendeur de développement consiste à recruter des clients. Toujours à la recherche de nouveaux clients, il fait de la sollicitation là où le volume d'achats peut être très limité. La vente de développement concerne souvent des produits comme l'assurance-vie, où le taux de rachat est presque nul.

Ce type de vendeur doit être persévérant, et même tenace, il doit être capable d'essuyer des refus successifs, être en mesure de négocier constamment avec des inconnus, faire preuve d'autonomie et avoir une discipline personnelle.

Dans bien des cas, le processus de prospection commence au téléphone; une voix agréable et une facilité d'élocution auront donc de l'importance pour le représentant, car ces caractéristiques entraîneront une réaction positive chez ses interlocuteurs.

Lors des rencontres avec le client, le vendeur doit laisser une bonne impression, faire évoluer le processus de vente et conclure la vente au moment propice. Dans ce type de vente, il n'est pas essentiel d'établir des relations à long terme, mais la rapidité avec laquelle le représentant peut créer un contact favorable avec le client ne doit pas être sous-estimée.

La vente technique

Dans la vente technique, le représentant vend des produits complexes, souvent coûteux, où les risques associés à l'achat sont très grands.

Dans plusieurs domaines d'activités, le matériel de laboratoire, de production ou autre revêt une telle importance qu'il peut être considéré comme un facteur déterminant de la position concurrentielle d'une organisation. Le matériel peut en effet réduire les coûts de production et améliorer la productivité, en plus d'offrir la possibilité d'innover sur le marché.

Dans ce type de vente, la connaissance du produit de la part du représentant est primordiale. La formation devient alors une activité fort importante. Celle-ci peut être administrative et scientifique.

18. Neil M. Ford, Orville C. Walker Jr., Gilbert A. Churchill Jr. et Steven W. Hartley, *op. cit.*

Le représentant doit avoir un sens pratique, être méticuleux et démontrer une bonne capacité d'établir des diagnostics appropriés. Appelé à négocier avec des acheteurs professionnels et les membres influents d'un groupe décisionnel d'achat, il doit susciter la confiance chez ses clients. D'ailleurs, son expertise et sa compétence l'aideront à manifester de l'assurance.

La vente industrielle

Le vendeur industriel vend ordinairement à des acheteurs professionnels des produits utilisés dans le processus de fabrication ou dans les opérations courantes. Le niveau de complexité technique est inférieur à celui qu'on trouve dans la vente technique. Le rôle du vendeur consiste à aider le client en lui permettant de réduire les coûts de production et d'améliorer la productivité et la qualité, mais à un degré moindre que dans la vente technique où les modifications sont majeures. Les représentants œuvrent dans les domaines de l'imprimerie, du transport, des produits chimiques, etc.

Le vendeur industriel doit être en mesure d'échanger avec l'acheteur en tenant le même langage que lui. Cela implique que le vendeur doit posséder une certaine expérience dans la gestion et le processus d'achat. Celui-ci sera alors en meilleure position pour aider l'entreprise à effectuer ses achats et à satisfaire ses besoins.

La capacité d'apprendre et une connaissance approfondie de la gamme de produits offerts s'avèrent essentielles. Le vendeur doit pouvoir porter un diagnostic juste et objectif sur la situation d'achat et trouver une solution adéquate. Dans ce domaine, les erreurs sont difficilement pardonnables.

Sur le plan personnel, le représentant doit être capable de créer des relations à long terme avec les différents participants au processus d'achat.

La vente-conseil

Le vendeur consultant vend des services d'analyse d'un problème et de proposition d'une solution à celui-ci. Il travaille en gestion des ressources humaines, en implantation d'un programme de qualité totale ou en marketing où il offre notamment des services d'étude de marché ou d'analyse stratégique.

Ce vendeur est perçu non pas comme un représentant, mais plutôt comme un consultant et un expert-conseil. Il doit alors posséder la qualification et la compétence dans le domaine de consultation où il œuvre.

La vente de haut niveau

Le vendeur de haut niveau est ordinairement un cadre supérieur qui vend les services de son entreprise là où le contrat a une importance considérable et où les négociations sont fort complexes. D'ailleurs, la concurrence se fait souvent à l'échelle internationale.

Les qualités recherchées chez le représentant peuvent s'apparenter davantage à celles d'un politicien qu'à celles d'un vendeur. La connaissance des différents acteurs en présence est cruciale. C'est un habile négociateur qui sait vaincre les obstacles qui se dressent sur sa route et saisir les occasions qui se présentent. Dans un processus de vente souvent long, la diplomatie et la ténacité sont des caractéristiques importantes.

☐ Conclusion

Dans ce chapitre, nous avons constaté que certaines caractéristiques prédisent mieux le rendement que d'autres. Il faut cependant être extrêmement prudent car on ne saurait nier que les caractéristiques influençant le rendement varient énormément selon le type de vente. Nous soutenons qu'il n'existe aucune caractéristique générale pouvant améliorer le rendement de n'importe quel vendeur, peu importe le type de vente.

La typologie des postes de représentant fonde le rapport entre les caractéristiques personnelles et le rendement. En définitive, chaque type de vente correspond à des tâches et activités particulières. Ainsi, certaines caractéristiques ont un effet plus significatif dans un type de vente que dans un autre.

Il n'existe pas de profil du représentant parfait comme on aimerait le croire; par contre, certains vendeurs peuvent fonctionner beaucoup mieux dans un type de vente que dans un autre.

INFORMATION SUPPLÉMENTAIRE

DUNN, Albert H. «Un vendeur un peu bizarre», *Harvard-L'Expansion*, vol. 16, printemps 1980, p. 65-73.

GADEL, M. S. «Concentration by Salesmen on Congenial Prospects», *Journal of Marketing*, vol. 28, avril 1964, p. 64-66.

GALLOP, Normand J. «Manufacturer's Representative or Company Salesman?», *Journal of Marketing*, vol. 28, avril 1964, p. 62-63.

GELLERMAN, Saul. «Les trois talents du bon vendeur», *Harvard-L'Expansion*, hiver 1990-1991, p. 53-56.

LAMONT, Lawrence M. et LANDSTROM, William J. «Identifying Successful Industrial Salesmen by Personality and Personal Characteristics», *Journal of Marketing Research*, vol. 14, novembre 1977, p. 517-529.

MAYER, David et GREENBERG, Herbert M. «What Makes a Good Salesman», *Harvard Business Review*, vol. 42, juillet-août 1964, p. 119-125.

NEWTON, Derek A. «Dirigez avec rigueur votre force de vente», *Harvard-L'Expansion*, vol. 43, automne 1977, p. 19-33.

SZYMANSKI, David M. et CHURCHILL, Gilbert A. Jr. «Client Evaluation Cues: A Comparison of Successful and Unsuccessful Salespeople», *Journal of Marketing Research*, vol. 27, mai 1990, p. 163-174.

THOMPSON, Donald L. «Stereotype of the Salesman», *Harvard Business Review*, janvier-février 1972, p. 20-29.

WOOSIDE, Arch. G. et DAVENPORT, William J. Jr. «The Effect of Salesman Similarity and Expertise on Consumer Purchasing Behavior», *Journal of Marketing Research*, vol. 11, mai 1974, p. 198-202.

QUESTIONS

1. Existe-t-il une telle chose qu'un talent de vendeur?

2. Comment la formation peut-elle améliorer le rendement d'un vendeur? Sur quelles variables celle-ci peut-elle influencer le rendement?

3. Pourquoi fait-on un lien entre le processus de sélection et le rendement?

4. Quelle est la place respective des hommes et des femmes en tant que représentants?

5. Que pensez-vous de la notion d'«affinité»?

6. Selon l'importance relative de chacune des variables pouvant influencer le rendement, quel élément faut-il considérer avant tous les autres?

7. Pourquoi, dans la vente technique, le vendeur doit-il démontrer une bonne capacité d'établir des diagnostics appropriés?

8. Quel rôle principal un représentant peut-il jouer dans la vente commerciale?

9. Quel est le rôle essentiel d'un vendeur industriel?

10. Pourquoi affirme-t-on que les représentants qui font de la vente de haut niveau ressemblent, sous certains points, aux politiciens?

PLAN

10

Le processus de recrutement

OBJECTIFS

Après l'étude de ce chapitre, vous devriez être capable de :
- Saisir l'importance du recrutement des membres de l'équipe de vente.
- Rechercher et attirer les candidats selon un processus efficace.
- Tracer le lien entre le recrutement et le rendement de l'équipe de vente.
- Décrire le processus de recrutement.
- Identifier clairement les facteurs à considérer afin de déterminer les responsables du recrutement.
- Évaluer la fonction de représentant.
- Analyser la tâche d'un vendeur.
- Élaborer une description de tâches.
- Déterminer la qualification et les critères d'embauche.
- Rechercher des candidats selon différentes sources.
- Composer une offre d'emploi.
- Évaluer les principales sources de recherche de candidats.

☐ Introduction

Au sein d'une équipe de vente, il y a toujours un certain va-et-vient chez les représentants. En effet, des représentants quittent l'organisation de façon régulière, que ce soit volontairement ou non. C'est ce qu'on appelle le «taux de rotation» ou le «taux de roulement». Celui-ci représente le nombre de représentants embauchés par rapport à la taille moyenne de la force de vente.

L'une des principales tâches du gestionnaire de la force de vente consiste à maintenir un niveau optimal de vendeurs ou encore à l'accroître en raison, par exemple, d'une hausse du volume des ventes. Pour acquérir de nouvelles ressources, il faut alors recourir au recrutement, lequel est un mal nécessaire.

☐ 10.1 Le processus de recrutement

Le recrutement est un processus ayant comme objectif de rechercher et d'attirer des candidats suffisamment qualifiés pour combler un poste de représentant. Ce processus commence par la recherche de candidats et prend fin lorsqu'une personne pose sa candidature. La sélection, quant à elle, est un processus permettant de choisir parmi l'ensemble des postulants celui qui possède les qualités et les caractéristiques souhaitées. Nous étudierons cet autre processus au chapitre 11.

Le bon fonctionnement de l'équipe de vente réside, entre autres, dans la capacité du gestionnaire de recruter et de sélectionner les meilleurs représentants. Dans les cas où les processus de recrutement et de sélection ne sont pas conduits avec rigueur, l'entreprise risque de se priver d'excellentes sources auxquelles elle pourrait puiser les vendeurs correspondant à ses besoins. De même, cela peut forcer l'entreprise à embaucher des vendeurs qu'elle sait incompétents sous prétexte qu'elle n'a pas recueilli suffisamment de demandes.

Un processus de recrutement efficace non seulement est essentiel, pour les raisons que l'on vient de donner, mais il se justifie encore du fait qu'il s'avère très difficile d'attirer d'excellentes recrues dans l'entreprise, voire dans le domaine de la vente. Il existe effectivement une certaine réticence chez les nouveaux diplômés; en outre, les bons représentants ne sont pas assez nombreux pour satisfaire la demande. La loi du marché étant ce qu'elle est, le recrutement constitue un processus extrêmement important visant à attirer des candidats et à inciter ceux qui ont été retenus à accepter un poste de vendeur. Le recrutement des vendeurs nécessite plusieurs opérations, qui sont présentées à la figure 10.1.

À propos du processus de recrutement, la première étape consiste à déterminer qui, au sein de l'entreprise, prendra la responsabilité du processus et possédera le pouvoir d'embaucher des représentants. Cette responsabilité peut être partagée entre le service des ressources humaines et celui des ventes. Quant au pouvoir d'embauche, il est ordinairement attribué à un ou plusieurs cadres à divers échelons du service des ventes.

La deuxième étape a pour but d'analyser les tâches et les activités de vente que le représentant sera appelé à effectuer. Suivant cette analyse, une description de tâches écrite sera à la base des étapes subséquentes.

FIGURE 10.1
Processus de recrutement

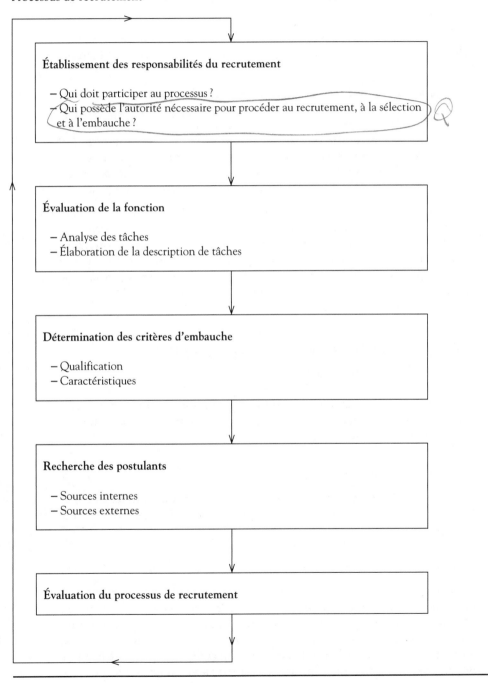

Établissement des responsabilités du recrutement

– Qui doit participer au processus ?
– Qui possède l'autorité nécessaire pour procéder au recrutement, à la sélection et à l'embauche ?

Évaluation de la fonction

– Analyse des tâches
– Élaboration de la description de tâches

Détermination des critères d'embauche

– Qualification
– Caractéristiques

Recherche des postulants

– Sources internes
– Sources externes

Évaluation du processus de recrutement

est-ce que US avez une période d'essai avant d'embaucher qq'un?

À la troisième étape du processus de recrutement, la description de tâches permettra de déterminer les critères d'embauche, soit la qualification et les caractéristiques souhaitées.

La quatrième étape consiste dans la recherche des postulants. Les deux principales sources de recrutement sont l'entreprise et l'extérieur (comme les offres de carrières dans les journaux).

Une fois que les diverses candidatures ont été reçues, le processus de recrutement vient de s'achever. Il faudra alors procéder à l'élaboration et à l'application du processus de sélection. On fait alors appel à diverses méthodes visant à choisir avec le minimum de risques un candidat qui répondra aux besoins de l'entreprise. Celle-ci lui offrira alors un poste de représentant. Dans certains cas, il y aura à ce moment une négociation, au cours de laquelle sera établie une entente que les parties devront respecter.

Habituellement, l'entreprise laisse au candidat choisi le temps de faire ses preuves avant de l'évaluer. Cette période d'essai est d'ailleurs essentielle. L'évaluation du processus devrait en principe conduire à des ajustements visant à améliorer le rendement du représentant. Nous examinerons maintenant le processus de recrutement en tant que tel. Nous privilégierons une approche pratique, c'est-à-dire que nous mettrons l'accent sur l'application des diverses étapes du processus.

10.1.1 L'établissement des responsabilités du recrutement

En ce qui concerne l'établissement des responsabilités du recrutement, demandons-nous quelle est la personne la mieux placée pour recruter les représentants d'une façon adéquate.

Les facteurs à considérer

Afin de répondre à cette question, il convient de considérer deux facteurs. Nous devons tenir compte d'abord de la taille de la force de vente, puis du type de vente.

La taille de la force de vente

Lorsque l'équipe de vente est relativement petite, la haute direction participe de façon importante au processus. Cet engagement constitue en fait une de ses principales responsabilités. Dans une grande organisation où l'équipe de vente est imposante et se compose de plusieurs niveaux, les cadres subalternes accomplissent ce travail conjointement avec la haute direction étant donné que le processus est trop accaparant pour une seule

[Notes manuscrites en haut de page:
① Quelle est la taille de la force de vente.
② # dirigeant vs représentant
③ Quel rôle joue le dept de RH
④ Comment qualifierez-vous le type de vente que faite]

personne. Ainsi, la responsabilité de recruter est souvent déléguée en tout ou en partie à des cadres subalternes.

Dans certaines entreprises, on confie des tâches reliées au recrutement au service des ressources humaines. Ce service peut aussi agir en tant que conseiller. Il y a cependant l'inconvénient que les agents de recrutement du service du personnel ne connaissent pas assez la vente de même que la qualification et les caractéristiques qui y sont associées. Par contre, le service des ressources humaines peut contribuer grandement à attirer des postulants et à les évaluer.

Malgré la participation du service des ressources humaines, la responsabilité finale de l'embauche d'un candidat devrait toujours appartenir au gestionnaire de l'équipe de vente.

Le type de vente

Lorsque le type de vente est peu complexe et que la qualification et les caractéristiques souhaitées ne constituent pas des facteurs importants, la tâche de recruter les candidats peut être déléguée à un subalterne de l'équipe de vente. Cependant, lorsque le type de vente est plus complexe et que la qualification et les caractéristiques recherchées s'avèrent importantes, il convient que les cadres supérieurs assistés de spécialistes en recrutement soient responsables du recrutement.

Il arrive souvent que plusieurs personnes participent au processus de recrutement, au cours duquel de nombreuses rencontres avec les candidats auront lieu. Il n'est pas rare qu'un postulant soit interviewé à cinq ou six reprises. Ordinairement, la dernière entrevue se déroule avec les cadres au siège social, non seulement pour la sélection d'un vendeur de haut niveau mais aussi pour celle d'un vendeur commençant au pied de l'échelle.

10.1.2 L'évaluation de la fonction

Le processus de recrutement suppose que l'entreprise a préalablement défini les critères d'embauche. Nous avons constaté, au chapitre précédent, qu'il est presque impossible de déterminer des caractéristiques et des habiletés qui influencent le rendement, car celles-ci varient passablement selon les types de vente. Mais cela ne veut pas dire qu'on doive recruter des candidats au hasard. Au contraire, il est nécessaire d'établir les caractéristiques, les aptitudes et les habiletés souhaitées en fonction des diverses activités de vente. Ce processus, qui permet de choisir le candidat selon des critères élaborés à l'avance, a pour effet d'éviter des erreurs fréquentes lors de la sélection.

[annotation manuscrite: = Avant d'embaucher qq'un, quelles sont les critères rost imp. qui doivent être respectés? - Quelles sont les exigences min/gene necess à devenir un rep. chez AC]

Dans le cas où l'entreprise n'a pas défini de critères d'embauche, elle risque de sélectionner des individus en se basant sur des traits de personnalité et non sur des facteurs prédisant le rendement. Afin de s'assurer que les candidats possèdent les caractéristiques et habiletés nécessaires pour accomplir une fonction dans la vente, on doit suivre un processus d'évaluation des tâches qui compte deux étapes, soit l'analyse des tâches et l'élaboration de la description de tâches.

Les nouvelles entreprises ou les services récemment formés n'ont pas le choix de franchir ces deux étapes. Cependant, l'entreprise établie depuis un certain temps ne doit pas négliger de mettre à jour ce processus. En effet, l'évolution du service des ventes est souvent rapide, progressant au même rythme que le marché. La définition des tâches et les activités qui y sont décrites doivent alors tenir compte de ce fait, car, dans les divers environnements, telle la concurrence, la fonction du vendeur est appelée à changer régulièrement.

L'analyse des tâches

[annotation manuscrite: - Qui sont vos clients? Quel est le niveau de conc. auquel le Rep doit faire face]

Avant de commencer à chercher un vendeur, une entreprise doit connaître la fonction du poste à combler. L'analyse des tâches consiste alors à identifier les activités, les responsabilités, les conditions de travail et les exigences d'un poste. L'analyse des tâches comprend les étapes suivantes: l'analyse de l'environnement de travail, la détermination des tâches et des responsabilités et l'échantillonnage.

En ce qui concerne l'*analyse de l'environnement de travail*, le gestionnaire peut se poser les questions suivantes: quel est le niveau de concurrence auquel le représentant devra faire face? Qui sont les clients, et quels sont leurs besoins? Quelles sont les connaissances, les habiletés et les aptitudes nécessaires afin d'effectuer correctement la fonction?

Lors de la *détermination des tâches et des responsabilités*, on peut recueillir l'information dont on a besoin chez les représentants, chez le directeur des ventes et les superviseurs, chez les gestionnaires du service du marketing et dans les services associés à la vente tels que le service du crédit, la livraison et le service à la clientèle. Le gestionnaire aura alors intérêt à se poser ces questions: revient-il au vendeur de faire le suivi de la commande et de la livraison? Le représentant a-t-il une part de la responsabilité dans le processus d'approbation du crédit? A-t-il la tâche de recouvrer les créances?

Pour ce qui est de l'*échantillonnage*, cette étape implique plusieurs rencontres avec des représentants choisis au sein de la force de vente; lors de ces rencontres, on observera les tâches que ceux-ci accomplissent auprès de divers types de clients et dans différentes situations selon les types de vente.

L'élaboration de la description de tâches

Le résultat formel de l'analyse des tâches est la description de tâches. Ce rapport servira lors du recrutement, de même que lors de la sélection, de l'évaluation et de l'élaboration du plan de rémunération que nous aborderons au chapitre 13.

La description de tâches permet de connaître avec exactitude la fonction à effectuer et les responsabilités du représentant. Ce texte s'adresse entre autres aux nouveaux représentants qui désirent savoir ce qu'on attend d'eux ainsi qu'aux représentants expérimentés qui veulent mettre leurs connaissances à jour. La description de tâches servant de base lors de l'évaluation, il est indispensable que les individus participant au processus la lisent.

La description de tâches est le principal outil de référence lors du processus de sélection des candidats. Elle permet d'établir précisément les critères d'embauche et la qualification visant à prédire le rendement des postulants.

Une fois le processus de sélection achevé, la description de tâches permet aussi de mettre au point un plan de formation efficace. Lorsque le responsable de la formation connaît les tâches et les activités à accomplir, il peut élaborer un programme visant à améliorer le rendement.

Par surcroît, la description de tâches servira de base de consultation lors de l'évaluation des représentants. Les critères fondant celle-ci s'avéreront équitables puisqu'ils seront reliés aux activités de vente.

Puisqu'il connaît le travail des vendeurs, le gestionnaire de vente peut mieux orienter le travail et établir les priorités de son équipe. De plus, la description de tâches est un outil souvent employé lors des échanges entre la direction et le syndicat des représentants.

Une description de tâches doit aussi être à l'usage des différents gestionnaires de la force de vente, tels que le directeur et les superviseurs. Elle servira alors au recrutement, à la sélection, à l'élaboration du plan de rémunération et à la gestion.

Le contenu d'une description de tâches

Une description de tâches doit comprendre les différents éléments qui composent la vente. Ce sont les suivants:

- La nature du produit ou du service à vendre, soit sa complexité, sa valeur, la fréquence d'achat de ce produit, sa durée de vie, etc.
- Le type de client, c'est-à-dire l'importance relative du client, son domaine d'activité, la composition du groupe décisionnel d'achat, etc.

- Les responsabilités à assumer quant au respect des objectifs de vente, à l'établissement et à la modification des prix, au budget de promotion, au budget de dépenses, aux mauvaises créances, et ainsi de suite.

- Les activités de vente que le vendeur est appelé à effectuer, telles que la recherche de nouveaux clients, le maintien des clients actuels et l'augmentation de leur nombre, les appels et les visites, les présentations de vente, l'analyse des besoins des clients, l'analyse de leur potentiel d'achat, le traitement des objections, l'enregistrement des commandes, le suivi et le contrôle de celles-ci, le traitement des problèmes, le règlement du problème des livraisons tardives, le crédit à refuser et les solutions face au non-respect des spécifications.

- Les tâches de vente que le représentant peut accomplir, notamment le traitement des plaintes, le traitement des demandes de crédit, le recouvrement des créances, l'installation de présentoirs, l'analyse et le test de fonctionnement du produit, l'inventaire et le contrôle des échantillons.

- Le territoire de vente, c'est-à-dire son étendue et la concentration des clients, le niveau de concurrence dans le territoire, l'établissement de l'itinéraire, la planification des visites et des appels téléphoniques, etc.

- Le plan de promotion, soit l'élaboration du plan de communication destiné aux clients, la distribution de brochures et de catalogues, la mise au point de la promotion du produit (le prix, les annonces, les concours), les présentations spéciales et la participation à des salons, la formation des membres du canal de distribution (les distributeurs et les courtiers), etc.

- Les activités de gestion, en particulier les suivantes: le rapport de vente – journalier, mensuel ou annuel, par client –, le rapport de planification sur les nouveaux clients ou les nouveaux produits, le rapport de planification de la promotion, le rapport sur les clients perdus, la participation à des rencontres et à des séances de formation, le rapport de compte de frais, le rapport sur les coûts en comparaison de la rentabilité, le rapport d'information sur la concurrence et le rapport d'information sur l'évolution du marché.

- Le niveau hiérarchique, soit la détermination des postes de gestion ainsi que des niveaux de responsabilités selon les situations.

- Les exigences intellectuelles et physiques, autrement dit le niveau de connaissances – les techniques, les produits et le domaine d'activité –, le niveau d'expérience et enfin les déplacements, leur durée et leur fréquence.

– L'environnement et les contraintes qui peuvent avoir une influence sur le rendement d'un représentant : les variations économiques, les tendances du marché, la concurrence, etc.

Le tableau 10.1 présente un exemple d'une description de tâches d'un directeur des ventes.

TABLEAU 10.1
Description de tâches révisée le 1ᵉʳ mai 1991

Titre : directeur national des ventes, service alimentaire

Sous l'autorité du vice-président des ventes et du marketing

Fonctions

Élaborer et présenter des plans stratégiques de vente pour la division canadienne du service alimentaire. Identifier les objectifs annuels et à long terme.

Gérer le développement de nouveaux produits et améliorer les produits existants.

Fournir un soutien de marketing afin de développer les comptes majeurs.

Établir des objectifs de volume des ventes par produit, par région et au niveau national. Superviser les ventes et le rendement de chaque représentant.

Assister les directeurs des ventes dans l'élaboration du plan financier : le volume des ventes, la marge de profit et les dépenses de marketing.

Responsabilités

Prévision

Préparer la prévision de la production.

Préparer et tenir à jour la prévision des ventes.

Analyse des ventes

Fournir régulièrement des analyses de tendances dans le service alimentaire par produit par région.

Faire des recommandations basées sur les analyses précédentes afin d'assurer une croissance constante.

Promotion

Concevoir des catalogues de produits, du matériel de promotion au point de vente et d'autres types de promotion directe.

Élaborer des promotions nationales.

Développer des thèmes de promotion.

Mettre au point sur le plan national des promotions par clients et les appuyer au moyen d'activités de promotion.

Fournir l'analyse des résultats des promotions en utilisant le rapport coût-bénéfice.

TABLEAU 10.1
Description de tâches révisée le 1er mai 1991 (suite)

Titre : directeur national des ventes, service alimentaire

Publicité	Préparer, en conformité avec le plan de promotion de l'entreprise, des annonces publicitaires qui stimuleront la croissance des ventes du service alimentaire.
	Mettre en œuvre, gérer et réviser sur une base régulière les annonces publicitaires.
Prix	Préparer et faire circuler la liste de prix du service alimentaire quatre fois par année : à l'hiver, au printemps, à l'été et à l'automne.
	Préparer et faire circuler deux fois par année une liste comparant les prix de l'entreprise à ceux des entreprises concurrentes.
	Établir des recommandations de prix correspondant aux objectifs de vente et de rentabilité et accordés à l'environnement concurrentiel.
Développement du produit	Rationaliser la gamme de produits.
	Préparer les formulaires nécessaires sur les nouveaux produits.
	Préparer les critères permettant l'élaboration de nouveaux produits.
	Prévoir des rencontres avec les services intéressés afin de leur fournir l'information nécessaire sur le processus de développement du produit.
	Produire des rapports sur l'évolution du processus de développement.
Emballage	Fournir des recommandations.
	Agir de concert avec le service de création de l'emballage.
	S'assurer que l'emballage est conforme aux exigences de l'entreprise et correspond à son image, qu'il informe sur le produit et s'avère sécuritaire à un coût raisonnable.
Concurrence	Maintenir une fiche sur la concurrence concernant les produits, les prix, la qualité, etc.
	Faire des recommandations basées sur l'information recueillie ci-haut.
Budget	Établir un budget de vente.
	Rationaliser les dépenses selon le volume des ventes prévu.
	Contrôler le budget mensuellement et corriger la situation le cas échéant.
Relations du travail	Agir en association avec le service de production, le service des finances et les services techniques afin d'atteindre les objectifs de développement du produit et d'emballage.

TABLEAU 10.1
Description de tâches révisée le 1er mai 1991 (suite)

Titre: **directeur national des ventes, service alimentaire**

	Donner régulièrement de l'information à propos des prix, du produit, des annonces, de la promotion, et toute autre information pertinente.
	Communiquer avec les clients clés au sujet du développement du produit et du plan de promotion.
	Tenir régulièrement des rencontres avec les directeurs des ventes afin de leur communiquer l'état de la situation ainsi que les projets.
	Communiquer régulièrement avec la maison mère et les personnes responsables afin de les informer des changements de plans.
	Collaborer avec le service d'assurance-qualité au sujet des plaintes émises par les clients.
	Collaborer avec d'autres entreprises afin de commander des études de marché et des projets d'annonces.
En général	Préparer à l'intention des directeurs des ventes et des représentants des lettres d'information afin de les mettre au courant des développements dans chaque région et des résultats obtenus.
	Préparer annuellement et mettre à jour une liste des clients clés qui utilisent les produits de l'entreprise.
Date _____	Vice-président des ventes et du marketing

Directeur national des ventes

10.1.3 La détermination des critères d'embauche

La détermination des critères d'embauche visant à prédire fidèlement le rendement d'un représentant est l'une des tâches les plus difficiles du processus de recrutement. Ces critères regroupent un ensemble d'éléments tels que les traits de personnalité, les habiletés, les aptitudes et l'expérience. Évidemment, le gestionnaire responsable de l'embauche recherchera le candidat parfait, mais la perle rare n'existe pas. Il devra alors trouver parmi les candidats celui qui correspondra le mieux à la fonction à remplir. Ainsi, le gestionnaire considérera l'ensemble des critères en pondérant leur importance relative selon le type de vente. Par exemple, l'expérience d'un représentant peut-elle compenser son manque de formation ? En établissant des critères, il est alors plus facile d'identifier les candidats intéressants.

Comment déterminer les critères d'embauche

L'essentiel de la détermination des critères d'embauche s'effectue à l'aide de l'information inscrite dans la description de tâches. Dans le cas où la description de tâches stipulerait qu'un représentant est appelé à voyager outre-mer fréquemment, il est souhaitable de rechercher un individu qui connaît les langues appropriées et qui possède une expérience de voyage et une résistance physique suffisante afin de combattre la fatigue des voyages et des décalages horaires. Si un représentant doit vendre des produits complexes pour lesquels les changements technologiques sont importants, il sera alors préférable de rechercher un candidat qui a une expérience pertinente et une formation spécialisée dans le domaine d'activité apparenté aux produits à vendre.

Une méthode couramment utilisée consiste à observer dans la force de vente les caractéristiques des vendeurs performants et celles des vendeurs non performants. Une analyse statistique peut révéler des corrélations significatives entre les deux groupes d'individus et expliquer la variance et le rendement. On tente alors d'identifier les caractéristiques qui expliqueront les succès et les échecs.

Par ailleurs, la recherche des raisons motivant les vendeurs à quitter l'entreprise peut sembler une bonne façon d'identifier certaines caractéristiques reliées au rendement. Cependant, en pratique, les résultats ne sont pas concluants, car les employés démissionnaires hésitent ordinairement à faire part à leur employeur des véritables raisons qui les poussent à laisser leur poste.

Il semble toutefois que la description de tâches soit l'une des meilleures sources d'information permettant d'identifier la qualification recherchée et d'établir des critères d'embauche valables.

Une fois les critères spécifiés, il faut élaborer par écrit les critères d'embauche qui serviront à la sélection des candidats.

10.1.4 La recherche des postulants

La recherche des postulants n'est pas une sinécure : le processus est long et demande beaucoup de temps et d'énergie. Il arrive souvent que le responsable du recrutement considère cette tâche comme secondaire, surtout si le recrutement est effectué par le directeur des ventes. Le responsable préférera alors chercher des clients plutôt que des représentants. S'il

Quel est votre source de recrutement
- interne -
- externe (Journaux -)
- écoles
- agence ?   Référence ?

CHAPITRE 10   **275**

est surchargé de travail, il sera porté dans bien des cas à recruter un individu recommandé par un ami ou un autre qui a fait une demande d'emploi au bureau. Le rendement d'une équipe de vente est en très grande partie fonction de la qualité de ses vendeurs. C'est pourquoi le recrutement est un travail crucial qui risque de s'avérer très coûteux si l'entreprise choisit le mauvais candidat.

Il n'est pas rare qu'après avoir publié une annonce dans les pages des carrières des journaux une entreprise reçoive de trois cents à six cents demandes. Même si ce nombre est impressionnant, la qualité des demandes ne l'est pas nécessairement. En examinant celles-ci, le gestionnaire sera peut-être surpris de constater qu'un nombre très restreint de candidats pourraient faire l'affaire. Dans de telles circonstances, celui-ci sera peut-être tenté d'engager un candidat médiocre en se disant que, de toute façon, l'entreprise lui donnera une bonne formation. Dans bien des cas, il s'agira d'un vœu pieux, car le candidat choisi risquera d'être laissé à lui-même. Cette situation est certes un peu caricaturale, mais elle contient du vrai. Ce n'est pas tout d'attirer des candidats prometteurs. Les postulants souhaitent, en plus d'un plan de rémunération supérieur à celui de la concurrence, une position concurrentielle avantageuse, un plan de promotion et de publicité, des prix compétitifs... En outre, les excellents candidats ont tendance à percevoir leur fonction négativement, et ils quitteront l'entreprise dès que l'occasion se présentera, soit pour accepter un poste de cadre ou encore pour bénéficier de meilleures conditions chez un concurrent. Le processus de recrutement sera alors à recommencer.

Il est effectivement difficile d'attirer les candidats répondant aux critères d'embauche et à la qualification requise. C'est pourquoi le processus de recrutement s'avère très important. L'objectif du recrutement n'est pas de susciter un grand nombre de demandes, mais d'obtenir des demandes valables, c'est-à-dire qui correspondent aux exigences de l'entreprise. Il faut alors veiller à ce que les individus non qualifiés ne postulent l'emploi en question. Pour cela, l'entreprise doit communiquer clairement les critères d'embauche et la qualification requise en faisant un portrait des tâches et des fonctions qui présente les bons côtés du poste, mais aussi les moins bons. Le recrutement n'est donc pas une affaire de charme.

Les sources de recrutement

Il existe deux principales sources de recrutement : le recrutement interne, qui s'effectue dans les murs mêmes de l'entreprise, et le recrutement externe, comme les références, les agences de placement et les annonces. Nous examinerons maintenant ces sources de recrutement.

Le recrutement interne

Le recrutement interne consiste dans la recherche de candidats au sein de l'entreprise elle-même. Ainsi, il peut s'agir d'individus qui travaillent au service à la clientèle ou encore d'ingénieurs ou de cadres qui semblent posséder un talent pour la vente. Le recrutement interne comporte certains avantages, dont ceux-ci : le candidat a déjà fait ses preuves au sein de l'entreprise, d'habitude il est familier avec les produits offerts par celle-ci et il est bien placé pour saisir le fonctionnement de l'entreprise et en connaître les membres.

Cette source de recrutement comporte également des inconvénients. Ainsi, il arrive souvent que les membres de l'entreprise ne possèdent pas d'expérience, d'où la nécessité de leur offrir une formation. Par ailleurs, le recrutement interne peut engendrer certains conflits. Par exemple, le directeur d'un service accusera le directeur des ventes de lui voler ses meilleures ressources.

Le recrutement externe

Le recrutement au sein de l'entreprise même est souvent considéré comme une base de recherche de candidats ; toutefois, le nombre de postulants risque de n'y être pas assez élevé. On se tournera alors vers une autre source située à l'extérieur de l'entreprise. Il existe en fait plusieurs possibilités telles que les candidatures volontaires, les Centres d'emploi du Canada, les Centres de main-d'œuvre du Québec et les associations professionnelles. Nous nous bornerons à présenter les annonces dans les journaux, les maisons d'enseignement, les agences de recrutement et les références.

Les annonces dans les journaux

Les annonces dans les journaux sont l'un des moyens les plus utilisés pour faire connaître une offre d'emploi dans la vente. Le responsable du recrutement se tourne souvent vers les médias imprimés où le lectorat est important. Cette décision lui permettra d'atteindre de nombreux candidats potentiels qui peuvent être ciblés géographiquement, soit par ville ou par région.

Le coût d'une annonce d'environ 10 centimètres sur 15 centimètres dans un grand quotidien s'élève à 1 000 $ approximativement ; en région, une annonce de cette dimension peut coûter entre 200 $ et 500 $ pour une parution le samedi.

Les annonces comportent certains inconvénients. En effet, le nombre de demandes d'emploi reçues est souvent considérable et la qualité des postulants risque d'être décevante. Le tri des candidatures requiert beaucoup de temps et d'énergie. Cette méthode de recrutement n'est donc pas très rapide. Il faut d'abord rédiger l'annonce, ce qui constitue une tâche très délicate ; on peut cependant faire appel à des spécialistes qui prépareront l'offre d'emploi de manière à maximiser le rendement de l'annonce. Puis ce sera la parution de l'annonce, pendant une semaine dans la plupart des cas. Enfin, on recevra durant quelques semaines les diverses demandes d'emploi. Suivant la situation dans laquelle se trouve l'entreprise et les choix du responsable du recrutement, le processus s'étendra sur au moins un mois, sans compter le tri.

Le tableau 10.2 présente les divers éléments que devrait comporter une offre d'emploi. Ces éléments sont les suivants :

– *Le nom de l'entreprise*   Certaines entreprises ont tout intérêt à inscrire leur nom dans une offre d'emploi, et le contraire est également vrai. En

TABLEAU 10.2
Offre d'emploi

La société Électroniquex inc., principal fabricant de produits électroniques et l'un des plus importants fournisseurs de technologie de l'industrie informatique et des communications, est actuellement à la recherche pour la région de l'est du Canada d'un représentant des ventes ou d'une représentante des ventes.

Nous désirons trouver une personne ambitieuse et dynamique. La personne recherchée possède une excellente maîtrise de l'anglais et du français écrits et oraux. Elle est familière avec la vente de composantes intégrées à d'autres éléments et est prête à accepter de lourdes responsabilités. Son professionnalisme et sa connaissance de l'industrie lui permettront de traiter avec des clients importants.

Le candidat ou la candidate doit posséder une expérience pertinente dans la vente de biens électroniques de haute technologie. La connaissance de l'informatique et des communications est également essentielle. De plus, une formation de deuxième cycle en électronique serait un atout.

Électroniquex est une société qui adhère au principe de l'équité en matière d'emploi. La personne choisie bénéficiera d'un salaire de base généreux et de commissions substantielles, d'une voiture fournie par la société et d'une gamme complète d'avantages sociaux.

Si vous êtes prêt à faire partie d'une équipe de vente dynamique où l'avancement est favorisé, nous vous invitons à soumettre votre candidature.

Veuillez nous faire parvenir votre *curriculum vitæ* avant le 1er mai 1991.

Électroniquex inc.	1000, avenue du Succès
Directeur des ventes national	Montréal, Québec
	H2T W4Y

fait, il existe des annonces où le nom de l'entreprise n'est pas divulgué; cette stratégie selon laquelle le type de vente est tu vise à attirer un plus grand nombre de candidats.

– **Le nom du produit**   Dans le cas où le produit est perçu positivement, il agira alors comme agent de motivation.

– **Le nom du territoire**   Cet élément d'information est pertinent surtout s'il s'agit d'un grand centre.

– **Les critères d'embauche**   Ces éléments permettent de limiter le nombre de candidatures.

– **Le plan de rémunération et les avantages sociaux**   La divulgation de cette information est pertinente. Il convient de mentionner si le salaire est fixe, à commission ou s'il s'agit d'une combinaison des deux formules.

– **La personne-ressource de l'entreprise**   Il faut indiquer une adresse et le nom de la personne responsable du recrutement.

– **La date d'échéance**   Afin de limiter le temps alloué au recrutement, l'entreprise détermine une période de réception des candidatures. La durée de cette période est habituellement de deux à quatre semaines.

Les maisons d'enseignement

Les maisons d'enseignement telles que les cégeps, les écoles professionnelles et les universités sont un bassin de recrutement intéressant à plusieurs points de vue. D'une part, les candidats sont libres, c'est-à-dire qu'ils ne sont pas déjà à l'emploi d'une autre organisation. D'autre part, étant donné le nombre d'étudiants qui cherchent un emploi, l'entreprise peut compter sur un bassin très important de candidats potentiels. Les entreprises recourent souvent à ce type de recrutement, plus particulièrement lorsque la vente en début de carrière peut déboucher sur des postes de gestionnaires.

Par contre, la plupart des étudiants n'ayant pas d'expérience de la vente, l'entreprise doit prévoir un programme de formation plus rigoureux. En outre, les étudiants n'aiment pas toujours commencer leur carrière dans la vente. Perçue négativement par plusieurs, ils risquent de quitter rapidement ce domaine au profit d'un poste différent. Soulignons cependant que cette mauvaise perception tend à s'estomper depuis quelques années.

Les agences de recrutement

Les agences de recrutement, que l'on appelle aussi «agences de place-ment», agissent à titre de conseillères et d'experts en recrutement. Elles sont en fait chargées par l'entreprise de recruter des candidats valables en fonction des exigences et des besoins de celle-ci.

L'agence de recrutement propose ordinairement trois candidats à l'entreprise qui désire combler un poste. L'entreprise peut alors passer à l'embauche si un des candidats lui convient. Dans le cas où celle-ci n'est pas satisfaite des candidats proposés, l'agence lui proposera alors de nouveaux candidats.

Une bonne agence de recrutement a en réserve un nombre impressionnant de candidats. Chacune de ces personnes a déjà été reçue en entrevue, certaines ont passé des tests et toutes les références des candidats ont été vérifiées. En faisant appel aux services d'une agence de placement, l'entreprise s'évite la tâche de trier les *curriculum vitæ* consécutivement à la parution d'une annonce ; ce travail fastidieux exige de la part du responsable une certaine expérience et surtout beaucoup de temps. Un autre avantage relié au fait de recourir à une agence de recrutement est que celle-ci permet l'embauche rapide d'un candidat si les besoins sont urgents. Une agence sérieuse offre d'habitude une garantie de trois mois, durée au cours de laquelle le candidat peut être remplacé sans frais. Il est en effet possible que la recrue quitte prématurément l'entreprise ou encore que le client constate que le candidat ne correspond pas à ses attentes.

Le client doit généralement verser à l'agence 1 % de chaque tranche de 1 000 $ du salaire du candidat jusqu'à concurrence de 30 000 $, ce qui donne un maximum de 30 % du salaire. Ces chiffres sont approximatifs et sont sujets à des ententes. Ainsi, une entreprise pourrait devoir verser à une agence de recrutement la somme de 12 000 $ pour un candidat gagnant 40 000 $ par année.

La principale difficulté lorsqu'on fait appel à une agence réside dans le choix même de l'agence. Il existe sur le marché des agences de recrutement sérieuses et efficaces ; cependant, certaines doivent être rejetées. Le choix de l'agent s'avère alors extrêmement important.

Les références

Une autre forme de recrutement externe couramment utilisée consiste dans les références de candidats par des représentants de l'entreprise. Vu la nature de leur travail, ceux-ci sont amenés à rencontrer d'autres représentants ainsi que des personnes qui ne travaillent pas dans la vente.

Les représentants devraient alors être avisés des postes à combler au sein de l'entreprise et des conditions et critères d'embauche. Étant donné qu'ils ont de nombreuses relations, ils sont en mesure d'identifier des vendeurs qui désirent changer d'emploi. Certaines entreprises privilégient d'ailleurs ce type de recrutement, au point qu'elles offrent une prime aux représentants qui participent au recrutement.

Les références permettent un recrutement assez rapide à un faible coût. Cependant, il est parfois dangereux de recruter des candidats auprès des employeurs de la clientèle ou des concurrents. D'autre part, des conflits peuvent se produire entre la personne qui établit le contact et l'entreprise. Le représentant peut en effet voir d'un mauvais œil que le candidat suggéré ne soit pas sélectionné et interpréter cette décision comme un manque de confiance à son égard.

☐ Conclusion

Afin d'améliorer le processus de recrutement, l'évaluation des résultats s'avère nécessaire. C'est la dernière étape du processus.

Après avoir achevé l'évaluation et déterminé les améliorations à apporter, il faut entreprendre le processus de sélection des candidats afin d'embaucher le meilleur candidat.

INFORMATION SUPPLÉMENTAIRE

CHURCHILL, Gilbert A. Jr., FORD, Neil M. et WALKER, Orville C. Jr. *Sales Force Management*, 3ᵉ éd., Homewood (Ill.), Richard D. Irwin, 1990, chap. 11, p. 412-429.

DOLAN, Shimon L., SCHULER, Randall S. et CHRÉTIEN, Lise. *Gestion des ressources humaines*, Saint-Laurent/Québec, Éditions du Trécarré/Éditions Reynald Goulet, 1987, chap. 3, p. 50-83, chap. 4, p. 83-102.

FILION, Marc et COLBERT, François (dir.). *Gestion du marketing*, Boucherville, Gaëtan Morin Éditeur, 1990, p. 574-576.

SEKIOU, Lakhdar et BLONDIN, Louise. *Gestion du personnel*, Paris, Éditions 4 L, 1984, chap. 3, p. 51-84, chap. 4, p. 85-110, chap. 8, p. 203-232.

STANTON, William J. et BUSKIRK, Richard H. *Management of the Sales Force*, 7ᵉ éd., Homewood (Ill.), Richard D. Irwin, 1987, chap. 4, p. 97-132, chap. 5, p. 133-158.

WERTHER, William Jr., DAVIS, Keith et LEE-GOSSELIN, Hélène. *La Gestion des ressources humaines*, 2ᵉ éd., Saint-Laurent, McGraw-Hill, 1990, chap. 6, p. 173-200, chap. 7, p. 201-230.

QUESTIONS

1. Quel est le rôle du recrutement dans un domaine tel que la vente?

2. Quelles difficultés un gestionnaire de l'équipe de vente peut-il éprouver lors du recrutement?

3. Décrivez dans ses grandes lignes le processus de recrutement.

4. Selon vous, qui doit être responsable du recrutement d'un représentant?

5. Pour quelle raison doit-on évaluer la fonction de représentant?

6. Pourquoi doit-on élaborer une description de tâches et à quoi sert-elle lors du recrutement, de la sélection, de la formation et même lors de l'élaboration d'un plan de rémunération?

7. Que doit-on entendre par «critères d'embauche» et comment peut-on les déterminer?

8. Pourquoi une entreprise devrait-elle rechercher des postulants dans des maisons d'enseignement alors qu'elle peut placer des annonces dans les journaux ou faire appel aux services d'une agence de recrutement?

9. Les références sont-elle une méthode valable pour rechercher des candidats dans la vente?

PLAN

11

Le processus de sélection

OBJECTIFS

Après l'étude de ce chapitre, vous devriez être capable de:

- Déterminer lors du processus de sélection le candidat qui répondra le mieux aux besoins de l'organisation.
- Identifier les éléments qui composent le processus de sélection.
- Reconnaître l'importance de la sélection dans la gestion des ventes.
- Tracer le lien entre la sélection et le rendement en rapport avec le type de vente.
- Examiner les éléments pertinents dans un formulaire de demande d'emploi et dans un *curriculum vitæ*.
- Conduire efficacement une entrevue de sélection.
- Vérifier les références tout en connaissant leurs limites.
- Évaluer l'importance relative des tests de sélection.
- Analyser les limites des tests de sélection.
- Comprendre l'importance de l'étape au cours de laquelle le directeur des ventes incite le candidat à se joindre à la force de vente.
- Interpréter le rendement et le comportement de la recrue après l'embauche.
- Suggérer, après l'évaluation, des modifications aux processus de recrutement et de sélection.

Introduction

Une fois le processus de recrutement terminé, le directeur des ventes ou le responsable du recrutement déclenchera le processus de sélection.

Le rôle du processus de sélection consiste à identifier au moyen de différentes méthodes et techniques de sélection le candidat qui possède les aptitudes et habiletés nécessaires à l'accomplissement de la fonction de représentant. Lors du processus de sélection, on recueille ordinairement l'information suivante, afin de pouvoir évaluer chacun des candidats : le formulaire de demande d'emploi et le *curriculum vitæ*, les entrevues de sélection, la vérification des références, l'examen médical, les tests de sélection, l'incitation des recrues, l'évaluation du rendement et du comportement ainsi que l'évaluation des processus de recrutement et de sélection.

À la figure 11.1, on trouve les divers éléments composant le processus de sélection. Comme dans le cas du processus de recrutement, la première étape consiste à établir les responsabilités associées à la sélection. Le reste du chapitre traitera l'élaboration et l'application du processus de sélection, l'incitation des candidats, l'évaluation du rendement et du comportement de la recrue et l'évaluation des processus de recrutement et de sélection.

☐ 11.1 L'élaboration et l'application du processus de sélection des candidats

11.1.1 Le formulaire de demande d'emploi et le *curriculum vitæ*

Le formulaire de demande d'emploi et le *curriculum vitæ* constituent les principaux outils de sélection. Le grand nombre de renseignements contenus dans le formulaire de demande d'emploi et dans le *curriculum vitæ* permettent de trier et d'évaluer la qualification requise et de réduire par conséquent le nombre de candidats pour ne conserver que ceux qui sont valables.

Certaines entreprises prévoient l'utilisation d'un formulaire de demande d'emploi au détriment du *curriculum vitæ*. Le principal avantage du formulaire réside dans le fait qu'il facilite l'interprétation de l'information. Ainsi, l'information est organisée de la même façon, peu importe le candidat. L'autre avantage du formulaire est qu'il peut servir de référence lors des entrevues. La figure 11.2 offre un exemple de formulaire qui respecte les dispositions de la Charte québécoise des droits et libertés de la personne.

FIGURE 11.1
Processus de sélection

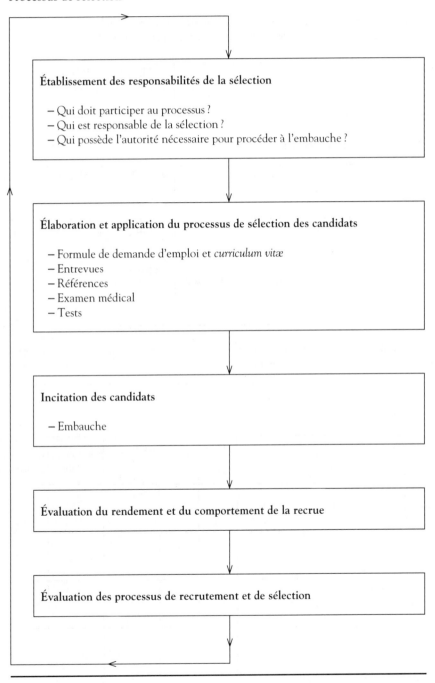

FIGURE 11.2
Formulaire suggéré de demande d'emploi*

Les renseignements demandés sont nécessaires à l'évaluation de votre candidature.
Veuillez répondre lisiblement à toutes les questions de façon précise et complète.

EMPLOI POSTULÉ	DATE APPROXIMATIVE DE DISPONIBILITÉ

RENSEIGNEMENTS PERSONNELS

NOM PRÉNOM	NUMÉRO D'ASSURANCE SOCIALE
ADRESSE: nᵒ rue	NUMÉROS DE TÉLÉPHONE
Municipalité / Province / Code postal	résidence / lieu de travail

AVEZ-VOUS LE DROIT DE TRAVAILLER AU CANADA ? (Ce droit est reconnu aux citoyens canadiens, aux immigrants reçus et aux détenteurs d'un permis de travail.) ☐ oui ☐ non

FORMATION

NIVEAU	Nom et localité de l'institution	Durée de	Durée à	Dernière année complétée	Option ou spécialité	Certificat ou diplôme obtenu
Secondaire						
Collégial						
Universitaire						
Autres						

FIGURE 11.2
Formulaire suggéré de demande d'emploi* (suite)

(Dans le cas où les renseignements ci-dessous sont nécessaires pour l'emploi.)

DÉTENEZ-VOUS UN CERTIFICAT DE QUALIFICATION ? ☐ oui ☐ non			ÊTES-VOUS TITULAIRE D'UN PERMIS DE CONDUIRE ?
Si oui, précisez : _____			
ÊTES-VOUS MEMBRE D'UNE CORPORATION OU ASSOCIATION PROFESSIONNELLE ? ☐ oui ☐ non			☐ oui ☐ non
Si oui, précisez : _____			

EXPÉRIENCE

NOM ET ADRESSE DE VOTRE EMPLOYEUR ACTUEL OU LE PLUS RÉCENT		VOTRE TITRE D'EMPLOI
GENRE D'ENTREPRISE OU D'ORGANISME	DURÉE DE VOTRE EMPLOI de à	SALAIRE ACTUEL OU LE PLUS RÉCENT
NOM ET TITRE DE VOTRE SUPÉRIEUR IMMÉDIAT	TÉLÉPHONE	RAISON DU DÉPART
SOMMAIRE DE VOS ATTRIBUTIONS ET RESPONSABILITÉS		POUVONS-NOUS COMMUNIQUER AVEC VOTRE EMPLOYEUR ACTUEL ? ☐ oui ☐ non

NOM ET ADRESSE DE L'EMPLOYEUR PRÉCÉDENT		VOTRE TITRE D'EMPLOI
GENRE D'ENTREPRISE OU D'ORGANISME	DURÉE DE VOTRE EMPLOI de à	SALAIRE AU DÉPART
NOM ET TITRE DE VOTRE SUPÉRIEUR IMMÉDIAT	TÉLÉPHONE	RAISON DU DÉPART
SOMMAIRE DE VOS ATTRIBUTIONS ET RESPONSABILITÉS		

FIGURE 11.2
Formulaire suggéré de demande d'emploi* (suite)

NOM ET ADRESSE DE L'EMPLOYEUR PRÉCÉDENT		VOTRE TITRE D'EMPLOI
GENRE D'ENTREPRISE OU D'ORGANISME	DURÉE DE VOTRE EMPLOI de à	SALAIRE AU DÉPART
NOM ET TITRE DE VOTRE SUPÉRIEUR IMMÉDIAT	TÉLÉPHONE	RAISON DU DÉPART
SOMMAIRE DE VOS ATTRIBUTIONS ET RESPONSABILITÉS		

Si nécessaire, annexez une feuille supplémentaire.

ACTIVITÉS PARA-PROFESSIONNELLES où vous avez acquis une expérience reliée à vos qualifications pour l'emploi :

Je déclare que les renseignements fournis dans ce formulaire sont, à ma connaissance, véridiques et complets. Je comprends qu'une fausse déclaration peut entraîner le rejet de ma candidature ou mon renvoi.

Date———————————————   Signature———————————————

* Il ne s'agit pas du seul formulaire possible, mais bien d'un exemple pouvant être adapté aux besoins particuliers d'un employeur, dans la mesure où les dispositions de la Charte sont respectées.

SOURCE: Commission des droits de la personne du Québec, *Les Formulaires de demande d'emploi et les Entrevues relatives à un emploi*, Québec, Direction des communications de la Commission des droits de la personne du Québec, 1985, p. 7-8.

Avant de rencontrer le candidat, le responsable de l'évaluation des demandes d'emploi et du *curriculum vitæ* peut se faire une première idée de celui-ci en considérant les points suivants:

- l'apparence soignée ou non de la lettre de présentation, du *curriculum vitæ* et du formulaire de demande d'emploi;

- les nombreux changements d'emploi comme indice d'une certaine instabilité du candidat;

- les raisons des départs;

- le rythme de progression de la carrière ou sa régression;

- les renseignements manquants, contradictoires ou erronés.

L'entreprise est tenue de se soumettre à la législation en vigueur dans sa province, comme la Charte des droits et libertés au Québec (L.R.Q., c.-12). La charte vise à éviter l'obtention de renseignements illicites pour des motifs de discrimination illicite. Une infraction à la charte expose un individu et l'entreprise dont il fait partie à des poursuites[1].

11.1.2 Les entrevues de sélection

L'entrevue de sélection est une rencontre formelle entre le candidat et le responsable du recrutement. Elle a trois objectifs. Premièrement, elle permet de faire connaître davantage au candidat le poste à combler. Deuxièmement, elle donne à l'employeur l'occasion de vérifier l'information consignée dans la demande d'emploi ou dans le *curriculum vitæ*. Troisièmement, elle offre la possibilité de recueillir sur le candidat des renseignements qu'il n'est pas possible d'obtenir autrement. Il peut s'agir de son degré de sociabilité, de son habileté à s'exprimer clairement, de sa personnalité ou de toute autre caractéristique permettant d'évaluer les recrues et de les comparer entre elles.

Lors du processus de sélection, il peut y avoir plusieurs rencontres, selon la dimension de l'entreprise et les attentes de celle-ci face à la carrière du candidat. De nombreuses entreprises adoptent un processus de sélection comportant beaucoup d'entrevues. Pour un poste de représentant, la première entrevue aura lieu avec le supérieur immédiat et, d'étape en étape, la série d'entrevues se terminera par la rencontre entre le candidat et l'un des membres de la haute direction. Cela peut s'expliquer par le fait que, dans nombre d'entreprises, le poste de représentant est le premier pas vers la haute direction.

Le principal avantage des entrevues multiples conduites par différents cadres est que cela permet à plusieurs individus de partager leurs impressions et leurs points de vue sur les candidats. Cette approche peut limiter les erreurs de sélection, qui consistent à rejeter un bon candidat et à retenir un candidat qu'il aurait fallu rejeter. Il y a plusieurs types d'entrevues, qu'on peut diviser en deux grandes catégories, soit les entrevues dirigées et les entrevues non dirigées.

---

1. Commission des droits de la personne du Québec, *Le Formulaire de demande d'emploi et les Entrevues relatives à un emploi*, Québec, Direction des communications de la Commission des droits de la personne du Québec, 1985, p. 8.

[Note manuscrite : est-ce que la personne qui fait l'entrevue prépare ses propres Q.? ou bien sont-elles déjà pré-établie ou un peu des 2.?]

L'entrevue dirigée

Dans l'entrevue dirigée, tous les candidats doivent répondre aux mêmes questions, qui ont été établies à l'avance. Cette approche est particulièrement intéressante car elle facilite la comparaison entre les candidats étant donné que les questions sont standardisées. Elle s'avère également utile dans les cas où l'intervieweur est peu expérimenté; on peut alors se servir d'une grille d'évaluation. L'intervieweur mène l'entrevue en suivant point par point la séquence proposée et il évalue chacune des réponses à l'aide d'échelles d'évaluation.

L'entrevue dirigée a l'inconvénient d'empêcher le responsable de la sélection de pousser plus loin la recherche d'information. Vu le manque de flexibilité de cette méthode, celui-ci risque de ne pouvoir identifier les caractéristiques uniques de chaque recrue. Mais en pratique, la grille d'évaluation ne constitue pas un carcan, car la personne qui conduit l'entrevue peut intervenir et développer certains points qu'elle juge plus pertinents.

L'entrevue non dirigée

L'entrevue non dirigée permet à l'intervieweur de formuler ses propres questions au fur et à mesure que l'entrevue se déroule. Les sujets sont abordés spontanément; la conversation amène alors le candidat à exposer librement sa pensée sur divers sujets. Habituellement, l'intervieweur pose peu de questions; il oriente la discussion vers des points d'intérêt tels que l'emploi postulé, l'expérience de travail du candidat, ses activités en dehors du travail et ses objectifs de carrière. Cette approche permet de découvrir les motivations profondes de la recrue ainsi que certaines facettes de sa personnalité. Le tableau 11.1 présente une liste de questions qui pourraient servir lors d'une entrevue non dirigée.

Lors de l'entrevue, certains intervieweurs interviennent d'une façon inappropriée afin d'analyser les réactions du candidat. À titre d'exemple, il peut s'agir d'interrompre volontairement le candidat afin de savoir s'il poursuivra son idée, ou encore de reprendre ses paroles en en faussant le sens dans le but d'observer s'il corrigera ses propos, et de quelle manière il le fera, sèchement ou avec tact.

L'entrevue mixte

L'entrevue mixte marie les questions dirigées aux questions ouvertes. Les questions établies à l'avance servent alors d'information de base, laquelle permet de comparer plus facilement les candidats entre eux. Quant aux questions ouvertes, elles visent à assouplir l'échange; en outre, l'intervieweur peut à ce moment-là mieux identifier les particularités des candidats.

TABLEAU 11.1
Questions pouvant être posées lors d'entrevues non dirigées

– Comment vous décririez-vous?

– Qui êtes-vous?

– Quels sont vos sentiments envers la vente?

– Quelles sont vos forces et vos faiblesses? En quoi vos forces peuvent-elles vous aider dans l'accomplissement de votre travail? En quoi vos faiblesses risquent-elles de nuire à votre travail?

– En quoi votre expérience de travail vous avantage-t-elle par rapport aux autres candidats qui postulent cet emploi de représentant?

– Quelles sont vos ambitions? En quoi votre expérience de travail correspond-elle à ces ambitions?

– D'après vous, quel serait le candidat idéal pour ce poste? Selon le portrait que vous venez de tracer, en quoi ce candidat vous ressemble-t-il?

– Qu'est-ce que vous aimez le plus et qu'est-ce que vous détestez le plus dans votre vie? au travail? de vos collègues? de vos supérieurs? chez vos clients?

La mise en situation

[annotation manuscrite : est-ce que vous tentez de faire des mises en situation pour voir la réaction de la personne?]

La mise en situation est une autre forme d'entrevue intéressante. À titre d'exemple, on peut demander au candidat comment il agirait s'il était placé dans telle ou telle situation. Comment se comporterait-il devant un client qui lui dirait qu'il déteste les jeunes fanfarons comme lui, alors qu'il ne lui a pas encore adressé la parole?

L'entrevue de stress

Une autre approche qu'on nomme l'«entrevue de stress» a été élaborée pendant la Deuxième Guerre mondiale; elle visait à connaître de quelle façon les recrues seraient susceptibles de réagir derrière les lignes ennemies. Dans l'entrevue de stress, l'intervieweur peut provoquer le candidat afin de découvrir les réactions qu'il aurait face à un client difficile. Toutefois, lorsqu'on adopte cette approche, il faut respecter le candidat, sinon on risque de le dégoûter ou de lui faire perdre tout intérêt envers le poste.

On fait souvent appel aux entrevues lors de la sélection. Il faut cependant signaler que, parmi les diverses méthodes de sélection, elle est celle qui permet le moins de prédire le rendement d'un représentant[2]. Par

---

2. Gilbert A. Churchill Jr., Neil M. Ford et Orville C. Walker Jr., *Sales Force Management*, 3e éd., Homewood (Ill.), Richard D. Irwin, 1990, p. 436.

ailleurs, l'entrevue de sélection doit se conformer à la Charte des droits et libertés de la personne. Ainsi, au tableau 11.2, vous trouverez des questions conformes et d'autres non conformes à la Charte québécoise des droits et libertés de la personne.

TABLEAU 11.2
Questions conformes et questions à éviter

Sujet	Questions conformes à la Charte*	Questions à éviter*	Commentaires
Race, couleur	Aucune	Joindre une photographie à la demande d'emploi.	Une photographie peut être demandée après l'embauche pour fin d'identification.
Sexe	Aucune		Le prénom d'une personne indique la plupart du temps son sexe, mais l'article 18.1 n'a pas pour effet de rendre une telle question illégale.
Grossesse	Dans le cas d'un contrat à durée limitée, on peut demander à une candidate si elle sera disponible pour une période déterminée.	Êtes-vous présentement enceinte? Avez-vous l'intention d'avoir des enfants?	
Orientation sexuelle	Aucune		
État civil	Accepteriez-vous un déplacement dans une autre localité (ou une autre province)? Seriez-vous disposé-e à voyager dans le cadre de vos fonctions?	Nom de jeune fille. Marié-e, séparé-e, divorcé-e, etc. Nom et occupation du conjoint. Nombre de personnes à charge.	Certaines questions à éviter dans un formulaire ou une entrevue peuvent être demandées après l'embauche, à des fins, entre autres, de fiscalité ou d'avantages sociaux.

TABLEAU 11.2
Questions conformes et questions à éviter (suite)

Sujet	Questions conformes à la Charte*	Questions à éviter*	Commentaires
		Lien de parenté avec une personne déjà à l'emploi de la compagnie ou de l'organisme. Personne à prévenir en cas d'urgence et lien de parenté avec elle.	
Âge	Aucune	Date de naissance. Joindre un certificat de naissance ou de baptême à la demande d'emploi. Numéro d'assurance-maladie du Québec. Numéro du permis de conduire.	Une preuve d'âge peut être exigée après l'embauche, notamment pour des fins d'assurance. Une question sur l'âge peut être licite si le formulaire ne vise que des emplois pour lesquels une loi impose une limite d'âge.
Religion	Aucune		L'employeur doit respecter les pratiques religieuses de ses employé-e-s dans la mesure du possible.
Convictions politiques	Aucune		
Langue	Connaissance de la langue (ou des langues) requise(s) par l'emploi.	Langue maternelle	L'employeur ne doit pas exiger la connaissance d'une autre langue que celle(s) requise(s) par l'emploi.
Origine ethnique ou nationale	Avez-vous le droit de travailler au Canada? (Ce droit est reconnu aux immigrants reçus et aux détenteurs d'un permis de travail.)	Lieu de naissance. Adresses antérieures. Expérience canadienne ou québécoise (à moins qu'un type d'expérience déterminé soit objective-	Le permis de travail ou une preuve de citoyenneté ou de statut d'immigrant peuvent être exigés.

TABLEAU 11.2
Questions conformes et questions à éviter (suite)

Sujet	Questions conformes à la Charte*	Questions à éviter*	Commentaires
		ment requis par l'emploi, auquel cas la nature de l'expérience doit être précisée).	
Condition sociale	Si nécessaire pour l'emploi, pourriez-vous disposer d'une automobile? Pour certains emplois, les candidat-e-s peuvent être requis de présenter une demande de cautionnement.	Les questions sur la situation financière susceptibles d'indiquer la condition sociale des candidat-e-s et qui n'ont pas de rapport direct avec l'emploi concerné. Exemples: Possédez-vous une automobile? Êtes-vous locataire ou propriétaire? Avez-vous déjà subi une faillite?	
Handicap	L'employeur peut requérir le consentement des candidat-e-s à subir un examen médical préalable à l'embauche. L'employeur qui met en œuvre un plan d'embauchage de personnes handicapées en vertu de la Loi assurant l'exercice des droits des personnes handicapées (L.R.Q. chap. E-20.1) peut inclure dans son formulaire la note suivante: «Pour bien faire valoir votre candidature, vous pouvez nous faire part de tout handicap qui nécessiterait l'adaptation	Handicap ou état de santé. Hospitalisations ou traitements médicaux antérieurs. Prestations d'accident du travail.	L'examen médical doit se limiter à établir si la personne est apte ou non à accomplir les fonctions d'un emploi déterminé avec ou sans restriction. L'employeur n'est pas justifié d'exclure une personne apte au travail pour la seule raison qu'elle ne peut être éligible au plan d'assurance collective en vigueur dans l'organisation.

TABLEAU 11.2
Questions conformes et questions à éviter (suite)

Sujet	Questions conformes à la Charte*	Questions à éviter*	Commentaires
	de nos méthodes de sélection (entrevues, tests...) à votre situation.»		

* Ces lignes directrices peuvent comporter des exceptions lorsque l'article 20 de la Charte s'applique. Dans un tel cas, le fardeau de la preuve incombe à l'employeur.

SOURCE: Commission des droits de la personne du Québec, *Les Formulaires de demande d'emploi et les Entrevues relatives à un emploi*, Québec, Direction des communications de la Commission des droits de la personne du Québec, 1985, p. 3-5.

11.1.3 La vérification des références

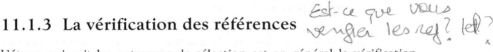

L'étape qui suit les entrevues de sélection est en général la vérification des références. Au cours de cette étape, on s'assurera de la véracité de l'information contenue dans la demande d'emploi ou le *curriculum vitæ* et de celle recueillie lors des entrevues de sélection.

La principale source de références est relative à l'emploi, c'est-à-dire aux expériences de travail qu'a connues le candidat. Il y a aussi les références personnelles, qui portent surtout sur le caractère du candidat. La validité des références peut cependant être remise en question. On peut en effet considérer que le candidat demandera des références à une personne qui a confiance en lui et qui, par conséquent, ne risquera pas de faire sur celui-ci des commentaires négatifs.

Pour ce qui est des références d'emplois, plusieurs spécialistes doutent également de leur valeur. Une des raisons évoquées est la pertinence de l'information. Dans une lettre de recommandation, l'information transmise à propos du candidat est ordinairement vague et générale ; à la limite, toutes les lettres de recommandation se ressemblent. Une autre raison évoquée est le caractère louangeur des références. Très peu de lettres font mention de faiblesses ou de faits pouvant compromettre les chances du candidat de trouver un emploi. Finalement, la véracité de l'information communiquée dans certaines lettres est parfois douteuse.

Compte tenu de ces considérations, il y aurait lieu de se méfier des lettres de recommandation. On pourrait alors les utiliser surtout pour confirmer les déclarations du candidat au sujet des différents postes occupés antérieurement.

Plusieurs spécialistes en recrutement ont remplacé les lettres de recommandation par une méthode qui semble plus adéquate. Ainsi, le téléphone leur permet d'obtenir auprès des anciens employeurs de l'information sur le candidat. Cette méthode a l'avantage d'être rapide et peu coûteuse. De plus, certaines paroles ou hésitations de la part des personnes dont on sollicite l'avis peuvent traduire des doutes au sujet du candidat.

À la suite de la vérification des références, plusieurs entreprises complètent leur recherche d'information en recourant aux services des agences de renseignements. Cette pratique soulève de sérieuses questions sur le plan éthique. L'information recueillie par ces agences peut, par exemple, comprendre le dossier criminel, médical ou de crédit du candidat. Celles-ci recherchent donc à l'insu du candidat des renseignements appartenant à sa vie privée. Nous réprouvons d'ailleurs cette approche.

11.1.4 L'examen médical

Avant de prendre une décision finale quant à l'embauche, certaines entreprises désirent que le candidat se soumette à un examen médical. La vente requiert une certaine capacité physique; elle implique de longs trajets en auto ou en avion et parfois des décalages horaires importants. Le stress psychologique et émotif est aussi le lot du représentant.

L'examen médical peut cependant donner lieu à des poursuites, en vertu de la Charte des droits et libertés, si le candidat est éliminé en raison de son état de santé.

11.1.5 Les tests de sélection

Lors de tests de sélection, on mesure les habiletés mentales de même que la personnalité des candidats. Les tests les plus utilisés sont les suivants: les tests d'intelligence, les tests d'aptitudes et d'habiletés, les tests de connaissances et les tests de personnalité et d'intérêts.

Les tests d'intelligence

Les entreprises se servent souvent des tests d'intelligence, surtout lorsque les postes requièrent un certain niveau d'habileté mentale.

Les tests d'intelligence ne sont pas toujours bien compris. On a tendance, en effet, à associer l'intelligence au rendement, sans réfléchir davantage sur la question. La popularité des tests d'intelligence réside dans le fait qu'ils sont accessibles et peu coûteux. Il faut cependant noter que l'interprétation des résultats doit être faite par des experts. Ceux-ci pourront mesurer, entre autres, l'habileté verbale des candidats, leur logique et leur facilité pour apprendre.

Les tests d'aptitudes et d'habiletés

Les tests d'aptitudes et d'habiletés se justifient lorsqu'ils correspondent étroitement aux tâches du poste. Ainsi, un test d'aptitude mathématique et d'habileté mécanique pourrait être approprié lors de la sélection quand le poste offert est dans la vente technique. L'utilisation des tests d'aptitudes et d'habiletés peut toutefois amener un responsable à rejeter les candidats qui ont raté ces derniers. Par ailleurs, il est important de se demander si ces tests mesurent bien ce qu'on veut mesurer. Enfin, certains candidats qui échouent aux tests pourraient recevoir une formation qui serait de nature à combler leurs lacunes.

Les tests de connaissances

Ces tests mesurent le niveau d'information et de connaissances d'une personne. Ainsi, on pourrait faire appel à des tests de connaissances sur la langue parlée et écrite dans les cas où un vendeur doit vendre et écrire en anglais.

Les tests de personnalité et d'intérêts

Ces tests servent à mesurer le caractère ainsi que les intérêts d'un candidat. Toutefois, on remet souvent en question la capacité de prédiction de ceux-ci quant au rendement. Certains tests ont été conçus en fonction de la vente, ce qui en améliore la validité. L'analyse des résultats est généralement confiée à des experts étant donné leur complexité. L'ingérence de ces tests dans la vie des candidats suscite certaines interrogations sur le plan éthique.

Une mise en garde contre les tests de sélection

Malgré la grande utilisation que l'on fait des tests de sélection, il convient de faire une mise en garde sur certains points qui les concernent.

Il y a d'abord le niveau de *validité* d'un test. Afin de faire confiance à un test, il faut, d'une part, s'assurer qu'il mesure bien ce qu'il prétend mesurer et, d'autre part, se demander si les résultats obtenus lors de celui-ci correspondent aux caractéristiques et autres variables pouvant prédire le rendement d'un vendeur.

Dans le cas où le test est jugé valide, il est nécessairement fiable. La *fiabilité* d'un test de sélection signifie que les résultats que génère celui-ci sont constants. Alors, si l'instrument de mesure (le test) est fidèle, les résultats devraient être semblables dans le cas où le candidat repasserait le même test.

Un test est souvent élaboré par rapport à un type d'individus: il s'agit de l'*orientation du test*. Le responsable du recrutement risque alors de rejeter un candidat qui échoue au test parce qu'il ne convient pas au portrait tracé par ce test. Soulignons à ce propos qu'il est impératif de réfléchir sur la valeur des normes imposées par le test. Ainsi, une personne différente de celle envisagée par le test est-elle considérée comme étant moins performante? Nous avons d'ailleurs constaté au chapitre 8 qu'il n'existe pas, en définitive, de caractéristiques ou variables pouvant prédire adéquatement le rendement. En fait, tout dépend du type de vente.

Par ailleurs, les participants peuvent être tentés, lors d'un test, de truquer les réponses de façon que les résultats leur soient favorables. Il s'agit de la *manipulation des réponses*. Certains individus en viennent à effectuer celle-ci avec facilité étant donné qu'ils ont déjà passé plusieurs tests.

Certains candidats ont des *réticences* devant les tests, car ils les perçoivent comme une intrusion dans leur vie privée. De plus, le fait de soumettre un candidat à une batterie de tests peut susciter chez lui des sentiments négatifs vis-à-vis de l'entreprise. Même si on lui explique qu'il s'agit d'une formalité, le candidat aura peut-être tendance à y voir un manque de confiance à son endroit.

D'autre part, certains tests risquent de faire de la *discrimination* envers des personnes selon leur race, leur langue ou leur sexe; une telle approche est passible de poursuites. Là-dessus, certaines entreprises ont cessé de recourir aux tests par crainte de représailles.

Enfin, l'une des principales difficultés associées aux tests de sélection est l'expertise nécessaire à leur *application* et à leur interprétation. Il existe certaines entreprises spécialisées dans ce domaine. Étant donné les coûts qu'ils impliquent, on doit faire passer les tests rationnellement selon certains critères.

Il ne faut pas oublier que les tests ne représentent qu'une étape dans le processus de sélection. Ceux-ci ne sont pas une fin en soi; ils constituent plutôt un outil d'information complémentaire sur un candidat. Les résultats ne doivent pas, non plus, être interprétés aveuglément; il faut les mettre en rapport avec d'autres facteurs, éléments et caractéristiques jugés importants pour le poste. D'ailleurs, un candidat qui obtient d'excellents résultats aux tests n'est pas nécessairement un candidat valable ou un bon vendeur.

Les tests, il est vrai, savent attirer l'attention sur le plan de la sélection. Ils produisent des résultats chiffrés, lesquels sont en partie responsables de leur grande popularité. Étant donné la nature des résultats, il semble plus facile de porter un jugement objectif sur les candidats, mais ce n'est qu'une illusion, car une multitude de facteurs influencent le rendement du représentant, et les tests ne mesurent que certains d'entre eux.

11.2 L'incitation des candidats

Le processus de sélection n'est pas à sens unique. En effet, le candidat est lui aussi en mesure de choisir l'entreprise où il désire travailler. Une fois que le candidat a été sélectionné, l'étape suivante du processus consiste à inciter celui-ci à accepter le poste.

Dans bien des cas, cette incitation se traduit par une offre qui est de nature à convaincre la future recrue de se joindre à l'entreprise. Les bons vendeurs sont rares ; c'est pourquoi, dans certains cas, la sollicitation faite auprès des candidats ressemble à une course contre la montre. Ainsi, il n'est pas rare de constater qu'en l'espace de quelques heures une entreprise concurrente présente une offre plus alléchante au candidat. Le responsable de la sélection doit alors composer avec cette réalité.

11.3 L'évaluation du rendement et du comportement de la recrue

Comment évaluer le rendement de vos vendeurs ?

Après une période d'essai, il est important d'évaluer le rendement et le comportement de la recrue. Cette évaluation permet de constater l'évolution du nouveau vendeur. De cette manière, il sera possible d'apporter certains correctifs à la formation de même qu'aux processus de recrutement et de sélection.

11.4 L'évaluation des processus de recrutement et de sélection

À la lumière de l'évaluation du rendement et du comportement de la recrue, le responsable du recrutement et de la sélection peut réévaluer ces deux processus.

En fait, si les processus de recrutement et de sélection s'avèrent efficaces, il devrait s'ensuivre que les recrues sont elles aussi efficaces. Dans le cas contraire, lorsque les résultats sont insatisfaisants, une révision des processus s'impose. Après qu'on a apporté des modifications, il faut continuer à évaluer les processus de recrutement et de sélection.

☐ **11.5 L'intégration** — *Comment est-ce vs introduiss un nouveau vendeur do votre equipe?*

L'intégration d'un représentant a pour but d'accueillir la recrue dans son nouveau milieu de travail. Concrètement, cela se traduit par une rencontre en groupe ou par des rencontres individuelles visant à amener le nouveau représentant à faire connaissance avec ses nouveaux collègues et avec certains membres de l'organisation. Une visite des lieux et l'explication de divers points nécessaires à l'accomplissement du travail sont d'autres éléments faisant partie de l'intégration. Nous examinerons ce sujet au chapitre suivant qui porte sur la formation.

☐ **Conclusion**

Il ne fait pas de doute que le directeur des ventes doit effectuer le processus de sélection avec le plus grand soin. En effet, l'embauche de mauvais candidats peut nuire considérablement aux ventes d'une organisation. À l'opposé, une excellente recrue peut accroître grandement le volume des ventes de l'entreprise.

INFORMATION SUPPLÉMENTAIRE

CHURCHILL, Gilbert A. Jr., FORD, Neil M. et WALKER, Orville C. Jr. *Sales Force Management*, 3ᶜ éd., Homewood (Ill.), Richard D. Irwin, 1990, p. 436.

DOLAN, Shimon L., SCHULER, Randall S. et CHRÉTIEN, Lise. *Gestion des ressources humaines*, Saint-Laurent/Québec, Éditions du Trécarré/Éditions Reynald Goulet, chap. 5, p. 103-136, chap. 6, p. 137-159.

FILION, Marc et COLBERT, François (dir.). *Gestion du marketing*, Boucherville, Gaëtan Morin Éditeur, 1990, p. 574-576.

GREENBERG, Herbert et GREENBERG, Jeanne. «Réduire scientifiquement les erreurs de recrutement», *Harvard-L'Expansion*, vol. 21, automne 1982, p. 12-21.

KOONTZ, H. et O'DONNELL, C. *Management: principes et méthodes de gestion*, Saint-Laurent, McGraw-Hill, collection Administration, 1980, p. 369-411.

MOSS, Stan. «What Sales Executives Look for in New Salespeople», *Sales and Marketing Management*, mars 1978, p. 46-48.

SEKIOU, Lakhdar et BLONDIN, Louise. *Gestion du personnel*, Paris, Éditions 4 L, 1984, p. 233-258.

STANTON, William J. et BUSKIRK, Richard H. *Management of the Sales Force*, 7ᵉ éd., Homewood (Ill.), Richard D. Irwin, 1977, chap. 6, p. 159-201.

WERTHER, William Jr., DAVIS, Keith et LEE-GOSSELIN, Hélène. *La Gestion des ressources humaines*, 2ᵉ éd., Saint-Laurent, McGraw-Hill, 1990, chap. 8, p. 231-267.

QUESTIONS

1. Quel est le rôle de la sélection dans la gestion des ventes?

2. Quels sont les principaux éléments qui composent le processus de sélection?

3. Que doit-on trouver dans un formulaire de demande d'emploi ou dans un *curriculum vitæ*?

4. Quel rôle doit jouer une entrevue de sélection?

5. Quelle est la différence entre une entrevue dirigée et une entrevue non dirigée et laquelle choisiriez-vous si vous étiez le directeur ou la directrice des ventes?

6. Pourquoi utilise-t-on une approche comme la mise en situation lors d'une entrevue de sélection?

7. À quoi sert surtout l'étape de la vérification des références?

8. Quels sont les avantages et les inconvénients des tests de sélection?

9. Qu'est-ce que l'étape de l'incitation des candidats et quelles en sont les conséquences managériales?

10. Pourquoi, à la fin des processus de recrutement et de sélection, doit-on évaluer ceux-ci?

11. Quel est le lien entre la sélection, le type de vente et le rendement?

PLAN

12

La formation des représentants

OBJECTIFS

Après l'étude de ce chapitre, vous devriez être capable de:

- Reconnaître l'importance de la formation.
- Déterminer la durée et le contenu d'un programme de formation.
- Évaluer les avantages reliés à la formation.
- Élaborer un programme de formation efficace.
- Déterminer les éléments dont il faut tenir compte lors d'un programme de formation.
- Identifier le lieu le plus propice à la formation.
- Identifier les formateurs.
- Distinguer parmi les divers moyens d'apprentissage ceux qui sont les plus efficaces.
- Évaluer le programme de formation et prendre les dispositions nécessaires afin de l'améliorer.

☐ Introduction

À la suite de son engagement par l'entreprise, le nouveau représentant doit suivre un programme de formation. Cette formation fait l'objet du présent chapitre.

Une recrue n'est pas laissée à elle-même lorsqu'elle arrive au travail pour la première fois. Afin de favoriser l'intégration du vendeur, il faut tout d'abord lui présenter l'entreprise à laquelle il vient de se joindre, ses collègues, les produits et services qu'il devra vendre et la façon dont il devra le faire. Le nouveau représentant devra aussi être en mesure d'appliquer les politiques et les méthodes propres à l'entreprise et connaître ses responsabilités et les objectifs à atteindre. En plus de lui apprendre les limites de son territoire, la formation lui permettra de se familiariser avec le domaine d'activité, le marché et, finalement, la clientèle qu'il servira. Sur le plan stratégique, la formation aidera la recrue à saisir l'importance capitale d'une bonne connaissance des produits, des services, des prix et plus encore, comme les tactiques et les plans des concurrents.

☐ 12.1 La durée de la formation

La formation qu'une entreprise peut dispenser à une recrue a pour but de donner à celle-ci les moyens d'atteindre les objectifs qui lui sont confiés. La période de formation variera grandement en fonction des objectifs de l'entreprise, du type de vente, de la compétence et de l'expérience de la recrue. Dans les faits, elle peut durer de quelques jours à plusieurs mois, comme l'indique le tableau 12.1; la moyenne est de six semaines et moins. Il n'existe cependant pas de règle précise quant à la durée de la formation. Elle doit, par contre, être suffisante pour permettre à un nouveau représentant d'acquérir la compétence nécessaire afin de remplir adéquatement sa mission. Quant au contenu de la formation, il variera selon les mêmes critères que ceux qui déterminent la durée de la formation. Il est intéressant de noter à ce propos que les coûts de la formation influencent fortement la durée du programme de formation ainsi que le contenu de celui-ci.

TABLEAU 12.1
Durée de la formation pour les recrues

Temps	Produits industriels (en %) 1984	1983	Produits de consommation (en %) 1984	1983	Services[a] (en %) 1984	1983
De 0 à 6 semaines	35	42	31	22	35	17
De 6 semaines à 3 mois	20	8	51	33	12	0
De 3 à 6 mois	40	33	18	45	30	50
De 6 à 12 mois	5	8	0	0	23	33
Plus de 12 mois	0	9	0	0	0	0
Moyenne (en semaines)	18	20	18	18	13	20

a Y compris les assurances, les services financiers, les utilités, le transport, la vente au détail, etc.

SOURCE: *Sales and Marketing Management*, n° 18, février 1985, p. 69.

Quel est le Salaire d'un Rep?

☐ 12.2 Les avantages reliés à la formation

En plus des raisons que nous avons mentionnées, la formation des recrues permet de diminuer le taux de roulement, d'accroître la qualité de la vie au travail, d'améliorer le contrôle, de renforcer les relations avec les clients, d'augmenter le volume des ventes, de réduire les coûts et de mieux gérer la force de vente. Voyons chacun de ces avantages.

Lorsqu'elle est bien faite, la formation permet de *diminuer le taux de roulement* et les risques d'abandon prématuré. En fait, il n'est pas conseillé d'affecter un représentant dans un nouveau territoire s'il ne connaît à peu près pas l'entreprise ni les produits qu'il doit vendre ; autrement, la recrue éprouvera rapidement un sentiment de frustration et d'incompétence. Alors, celle-ci ne réussira sans doute pas à gagner la confiance des clients, ce qui laisse présager un rendement médiocre de sa part. Elle risque donc de se décourager et de quitter l'entreprise à brève échéance.

C'est ainsi qu'une formation adéquate préparera efficacement la recrue au monde de la vente. Les risques de désappointement et, par conséquent, d'abandon seront par le fait même diminués, notamment en début de carrière. Le représentant pourra alors éprouver de la satisfaction à long terme.

Un représentant qui reçoit une formation adéquate se sentira plus considéré par son groupe de travail et par l'entreprise. S'il se sent bien intégré dans son nouveau milieu, cela permettra d'*accroître la qualité de sa vie.*

Par contre, dans le cas où une recrue est laissée à ses propres moyens dans son territoire, il ne faut pas se surprendre qu'elle conçoive des sentiments négatifs à propos de son nouveau travail. Elle perdra alors en grande partie sa motivation et éprouvera une profonde insatisfaction.

Un programme de formation peut *améliorer le contrôle* de l'activité de vente. En fait, ce programme renseigne les représentants sur la façon dont les différentes tâches doivent être effectuées. Il peut s'agir de la manière de faire les présentations de vente ou de rédiger des rapports de ventes.

Qu'y a-t-il de plus frustrant pour un client que de traiter avec une recrue qui ne connaît pas le produit qu'elle vend ni le domaine d'activité dans lequel elle se trouve et qui, de plus, est mal à l'aise et nerveuse ! Cette situation peut être nettement améliorée par un programme de formation. Les clients n'ont alors pas à subir la formation d'une recrue sur le tas. Le fait d'envoyer un représentant dans un territoire après l'avoir formé constitue une marque de respect vis-à-vis des clients. Cela a pour effet de *renforcer les relations* avec ceux-ci. De cette façon, la recrue pourra effectuer de meilleures ventes plus rapidement.

Comme nous l'avons vu, un programme de formation permet à un nouveau représentant d'atteindre ses objectifs avec plus de facilité et d'*améliorer le volume des ventes*. Il existe toutefois d'autres facteurs pouvant modifier considérablement le niveau de rendement d'un représentant. Le gestionnaire de la force de vente peut mesurer l'influence de la formation sur le rendement des représentants. Nous discuterons ce point à la fin du chapitre.

Par ailleurs, un programme de formation permet de *réduire les coûts* engendrés par les erreurs. En effet, les fautes commises par un nouveau représentant sont souvent attribuables à un manque de connaissances de la part de celui-ci en ce qui concerne la gamme de produits, les échelles de prix et les divers éléments qui entrent dans la distribution des marchandises. La formation est également l'occasion de sensibiliser les nouveaux vendeurs au contrôle des coûts et des dépenses.

En définitive, un programme de formation aide à *mieux gérer la force de vente*. Cela a évidemment pour effet d'améliorer le rendement et l'efficacité des représentants.

□ 12.3 L'établissement du programme de formation

Maintenant que nous avons pris connaissance du rôle de la formation d'un nouveau représentant et des avantages de celle-ci, nous pouvons examiner l'établissement du programme de formation. Le tableau 12.2 présente les différents éléments qui composent celui-ci.

12.3.1 Le contenu de la formation

Les éléments suivants ne font pas obligatoirement partie du programme de formation. On pourra les considérer suivant le type de formation, son coût ou la forme d'intervention requise dans le poste. Dans cette section, nous prendrons le cas où le nouveau représentant possède peu d'expérience dans la vente ou n'en possède pas du tout.

La connaissance de l'entreprise

Un représentant qui travaille dans une entreprise devrait connaître l'histoire de celle-ci, sa mission, ses objectifs ainsi que ses plans stratégiques à court, moyen et long terme. D'une façon plus pratique, il doit acquérir une information de base touchant par exemple les règlements et les politiques de l'entreprise au sujet de la sécurité, du stationnement, des heures de travail ainsi que des avantages sociaux.

est-ce que lorsque vous êtes Rep - vous êtes au courant de ① l'histoire de la Cie ② la mission/obj + plan stratégique CMLT

CHAPITRE 12   307

TABLEAU 12.2
Établissement d'un programme de formation

Le programme de formation pourra contenir les éléments suivants :
– la connaissance de l'entreprise
– la description de tâches et les objectifs de vente
– la présentation de la gamme et des lignes de produits
– la description des politiques et des méthodes de l'entreprise
– l'examen du processus d'achat et du processus de vente stratégique
– la description du marché, du domaine d'activité et du territoire de vente
– la description des caractéristiques de la clientèle
– la description des caractéristiques des concurrents
– la gestion du territoire

en quoi consiste votre prgm de formation

Les lieux de formation peuvent être centralisés ou décentralisés.

Les formateurs peuvent appartenir à l'entreprise ou venir de l'extérieur.

Il existe tout un éventail d'outils d'apprentissage.

La description de tâches et les objectifs de vente

En principe, une recrue doit apprendre au début de sa formation ce qu'on attend d'elle. Ainsi, la description de tâches est un excellent outil permettant au représentant de prendre conscience des tâches et activités à accomplir. Celle-ci lui fournira une image claire du travail qu'il devra effectuer au sein de l'équipe de vente. De plus, le nouveau représentant doit connaître les objectifs qu'il aura à atteindre ainsi que la façon dont il sera évalué. La formation aidera le nouveau vendeur à exécuter ses fonctions.

La présentation de la gamme et des lignes de produits

La formation portant sur la connaissance de la gamme de produits est très importante et requiert un certain temps. Il n'est pas rare qu'un représentant doive vendre une gamme de produits assez étendue. Ainsi, il doit connaître non seulement les diverses utilisations des produits, mais aussi les avantages et les désavantages de chacun d'eux. Au tableau 12.3, on trouve certains éléments qu'il faut connaître sur les produits.

Un représentant doit être en mesure de résoudre les problèmes d'un client et de lui suggérer le produit qui répondra le mieux à ses besoins. De surcroît, il doit connaître les éléments qui entourent et complètent le produit. Il s'agit de l'enregistrement de la commande, du temps alloué à la production, des modalités de livraison, de la politique de crédit, des

TABLEAU 12.3
Connaissance de la gamme et des lignes de produits

- Les différentes utilisations des produits
- Les caractéristiques des produits
- Le lien existant entre les produits et les besoins des clients
- Le positionnement des produits
- Les segments de marché correspondant aux divers produits
- Les analyses et études relatives aux produits (leur rendement, leur résistance à l'usure, etc.)
- Les données techniques relatives aux produits
- Les développements stratégiques à prévoir
- Les nouveaux produits (les innovations)
- La qualité des divers produits
- La durée de vie des produits (le cycle de vie)
- Les noms et les codes des produits
- Les options et les accessoires
- Les garanties
- L'emballage, le conditionnement
- L'installation des produits
- Le service après-vente
- Les divers services associés aux produits (la formation, l'évaluation, etc.)
- Les délais d'approvisionnement et de distribution
- La politique de reprise des produits
- Les conditions de paiement (le crédit)
- La promotion des ventes (la publicité, la commandite et les relations publiques)
- Les échelles de prix, les ententes sur les prix
- Les produits concurrents
- Etc.

plans de promotion, des échelles de prix, et ainsi de suite. En définitive, le représentant doit connaître toute l'information pertinente afin de conclure une vente.

La description des politiques et des méthodes de l'entreprise

Un programme de formation doit décrire les diverses politiques et méthodes de l'entreprise qui sont reliées directement à la vente. Ainsi, la recrue doit connaître la politique de l'entreprise en cas de plaintes de la part des clients de même que les modalités de retour de la marchandise défectueuse. Il y a également les politiques et les méthodes au sujet des erreurs de livraison, de la marchandise non vendue, de la faillite du client, du mode de paiement et de recouvrement.

Certains vendeurs sont responsables de la promotion et de la gestion des budgets par clients. Encore une fois, une connaissance approfondie des politiques et des méthodes s'avère essentielle.

L'examen du processus d'achat et du processus de vente stratégique

La formation d'un représentant doit comprendre l'examen du processus d'achat et du processus de vente stratégique. Les lecteurs pourront se reporter aux chapitres 3 et 4 où il a été question respectivement du comportement d'achat et du processus de vente stratégique.

La description du marché, du domaine d'activité et du territoire de vente

Un marché, tout comme un domaine d'activité, possède certaines particularités. Le marché a son fonctionnement propre, et même sa culture. Ainsi, la connaissance des caractéristiques d'un marché est capitale. Celle-ci aidera les recrues à adapter leurs stratégies de vente en fonction du contexte, sachant que des stratégies adéquates permettent d'améliorer le rendement du représentant.

Les renseignements sur la santé économique du marché font aussi partie du processus de formation. En effet, l'évolution du marché constitue une information fort pertinente. La preuve en est que l'économie influence le comportement d'achat, aussi bien en temps de crise qu'en période de croissance. Les stratégies de vente devront donc tenir compte des changements qui peuvent survenir dans le marché.

La description des caractéristiques de la clientèle

Il est évidemment important de fournir aux recrues, lors de la formation, des renseignements sur le type de clients qui se trouvent dans leurs territoires. Ordinairement, on explique au nouveau représentant le comportement d'achat des clients et la composition des groupes décisionnels d'achat. De même, on lui présente l'évolution des ventes, les difficultés rencontrées et les possibilités à exploiter. Ce type d'information correspond à l'étape de la préparation dans le processus de vente, que nous avons étudiée au chapitre 4.

La description des caractéristiques des concurrents

En plus des éléments déjà énumérés, il est essentiel, stratégiquement parlant, de connaître les adversaires qui œuvrent dans le marché, soit la concurrence. Il convient alors d'informer les recrues sur les principaux concurrents et sur leurs produits. Par ailleurs, il faut procurer à celles-ci tous les autres éléments pertinents comme la promotion des ventes et les prix des concurrents, ainsi que les stratégies et tactiques qu'adoptent ces derniers. De cette façon, les représentants pourront établir des comparaisons utiles. Cette information leur permettra en outre d'élaborer un plan de vente efficace. Elle servira aussi de référence lors des présentations et dans le traitement des objections.

Autres éléments de contenu

La liste des éléments d'un programme de formation que nous avons donnée n'est pas exhaustive. Les lecteurs auront certainement constaté toute l'importance de l'information qu'il faut transmettre dans un programme de formation. Soulignons que le contenu de la formation variera selon le type de vente, selon le marché et le domaine d'activité et selon le niveau de compétence et d'expérience de la recrue.

☐ 12.4 Les lieux de formation

Où la formation doit-elle avoir lieu? Il y a en fait deux possibilités, soit de centraliser le programme de formation ou de le décentraliser. Chacune des approches comporte des avantages et des inconvénients. La durée du programme de formation, son contenu et les besoins à satisfaire sont les critères qui aideront à choisir la meilleure approche.

12.4.1 La formation centralisée

Le principal avantage de la centralisation de la formation est qu'elle permet de regrouper plusieurs spécialistes sous le même toit. Ainsi, le matériel de laboratoire, les livres et toutes les autres ressources nécessaires à la formation sont plus facilement accessibles.

   La centralisation a cependant l'inconvénient d'engendrer des coûts d'hébergement et de transport qui peuvent devenir astronomiques si la période de formation est prolongée.

12.4.2 La formation décentralisée

En rapprochant le représentant de son territoire et de ses clients, la décentralisation du programme de formation s'avère très réaliste.

La formation décentralisée est ordinairement assurée par le directeur des ventes ou ses subordonnés. L'apprentissage est alors axé sur la pratique.

Lorsque la formation se fait dans le milieu de travail, la recrue n'a pas besoin de se déplacer. Cependant, le principal désavantage de ce type de formation tient au fait que le directeur des ventes ou ses subordonnés n'ont pas toujours la capacité de former adéquatement une recrue. D'autre part, en pratique, il arrive souvent que les formateurs soient plus préoccupés par leurs tâches ordinaires que par la formation des recrues. La qualité de cette formation est dans ces cas-là compromise. Il se peut que la formation diffère d'une recrue à l'autre en raison du grand nombre de formateurs. Cette situation peut favoriser certaines recrues qui ont été formées par des personnes compétentes; cependant, il se peut aussi qu'une personne incompétente forme une recrue, ce qui serait de nature à rendre celle-ci incompétente.

Afin d'éviter ces inconvénients, certaines entreprises font appel à des spécialistes qui viennent donner une formation sur le lieu de travail. Cette approche s'apparente alors à une formation centralisée, mais elle est dispensée d'une façon décentralisée.

12.5 Les formateurs

Il y a deux types de formateurs: ceux qui travaillent de façon permanente dans l'entreprise et ceux qui ne font pas partie de l'entreprise, comme les consultants. Le recours à des formateurs internes ou externes comporte des avantages et des inconvénients. Le choix des formateurs doit alors être soigneusement analysé. Pour cela, il faut tenir compte de facteurs tels que le niveau de complexité de la formation, l'écart entre le niveau de connaissances initial des recrues et le niveau de connaissances à atteindre, la disponibilité des formateurs, la compétence pédagogique de ces derniers et, finalement, les coûts et les dépenses.

12.5.1 Les formateurs internes

Les spécialistes de la formation, les gestionnaires et les collègues de travail constituent les formateurs internes.

On trouve des *spécialistes* en formation dans les grandes organisations parce que le nombre de recrues justifie les coûts reliés à l'engagement de ceux-ci. Certaines entreprises plus petites font aussi appel à des spécialistes lorsque les produits à vendre sont complexes, comme dans les secteurs de la haute technologie tels que l'électronique, la robotique et les télécommunications.

La présence des *gestionnaires* dans le programme de formation a l'avantage de donner plus de crédibilité à la formation, car ils sont ordinairement perçus comme des gens qui ont réussi dans la vente. Les gestionnaires sont bien placés pour transmettre leur vision quant à la gestion d'une équipe de vente. Puisqu'ils sont les patrons, on devrait recourir à leurs services. Cependant, même s'ils ont eu du succès dans la vente ou dans la gestion, cela ne veut pas dire qu'ils soient de bons pédagogues. De plus, ils ont tendance à se préoccuper davantage de la gestion de l'équipe et des problèmes qui peuvent survenir que de la formation. La lourdeur de leur charge de travail les empêche d'accorder beaucoup de temps à la préparation des sessions de formation.

Les *collègues* dans une équipe de vente agissent souvent comme formateurs. En fait, il n'est pas rare qu'une recrue soit appelée à passer du temps avec un ou plusieurs vendeurs sur la route. Cette approche a l'avantage d'être pratique. La recrue peut alors mieux connaître le travail qu'elle devra effectuer quotidiennement. L'inconvénient majeur de la formation par les collègues est la compétence de ceux-ci. Il faut alors veiller à ce qu'une recrue ne soit pas formée par un vendeur incompétent, insatisfait ou démotivé. Certains vendeurs n'apprécient pas toujours de se voir confier une recrue, parce que cela leur demande un surcroît de travail; par ailleurs, ces derniers préfèrent garder pour eux-mêmes leurs tactiques et leurs stratégies gagnantes.

12.5.2 Les formateurs externes

Les entreprises font souvent appel à des formateurs externes comme des consultants. Il existe, en effet, plusieurs séminaires et cours dispensés par des firmes spécialisées dans le domaine de la vente. La qualité de la formation dépend alors de la qualité des spécialistes. Il importe donc de savoir choisir la bonne firme, mais ce n'est pas une tâche facile. Les maisons d'enseignement comme les cégeps et les universités font aussi partie du groupe de formateurs externes.

Compte tenu des particularités de chaque formateur, il peut être très avantageux de confier la formation des recrues à plusieurs types de formateurs.

☐ 12.6 Les outils d'apprentissage

Il existe plusieurs outils d'apprentissage. Le choix qu'on fera parmi ceux-ci dépendra des objectifs du programme de formation ainsi que des recrues. Voici les principaux outils dont on peut se servir lors d'un programme de formation dans la vente.

12.6.1 La lecture et la projection de vidéos

La lecture fait évidemment partie du matériel d'apprentissage de même que la projection de vidéos. Ces moyens simples et peu coûteux peuvent informer efficacement la recrue sur divers sujets comme l'histoire de l'entreprise ou sa mission. En outre, les brochures, les fiches techniques, les études, etc., peuvent jouer un rôle pédagogique dans la formation en renseignant davantage les nouveaux représentants sur les produits.

Les vidéocassettes constituent aussi un excellent matériel d'apprentissage. En raison de leur dynamisme, elles sont susceptibles de rendre certains points plus adéquatement que l'écrit[1].

Grâce à la lecture et aux vidéocassettes, une partie tout au moins de la formation peut être donnée à distance.

12.6.2 Les séminaires et les cours

Les séminaires et les cours sont un outil d'apprentissage souvent utilisé. Ils permettent en effet de transmettre aux recrues diverses connaissances reliées au domaine de la vente.

Les séminaires et les cours peuvent être offerts par des spécialistes œuvrant dans l'entreprise ou par des consultants de l'extérieur, suivant les activités d'enseignement qui font l'objet de la formation. Il ne faut pas oublier les maisons d'enseignement, comme les cégeps et les universités, lesquelles peuvent aussi dispenser des cours de formation aux représentants ainsi qu'aux gestionnaires.

12.6.3 Les discussions en groupe

La formation peut aussi être donnée au moyen de discussions en groupe basées sur des cas ou des mises en situation. Cet outil a l'avantage de solliciter la participation des recrues. Celles-ci seront donc appelées à exprimer clairement leurs solutions ou leurs points de vue face à certains problèmes. Face au groupe, les représentants s'efforceront de trouver des arguments convaincants à l'appui de leurs opinions.

12.6.4 Les jeux de rôles

Les jeux de rôles constituent un bon moyen pour les recrues d'appliquer le processus de vente. En gros, un individu jouera le rôle de l'acheteur

---

1. «Videotape Demonstrations and Sales Training Effectiveness», *Industrial Marketing*, décembre 1977, p. 42-43.

tandis qu'un autre sera le vendeur. Selon une mise en scène déterminée, le vendeur devra tenter de vendre un produit à l'acheteur[2].

Cette méthode est particulièrement intéressante lorsqu'on filme le tout, car les recrues peuvent par la suite observer leurs comportements et les analyser. Ainsi, elles seront amenées à découvrir leurs forces et leurs faiblesses. À l'aide d'un formateur, il est alors possible d'améliorer certains points. Un autre avantage de cette méthode est sa crédibilité pour les participants, qui ont la chance de s'évaluer eux-mêmes.

12.6.5 Les démonstrations

Les démonstrations constituent un autre moyen d'apprentissage efficace. Elles peuvent avoir lieu lors de séances portant sur les connaissances reliées au produit ou encore sur la stratégie de vente. Les démonstrations permettent aux recrues d'apprécier le fonctionnement du produit dans une situation réelle ou simulée. Il peut s'agir du montage et du démontage d'une composante d'un produit.

12.6.6 Les visites

Plusieurs entreprises font visiter à leurs recrues les diverses installations de l'organisation, qu'il s'agisse d'usines ou d'entrepôts. Ces visites ont pour but de compléter la formation des recrues au sujet de l'entreprise et des éléments entourant le produit. Le fait de mieux connaître les installations de l'organisation, comme les bureaux de recherche, et de pouvoir observer la qualité de l'assemblage d'un produit représente pour les recrues un élément positif dans un programme de formation.

Bien que les visites soient coûteuses, il reste qu'elles favorisent les échanges entre les membres de l'organisation. Les visites de l'entreprise sont aussi appréciées des clients; souvent, elles s'avèrent même nécessaires. Le représentant qui connaît les installations de l'entreprise deviendra un meilleur guide.

12.6.7 La formation sur le terrain

La formation sur le terrain ou en situation de travail est l'une des méthodes d'apprentissage les plus utilisées. Certaines entreprises ont

---

2. Larry J. B. Robinson, «Le jeu de rôles: une formation pour les vendeurs», *Harvard-L'Expansion*, vol. 48, printemps 1988, p. 101-103.

cependant tendance à recourir à cette seule méthode, surestimant par le fait même les capacités de la recrue.

En vertu de cette méthode, la recrue accompagne un représentant d'expérience dans son travail. Cela lui permet d'apprécier concrètement les activités de vente. Ainsi, la recrue apprendra à organiser son travail et à effectuer ses présentations de vente.

Comme nous l'avons déjà mentionné, il est possible que le représentant-formateur n'ait pas la compétence suffisante. De plus, ce travail de formation risque d'être perçu comme étant ennuyeux par le formateur. Cela lui demande beaucoup de son temps, sans compter qu'il craindra peut-être que son travail ne soit mal jugé.

☐ 12.7 Le processus d'évaluation du programme de formation

Maintenant que nous avons examiné la durée et plus particulièrement le contenu d'un programme de formation, il nous reste à évaluer ce programme. Étant donné les coûts que celui-ci implique, l'évaluation sert essentiellement à s'assurer du bien-fondé du programme en tentant de mesurer ses effets sur le rendement des représentants. Mais il n'est pas facile de réaliser une telle évaluation. Il n'existe pas, en fait, de lien direct entre les capacités initiales de la recrue et son rendement une fois qu'elle est dans le feu de l'action. Les comparaisons avec un groupe témoin ne sont d'ailleurs pas possibles étant donné que presque tous les nouveaux représentants suivent la même formation. Comme nous l'avons constaté au chapitre 9, une foule de facteurs peuvent avoir une certaine influence sur le rendement. Alors, est-ce la formation qui améliore le rendement ou est-ce les caractéristiques des recrues?

En tout état de cause, les tests et les examens servent couramment d'évaluation car ils permettent de mesurer le niveau d'acquisition des connaissances. Par ailleurs, la comparaison des résultats peut en dire long sur l'efficacité du programme. Une autre façon d'évaluer le programme de formation consiste à analyser le rendement des représentants régulièrement au cours de leur carrière.

Un dernier objectif de l'évaluation du programme de formation réside dans l'amélioration de l'efficacité de celui-ci. Là-dessus, les commentaires des recrues et des formateurs permettront de modifier le contenu du programme, sa durée ainsi que les divers outils d'apprentissage.

☐ Conclusion

En fait, nous savons peu de chose sur le processus d'évaluation d'un programme de formation appliquée à la vente. D'ailleurs, de nombreuses questions restent sans réponses étant donné la rareté des recherches effectuées dans ce domaine. Celles-ci tendent cependant à démontrer que la formation des vendeurs a son utilité.

INFORMATION SUPPLÉMENTAIRE

ANDERSON, Ralph H., HAIR, Joseph F. et BUSH, Alan J. *Professional Sales Management*, New York, McGraw-Hill Book Company, coll. «Series in Marketing», 1988, chap. 8, p. 255-297.

CHURCHILL, Gilbert A. Jr., FORD, Neil M. et WALKER, Orville C. Jr. *Sales Force Management*, 3ᵉ éd., Homewood (Ill.), Richard D. Irwin, 1990, chap. 12, p. 448-489.

DALRYMPLE, Douglas J. *Sales Management*, New York, 2ᵉ éd., John Wiley and Sons, 1985, chap. 7, p. 286-346.

DOLAN, Shimon L., SCHULER, Randall S. et CHRÉTIEN, Lise. *Gestion des ressources humaines*, Saint-Laurent/Ottawa, Éditions du Trécarré/Éditions Reynald Goulet, 1988, chap. 12, p. 271-299.

SEKIOU, Lakhdar et BLONDIN, Louise. *Gestion du personnel*, Paris, Éditions 4L, 1984, chap. 11, p. 289-319.

THOMPSON, Joseph W. et EVANS, William W. «Behavioral Approach to Industrial Selling», *Harvard Business Review*, vol. 47, mars-avril 1969, p. 137-151.

WERTHER, William B. Jr., DAVIS, Keith et LEE-GOSSELIN, Hélène. *La Gestion des ressources humaines*, 2ᵉ éd., Montréal, McGraw-Hill, 1990, chap. 10, p. 295-322.

QUESTIONS

1. Quels facteurs faut-il considérer lorsqu'on veut déterminer la durée de la formation? Expliquez.

2. Selon vous, quel avantage y a-t-il pour une entreprise à offrir un programme de formation aux recrues?

3. Quels éléments peuvent être traités dans un programme de formation?

4. Pourquoi une recrue devrait-elle être informée sur les caractéristiques de la concurrence?

5. Décrivez les deux types de formation, leurs avantages et leurs inconvénients respectifs.

6. Qu'entend-on par «formateur interne» et «formateur externe»?

7. Quels critères devrait-on considérer lors du choix des outils d'apprentissage?

8. Pourquoi doit-on évaluer le programme de formation?

PLAN

13

L'élaboration
du plan de rémunération

OBJECTIFS

Après l'étude de ce chapitre, vous devriez être capable de:

- Distinguer les différents éléments composant un plan de rémunération.
- Reconnaître l'influence qu'exerce la rémunération sur les vendeurs.
- Reconnaître l'influence qu'exerce la rémunération sur l'entreprise.
- Élaborer un plan de rémunération efficace.
- Préciser les bases de fixation du niveau de rémunération.
- Isoler les facteurs qui influent sur le choix d'un plan de rémunération.
- Décrire et évaluer les différentes structures d'un plan de rémunération.
- Fixer adéquatement le niveau de rémunération.
- Expliquer le rôle des avantages sociaux, des comptes de frais et des concours.

☐ Introduction

Dans ce chapitre, nous aborderons les différents éléments composant un plan de rémunération adapté à la gestion des ventes. La rémunération exerce une grande influence sur les vendeurs, et par conséquent sur leur comportement. D'ailleurs, nous connaissons déjà les effets de celle-ci sur le niveau de motivation des vendeurs. Elle a également une incidence sur le taux de roulement et sur le processus de recrutement.

Un plan de rémunération adéquat maintiendra un taux de roulement à un niveau acceptable et incitera des candidats compétents à se joindre à l'organisation. Dans le cas contraire, l'entreprise risque de démotiver ses vendeurs et de perdre ses meilleurs éléments au profit des concurrents. Une rémunération insuffisante attirera des représentants plus ou moins compétents qui auront un rendement faible. La loi du marché veut en effet que les meilleurs représentants aillent vers le plus offrant.

La rémunération des représentants influence les finances de l'entreprise, car on sait que la gestion des dépenses salariales peut avoir un effet sur la rentabilité de l'entreprise.

Le gestionnaire de la force de vente fait alors face au problème suivant : quelle est la rémunération idéale permettant de motiver les représentants tout en gardant l'entreprise concurrentielle sur le marché et en atteignant les objectifs financiers de celle-ci? Il n'existe pas une réponse définitive à cette question. Il convient alors de se pencher, dans ce chapitre, sur l'élaboration du plan de rémunération. Les divers éléments composant ce plan permettront au gestionnaire d'établir des compensations propres à satisfaire les principaux intéressés, soit les représentants et l'entreprise.

☐ 13.1 Les éléments du plan de rémunération

Les compensations données aux représentants sont subdivisées en deux catégories : la rémunération fixe, comme le salaire et les avantages sociaux, et la rémunération variable, comme les commissions et les primes.

La rémunération fixe est versée aux vendeurs indépendamment de leur rendement et distribuée d'une façon régulière. À l'opposé, la rémunération variable est attribuée en fonction du rendement du représentant. Les commissions sont ordinairement accordées au prorata des ventes ; elles représentent souvent un taux de 6 % des ventes versé après livraison et payé régulièrement, comme les salaires. Les bonis sont versés ordinairement lorsqu'un représentant atteint un objectif préalablement établi. Il peut s'agir d'un montant fixe ou d'un pourcentage des ventes. Les bonis sont payés une fois que l'objectif a été atteint et selon l'entente qui a été conclue auparavant. Dans bien des cas, les bonis sont remis annuellement ou semestriellement au vendeur. Les primes ressemblent aux bonis en ce sens qu'elles sont versées pour une activité de vente particulière. À titre d'exemple, une prime peut être offerte selon un montant fixe chaque fois qu'un nouveau client est joint ; dans d'autres cas, elle servira à encourager un représentant qui développe un nouveau territoire. Lorsque la tâche du vendeur est plus complexe, une prime pourra le motiver ou le récompenser pour ses efforts supplémentaires. Le montant des primes est habituellement moins élevé que celui des commissions et des bonis.

☐ 13.2 Les critères de détermination de la rémunération

Lors de l'élaboration d'un plan de rémunération, il faut d'abord établir la structure et le niveau des salaires en considérant divers critères. Ces derniers sont en fait les différentes façons de mesurer les activités de vente d'un représentant. Ainsi, on peut prendre pour critères d'évaluation le volume des ventes, la rentabilité, le nombre de clients visités par jour, le nombre d'activités de promotion, etc.

Le choix des critères portant sur la performance ou les activités dépend en fait des objectifs de l'entreprise. Si celle-ci désire accroître rapidement sa part de marché, la croissance du volume des ventes sera alors un critère plus adéquat que la rentabilité. Dans les différentes situations, le gestionnaire doit faire appel à son jugement. Il va sans dire que la description de tâches peut être utile au choix des critères.

☐ 13.3 Les facteurs influençant le choix d'un plan de rémunération

Certains facteurs influencent les décisions à prendre afin d'établir le plan de rémunération. Le gestionnaire peut élaborer un plan dans lequel prédominera la rémunération fixe ou la rémunération variable. Celui-ci doit alors considérer certains points, tels que la nature du marché et des canaux de distribution, la nature de la tâche, la compétence des représentants, les capacités financières de l'entreprise et les diverses conditions économiques[1].

Inévitablement, le plan de rémunération est soumis à plusieurs contraintes, dont la moindre n'est pas l'administration des compensations. En effet, il est plus difficile de gérer certaines structures, comme la rémunération à commissions et à primes; au contraire, la rémunération fixe a l'avantage d'être stable, puisque les salaires ne changent pas de semaine en semaine.

☐ 13.4 Le plan de rémunération

Nous avons mentionné les critères permettant de mesurer le travail d'un représentant, les facteurs influençant le choix d'un plan de rémunération

---

1. William J. Stanton et Richard H. Buskirk, *Management of the Sales Force*, 7ᵉ éd., Homewood (Ill.), Richard D. Irwin, 1987, p. 345.

ainsi que les deux principales catégories de compensation, soit la rémunération fixe et la rémunération variable. En nous appuyant sur celles-ci,
nous pourrons élaborer un plan de rémunération.

Le gestionnaire peut récompenser un représentant de plusieurs
façons. Chacune d'elles comporte des avantages et des désavantages. Il
existe d'ailleurs cinq structures salariales : à salaire fixe, à commission, à
salaire et à commission, à salaire et à bonis et la structure à primes.

13.4.1 La structure à salaire fixe

Dans une structure à salaire fixe, on verse sur une base régulière une
somme quelconque à un représentant à la fin d'une période de travail.
Le principal avantage de cette structure consiste dans le fait que les
dépenses en salaires en pourcentage des ventes diminuent à mesure que
les ventes augmentent. En outre, les coûts d'administration sont nettement plus faibles dans cette structure que dans les structures où la rémunération est variable. Dans certains cas, cette structure permet d'améliorer
le recrutement. Effectivement, plusieurs représentants sont attirés par
cette structure salariale à cause de la plus grande sécurité qu'elle
implique : la régularité des versements met le représentant à l'abri des
fluctuations économiques ou d'autres facteurs pouvant nuire aux ventes.
Pour le directeur de l'équipe de vente, il est plus facile d'exercer un
contrôle direct sur les vendeurs, car ceux-ci sont plus liés à l'entreprise
dans ce type de structure que dans une structure à commission seulement.

Le principal inconvénient d'une structure salariale fixe est qu'elle
n'incite pas à l'effort. Ce mode de paiement ne préconise pas non plus
les récompenses, du moins à court terme, à la suite de performances
remarquables, contrairement à la structure à commission. Ainsi, un représentant très efficace devra attendre le moment de la négociation de son
salaire afin d'augmenter ses revenus, si la chose est possible, bien entendu.

Un autre inconvénient majeur est qu'il peut être difficile pour de
petites entreprises de verser des salaires fixes lorsque le volume des ventes
est bas. Celles-ci opteront alors pour une structure à commission. Finalement, une structure à salaire fixe tend à favoriser les vendeurs médiocres
et à ne pas récompenser assez les meilleurs représentants.

La structure à salaire fixe convient davantage à certains types de vente,
comme la promotion des ventes, où il n'y a pas de vente proprement dite.
De plus, si la vente se fait en équipe, une structure à salaire fixe facilitera
les échanges entre les vendeurs. Enfin, si l'entreprise veut établir un service à la clientèle de qualité, elle a alors intérêt à adopter une structure
à salaire fixe. Suivant cette formule, les représentants devront accorder la

priorité à la satisfaction des besoins des clients et non à l'augmentation de leurs revenus.

13.4.2 La structure à commission

Les représentants qui travaillent à commission touchent uniquement un pourcentage sur les ventes après livraison du produit. Il existe des variantes à cette structure, comme le paiement selon le profit généré par les ventes ou le versement de la commission sur les commandes avant même qu'elles soient livrées. Les retours, qui échappent à la volonté de l'entreprise, sont ordinairement déduits de la commission et certaines entreprises retranchent aussi les mauvaises créances en totalité ou en partie. Mais dans tous les cas la commission est versée régulièrement comme un salaire.

Une structure basée exclusivement sur les commissions encourage l'effort et la performance du vendeur mais ne prévoit aucune sécurité sur le plan du revenu de celui-ci. Cette structure est avantageuse pour l'entreprise car elle paie le vendeur seulement lorsqu'il réalise des ventes. Si les ventes diminuent, les dépenses salariales diminuent également ; et plus les représentants vendent, plus l'entreprise fait de profits, tout en versant des commissions plus importantes. Dans une structure à salaire fixe, même si les ventes sont très faibles, l'entreprise doit supporter une masse salariale. Lorsqu'elle atteint un certain volume des ventes, une entreprise pourrait avoir intérêt à modifier sa structure étant donné les gains trop considérables enregistrés par les représentants ; un rendement équivalent serait alors obtenu dans une structure à salaire fixe. À la figure 13.1, nous constatons que, pour un volume des ventes totales inférieur à 1 000 000 $, le coût du salaire de 70 000 $ est deux fois plus élevé pour l'entreprise que la commission de 35 000 $ pour des ventes de 500 000 $. Cependant, si les ventes excèdent 1 000 000 $ par année, une structure à salaire fixe peut être moins coûteuse qu'une structure à commission. Toujours selon notre exemple, des ventes de 1 500 000 $ par année engendreront une commission de 105 000 $ tandis que le salaire sera encore de 70 000 $, sans considérer les dépenses reliées aux ventes supplémentaires ; on observe donc un écart de 35 000 $ entre les deux structures.

La structure à commission offre la possibilité aux vendeurs performants de faire des gains très importants et elle repousse du même coup les vendeurs incompétents. La vente à commission peut aussi donner au représentant une liberté d'action plus grande que s'il avait un salaire fixe. Les vendeurs à commission sont d'ailleurs considérés comme des travailleurs autonomes. Ils n'ont pas un lien particulier avec l'entreprise ; ils agissent comme vendeurs au nom de l'organisation, sans pour autant y appartenir. Ce dernier point constitue un des inconvénients majeurs de

FIGURE 13.1
Structures de rémunération

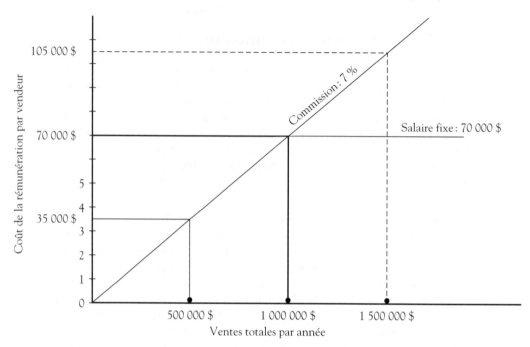

la structure à commission. Il est beaucoup plus difficile, en effet, de faire le suivi du travail des représentants à commission que de faire celui du travail des vendeurs salariés. Les premiers sont plus indépendants et moins loyaux à l'égard de l'organisation qui recourt à leurs services.

Les représentants payés sous forme de commission mettent l'accent sur la vente au détriment de certaines fonctions ou tâches associées à celle-ci. Ainsi, ils seront moins enclins à développer de nouveaux territoires moins rentables ou à offrir un service de qualité à la clientèle. Ils se contenteront parfois de corriger une situation dans la mesure où cela peut déboucher sur de nouvelles ventes.

Bien qu'elle estime que l'appât du gain constitue l'élément le plus motivant chez les représentants payés à commission, l'étude de Darmon (1974[2]) démontre que ces derniers cherchent à minimiser leurs efforts pour obtenir une certaine rémunération. Il y a donc un risque évident

2. René Y. Darmon, «Salesmen's Response to Financial Incentives: An Empirical Study», *Journal of Marketing Research*, vol. 11, novembre 1974, p. 418-426.

qu'une fois qu'ils ont atteint l'objectif qu'ils se sont fixé, des vendeurs réduisent leur performance. L'entreprise, qui a peu d'emprise sur eux, doit redoubler d'ingéniosité pour qu'ils continuent de faire des efforts. On peut d'ailleurs constater que certains représentants qui se sont établi une clientèle importante ne travaillent que quelques heures par jour tout en touchant des revenus enviables.

Étant peu loyaux envers l'organisation qui les emploie, ils risquent de partir lorsqu'il y a une récession économique ou une diminution des ventes due au contexte concurrentiel. Dans de tels cas, ils n'hésitent pas à se tourner vers une organisation qui leur offrira de meilleures conditions et un potentiel de ventes plus élevé.

Plusieurs représentants ne sont pas attirés par la vente à commission à cause des inconvénients qu'elle comporte, le principal étant l'instabilité du revenu. Par ailleurs, il ne faut pas oublier qu'une image négative est associée à une telle structure. Tout compte fait, le recrutement de représentants payés à commission s'avère parfois plus difficile, surtout dans les petites entreprises qui démarrent et dont le nouveau produit n'est pas très prometteur. À l'inverse, lorsque les conditions sont excellentes, l'entreprise a des chances de recruter les meilleurs vendeurs.

13.4.3 La structure à salaire et à commission

Compte tenu des avantages et des inconvénients des structures à salaire fixe et à commission, il ne faut pas se surprendre du fait que plusieurs entreprises adoptent une combinaison de ces deux formules. Il s'agit alors d'un compromis qu'on effectue afin de retirer les avantages de chacune des structures, tout en limitant leurs inconvénients.

Le salaire de base assure aux vendeurs la sécurité qu'ils recherchent et la commisison agit comme facteur de motivation. Un des avantages de cette structure mixte est sa souplesse. Suivant l'objectif qu'il veut atteindre, le gestionnaire peut doser différemment le salaire et la commission. Or, en offrant un salaire de base plutôt bas et une commission importante, on vise la croissance. Par contre, un salaire de base élevé et une commission faible favoriseront le service à la clientèle et le travail d'équipe.

L'équilibre entre le salaire et la commission peut varier selon les objectifs de l'entreprise et les conditions du marché. Ainsi, le salaire peut être ajusté selon le rendement et l'expérience d'un représentant. À titre d'exemple, une organisation favorisera un salaire de base plutôt élevé durant les premiers mois de travail du vendeur, pour ensuite le diminuer et augmenter la proportion de la commission.

Le principal inconvénient d'une structure à salaire fixe et à commission consiste dans sa complexité. Il est alors essentiel de bien expliquer aux vendeurs la structure de rémunération ainsi que les objectifs qui la sous-tendent. Cette complexité de la structure mixte se traduit pour l'entreprise par une augmentation des coûts reliés à l'administration des salaires. L'entreprise doit alors établir un procédé visant à évaluer les commissions à verser. Il faut donc prévoir des contrôles serrés afin d'éviter les erreurs de calcul sur les commissions.

Certaines entreprises optent pour la complexité du calcul des salaires et des commissions. Cette structure vise non pas à démontrer les capacités en mathématiques du gestionnaire de la force de vente, mais à encourager le rendement et la réalisation des objectifs.

13.4.4 La structure à salaire et à bonis

Tout comme dans la structure précédente, le représentant reçoit un salaire de base, mais la commission, cette fois-ci, est remplacée par un boni. L'objectif de la commission consiste dans l'amélioration des résultats des ventes. Le boni, quant à lui, procure une récompense seulement lorsqu'un objectif a été atteint. Il représente ordinairement une portion assez faible de la rémunération totale, soit entre 5 % et 15 %. Les bonis sont en général versés à la fin de l'année fiscale, ou bien deux fois par année ou à chaque trimestre.

Les modalités du boni sont habituellement précisées ; il comporte en effet une limite de temps et une quantité à atteindre. La commission est basée sur le volume des ventes enregistré, tandis que le boni est relié à la réalisation totale ou partielle d'un objectif déterminé.

Cet objectif peut consister dans la croissance du volume des ventes ou du nombre de nouveaux clients pendant une période donnée. Lorsque l'objectif n'est pas atteint, certaines entreprises optent pour le versement de bonis compensatoires, selon une échelle établie au préalable. Par exemple, si l'objectif a été atteint à 75 %, le vendeur recevra 25 % du boni. Cette mesure permet de ne pas réduire la motivation du représentant.

Les bonis risquent toutefois de donner lieu à l'établissement d'objectifs trop ambitieux ou de favoriser seulement quelques représentants dans l'équipe. Des objectifs trop élevés démotiveront les vendeurs ; ils susciteront chez eux de l'insatisfaction. De même, des bonis non équitables pour tous les représentants créeront des conflits parmi l'équipe. Les bonis doivent être substantiels afin de motiver les représentants. Certaines entreprises offrent des bonis tellement bas qu'ils provoquent les railleries des représentants au lieu d'améliorer leur motivation. Par ailleurs, les représentants risqueront de se décourager s'ils n'obtiennent pas les bonis alléchants liés à la réalisation de certains objectifs.

La durée a aussi un effet sur la motivation des représentants. Lorsque le boni porte sur une période trop longue, les représentants ont tendance à faire des efforts au dernier moment. Si les objectifs sont établis à moyen terme ou à court terme, cela amènera les représentants à mieux répartir leurs efforts, et les ventes connaîtront alors une plus grande stabilité.

Un autre inconvénient du boni est que certains représentants relâcheront leurs efforts lorsqu'ils constateront qu'ils n'atteindront pas l'objectif fixé. Ils maintiendront alors un rythme lent jusqu'à l'annonce du prochain objectif. Si le montant du boni leur plaît, ils repartiront à sa conquête. D'ailleurs, les bonis ne plaisent pas à tous. Certains y voient une façon simpliste de motiver les vendeurs et n'aiment pas l'ambiance de concurrence qu'ils engendrent. En fait, plusieurs représentants considéreront qu'ils subissent assez de pression de la part de leurs clients sans avoir à supporter celle des bonis.

Le recours aux bonis risque aussi de créer une certaine dépendance. S'ils sont supprimés, quel effet cela aura-t-il sur la motivation et la performance des représentants? De plus, on peut s'interroger sur l'influence qu'exercent les récompenses sur le rendement des représentants. Quel est le point auquel le renforcement optimise le rendement?

13.4.5 La structure à primes

On peut ajouter des primes aux différentes structures de rémunération. Malgré qu'on y fasse peu souvent appel, elles encouragent des représentants à effectuer certaines activités de vente.

Les primes sont normalement accordées non pas selon le mérite, comme dans la structure précédente, mais en fonction d'une tâche supplémentaire à faire d'ici un certain temps. Ainsi, on peut donner une prime à un représentant parce qu'il participe à un salon ou suit une formation.

13.5 La détermination du niveau de rémunération

Une fois la structure de rémunération sélectionnée, le gestionnaire de la force de vente doit lui attribuer une valeur monétaire. Il s'agit en fait de fixer l'échelle de salaire, le taux de la commission et le montant des bonis et des primes.

La façon la plus simple de déterminer la rémunération d'un représentant consiste à établir un montant qui permet d'atteindre certains objectifs. Les revenus obtenus doivent être suffisants pour attirer de bons candidats, pour conserver les représentants actuels et pour motiver la force de vente. Les revenus doivent également correspondre aux types de vente de même qu'à la capacité de payer de l'entreprise. L'âge, l'expérience, le rendement prévu et le choix de la structure jouent aussi un rôle dans la détermination du niveau de rémunération. Notons à ce sujet que les petites organisations ont tendance à mieux payer leurs vendeurs que les grandes organisations[3]. Cela est probablement dû au fait qu'une entreprise de petite taille a un budget de publicité moins élevé, ce qui favorise la force de vente et aide l'entreprise à bâtir sa réputation.

Il y a deux risques reliés à la détermination du niveau de rémunération, soit ceux de fixer une rémunération trop basse ou une rémunération trop élevée. Le fait d'offrir une rémunération inférieure à la moyenne du marché aide à maintenir les dépenses à un niveau relativement bas. Cependant, l'entreprise risque de se retrouver avec une équipe formée d'éléments incompétents. Ainsi, après un certain temps, les vendeurs médiocres resteront dans l'organisation et les meilleurs vendeurs quitteront celle-ci pour des entreprises versant une rémunération supérieure. En conséquence, le taux de roulement sera élevé. L'entreprise dont l'équipe de vente est inefficace risque alors d'accorder des promotions à des personnes incompétentes; les gestionnaires médiocres sélectionnés feront appel à leur tour à des individus incompétents.

À l'inverse, une rémunération trop élevée entraîne des coûts de ventes excessifs. Les vendeurs surpayés ne désireront pas accéder à des postes de cadres, et l'entreprise risquera ainsi de voir ses gains diminuer. En plus d'avoir du mal à recruter des gestionnaires, cette entreprise sera privée des ressources financières qui auraient pu être allouées à sa stratégie de marketing.

☐ 13.6 Les avantages sociaux, les comptes de frais et les concours

Un chapitre sur la rémunération ne serait pas complet s'il ne faisait mention des avantages sociaux, des comptes de frais et des concours.

13.6.1 Les avantages sociaux

En général, la force de vente obtient de l'employeur les mêmes avantages sociaux que les autres employés de l'organisation. Les avantages sociaux

---

3. Richard C. Smith, «Financial Incentives for Salesmen», *Harvard Business Review*, vol. 46, janvier-février 1968, p. 109-117.

attribués par l'entreprise font ordinairement partie d'un plan global; on trouve notamment diverses assurances et un régime de retraite, comme l'indique le tableau 13.1.

Les avantages sociaux permettent d'attirer des candidats, de récompenser les représentants et de leur offrir une certaine sécurité. En tant que complément au plan de rémunération, ils doivent être comptabilisés comme une compensation.

TABLEAU 13.1
Avantages sociaux

Avantages	Pourcentage des entreprises qui offrent ces avantages
Assurance-maladie et hospitalisation	99
Assurance-accident du travail	85
Assurance-vie	92
Assurance dentaire	25
Programme de services éducatifs	60
Programme de participation aux bénéfices	36
Régime de retraite	56
Programme d'achat d'actions	18
Utilisation personnelle d'une voiture fournie par l'entreprise	52
Adhésion à des clubs et associations	38
Programme de maintien du salaire	62
Remboursement de frais de déménagement	65

SOURCE: Adapté des données de John P. Steinbrinks, «Pour vos vendeurs, un cocktail de rémunérations», *Harvard-L'Expansion*, vol. 11, hiver 1978-1979, p. 40-55.

13.6.2 Les comptes de frais

Les frais de vente enregistrés par les vendeurs représentent des sommes d'argent fort importantes. Ils peuvent constituer l'équivalent de 35 % du salaire du vendeur dans certains cas. Les principaux frais courants sont les frais de transport, comme ceux inhérents à l'utilisation d'une auto, aux voyages et aux sorties, et les frais de communication, comme les appels interurbains et l'usage d'un téléphone cellulaire.

Le compte de frais ne devrait nullement être apparenté à une forme de rémunération. Ainsi, le contrôle des frais devrait être flexible et équitable. Il faudrait en effet rembourser au représentant ses frais, sans que celui-ci subisse une perte ou enregistre un profit. Un contrôle des frais adéquat devrait aussi être facile à administrer.

Afin d'éviter les malentendus ou les conflits, les politiques et règlements rattachés aux dépenses doivent être soigneusement expliqués aux vendeurs. Un compte de frais devrait comporter une gestion simple autant pour l'entreprise que pour le vendeur.

Il y a deux types de comptes de frais généralement préconisés par les petites et les grandes organisations, soit le compte de frais illimité et le compte de frais limité.

Le compte de frais illimité est le plus populaire des deux. Il laisse une très grande discrétion au représentant car l'entreprise accepte en principe de rembourser les frais jugés raisonnables. Dans la réalité, un représentant est en mesure de déterminer quelles sont les dépenses régulières reliées à l'exercice de ses fonctions. Dans le cas où les frais sont supérieurs à la norme habituelle en raison de circonstances exceptionnelles, le représentant doit alors demander une permission à son supérieur ou au responsable du budget.

Certaines entreprises limitent le remboursement des frais d'une manière globale ou par catégories. À titre d'exemple, pour un repas avec un client, la limite peut être fixée à 45 $ le midi et à 65 $ le soir. Le compte de frais limité permet de mieux contrôler les dépenses selon un budget préétabli. Il faut cependant éviter de mettre au point un système de gestion flou qui permettrait aux vendeurs de tirer parti de certaines catégories.

13.6.3 Les concours

Les concours ont pour but de motiver les membres de la force de vente à atteindre un objectif de vente déterminé au cours d'une période relativement courte. Ils ne font cependant pas partie du plan de rémunération formel. Les récompenses sont des prix en argent ou des voyages; elles peuvent aussi consister en une forme de reconnaissance à la suite d'une performance, comme la désignation de «vendeur du mois».

Dans certains cas, les concours peuvent inciter les représentants à fournir un effort particulier. Il ne faut toutefois pas perdre de vue le fait que les concours risquent de créer des problèmes lorsqu'ils sont mal utilisés, mal gérés ou mal préparés. Ils génèrent parfois parmi les représentants une concurrence excessive ou encore de la jalousie. Certains vendeurs augmenteront même les inventaires des clients pour pouvoir participer aux concours, ce qui aura pour effet de mettre en péril la confiance de ces derniers envers eux.

En dernière analyse, si les concours sont mal organisés, l'insatisfaction des vendeurs pourra être dirigée vers l'entreprise et les responsables des concours. Ajoutons à cela que les concours ne conviennent pas à tous les tempéraments. Ainsi, de bons vendeurs les perçoivent comme une façon détournée de mesurer leur compétence et leur rendement.

☐ Conclusion

La rémunération constitue l'un des meilleurs moyens de recruter des candidats efficaces et de motiver la force de vente. Une structure de rémunération qui tient compte des divers points soulevés dans ce chapitre permettra au gestionnaire d'atteindre ses objectifs de façon réaliste. Après avoir choisi la structure de rémunération, le gestionnaire doit fixer un niveau de rémunération équitable pour le représentant et accordé avec la capacité de payer de l'entreprise. Un plan de rémunération doit s'ajuster constamment en fonction des divers changements qui se produisent dans l'environnement. Un plan de rémunération est un outil stratégique que l'entreprise doit considérer sérieusement.

INFORMATION SUPPLÉMENTAIRE

ANDERSON, Eric et OLIVIER, Richard L. «Perspectives on Behavior-Based Versus Outcome-Based Salesforce Control Systems», *Journal of Marketing*, vol. 51, octobre 1987, p. 76-88.

BASU, Amiya K., LAL, Rajiv, SRINIVASAN, V. et STAELIN, Richard. «Sales Compensation Plans: An Agency Theoretic Perspective», *Marketing Science*, vol. 4, automne 1985, p. 267-291.

CHURCHILL, Gilbert A. Jr., FORD, Neil M. et WALKER, Orville C. Jr. «Personal Characteristics of Salespeople and the Attractiveness of Alternative Rewards», *Journal of Business Research*, vol. 7, juin 1979, p. 25-50.

FUTRELL, Charles M. et JENKINS, Omer C. «Pay Secrecy Versus Pay Disclosure for Salesmen: A Longitudinal Study», *Journal of Marketing Research*, vol. 15, mai 1978, p. 214-219.

JOHN, George et WEITZ, Barton A. «Salesforce Compensation: An Empirical Investigation of Factors Related to Use of Salary Versus Incentive Compensation», *Journal of Marketing Research*, vol. 26, février 1989, p. 4-14.

SAXE, Robert et WEITZ, Barton A. «The SoCo Scale: A Measure of the Customer Orientation of Salespeople», *Journal of Marketing Research*, vol. 19, août 1982, p. 343-351.

SMYTH, Richard C. «Financial Incentives for Salesmen», *Harvard Business Review*, vol. 46, janvier-février 1968, p. 109-117.

STATA, Ray et MAIDIQUE, Modesto A. «Sursalaire et accroissement des ventes», *Harvard-L'Expansion*, vol. 19, printemps 1981, p. 52-61.

STEINBRINKS, John P. «Pour vos vendeurs, un cocktail de rémunérations», *Harvard-L'Expansion*, vol. 18, hiver 1978-1979, p. 40-51.

QUESTIONS

1. Quelles influences la rémunération peut-elle exercer sur les représentants?

2. Qu'est-ce qu'un plan de rémunération adéquat, selon vous?

3. Quels sont les effets les plus marquants d'une rémunération insuffisante?

4. Comment peut-on différencier la rémunération fixe de la rémunération variable?

5. Comment peut-on fixer le niveau de rémunération?

6. Quels facteurs influencent le plan de rémunération?

7. Comparez une structure à salaire fixe avec une structure à commission.

8. Quel objectif vise-t-on en récompensant les représentants au moyen de bonis?

9. Comment un gestionnaire devrait-il justifier l'attribution de primes à ses vendeurs?

10. Quels dangers guettent le gestionnaire lors de la fixation du niveau de rémunération?

11. Quelle place les avantages sociaux occupent-ils dans un plan de rémunération?

12. Pourquoi le compte de frais ne fait-il pas partie du plan de rémunération?

13. Analysez les avantages et les inconvénients que comportent les concours.

PLAN

14

L'art de la gestion
de la force de vente :
la motivation et le leadership

OBJECTIFS

Après l'étude de ce chapitre, vous devriez être capable de :
- Saisir l'importance de la motivation dans la gestion de la force de vente.
- Reconnaître le rôle essentiel du directeur des ventes.
- Évaluer la relation entre la motivation et le rendement.
- Établir les liens entre, d'une part, la motivation et, d'autre part, les besoins et les désirs.
- Distinguer la motivation et la satisfaction.
- Comprendre le comportement des représentants à l'égard de la motivation.
- Donner la signification de l'expression « art de la gestion ».
- Décrire les théories de la motivation les plus connues.
- Reconnaître les conséquences managériales des théories de la motivation.
- Décrire les différentes techniques de motivation.
- Reconnaître l'importance du lien existant entre la motivation et le leadership.
- Comparer les théories et les approches portant sur le leadership.

☐ Introduction

Le principal rôle de la force de vente consiste à vendre les produits et les services d'une entreprise. Cependant, vendre n'est pas tout ; il faut de plus parvenir à maximiser les ventes. Cela signifie que le gestionnaire de la force de vente a la responsabilité d'exploiter le potentiel de vente de chacun des membres de son équipe.

Dans ce chapitre, nous parlerons de la motivation, du latin *motivus*, «qui fait mouvoir», c'est-à-dire ce qui pousse à agir. La motivation est en quelque sorte l'élément clé qui amène les individus, particulièrement les représentants, à agir, soit à vendre. Nous étudierons la motivation sous deux angles: celui du représentant – car nous tenterons de mieux comprendre ce qui le motive – et celui du gestionnaire de la force de vente. En effet, vu sa position stratégique, celui-ci est l'acteur principal auquel incombe la responsabilité de motiver les représentants à vendre selon leurs capacités, et c'est par son leadership qu'il pourra y réussir.

☐ 14.1 La relation entre la motivation et le rendement

L'existence d'une relation entre la motivation et le rendement n'est plus remise en question par les chercheurs, loin de là. Par contre, il est important de souligner que la motivation n'engendre pas nécessairement les performances. D'ailleurs, vous connaissez sûrement des individus fort motivés qui ne performent pas bien pour autant. Il suffit de penser aux enfants, qui ont la meilleure volonté du monde pour relever presque tous les défis qui se présentent, mais dont les efforts ne portent pas toujours des fruits. Nous pouvons quand même affirmer qu'à compétence égale un vendeur motivé performera mieux qu'un représentant qui n'a pas le cœur à l'ouvrage.

☐ 14.2 La relation entre, d'une part, la motivation et, d'autre part, les besoins et les désirs

Les individus sont motivés parce qu'ils croient qu'ils peuvent satisfaire leurs besoins (physiologiques et psychologiques) et leurs désirs en agissant d'une certaine façon. Les êtres humains ont tous des besoins à combler, qui donnent naissance à leur tour à des désirs.

Prenons, par exemple, le besoin de se loger et le désir d'acheter une maison luxueuse. La relation entre le besoin et le désir provoque inévitablement des tensions parce que le désir en question est insatisfait. Ces tensions sont causées par le prix très élevé des maisons luxueuses. L'individu voulant combler ce désir déterminera alors les actions qui lui permettront de supprimer ces tensions. Ainsi, un vendeur fera plus d'efforts au travail afin d'augmenter ses gains; de cette manière, il rendra possible l'achat du bien qu'il convoite. Cet exemple, qui illustre la relation entre les besoins et les désirs, peut sembler banal. Mais les rapports entre ces deux éléments ne sont pas aussi simples que cela.

L'environnement exerce aussi une influence prépondérante sur les besoins et les désirs. Prenons le cas d'un représentant qui constate les effets positifs d'une promotion attribuée récemment à un de ses collègues. Cette promotion peut alors lui donner le goût d'atteindre un niveau de rendement supérieur, afin qu'il puisse à son tour monter un échelon.

Dans un autre ordre d'idée, les besoins engendrent d'autres besoins, ce qui ajoute à la complexité de la relation entre, d'une part, les besoins et les désirs et, d'autre part, la motivation. La satisfaction d'un besoin peut donc provoquer le désir de combler un autre besoin. Ainsi, les besoins sont comblés par divers comportements ; or, le désir de supprimer une tension ne provient pas d'un besoin, mais il est le résultat d'un comportement. À titre d'exemple, le besoin d'estime peut être renforcé chez un vendeur par une première place obtenue dans un concours ; à l'opposé, ce besoin peut être refoulé s'il n'a eu que la quatrième place.

14.3 La relation entre la motivation et la satisfaction

Il existe une différence notable entre la motivation et la satisfaction. La motivation consiste dans les efforts fournis dans le but d'atteindre une performance. La satisfaction, quant à elle, correspond à la fierté qu'un individu ressent après qu'un besoin a été comblé.

La motivation vise notamment la réalisation de résultats après une période préétablie, tandis que la satisfaction implique le contentement face aux résultats qui ont été obtenus. Concrètement, un vendeur peut être satisfait de son travail sans pour autant être motivé. L'inverse est d'ailleurs possible, c'est-à-dire qu'un représentant peut être motivé tout en étant insatisfait des résultats qu'il obtient. À ce sujet, un travail qui offre peu de satisfaction risque d'accentuer le taux de roulement, parce qu'un représentant insatisfait sera plus porté à chercher un poste dans une autre organisation où il espère être plus heureux[1].

---

1. George H. Lucas Jr., A. Parasuraman, Robert A. Davis et Ben M. Enis, «An Empirical Study of Salesforce Turnover», *Journal of Marketing*, vol. 51, juillet 1987, p. 34-59, et Gilbert A. Churchill Jr., Neil M. Ford et Orville C. Walker Jr., «Organizational Climat and Job Satisfaction in the Salesforce», *Journal of Marketing Research*, vol. 13, novembre 1976, p. 323-332.

□ 14.4 La motivation et le comportement des représentants

On peut se demander pourquoi des représentants sont toujours très motivés et d'autres le sont moins. La raison est que certains vendeurs non seulement perçoivent leur travail comme étant très enrichissant, fascinant même, et ne le quitteraient pour rien au monde, mais encore ils sont ambitieux et veulent toujours pousser plus loin leur performance de vente. En tout état de cause, la majorité des vendeurs ont besoin d'encouragement et d'éléments de motivation particuliers pour faire leur travail au meilleur de leurs capacités.

La vente n'est pas un travail facile. En plus de devoir atteindre des objectifs souvent fort élevés, les vendeurs connaissent continuellement des hauts et des bas. En effet, ils éprouvent une certaine exaltation lorsqu'ils concluent une vente; d'un autre côté, ils ressentent une vive déception devant le refus signifié par un client. Par surcroît, à maintes reprises, ils subissent les sautes d'humeur des clients insatisfaits, même s'ils ne sont pas responsables de la situation. De plus, ils travaillent ordinairement seuls, leurs tâches sont souvent routinières et ils encaissent les coups de la concurrence.

Si la nature des tâches influence le moral des vendeurs, le facteur humain joue aussi un rôle dans la motivation. Signalons à ce propos que, sans une motivation particulière axée sur leurs besoins, la majorité des représentants ont tendance à ne faire que ce qui est leur demandé. Dans de tels cas, leur rendement est inférieur à leur capacité réelle de vente.

□ 14.5 L'art de la gestion

L'un des principaux rôles du directeur des ventes consiste à créer un climat de travail favorisant un bon rendement. C'est l'art de la gestion[2]. Le gestionnaire doit donc faciliter le rendement des vendeurs en utilisant adéquatement des facteurs de motivation qui amèneront les représentants à accroître leurs efforts. Le tableau 14.1 présente plusieurs facteurs qui peuvent motiver les vendeurs.

Les facteurs de motivation sont des éléments qui influencent le comportement des représentants. Fait à noter, les individus ne réagissent pas tous de la même façon aux éléments de motivation. Ainsi, il n'y a pas

---

2. Harold Koontz et Cyril O'Donnell, *Management: principes et méthode de gestion*, Montréal, McGraw-Hill, coll. «Administration», 1980, chap. 20, p. 461, et chap. 21, p. 489.

TABLEAU 14.1
Facteurs de motivation

Le plan de rémunération
    La structure
    Le salaire
    La commission
    Les bonis
    Les primes
    Les avantages sociaux

Les concours de vente (repas, voyages, etc.)

Les réunions et congrès

Les récompenses
    La reconnaissance du rendement par le gestionnaire et au moyen de prix

Les possibilités de promotion et le plan de carrière

L'image de l'entreprise

Les quotas de ventes et les objectifs à atteindre

Le territoire de vente

Les clients

L'évaluation du rendement

Les programmes de formation et de perfectionnement

La gestion du service
    Le style de leadership
    Les politiques et les règles
    La communication

Le renforcement positif et négatif
    Les récompenses
    Les sanctions

La nature de la tâche

Les collègues et le personnel des ventes

Les éléments du marketing stratégique
    Les produits
    Le budget publicitaire
    La capacité de livraison dans les délais prévus
    Les prix du produit
    La position concurrentielle

deux représentants qui soient motivés par les mêmes facteurs. Certains vendeurs sont facilement motivés par des gains monétaires, d'autres le sont par une promotion, et ainsi de suite. C'est ici que l'art de la gestion prend tout son sens. Cependant, pour identifier les combinaisons optimales d'éléments de motivation, il faut étudier les grandes théories de la motivation.

Nous aborderons d'abord la motivation sous l'angle des récompenses et des sanctions; ensuite, nous verrons les théories de la motivation les plus connues: la théorie de Maslow, la théorie des deux facteurs de Herzberg, la théorie de Vroom et la théorie des besoins de McClelland.

14.5.1 Les récompenses et les sanctions

Avant d'étudier les principales théories sur la motivation, il faut rappeler que les récompenses et les sanctions représentent des facteurs de motivation importants. Ce ne sont cependant pas les seuls, loin de là.

La récompense qu'on trouve le plus souvent est d'ordre financier. Ce type d'incitation est souvent critiqué, mais il reste un facteur de motivation puissant. La récompense se traduit principalement dans le salaire, par les bonis et les primes. Presque toutes les théories portant sur la motivation reconnaissent la valeur des récompenses.

La sanction, ou la peur, constitue un autre facteur de motivation. La sanction consiste dans la peur de perdre un boni convoité, de subir une rétrogradation, de perdre l'estime des collègues et des supérieurs ou d'être congédié, avec les conséquences que cela comporte. L'utilisation des sanctions n'est cependant pas la meilleure façon de motiver les représentants[3]. Elles risquent d'entraîner le relâchement ou l'indifférence, lesquels conduisent à l'insatisfaction. Si le moral des troupes est à la baisse, cela peut compromettre à moyen terme le rendement des représentants.

14.5.2 La théorie de Maslow

Parmi les théories de la motivation, la plus connue est sans contredit la théorie de la hiérarchie des besoins élaborée par le psychologue Abraham Maslow (1954[4]). Cette théorie se présente sous la forme d'une pyramide. Elle repose sur un ensemble de besoins que chaque individu tend à combler (voir la figure 14.1).

L'essentiel de la théorie de Maslow réside dans le fait qu'un individu comblera d'abord ses besoins de base, les besoins physiologiques, pour

---

3. Frederick Herzberg, «À la recherche des motivations perdues», *Harvard-L'Expansion*, vol. 3, automne 1977, p. 96-105.

4. Abraham Maslow, *Motivation and Personality*, New York, Harper and Row, 1954.

FIGURE 14.1
Pyramide des besoins de Maslow

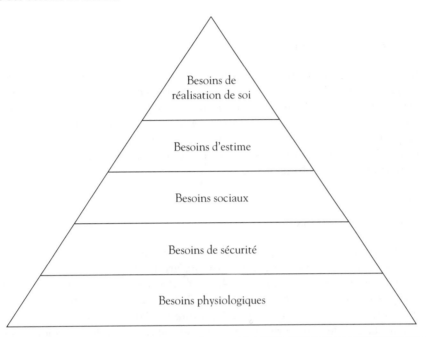

SOURCE: Abraham Maslow, *Motivation and Personality*, New York, Harper and Row, 1954.

ensuite s'élever vers le sommet de la pyramide. La satisfaction des besoins distincts constitue une source de motivation permettant d'accéder à des niveaux supérieurs de besoins. Le point important de cette théorie est d'ailleurs le processus de passage d'un niveau inférieur à des niveaux supérieurs de besoins. Or, si le gestionnaire connaît les besoins qu'un représentant désire combler, il pourra établir un plan de motivation adapté à lui spécialement, contribuant ainsi à améliorer le climat de travail et le rendement.

Dans un ordre croissant, les besoins identifiés par Maslow sont les suivants:

Les besoins physiologiques

Ils s'agit des besoins fondamentaux propres à assurer la survie d'un individu, comme la nourriture, le vêtement et le besoin de satisfaction sexuelle. Le représentant doit alors combler ses besoins de base et le directeur doit, de son côté, veiller dans la mesure du possible à la santé et aux conditions de vie des membres de la force de vente.

Les besoins de sécurité

Les besoins de sécurité comprennent la sécurité physique et la sécurité psychologique. Ils consistent en une protection contre les dangers comme la perte d'un emploi. Le représentant peut combler ses besoins de sécurité par la sécurité d'emploi, la sécurité du revenu et diverses assurances. Pour sa part, le gestionnaire aide à combler ces besoins en établissant une rémunération adéquate. Les avantages sociaux constituent un élément important de la rémunération.

Les besoins sociaux

Les humains sont des êtres sociaux. Ils ont besoin d'être acceptés par les autres et d'appartenir à un ou plusieurs groupes. Dans le cadre de son travail, le représentant aime aussi avoir des contacts amicaux et être accepté par ses pairs et ses supérieurs. Face à ce besoin, une des tâches du directeur des ventes consiste à entretenir dans la force de vente un climat favorable aux rapports interpersonnels. Ainsi, les réunions, les congrès et d'autres formes de communication ont prouvé leur efficacité.

Les besoins d'estime

Après que les individus auront satisfait leurs besoins sociaux, ils tenteront de combler leurs besoins d'estime. Ils chercheront alors à être appréciés de leurs collègues et de leurs supérieurs. Le représentant assouvira ses besoins par le pouvoir, le prestige ou par son rang social. Quant au directeur des ventes, il peut laisser au représentant plus de responsabilités dans diverses tâches et activités. Une promotion et la reconnaissance par suite d'une performance permettent aussi de combler ces besoins.

Les besoins de réalisation de soi

Au sommet de la pyramide se trouvent les besoins de réalisation de soi, c'est-à-dire le désir de créer, d'utiliser au maximum son potentiel lors de l'accomplissement d'une tâche. Le représentant voudra alors se réaliser, s'épanouir. En accordant à ce dernier une plus grande liberté d'action, le gestionnaire lui permettra de se dépasser.

14.5.3 La théorie des deux facteurs de Herzberg

La théorie des deux facteurs défendue par Herzberg et ses collaborateurs en 1957[5] suppose que les besoins se divisent en deux grandes catégories : les facteurs d'hygiène et les facteurs de motivation. Les facteurs d'hygiène contribuent à maintenir une certaine satisfaction chez le représentant. Ils comprennent les conditions de travail, le climat de travail, les politiques de l'organisation, le style de supervision, les relations interpersonnelles, le salaire, la position sociale et la sécurité d'emploi, incluant la vie familiale. Ces facteurs ne suscitent pas nécessairement la motivation, mais ils minimisent l'insatisfaction. Quant aux facteurs de motivation, ce sont l'accomplissement, les possibilités de promotion, la croissance personnelle et la reconnaissance. Ces facteurs provoquent la satisfaction chez les individus et engendrent leur motivation.

Selon cette théorie, le directeur des ventes a tout intérêt à fournir au représentant les éléments nécessaires à l'accomplissement de son travail en lui offrant un contexte favorable. Les facteurs d'hygiène incluent les divers éléments facilitant le travail du vendeur, comme une automobile convenable ou un téléphone cellulaire. Les facteurs de motivation permettront au gestionnaire d'enrichir la tâche du représentant, d'accroître ses responsabilités et d'améliorer les relations personnelles entre les représentants et leurs supérieurs.

14.5.4 La théorie de Vroom

Au chapitre 8, nous avons abordé la théorie des résultats escomptés. Notre étude était alors orientée vers le rendement et les comportements des vendeurs. Cette fois, nous l'aborderons sous l'angle de la motivation.

La théorie de Vroom[6] suppose que les efforts fournis par un représentant dépendront de ses prévisions, c'est-à-dire de la probabilité qu'il obtienne le résultat escompté, tout en considérant la valence (la valeur du résultat), laquelle est le niveau de satisfaction prévu par un individu. Cette théorie est représentée par l'équation suivante :

Effort   = prévisions × valence

Effort   = motivation d'un individu

Prévisions = niveau auquel un individu croit que la performance peut conduire à un résultat

Valence   = valeur des résultats accordés par l'individu (satisfaction)

---

5. F. B. Herzberg, Mousner R. Peterson et D. Capwell, *Job Attitudes : Review of Research and Opinion*, Pittsburgh, Psychological Services of Pittsburgh, 1957.
6. Victor H. Vroom, *Work and Motivation*, New York, John Wiley and Sons, 1964.

Cette théorie suppose qu'un directeur des ventes doit créer un climat qui permette aux représentants de croire que leurs efforts seront récompensés largement. Ainsi, les vendeurs seront disposés à fournir des efforts supplémentaires dans la mesure où la récompense est supérieure aux efforts fournis. Pour le gestionnaire, il est bien sûr difficile de déterminer la récompense qui saura satisfaire les représentants.

14.5.5 La théorie des besoins de McClelland

Toujours au sujet du phénomène complexe de la motivation, le chercheur David McClelland et ses collaborateurs[7] ont identifié trois types de besoins correspondant à autant de types d'individus, soit ceux qui ont un besoin de pouvoir, ceux qui ont un besoin d'affiliation et ceux qui ont un besoin d'accomplissement.

Les recherches de McClelland démontrent, entre autres, que certains individus recherchent particulièrement le pouvoir. Ils désirent accéder à des postes où ils exerceront leur leadership. Ceux-ci aiment diriger et influencer les autres. Les représentants qui ressentent ce besoin aspirent à monter dans la hiérarchie de l'entreprise. Ils veulent qu'on leur confie des responsabilités qui leur permettront de diriger un groupe de représentants.

D'autres individus désirent combler un besoin d'affiliation. Ils veulent se sentir aimés et acceptés par les gens qui les entourent. Ces individus recherchent un climat de travail où les relations sont amicales et où la confiance règne. Ils détestent les conflits et sont toujours prêts à aider les autres. Ces représentants sont d'excellents coordonnateurs ; ils seront motivés plus particulièrement s'ils sentent que les résultats de leur travail serviront aux autres. Ils sont très habiles à créer une cohésion parmi la force de vente. Étant donné leur besoin d'affiliation, ils maintiendront d'excellentes relations avec les clients.

Finalement, le besoin d'accomplissement consiste chez certains individus en un fort désir de réussir. Ceux-ci recherchent les défis et acceptent ordinairement de prendre des risques pour atteindre un but. Ils ont peur de l'échec, mais ils agissent de manière à éviter celui-ci. Sans être méfiants, ils favorisent la réflexion et l'analyse ; ils n'aiment pas la précipitation. Ces vendeurs apprécient les défis, les objectifs de vente qui représentent pour eux une source de motivation importante. Ils sont prêts à faire des sacri-

7. David C. McClelland, John W. Atkinson, Russell H. Clark et Edgard C. Cowell, *The Achievement Motive*, New York, Appleton-Century-Crafts, 1953, et David C. McClelland, «Achievement Motivation Can Be Developed», *Harvard Business Review*, novembre-décembre 1965, p. 6-54.

fices et à consacrer beaucoup d'énergie pour être parmi les meilleurs représentants du groupe.

14.6 Les techniques de motivation

À la lumière des théories de la motivation que nous avons examinées, nous sommes maintenant en mesure d'étudier les différentes techniques de motivation auxquelles le directeur des ventes peut faire appel.

Devant la complexité du phénomène de la motivation, il faut choisir adéquatement les éléments de motivation qui permettront au représentant d'obtenir le meilleur rendement. Cette sélection doit considérer les particularités des représentants et de l'organisation, car la motivation ne peut être efficace que dans la mesure où elle peut répondre aux diverses exigences imposées par un contexte global. En clair, les mêmes techniques appliquées par un directeur des ventes peuvent donner des résultats désastreux dans une organisation et d'excellents résultats dans une autre. L'art de la gestion fait la différence. Nous présenterons maintenant quelques-unes des techniques de motivation les plus importantes, mais il n'existe pas de solution miracle aux problèmes de motivation.

14.6.1 Les récompenses financières

Les récompenses financières sont l'une des sources de motivation les plus importantes et les plus utilisées. Considéré comme un facteur d'hygiène par Herzberg, l'argent constitue un élément qui limite l'insatisfaction de l'individu plus qu'il ne motive celui-ci. Dans la plupart des entreprises, la rémunération est basée sur une moyenne, de sorte que presque tous les employés qui effectuent une tâche semblable reçoivent le même salaire. Ainsi, les représentants seront satisfaits de leur rémunération, c'est-à-dire qu'ils la jugeront équitable, mais ils ne seront pas motivés pour autant à augmenter leurs efforts, car il est peu possible qu'ils obtiennent des gains supplémentaires.

La rémunération n'est pas seulement pour l'entreprise un facteur de motivation, elle constitue aussi un moyen qui lui permet d'attirer des candidats et de garder son personnel. Une rémunération insuffisante entraînera le recrutement de représentants qui n'ont d'autre choix que d'accepter un poste peu enviable ; cela peut en dire long sur les capacités de ces derniers. Dans le même ordre d'idée, une faible rémunération suscitera tôt ou tard l'insatisfaction chez les vendeurs et deviendra l'une des causes du départ des meilleurs représentants.

Il est important de souligner que l'argent est souvent perçu comme le reflet des différents systèmes de valeurs des individus. En effet, le poids de l'argent et l'usage qu'ils font de leurs gains varient grandement selon les individus. Certains lui accordent une place de choix, tandis que pour d'autres il n'est qu'une façon de maintenir un niveau de vie confortable. La valeur de l'argent varie aussi selon plusieurs autres facteurs, comme les besoins engendrés par la famille ou par les dettes. Certaines organisations vont jusqu'à considérer davantage les candidats qui ont des obligations financières importantes, croyant que ceux-ci seront des employés plus motivés. D'ailleurs, ces organisations considèrent que le facteur pécuniaire est l'une des seules sources de motivation. Mais, comme le dit l'adage, l'argent ne fait pas le bonheur, tant il est vrai qu'un représentant très bien payé ne constitue pas nécessairement un représentant motivé et performant.

Si l'on veut que la rémunération constitue un facteur de motivation efficace, il faut qu'elle soit reliée au rendement. Ainsi, un vendeur sera porté à faire plus d'efforts s'il sait qu'il sera récompensé en fonction de ses performances. Une commission, un boni ou une prime représentent alors des facteurs de motivation qui montrent le rapport existant entre la réalisation de certains objectifs et les gains supplémentaires.

La rémunération sera un élément de motivation à condition qu'elle représente un montant substantiel. Dans le cas d'une commission, d'un boni ou d'une prime, la somme d'argent doit en principe compenser largement les efforts que le vendeur fournit pour atteindre un résultat donné. Si l'argent offert lui semble insuffisant, il ne sera pas motivé. Par contre, si l'augmentation de salaire, le boni ou la prime sont alléchants, le vendeur sera plus disposé à redoubler d'efforts.

14.6.2 Les récompenses non financières

Les récompenses non financières sont un autre facteur de motivation. En effet, les concours jouent à peu près le même rôle que le renforcement. Ainsi, l'entreprise pourra remettre un prix au représentant qui a obtenu les résultats attendus. Ce peut être simplement une lettre de félicitations, mais certaines entreprises offrent un voyage, des billets de spectacle, etc.

14.6.3 Le renforcement

Le célèbre auteur de la théorie de l'apprentissage behavioriste, B. F. Skinner[8], a démontré qu'on peut enseigner des comportements aux animaux et aux êtres humains en récompensant ceux-ci immédiatement après que les

---

8. B. F. Skinner, *Science and Human Behavior*, New York, Macmillan, 1952.

comportements désirés ont été obtenus. Pour sa part, Bandura[9] a élaboré la théorie du behaviorisme social, laquelle tient compte des stimuli sociaux comme mode de renforcement efficace. Il peut s'agir d'un renforcement positif comme un compliment ou un encouragement.

Bien entendu, le domaine de la vente n'échappe pas à ces théories de l'apprentissage. L'étude empirique menée en 1991 par Jaworski et Kohli[10] jette une lumière sur la relation entre le renforcement positif ou négatif émis par les supérieurs à la suite d'une performance et la satisfaction des représentants. Cette recherche suggère que le directeur des ventes devrait saisir toutes les occasions de renforcer positivement les efforts des représentants plutôt que de souligner les efforts insuffisants par des remarques désobligeantes. Selon les auteurs, il semble en effet que le renforcement positif agisse sur la motivation des vendeurs. Cela s'explique par le fait que le renforcement positif montre aux représentants qu'ils sont évalués continuellement; ils sont donc amenés à travailler plus fort ou plus intelligemment. Cette réaction a d'ailleurs déjà été approfondie par Harish Sujan[11]. De plus, le renforcement positif tend à accroître la satisfaction chez les représentants. Le renforcement négatif, quant à lui, ne semble pas entraîner une motivation aussi grande et son influence sur le rendement paraît également moins importante. Notons à ce sujet que le renforcement négatif ne semble pas affecter outre mesure les vendeurs. Il arrive en effet qu'un directeur des ventes émette des commentaires désagréables sur le rendement des représentants sans pour autant que cela altère leur moral de façon significative. Dans une certaine mesure, un renforcement négatif adroitement employé peut même augmenter la satisfaction des vendeurs. D'ailleurs, les représentants s'attendent à ce que les supérieurs soulignent leurs piètres performances. Le renforcement négatif s'avère utile lorsqu'une critique constructive débouche sur des propositions visant à améliorer le rendement.

14.6.4 Les réunions, les congrès et l'assistance professionnelle

Les réunions, les congrès et l'assistance professionnelle sont les trois principaux moyens dont se sert le gestionnaire des ventes afin de communiquer

9. A. Bandura, *Social Learning Theory*, Englewood Cliffs (N. J.), Prentice-Hall, 1977.

10. Bernard J. Jaworski et Ajay K. Kohli, «Supervisory Feedback: Alternative Type and Their Impact on Salespeople's Performance and Satisfaction», *Journal of Marketing Research*, vol. 28, mai 1991, p. 120-201.

11. Harish Sujan, «Smarter Versus Harder: An Exploratory Attributional Analysis of Salespeople's Motivation», *Journal of Marketing Research*, vol. 23, février 1986, p. 41-49.

avec la force de vente. Ceux-ci sont l'occasion de motiver l'équipe et de l'amener à améliorer son rendement.

Les réunions

Les réunions de vente permettent au gestionnaire de motiver ses représentants en communiquant avec eux tous en même temps. Lors de ces réunions, l'entreprise peut présenter ses innovations, les changements à ses politiques de promotion, de distribution et de prix et préciser ses stratégies de vente et ses objectifs. Par ailleurs, les représentants sont en mesure d'émettre leurs points de vue au cours de ces rencontres.

Grâce aux réunions, les représentants pourront mieux comprendre les rôles qu'ils ont à jouer dans l'organisation[12]. Celles-ci aident en effet à déterminer les rôles et à réduire les conflits dans la perception de ceux-ci. La perception des rôles influence particulièrement la satisfaction et la motivation des représentants[13].

Les réunions, en outre, tendent à atténuer le sentiment de solitude souvent éprouvé par les vendeurs et à augmenter la cohésion de l'équipe de vente. Quant à la fréquence des réunions, elle varie grandement selon les organisations et les besoins, mais en général les réunions sont mensuelles ou trimestrielles. La durée des réunions diffère également selon les besoins. Pour ce qui est des types de réunions, celles-ci peuvent être à l'échelle locale, régionale ou nationale. Il faut souligner que les réunions occasionnent des frais de déplacement élevés et nécessitent une longue préparation.

Les congrès

Les congrès, comme les réunions, sont un facteur de motivation pour la force de vente. Ils ont ordinairement une plus grande ampleur que les réunions et leur fréquence est moins régulière. Les congrès rassemblent les vendeurs durant une période assez longue, soit de deux à quatre jours dans la plupart des cas. Ils ont lieu à l'extérieur du cadre de travail habituel, comme dans les centres de congrès ou dans des établissements comme les hôtels qui peuvent accueillir un grand nombre de participants. Les congrès, tout comme les conférences, permettent d'aborder différents

---

12. Gilbert A. Churchill Jr., Neil M. Ford et Orville C. Walker Jr., «Measuring the Job Satisfaction of Industrial Salesmen», *Journal of Marketing Research*, vol. 11, août 1974, p. 254-260.
13. Ajay K. Kohli, «Some Unexplored Supervisory Behaviors and Their Influence on Salespeople's Role Clarity, Specific Self-Esteem, Job Satisfaction and Motivation», *Journal of Marketing Research*, vol. 22, novembre 1985, p. 424-433.

sujets. Leur champ d'action est plus large que celui des réunions. Finalement, ils sont souvent l'occasion d'un rassemblement de tous les représentants œuvrant dans l'organisation dans le contexte d'événements spéciaux comme le lancement en grande pompe d'un produit.

L'assistance professionnelle

Outre les réunions et les congrès, une technique souvent utilisée consiste pour un directeur des ventes à passer quelque temps avec le représentant dans son territoire. En compagnie de celui-ci, le gestionnaire visitera certains clients réguliers ou des clients qui requièrent une attention particulière.

L'assistance professionnelle favorise l'échange d'information entre les deux individus. Par ailleurs, la visite de clients est pour le directeur des ventes un excellent moyen de connaître le marché. Lors des présentations, sa contribution, attribuable à son pouvoir décisionnel, peut effectivement déboucher sur la conclusion de ventes ou la résolution de problèmes. Face au représentant, le directeur agit entre autres en formateur. Là-dessus, l'assistance professionnelle ne devrait pas être considérée comme une occasion de rechercher les points faibles du vendeur. Elle devrait plutôt constituer le cadre dans lequel le directeur des ventes fournit des moyens et des stratégies visant à améliorer le rendement du représentant.

La préparation des réunions, des congrès et de l'assistance professionnelle

Comme dans toute autre activité de vente, les réunions, les congrès et l'assistance professionnelle n'échappent pas à la règle d'or, qui est l'efficacité, laquelle peut être obtenue au moyen d'une préparation soignée. La qualité de ce travail est donc capitale. Plusieurs directeurs ne comprennent pas l'importance des rencontres. Or, lorsque celles-ci sont mal organisées, les représentants en ressortent avec l'impression d'avoir perdu leur temps. Dans les circonstances, il ne faut pas se surprendre que les vendeurs se rendent à ces rencontres à reculons. Tout compte fait, les réunions pour les représentants sont un des seuls contacts réguliers entre les supérieurs et les représentants; c'est pour cette raison qu'elles devraient être élaborées avec beaucoup d'attention.

Une réunion doit être particulièrement intéressante pour les vendeurs. Il convient donc qu'elle informe ceux-ci sur les objectifs et les stratégies de vente, de même que sur les attentes que l'entreprise a à leur endroit. De plus, la réunion donne au gestionnaire l'occasion de remonter le moral des troupes. Une bonne façon de faire cela consiste à s'assurer la participation des représentants à la prise de décision.

☐ 14.7 Le directeur des ventes et le leadership

Le directeur des ventes doit veiller à ce que la force de vente soit motivée. Il détient l'autorité et l'influence nécessaires afin de créer un climat dans lequel les représentants travailleront avec enthousiasme.

Le rôle du directeur des ventes consiste à établir des objectifs, à élaborer des stratégies et des tactiques et à communiquer celles-ci. Ainsi, selon le type de leadership, l'art de la gestion prend tout son sens. Il existe plusieurs types de leadership, mais le leadership efficace est celui qui permet de coordonner les différents aspects de la gestion des ressources humaines de façon à atteindre les objectifs de vente.

Le concept de «leadership» implique les notions de «meneur» et de «subalternes». Le leadership est en réalité le consentement des subalternes à subir l'influence d'un supérieur. Le leadership et la motivation sont étroitement liés. En effet, les subalternes sont beaucoup plus enclins à suivre les indications d'un chef si celui-ci agit de façon à combler leurs besoins et leurs désirs. Le leadership sera beaucoup plus efficace si le leader comprend ce qui motive les représentants. En leur offrant ce qu'ils veulent, le leader les amènera à fournir plus d'efforts.

☐ 14.8 L'aptitude au leadership

À l'intérieur d'une force de vente, l'ardeur des représentants au travail est attribuable à la capacité du directeur des ventes à les inciter à vendre en mettant à contribution toutes leurs capacités. L'art de la gestion est en effet l'aptitude du dirigeant à exercer le leadership.

L'aptitude au leadership repose sur deux principes. Afin de créer un environnement favorable au rendement, le gestionnaire se doit de respecter le premier principe, qui consiste à comprendre le fait que les représentants ont des motivations différentes selon la situation et le moment. Le second principe réside dans la capacité de celui-ci d'amener les vendeurs à suivre une directive.

☐ 14.9 Les théories du leadership

Il existe plusieurs façons d'expliquer le leadership. Nous vous proposons ici cinq approches.

14.9.1 L'approche des traits de caractère

Selon cette approche, les leaders possèdent des traits de caractère qui les différencient des non-leaders. Cette approche, qu'on appelle aussi la «théorie des grands hommes», n'a cependant pas donné de résultats convaincants. En effet, les études n'ont pu faire ressortir de caractéristiques permettant de déterminer si un individu est un leader ou non. Il n'existe pas de modèle typique associé aux leaders, si l'on se fie aux observations de Stagdill (1974[14]). Il n'y a en effet aucune constante quant aux traits physiques, aux aptitudes, à l'intelligence, à la personnalité, aux caractéristiques pouvant se rapporter à la fonction et finalement aux facteurs sociaux tels que l'entregent et la volonté de collaborer.

14.9.2 L'approche par la situation

Certaines études démontrent que le leadership est le fruit d'une situation où un leader peut émerger. Cette approche implique qu'un individu qui reconnaît que des personnes ont des besoins et des désirs prend des mesures pour satisfaire ceux-ci. Les personnes en question obéissent ainsi à un chef qui leur permet de combler leurs besoins et désirs. Parmi ces leaders se trouvent les politiciens qui ont changé la face du monde.

14.9.3 L'approche de Fiedler

D'après la recherche de Fiedler et de ses collaborateurs publiée en 1967[15], le leadership d'un dirigeant dépend de la structure de l'emploi et de la reconnaissance de la part d'un groupe que le style, la personnalité et les comportements du leader conviennent à ses aspirations. Selon les chercheurs, on devient leader en fonction non seulement de sa personnalité, mais aussi de la situation qui prévaut.

Toujours d'après Fiedler et ses collaborateurs, il existe trois dimensions critiques, soit le pouvoir rattaché à un poste, la nature de la tâche dans la mesure où celle-ci est clairement définie et la relation entre les dirigeants et les membres dans la mesure où ces derniers ont confiance en leur leader et selon leurs niveaux de soumission.

---

14. R. M. Stagdill, *Handbook of Leadership*, New York, The Free Press, 1974, p. 74-75.
15. E. E. Fiedler, A *Theory of Leadership Effectiveness*, New York, McGraw-Hill Book Company, 1967.

14.9.4 L'approche par les comportements des leaders

S'appuyant sur ses propres recherches et sur celles d'autres chercheurs, comme Vroom et Fiedler, Robert.House[16] affirme que le style de leadership le plus efficace est celui où le leader prend différentes mesures visant à engendrer une situation où les motivations latentes pourront être exprimées par les membres d'un groupe.

Pour l'essentiel, l'étude de House nous apprend que le comportement d'un leader comprend deux orientations: vers l'individu et vers la tâche. Ainsi, les leaders les plus efficaces sont ceux qui permettent à leurs membres de réaliser à la fois leurs buts personnels et les objectifs de l'organisation.

14.9.5 Les styles de leadership selon le continuum de Tannenbaum et Schmidt

Les chercheurs Robert Tannenbaum et Warren H. Schmidt[17] présentent une échelle de plusieurs styles de leadership. Aux extrêmes, on trouve un style de direction centré sur le supérieur et un style de direction centré sur les subordonnés. Les différents échelons sont formés par le degré d'autorité qu'un dirigeant accorde à ses subalternes.

Selon le continuum, les facteurs qui déterminent le choix d'un style de gestion sont les suivants:

- les forces du cadre: sa personnalité et ses forces;
- les forces des subordonnés: les caractéristiques du groupe qui peuvent influencer le comportement du cadre;
- les forces de la situation: les divers éléments d'une situation, comme les politiques et les règlements de l'organisation.

La figure 14.2 présente la gamme de styles de leadership proposés par les chercheurs selon un nouveau modèle élaboré en 1973[18]. Ceux-ci ont en effet ajouté à leur premier modèle l'influence de l'environnement organisationnel et de l'environnement social. On peut constater que dans

---

16. Robert House, «A Path Goal Theory of Leadership Effectiveness», *Administrative Science Quarterly*, vol. 16, n° 3, septembre 1971, p. 321-338.
17. Robert Tannenbaum et Warren H. Schmidt, «How to Choose a Leadership Pattern», *Harvard Business Review*, vol. 36, n° 2, mars-avril 1958, p. 321-338.
18. Robert Tannenbaum et Warren H. Schmidt, «How to Choose a Leadership Pattern», *Harvard Business Review*, vol. 51, n° 3, mai-juin 1973, p. 167.

FIGURE 14.2

Gamme de styles de leadership selon le continuum de Tannenbaum et Schmidt

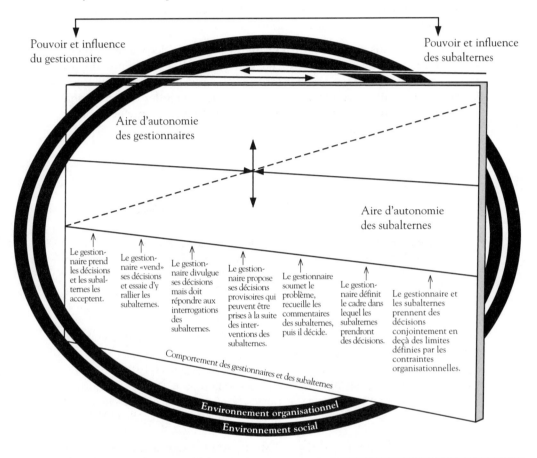

SOURCE: Robert Tannenbaum et Warren H. Schmidt, «How to Choose a Leadership Pattern», *Harvard Business Review*, vol. 51, n° 3, mai-juin 1973, p. 167.

l'approche du continuum il n'existe pas de style de leadership idéal; en fait, aucun n'est meilleur qu'un autre. Le choix d'un style de leadership dépend alors des facteurs déterminants et des éléments de l'environnement.

☐ Conclusion

Dans ce chapitre où nous avons abordé les questions de la motivation et du leadership, nous nous sommes souvent référés à l'expression «l'art de la gestion». Nous voulions simplement signifier par là que la gestion tient davantage de l'art que de la science. Il n'existe pas, en effet, de technique miracle de motivation, ni de style de leadership dont l'efficacité soit garantie.

Toutefois, nous pouvons affirmer qu'un directeur des ventes compétent est une personne qui prend en considération les attentes de ses représentants, les motivations qui sont propres à chacun d'eux ainsi que les situations qui se présentent. En outre, il doit accorder de l'attention aux relations humaines entre les membres de la force de vente et élaborer un plan de rémunération et de récompenses adéquat.

INFORMATION SUPPLÉMENTAIRE

BAGOZZI, Richard P. «Salesforce Performance and Satisfaction as a Function of Individual Difference, Interpersonal, and Situational Factors», *Journal of Marketing Research*, vol. 15, novembre 1978, p. 517-531.

BEHRMAN, Douglas W. et PERREAULT, William D. Jr. «A Role Stress Model of the Performance and Satisfaction of Industrial Salespersons», *Journal of Marketing*, vol. 48, automne 1984, p. 9-21.

BENNIS, Warren et NANUS, Burt. *Leadership*, New York, Harper and Row, 1985.

BUSH, Paul. «The Sales Manager's Bases of Social Power and Influence upon the Sales Force», *Journal of Marketing*, vol. 44, été 1980, p. 91-101.

CAMPBELL, John P. et PRITCHARD, Robert D. «Motivation Theory in Industrial and Organizational Psychology», *Handbook of Industrial and Organizational Psychology*, sous la direction de Marvin D. Dunnette, Chicago, Rand McNally, 1976, p. 65.

CHURCHILL, Gilbert A. Jr., FORD, Neil M. et WALKER, Orville C. Jr. *Sales Force Management*, 3ᵉ éd., Homewood (Ill.), Richard D. Irwin, 1990, chap. 13, p. 491-522.

CRON, William L., DUBINSKY, Alan J. et MICHAELS, Ronald E. «The Influence of Career Stages on Components of Salespersons Motivation», *Journal of Marketing*, vol. 52, janvier 1988, p. 78-92.

DOYLE, Stephen X. et SHAPIRO, Benson P. «What Counts Most in Motivating Your Sales Force?», *Harvard Business Review*, mai-juin 1980, p. 133-140.

DUBÉ, L. *Psychologie de l'apprentissage (de 1880 à 1980)*, Québec, Presses de l'Université du Québec, 1986.

FUTRELL, Charles M. et PARASURAMAN, A. «The Relationship of Satisfaction and Performance to Salesforce Turnover», *Journal of Marketing*, vol. 48, automne 1984, p. 33-40.

HULSE, S. H., EGETH, H. et DEESE, J. *The Psychology of Learning*, 5ᵉ éd., New York, McGraw-Hill Book Company, 1980.

INGRAM, Thomas N. et BELLENGER, Danny N. «Personal and Organizational Variables: Their Relative Effect on Reward Valences of Industrial Sales-people», *Journal of Marketing Research*, vol. 20, mai 1983, p. 198-205.

KYAGI, Pradeep K. «Relative Importance of Job Dimensions and Leadership Behaviors in Motivating Salesperson Work Performance», *Journal of Marketing*, vol. 49, été 1985, p. 76-86.

OLIVER, Richard L. «Expectancy Theory Predictions of Salesmen's Performance», *Journal of Marketing Research*, vol. 11, août 1974, p. 243-253.

STANTON, William J. et BUSKIRK, Richard H. *Management of the Sales Force*, 7e éd., Homewood (Ill.), Richard D. Irwin, 1987, chap. 10, p. 271-293.

QUESTIONS

1. Quel est le rôle du directeur des ventes en rapport avec la motivation?

2. Quelle relation existe-t-il entre la motivation des représentants et leur rendement?

3. En quoi les besoins et les désirs influencent-ils le comportement des représentants?

4. Selon vous, un représentant motivé est-il nécessairement un représentant satisfait? Commentez.

5. Quelle est la signification du terme «l'art de la gestion»?

6. En relation avec la motivation, expliquez les notions de «récompenses» et de «sanctions».

7. Selon la théorie de Herzberg, pourquoi estime-t-on que les facteurs d'hygiène et les facteurs de motivation limitent l'insatisfaction?

8. Quelles applications peut-on tirer de la théorie de Vroom? Commentez.

9. Face aux individus qui, selon McClelland, s'intéressent surtout au pouvoir, quels gestes peut poser le directeur des ventes?

10. Quelles sont les principales techniques qu'un directeur des ventes peut utiliser afin de motiver efficacement sa force de vente?

11. Quelle est la relation entre la motivation et le leadership?

12. Quelle est, selon vous, l'approche qui représente le mieux le leadership et quel serait votre style de leadership si vous étiez directeur ou directrice des ventes?

CAS DE LA PARTIE III

Cas 1   La société Agric

Le contexte

Durant les dernières années, la gestion dans le domaine de l'agriculture a passablement évolué. Les agriculteurs d'aujourd'hui ne sont plus les fermiers d'autrefois. D'ailleurs, ils sont maintenant considérés comme des entrepreneurs.

Les gestionnaires de la terre planifient, organisent et contrôlent toutes sortes d'activités de gestion comme la finance, le marketing et la gestion du personnel. En tant qu'entrepreneurs, ils reconnaissent eux aussi les vertus de la gestion par la qualité totale de même que la notion de «différenciation» en marketing.

Le monde agricole actuel, qui prône la rationalisation des ressources naturelles, ne peut concevoir l'avenir sans un programme de développement durable. Quant à la concurrence, elle a maintenant lieu à l'échelle mondiale, du moins pour certains produits. La ferme a donc dû évoluer, notamment sur le plan de l'informatisation. Beaucoup de gestionnaires de la terre se sont convertis à la micro-informatique pour leur comptabilité de même que pour la tenue du registre des troupeaux. Le télécopieur fait déjà partie des meubles dans certains bâtiments.

La société

La société Agric s'inscrit dans la tendance actuelle du monde agricole. Ses produits visent une meilleure rationalisation des ressources de manière à accroître la rentabilité des opérations et à respecter l'environnement. Elle offre ainsi sur le marché une gamme impressionnante de produits très sophistiqués et de haute technologie. À titre d'exemple, Agric connaît un franc succès avec un robot qui distribue automatiquement le fourrage et les minéraux selon les besoins alimentaires de chaque animal. La société considère d'ailleurs la possibilité d'introduire ce produit sur les marchés américain et européen.

Son fondateur, M. Mongeau, un ingénieur de formation, est le P.-D.G. d'Agric. L'entreprise est de taille moyenne, mais elle progresse à un rythme foudroyant. Alors qu'elle n'est implantée que depuis 5 ans, Agric vient de terminer l'année avec un chiffre d'affaires qui dépasse le cap des 25 millions de dollars. M. Mongeau prévoit que les ventes de l'an prochain avoisineront 45 millions de dollars. Quant aux profits, ils sont tous réinvestis dans la recherche et le développement. Selon les experts dans le milieu agricole, l'avantage concurrentiel d'Agric est sa grande capacité d'innover dans un marché relativement conservateur.

L'embauche d'un ingénieur

Devant la croissance ininterrompue d'Agric, le besoin d'adjoindre un nouveau membre à la force de vente se faisait pressant. Selon M. Mongeau, un vendeur permettrait non seulement d'accroître le volume des ventes mais aussi d'améliorer le service après-vente, qui laisse à désirer depuis quelque temps. M. Mongeau a d'ailleurs reçu des plaintes de certains clients.

Étant donné qu'en cette période de l'année le niveau d'activités est à son plus bas, il s'avérait opportun d'amorcer le processus de recrutement dès le mois suivant. De fait, c'est à ce moment que la majorité des représentants décident de prendre leurs vacances annuelles.

M. Mongeau s'est donc empressé de rédiger une publicité pour un poste de représentant à combler qu'il fait paraître dans les grands quotidiens du Québec. Voici cette annonce:

AGRIC, CHEF DE FILE DANS LE DOMAINE AGRICOLE

On cherche un bon vendeur!

C'est peut-être vous!

Tentez votre chance et faites-nous parvenir votre *curriculum vitæ* afin de travailler chez Agric.

Agric inc.
2020, rue Principale Est
Québec, Québec
G0A 2B6

Quelques semaines plus tard, les enveloppes contenant les candidatures s'empilaient sur le bureau de M. Mongeau. Après trois semaines, il en a fait le tri.

Une semaine plus tard, il a retenu la candidature d'un ingénieur en électronique, qui possède de surcroît un certificat en marketing. M. Mongeau croit fermement qu'un ingénieur est le meilleur candidat pour vanter les mérites de ses produits. Grâce à ses connaissances en électronique, celui-ci sera, selon toute vraisemblance, un excellent conseiller en vente d'ici quelques mois.

Le nouveau représentant

Gérard Tremblay a passé sa première journée chez Agric en compagnie de Mme Lavoie, la secrétaire du directeur des ventes et du marketing. M. Mongeau lui a confié la tâche de présenter au personnel ce nouveau membre. Elle devait aussi familiariser la recrue avec le fonctionnement administratif de l'entreprise ainsi que du service des ventes. Au début de l'après-midi, elle l'a installé dans la salle de conférences, où elle lui a fourni les divers catalogues et listes de prix de tous les produits. Elle lui a dit de ne pas hésiter à la consulter pour toute information supplémentaire dont il aurait besoin.

La journée du lendemain, M. Tremblay l'a passée comme prévu avec M. Mongeau. Ce fut l'occasion pour eux de visiter quelques clients dans le but de leur exposer les concepts de produits que M. Mongeau songe à lancer sur le marché dès l'année prochaine. Il était heureux de pouvoir échanger avec M. Tremblay sur le développement éventuel des innovations.

Mercredi matin, M. Mongeau a donné une liste de ses propres clients à M. Tremblay. Durant toute la journée, celui-ci a tenté de fixer des rendez-vous. Quelques clients ont accepté de le rencontrer d'ici deux ou trois semaines.

Jeudi matin, M. Mongeau a avisé Mme Lavoie de prendre grand soin du «jeune prodige» lors de son absence.

À son retour de la Californie, M. Mongeau a constaté que M. Tremblay était nerveux et mal à l'aise. M. Mongeau l'a rassuré, l'encourageant à continuer de la même façon.

Conclusion

Trois mois plus tard, lors de l'évaluation prévue, M. Mongeau a souligné à M. Tremblay que son rendement n'était malheureusement pas au niveau qu'il avait préalablement estimé. Il lui a fait part de sa déception et lui a conseillé de travailler plus fort.

On lui accorde une période d'essai de trois mois. Après quoi, il sera réévalué, et il pourrait être licencié s'il ne donne pas le rendement attendu.

Cas 2   La société Luminax

La société Luminax est considérée par les gens d'affaires du Québec comme l'un des modèles d'entreprise régionale à suivre. Elle a été implantée il y a près de vingt ans et, grâce à sa croissance soutenue, elle jouit d'une position concurrentielle fort enviable au Québec et dans le reste du Canada.

Luminax conçoit et fabrique des enseignes publicitaires de toutes sortes ainsi que d'autres produits tels des auvents lumineux et des néons. En plus de la qualité de sa fabrication qui est reconnue, elle possède un avantage concurrentiel notamment dans le service d'installation des produits. Une fois la commande passée, elle peut, grâce à son matériel moderne, fabriquer une enseigne en moins de deux jours, la livrer et la poser chez le client en moins d'une semaine, peu importe dans quelle ville du Québec.

La position de Mme Labrèche

La P.-D.G. et unique propriétaire, Mme Labrèche, ne veut plus rétribuer ses vendeurs à commission. Elle a donc décidé de changer le plan de rémunération. Elle ne comprend pas, en fait, que de simples vendeurs puissent avoir des salaires supérieurs à ceux des autres employés de l'entreprise. Après tout, ces vendeurs passent leur temps à voyager en voiture pour aller discuter avec des gens.

La réunion

Ainsi, un lundi matin, sans même aviser le directeur des ventes, Mme Labrèche convoque une réunion pour le vendredi suivant. Elle prévient sa secrétaire que tous les vendeurs doivent être présents sans faute. Le sujet de la réunion est très général: le développement.

Au cours de la semaine, le directeur des ventes, M. Paquet, n'a pu en savoir davantage sur cette fameuse réunion convoquée par la présidente. Il semble toutefois que le contrôleur, M. Savoie, fréquente assidûment le bureau de Mme Labrèche depuis une semaine. Est-ce l'indice de quelque chose?

Lors de la réunion tant attendue, Mme Labrèche annonce à ses représentants que le mode de rémunération actuel subira des changements importants dès le mois prochain. L'objectif de ces changements est d'améliorer l'équité salariale entre tous les employés de la maison Luminax. Mme Labrèche ajoute que, compte tenu des temps difficiles qu'on vit, l'entreprise doit faire des choix; les vendeurs doivent eux aussi contribuer à la relance de l'entreprise.

Elle s'empresse alors de rassurer son auditoire sur le fait que le plan de rémunération qu'elle a établi avec M. Savoie est avantageux et facilitera le travail des représentants en plus d'améliorer leur qualité de la vie. Elle précise qu'un meilleur climat de travail permet d'accroître le rendement;

c'est d'ailleurs dans cette optique qu'elle a formulé la nouvelle proposition.

Le nouveau plan de rémunération

En substance, selon les dires de Mme Labrèche, le nouveau plan de rémunération assurera aux vendeurs un revenu stable, peu importent les conditions économiques qui prévaudront. Le revenu sera fixé selon des critères reconnus et en fonction de la compétence de chaque représentant. De surcroît, une prime sera remise à la fin de l'année aux vendeurs qui auront atteint leurs objectifs de ventes. Mme Labrèche est également très heureuse d'annoncer que plusieurs tirages auront lieu durant l'année; les gagnants obtiendront alors des chaînes stéréo, des voyages, etc.

Le plan de rémunération prévoit aussi une voiture offerte par Luminax; celle-ci sera équipée d'un téléphone cellulaire. Auparavant, les représentants bénéficiaient d'une allocation de 0,26 $ le kilomètre, ce qui était excessif aux yeux du contrôleur.

Une fois son exposé terminé, Mme Labrèche semble stupéfaite de la réaction des vendeurs. Ceux-ci montrent clairement leur désaccord avec le plan de rémunération, d'ailleurs qualifié de loufoque par le meilleur représentant de l'équipe. Ils exigent en bloc que le salaire versé sous forme de commission demeure inchangé. La réaction de Mme Labrèche est la suivante: «C'est à prendre ou à laisser, un point c'est tout!»

Conclusion

Déconcertée, la force de vente se réunit immédiatement pour discuter du problème. Les représentants chargent alors M. Paquet de faire entendre raison à Mme Labrèche.

Questions

1. Vu les circonstances, un nouveau mode de rémunération est proposé par la directrice générale. Selon le contexte qui prévaut chez Luminax, quelles sont vos prédictions quant aux effets possibles d'une telle décision?

2. Quelles seraient vos stratégies d'intervention si vous étiez à la place de M. Paquet?

Cas 3   Belli Uomo entre dans le marché de l'Amérique du Nord

La société Belli Uomo est une jeune entreprise italienne qui, il y a à peine deux ans, a lancé courageusement sur le marché européen une gamme de produits de beauté conçus pour les hommes. Malgré les réticences de ces derniers durant les premiers mois qui ont suivi le lancement, le succès de Belli Uomo a été par la suite si retentissant que la vogue pour les produits de beauté masculins a ni plus ni moins bouleversé le marché des produits de beauté en Europe. Après avoir conquis un tel marché, Belli Uomo s'apprête à faire de même en entrant cette fois-ci dans le marché de l'Amérique du Nord.

Le contexte

M. Sergio Conte a nommé récemment M. Ricardo Fiori directeur de la commercialisation des produits Belli Uomo pour l'Amérique du Nord. M. Fiori s'est alors vu confier la responsabilité de conquérir ce marché selon une stratégie de marketing relativement simple. Celle-ci consiste, dans un premier temps, à entrer dans le marché canadien dans le but d'expérimenter diverses approches tout en approfondissant la connaissance des comportements des hommes face aux produits de beauté. Dans la mesure où l'expérience canadienne sera concluante, la seconde phase consistera à s'orienter vers les États-Unis, un marché fort prometteur, il va sans dire.

Quelques mots à propos de M. Fiori

M. Fiori a participé à la commercialisation des produits Belli Uomo en Europe, en tant que principal concepteur publicitaire à Paris. Il travaillait alors pour le compte d'une célèbre agence de publicité très active dans le domaine de la mode. On attribue en grande partie le succès des produits Belli Uomo au génie créateur de M. Fiori.

Le lancement

Après à peine un mois de travail, M. Fiori a pu mettre en place un plan de lancement remarquable. Le lancement des produits Belli Uomo se fera à l'occasion d'un grand concert de musique populaire organisé par la société. L'artiste qui prête son nom à cet événement est un chanteur originaire de Montréal, très connu tant aux États-Unis qu'au Canada. Le lancement canadien aura lieu à Montréal et le spectacle sera diffusé à travers tout le Canada sur deux chaînes de télévision (francophone et anglophone) et le son stéréo sera retransmis simultanément sur les ondes de diverses stations de radio FM.

La structure de la force de vente

Pour ce qui est de la vente des produits Belli Uomo, M. Fiori songe à recruter une force de vente qui partage la philosophie et la mission de la maison. C'est pourquoi il envisage de bâtir une équipe composée exclusivement d'hommes séduisants dans la trentaine et italiens de surcroît.

Questions

1. Que pensez-vous de l'idée de sélectionner des représentants qui correspondent à l'image de la société Belli Uomo?
2. Si vous étiez à la place de M. Fiori, quels seraient vos critères de sélection?

Cas 4   La société Col Plus

Mme Françoise Morin est la directrice des ventes au Québec de la société Col Plus. Cette entreprise produit principalement des autocollants de toutes sortes. Une grande partie des ventes provient de la vente d'autocollants utilisés dans le domaine alimentaire. Ainsi, les détaillants mettent ces autocollants sur les produits qu'ils offrent au rabais.

Les clients de Col Plus ne sont pas les distributeurs en alimentation ni les détaillants, mais les imprimeurs, lesquels vendent leurs services aux fabricants et aux distributeurs dans le domaine de l'alimentation. Pour l'essentiel, le travail des représentants consiste à amener les clients potentiels à se servir des autocollants Col Plus au lieu de prendre ceux des concurrents. L'avantage concurrentiel de Col Plus, c'est le prix de ses produits. La société offre en effet les autocollants les moins chers du marché; c'est pourquoi le prix constitue le principal argument de vente des représentants. Pour un imprimeur, le prix n'est pas le seul facteur qui entre dans la décision d'acheter une marque d'autocollant plutôt qu'une autre; il y a aussi le service. D'ailleurs, le service après-vente chez Col Plus laisse souvent à désirer. Les livraisons accusent des retards et les spécifications ne sont pas toujours respectées. Par conséquent, certains clients ne traitent plus régulièrement avec Col Plus. Cette entreprise constitue pour eux un fournisseur occasionnel auquel ils font appel pour se faire dépanner.

Christian Pitre quitte Col Plus

Un dimanche soir, Mme Morin reçoit un coup de téléphone à la maison. Christian Pitre lui annonce alors qu'il démissionne et que, le lendemain matin, il remettra à l'entreprise la voiture et les autres effets qui appartiennent à celle-ci.

Voyant cela, Mme Morin exige une rencontre avec lui le lendemain matin à dix heures. M. Pitre refuse, alléguant qu'il doit prendre l'avion vers onze heures pour Toronto. Il ajoute qu'il passera la semaine à Toronto pour y recevoir une formation. Désemparée, Mme Morin lui souhaite bonne chance, tout en réprouvant sa façon de faire. M. Pitre consent finalement à manger avec Mme Morin vendredi soir; celle-ci ira d'ailleurs le chercher à l'aéroport. À la fin de la conversation téléphonique, M. Pitre s'excuse de son départ précipité. Il affirme que la situation était imprévisible et qu'il n'a appris la nouvelle de son engagement que vendredi après-midi. Avant de raccrocher, il n'oublie pas de décrire à Mme Morin les activités qu'il aurait dû accomplir durant cette semaine-là.

C'était la première fois depuis un an et demi que Mme Morin semblait accorder à M. Pitre une certaine importance. Celui-ci avait d'ailleurs organisé son horaire de la semaine de façon à embêter Mme Morin. En effet, M. Pitre connaissait depuis un certain temps la date de son entrée en fonction dans l'autre entreprise.

M. Pitre est un individu très ambitieux; par conséquent, il était considéré comme un élément dérangeant par Mme Morin. C'est pourquoi celle-ci modérait souvent les élans de M. Pitre et allait jusqu'à le blâmer durant les réunions de vente. Cependant, M. Pitre restait son meilleur vendeur et elle avait vraiment besoin de lui. Ainsi, durant cette période difficile où les ventes plafonnaient depuis deux ans, la direction de Col Plus avait fait comprendre à Mme Morin que son service devait offrir une performance remarquable, sinon des changements pourraient avoir lieu. M. Pitre était justement sur le point de décrocher un gros client. Grâce à ce contrat, en plus de garder son poste de directrice des ventes, Mme Morin serait très bien perçue par la direction.

Questions

1. Quels sont vos commentaires au sujet de la relation entre Mme Morin et M. Pitre?

2. Comment cette situation aurait-elle pu être évitée?

3. Si vous étiez à la place de Mme Morin, que diriez-vous en substance lors de la rencontre de vendredi soir avec M. Pitre?

Cas 5   Un nouveau directeur des ventes

M. Jean Trottier est considéré par ses patrons comme une personne dynamique, enthousiaste et particulièrement douée pour les relations publiques. C'est un homme positif, gentil, qui écoute ses patrons davantage que la plupart des gens qui le côtoient. On raconte qu'il déteste perdre, peu importe le contexte. Certains disent de lui qu'il est très sensible aux autres. Mais d'autres prétendent le contraire.

Au printemps, la directrice des ventes, Mme Paule Pagé, a remis sa démission. La raison est fort simple. Elle a été approchée, il y a quelques mois, par une agence de placement. Elle a alors annoncé à la direction qu'elle joindrait les rangs d'un concurrent important qu'elle n'a pas nommé. Chez son nouvel employeur, elle occupera le même poste, mais d'autres possibilités s'ouvriront à elle au fil des années.

Cette démission n'a surpris personne dans l'entreprise. La direction contestait fréquemment les actions et les décisions de Mme Pagé. Pour tout dire, on avait commencé à lui rendre la vie difficile.

Mme Pagé a, depuis sa fondation, joué un rôle fort important dans le développement de cette entreprise familiale. Elle y a d'ailleurs investi beaucoup d'énergie en compagnie de M. Georges Martin, le fondateur de l'entreprise. Il y a quelques mois, à la suite du décès de M. Martin, le conseil de famille a confié la direction de l'entreprise aux deux héritiers, Jeanne et Paul Martin.

La nouvelle administration n'accorde pas une grande crédibilité à Mme Pagé. En fait, on se moque d'elle, affirmant qu'elle est une intellectuelle qui ne comprend pas grand-chose au marché. On a d'ailleurs identifié un candidat qui redonnera un deuxième souffle à l'entreprise.

Lors d'une soirée amicale, Jeanne et Paul Martin ont annoncé à M. Trottier qu'ils aimeraient beaucoup le voir occuper le fauteuil du directeur des ventes dès lundi.

Deux semaines seulement après son entrée en fonction, Jean Trottier a amorcé des changements importants. Avec l'accord de la direction, il a avisé son équipe de vente qu'il augmentera substantiellement le montant des primes. De plus, un système de points accordés selon le mérite permettra aux vendeurs d'obtenir certaines gratifications, comme des billets de spectacles. Par ailleurs, M. Trottier a annoncé que l'équipe grossira prochainement. En effet, trois nouveaux représentants se joindront à l'entreprise. Dans un premier temps, ils partageront certains territoires existants avec des représentants chevronnés. Par la suite, il y aura une restructuration des territoires et des quotas de ventes.

Le temps a passé et les démissions se sont multipliées. Fait à noter, les meilleurs vendeurs sont partis les premiers. On a déjà enregistré 5 démissions sur une équipe de 15 vendeurs et, selon certaines rumeurs qui circulent, 2 autres vendeurs ont été embauchés ailleurs et devraient donc quitter l'entreprise incessamment.

Lors du conseil de famille annuel, la direction a déploré la pire performance de l'entreprise depuis sa fondation. Selon Jeanne et Paul Martin, cet état de fait est attribuable à une mauvaise gestion en général, et plus particulièrement dans le service des ventes.

Questions

1. Commentez la situation qui prévaut actuellement dans cette entreprise.
2. Quels éléments peuvent altérer le rendement des vendeurs et quelles sont vos recommandations à ce sujet?

Cas 6   La société Soundex

Jean-Claude Gagnon

M. Jean-Claude Gagnon occupe depuis plusieurs années le poste de directeur des opérations. Depuis son bureau de Montréal, il dirige une trentaine de franchises réparties à travers le Québec. Ses activités de gestion sont essentiellement axées sur la mise en marché et la stratégie de vente au détail de produits électroniques tels que des téléviseurs, des magnétoscopes et des chaînes stéréo.

Dans la quarantaine avancée, M. Gagnon a commencé sa carrière comme conseiller-vendeur dans ce grand magasin de produits électroniques de Montréal. Quelques années plus tard, il a été promu gérant de ce magasin. Par la suite, il a établi avec le fondateur de l'entreprise un réseau de franchises très imposant au Québec. Cette société est perçue comme étant dynamique et innovatrice sur le plan de la mise en marché.

À chaque année, vers la fin d'août, l'association des marchands de produits électroniques organise un tournoi de golf; celui-ci était présidé cette année par M. Gagnon. Un nouveau membre de l'association a participé à ce tournoi, à savoir M. Jim Hair, directeur des ventes de Soundex, un important fabricant de chaînes stéréophoniques haut de gamme. Le siège social de cette entreprise est situé en Angleterre.

Jim Hair, qui est au Canada depuis quelques mois, recherche activement un directeur des ventes national. Il aimerait trouver quelqu'un qui connaît très bien le domaine de l'électronique de même que les personnes influentes et les clients. Le nom de M. Gagnon lui a souvent été cité par des gens du milieu.

Lors du tournoi de golf, M. Hair a pu observer le comportement de M. Gagnon. Cet homme s'habille sobrement, il est distingué et toujours à sa place. Il a la parole facile et semble très apprécié des gens qui l'entourent.

Lors du repas qui a suivi le tournoi, M. Hair s'est assis à la même table que M. Gagnon et ils ont échangé quelques mots. À la fin de la soirée, M. Hair lui a tendu la perche en lui disant qu'il cherchait un homme de confiance pour occuper chez Soundex le poste de directeur des ventes. Jean-Claude Gagnon lui a répondu qu'il accepterait de donner suite à cette conversation. Les deux hommes ont finalement convenu de manger ensemble dans quelques jours.

Conclusion

La rencontre qui a eu lieu une semaine plus tard fut très concluante. M. Gagnon a alors accepté de se joindre à Soundex.

Cas 7   La société Actisport

La direction d'Actisport vient de conclure le processus d'embauche de Mme Jeanne Mercure, la nouvelle directrice des ventes pour le Québec. Selon le profil du candidat recherché, le nouveau directeur devait être en mesure de résoudre rapidement et efficacement la situation suivante.

Le bureau de Montréal éprouve depuis deux ans un problème sérieux qui nuit considérablement aux ventes. Quelques mois après la nomination du directeur des ventes précédent, M. Rénald Samson, les ventes ont chuté de façon draconienne. C'est pourquoi M. Samson a été congédié.

Après quelques jours seulement à son nouveau poste, Mme Mercure a pu constater l'ambiance lourde et malsaine qui règne au service des ventes. Selon ses premières observations, cette situation n'a pas de cause apparente. On pourrait facilement imaginer qu'un individu négatif ou hargneux entretient ce climat. Cependant, ce n'est pas le cas. Selon le rapport que Mme Mercure a présenté à la haute direction, la situation semble imputable non pas à un individu ou à un groupe d'individus agissant délibérément contre les intérêts de l'entreprise, mais à un manque de motivation peut-être occasionné accidentellement par M. Samson. Elle termine son rapport en soulignant qu'elle a une grande confiance dans les personnes en place et que tous les membres de l'équipe de vente et du personnel seront invités prochainement à échanger leurs idées.

Sur le plan salarial, il ne semble pas y avoir de problème. Chacun des représentants bénéficie d'un salaire de base enviable fixé selon une norme basée sur le nombre d'années d'expérience. De plus, une commission de l'ordre de 3 % est versée mensuellement aux vendeurs. Une prime fait aussi partie du plan de rémunération. Versée annuellement, elle est octroyée conditionnellement à des objectifs et des quotas établis. Elle correspond à environ 1 % des ventes totales de l'année. Il faut souligner que, depuis les dix dernières années, tous les représentants ont reçu cette prime. Les divers frais reliés à la vente sont remboursés sans qu'on pose de questions.

Afin de susciter l'intérêt pour les produits Actisport, des voyages sont organisés à l'extérieur du pays. Les réunions de vente sont souvent programmées par Actisport en fonction d'événements sportifs comme la Coupe du monde de tennis ou encore les Jeux olympiques.

Question

Selon l'information fournie dans ce cas, comment rétabliriez-vous la situation si vous étiez à la place de Mme Mercure?

IV

L'ÉVALUATION
DU PROGRAMME DE VENTE

Cette dernière partie comprend les chapitres 15, 16 et 17. Elle fait suite à l'implantation du programme de vente et s'intéresse en particulier à l'évaluation de ce dernier. L'entreprise doit vérifier l'efficacité de sa stratégie de vente. Par-delà le degré de réalisation des objectifs, celle-ci doit comprendre parfaitement les raisons de la situation observée.

Le chapitre 15 examine l'analyse des ventes et suggère des méthodes permettant de déchiffrer correctement les données temporelles des ventes afin d'identifier les segments de l'organisation (les représentants, les territoires, les succursales, les produits, etc.) qui n'ont pas atteint les objectifs escomptés (ou qui les ont dépassés). De plus, on y traite la nécessité pour l'entreprise de se comparer à son secteur d'activité et de connaître l'évolution de sa part du marché afin d'avoir une idée juste de sa performance réelle.

Le chapitre 16 porte sur la rentabilité des différents segments de l'organisation et propose des techniques comptables qui permettent de les apprécier d'une façon adéquate, ce qui aide ainsi à éviter des erreurs graves (comme la fermeture d'une succursale rentable, l'abandon d'un client intéressant ou le congédiement injuste d'un vendeur).

Enfin, le chapitre 17 s'attarde à l'évaluation du représentant et déborde largement le cadre traditionnel suivant lequel les résultats sont la seule chose qu'il faille prendre en considération. Une évaluation doit être positive et amener le représentant à s'améliorer. On doit donc évaluer non seulement les résultats que ce dernier a obtenus, mais aussi les moyens qu'il a utilisés pour les atteindre. La notion de «comportement» devient fondamentale, car c'est par les actions du vendeur qu'on pourra l'aider à obtenir des performances supérieures. D'autres variables doivent entrer en ligne de compte

pour compléter efficacement l'évaluation (le service, le développement de nouvelles affaires, la grosseur des commandes, etc.). Pour
l'organisation, il importe de mettre sur pied un système d'évaluation
complet (basé sur plusieurs critères) qui suscite la motivation de la
force de vente tout en permettant une direction efficace. Le vendeur
sera ainsi amené à faire coïncider ses intérêts avec ceux de l'entreprise.

PLAN

15

L'analyse du volume des ventes

OBJECTIFS

Après l'étude de ce chapitre, vous devriez être capable de:

- Interpréter correctement les résultats de ventes.
- Définir les mesures de part de marché et comparer les résultats de ventes de l'entreprise à ceux de l'industrie.
- Effectuer des analyses de ventes sectorielles.
- Comprendre la nécessité de disposer d'une information sectorielle afin d'exercer une meilleure gestion des ventes.

☐ Introduction

L'analyse du volume des ventes constitue la première étape de la quatrième phase de la gestion des ventes, celle de l'évaluation et du contrôle des performances de la force de vente. Dans cette quatrième partie du livre qui porte sur l'évaluation du programme de vente, ce chapitre insistera particulièrement sur l'évaluation des résultats de ventes, tandis que les chapitres 16 et 17 examineront respectivement les coûts et le rendement individuel du représentant.

L'analyse des ventes est pratiquée par toutes les entreprises. En effet, la première question à laquelle le gestionnaire devra répondre à la fin de l'exercice est la suivante: «Avons-nous atteint nos objectifs de ventes?» Autrement dit: «Avons-nous vendu assez?» Il devra par ailleurs se doter des outils nécessaires pour effectuer une analyse complète du volume des ventes, c'est-à-dire non seulement pour toute l'entreprise ou pour un secteur donné, mais bien par produits, par territoires, par succursales, par segments de marché, par types de clientèle, par représentants et par tout autre type de segment utile. C'est à ce moment-là que le gestionnaire identifiera le segment d'activité qui contribue au profit. Un dernier problème auquel fera face ce dernier est la nécessité de comparer ses chiffres avec ceux de l'industrie et des concurrents pour tâcher d'éliminer les facteurs conjoncturels et s'en tenir uniquement aux résultats de l'entreprise. Nous verrons ces sujets en détail dans les pages qui suivent.

La figure 15.1 nous indique la position qu'occupe la fonction «évaluation» dans le processus managérial. Le point de départ pour toutes les activités de l'entreprise, y compris celle des ventes, consiste dans la détermination d'objectifs. Ceux-ci sont établis à l'échelle de l'entreprise (prélude au plan stratégique) et de la division (les divisions tentent de réaliser la partie des objectifs de l'entreprise qui leur est confiée). Ces objectifs seront atteints conditionnellement à la mise au point de plans. La fonction «planification» est elle aussi répartie dans tous les services qui ont leurs objectifs propres et qui doivent trouver eux-mêmes la façon de les atteindre. Ainsi, après s'être fixé des objectifs de ventes précis, le directeur des ventes élaborera des plans de développement et de répartition de sa force de vente pour mener ses projets à terme. La fonction «implantation» consiste à mettre sur pied les systèmes et structures qui permettront de réaliser les plans. Enfin, les opérations devront être évaluées après coup en accord avec les objectifs fixés au départ.

FIGURE 15.1
Processus de contrôle de base en gestion

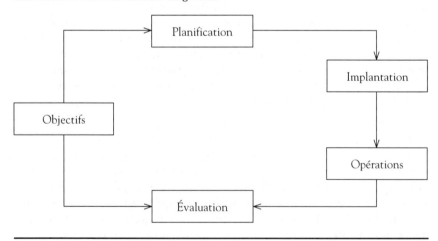

SOURCE: Gilbert A. Churchill Jr., Neil M. Ford et Orville C. Walker Jr., *Sales Force Management*, 3ᵉ éd., Homewood (Ill.), Irwin, 1990, p. 667.

Le directeur des ventes de l'entreprise dont il est question dans l'exemple de la figure 15.2 est très satisfait, mais il s'aperçoit que le rendement de l'un des trois vendeurs a été inférieur à celui des autres. Après une évaluation individuelle, il constate que sa technique de démonstration n'est pas au point. Il tente alors de remédier à la situation en veillant à ce que le représentant suive des séances de formation supplémentaires.

L'évaluation des performances de ventes devrait permettre de répondre aux questions suivantes:

1. Le plan de vente a-t-il fonctionné comme prévu?

2. Dans quelle mesure ce dernier a-t-il fonctionné?

3. Quelles sont les raisons de ces résultats (bons ou mauvais)?

4. De quelle façon pourrions-nous améliorer les résultats dans l'avenir?

FIGURE 15.2
Processus managérial en gestion des ventes

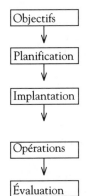

Objectifs	Développer le territoire de la Gaspésie et y atteindre une part de marché de 10 %, soit 500 000 $ de ventes.
Planification	Ouvrir une succursale à Gaspé le 1er septembre 1993 et y engager un superviseur et trois représentants.
Implantation	Le directeur régional de l'est du Québec se rend à Gaspé, loue des bureaux, engage trois représentants de la région, un superviseur de Québec, une secrétaire et loue le matériel de bureau nécessaire.
Opérations	La succursale de Gaspé entreprend officiellement ses opérations le 1er septembre 1993.
Évaluation	Le 1er septembre 1994, les ventes de cette succursale se chiffrent à 480 000 $, soit 20 000 $ de moins que prévu. Le directeur régional tentera de connaître les raisons exactes de cet écart.

☐ 15.1 *L'audit* marketing

L'analyse de marketing (en anglais *marketing audit*) est le cadre de référence de l'évaluation des ventes. Elle incite tous les gestionnaires du marketing à une remise en question de la fonction «marketing». Philip Kotler définit l'analyse de marketing comme suit:

> Examen *complet*, *systématique*, *indépendant* et *périodique* de l'environnement d'une entreprise ou d'un comité d'activités. Elle est faite dans le but de

déterminer les domaines problématiques et les opportunités en vue de recommander un plan d'action qui améliorera la performance du marketing de l'entreprise[1].

L'auteur explicite les quatre finalités (en italique) de cet examen:

1. *Complet*: L'analyse marketing couvre tous les aspects importants du marketing dans une entreprise et non seulement un ou plusieurs points chauds; dans ce dernier cas, ce serait une analyse fonctionnelle où seulement la force de vente, la politique de prix ou une autre activité marketing serait examinée.

2. *Systématique*: L'analyse marketing comprend une séquence ordonnée d'étapes de diagnostic couvrant l'environnement marketing de l'organisation, son système marketing interne et les activités marketing spécifiques. Le diagnostic est suivi d'un plan d'actions correctives incluant des suggestions à court et à long terme qui devraient permettre d'améliorer l'efficacité globale du marketing de l'entreprise.

3. *Indépendant*: L'analyse marketing est généralement conduite par une entité appartenant ou non à l'organisation qui est relativement indépendante du département du marketing, qui a pu acquérir la confiance de la haute direction et qui est objective.

4. *Périodique*: L'analyse marketing doit normalement être effectuée périodiquement plutôt qu'uniquement en période de crise. Elle offre des avantages autant pour la compagnie qui semble bien réussir que pour celle qui est en difficulté[2].

L'analyse de marketing comprend six parties, comme l'indique le tableau 15.1.

1. L'analyse de l'environnement de marketing. Le but de cette première partie est de comprendre l'environnement dans lequel l'entreprise évolue et d'en identifier les possibilités et les menaces.

2. L'analyse de la stratégie de marketing. La deuxième partie est une remise en question de la mission, des objectifs et de la stratégie de marketing, laquelle permettra de découvrir si ces éléments sont encore bien adaptés à la réalité de l'entreprise.

3. L'analyse de l'organisation de marketing. L'organisation des services de marketing correspond-elle encore aux besoins de l'entreprise?

4. L'analyse des systèmes de marketing. Les systèmes de gestion de marketing (le système d'information, la planification et le

1. Philip Kotler, H. G. McDougall et J. L. Picard, *Principes de marketing*, 2ᵉ éd., Boucherville, Gaëtan Morin Éditeur, 1985, p. 115.
2. *Id.*

contrôle) permettent-ils de soutenir adéquatement le travail de marketing?

5. L'analyse de la productivité. Il s'agit de la rentabilité des activités de marketing. Le chapitre suivant traitera ce sujet sous l'angle des activités de vente.

6. L'analyse des fonctions de marketing. Cette dernière partie se penche sur les différentes fonctions de marketing. Elle s'avère particulièrement intéressante pour nous puisqu'elle examine la force de vente.

TABLEAU 15.1
Analyse de marketing

PARTIE I: ANALYSE DE L'ENVIRONNEMENT MARKETING

Macro-environnement

A. *Démographique*

1. Quels principaux développements et tendances démographiques représentent les opportunités ou les menaces pour l'entreprise?

2. Quelles sont les actions entreprises par la firme en réponse à ces développements et tendances?

B. *Économique*

1. Quel sera l'impact sur l'entreprise des principaux développements et tendances en ce qui concerne le revenu, les prix, l'épargne et le crédit?

2. Quelles sont les actions entreprises par la firme en réponse à ces développements et tendances?

C. *Écologique*

1. Quelles sont les prévisions en matière de coût et de disponibilité des ressources naturelles et de l'énergie nécessaires à la compagnie?

2. Quelles préoccupations ont été exprimées quant au rôle de l'entreprise en matière de pollution et de protection de l'environnement? Quelles sont les mesures qui ont été prises par la compagnie à ce sujet?

D. *Technologique*

1. Quels sont les changements importants qui se produisent sur le plan de la technologie du produit? de la technologie du processus de transformation? Dans quelle position la firme se situe-t-elle par rapport à ces technologies?

2. Quels sont les principaux substituts de ce produit?

E. *Politique*

1. Quelles lois actuellement proposées pourraient affecter les stratégies et les tactiques marketing de l'entreprise?

2. Quelles actions des autorités fédérales, provinciales ou municipales devraient être surveillées? Qu'arrive-t-il dans les domaines du contrôle de la pollution, de

---

TABLEAU 15.1
Analyse de marketing (*suite*)

---

l'égalité des chances d'emploi, de la sécurité des produits, du contrôle de la publicité, des prix, etc., qui soit important pour la stratégie marketing de l'entreprise?

F. Culturel

1. Quelle est l'attitude du public vis-à-vis des entreprises et des produits dont font partie ceux fabriqués par notre firme?

2. Quels sont les changements, parmi ceux qui se produisent sur le plan du style de vie et des valeurs du consommateur et des entreprises, qui peuvent affecter la stratégie marketing de la compagnie?

Micro-environnement

A. Marchés

1. Comment se présentent la taille du marché, sa croissance, sa distribution géographique et sa rentabilité?

2. Quels sont les principaux segments de marché?

3. Quels sont les taux de croissance prévus de chaque segment de marché?

4. Quels sont les segments de marché qui offrent de grandes et de faibles opportunités?

B. Clients

1. Comment les clients actuels et potentiels évaluent-ils l'entreprise et ses concurrents, particulièrement en ce qui concerne la réputation et la qualité du produit, le service, la force de vente et le prix?

2. Comment les différentes catégories de clients prennent-elles leurs décisions d'achat?

3. Quels sont les besoins des clients dans ce marché et quelles sont les satisfactions qu'ils recherchent?

C. Concurrents

1. Qui sont les principaux concurrents? Quels sont les objectifs et les stratégies de chaque concurrent d'importance? Quelles sont leurs forces et leurs faiblesses? Quelles sont leurs parts du marché et comment évoluent-ils?

2. Quelles tendances peut-on prévoir pour l'avenir en ce qui concerne la concurrence et la possibilité de voir apparaître des substituts à notre produit?

D. Distribution et intermédiaires

1. Quels sont les principaux canaux de distribution?

2. Quels sont leur efficacité et leur potentiel de croissance respectif?

E. Fournisseurs

1. Quelles sont les perspectives quant à la disponibilité des différentes ressources fondamentales utilisées pour la production?

TABLEAU 15.1
Analyse de marketing (*suite*)

2.   Quelles tendances peut-on observer dans la façon de vendre des fournisseurs ?

F. *Facilitateurs et entreprises de marketing*

1.   Quelles sont les perspectives en matière de coûts et de disponibilité des services de transport ?

2.   Quelles sont les perspectives en matière de coûts et de disponibilité des services d'entreposage ?

3.   Quelle est l'efficacité du service de notre agence de publicité ?

G. *Publics*

1.   Quels publics (finances, médias, gouvernements, citoyens, local, général, interne) représentent des opportunités ou des problèmes particuliers pour l'entreprise ?

2.   Quelles mesures ont été prises par l'entreprise pour traiter efficacement avec ses publics clés ?

PARTIE II: ANALYSE DE LA STRATÉGIE MARKETING

A. *Mission de l'entreprise*

1.   La mission de l'entreprise est-elle énoncée clairement et orientée vers le marché ?

2.   La mission de l'entreprise est-elle réalisable compte tenu des ressources et des opportunités de l'entreprise ?

B. *Options et buts du marketing*

1.   Les objectifs corporatifs sont-ils énoncés clairement et conduisent-ils logiquement à des objectifs marketing ?

2.   Les objectifs marketing sont-ils énoncés de façon telle qu'ils permettent de guider la planification marketing et de mesurer des performances subséquentes ?

3.   Les objectifs marketing sont-ils appropriés lorsque l'on tient compte de la position concurrentielle de l'entreprise, de ses ressources et de ses opportunités ? L'objectif stratégique approprié est-il de bâtir, de maintenir, de récolter ou de mettre fin à l'activité présente ?

C. *Stratégie*

1.   Quelle est la stratégie marketing de base devant permettre la réalisation de ces objectifs ? Est-ce une bonne stratégie ?

2.   Y a-t-il suffisamment (ou trop) de ressources allouées pour la réalisation des objectifs marketing ?

3.   Les ressources marketing sont-elles allouées au mieux et aux principaux segments de marché, secteurs et produits de l'organisation ?

4.   Les ressources marketing sont-elles allouées au mieux aux principaux éléments du marketing mix, c'est-à-dire la qualité du produit, le service, la force de vente, la publicité, la promotion et la distribution ?

TABLEAU 15.1
Analyse de marketing (*suite*)

PARTIE III : ANALYSE DE L'ORGANISATION MARKETING

A. *Structure formelle*

1. Y a-t-il un responsable du marketing de haut niveau possédant suffisamment d'autorité et de responsabilité sur les activités de l'entreprise qui affectent la satisfaction du client ?

2. Les responsabilités marketing sont-elles structurées de la meilleure façon, par fonction produit, type de clients ou secteur de vente ?

B. *Efficience fonctionnelle*

1. Les communications et les relations de travail entre le département du marketing et le département des ventes sont-elles bonnes ?

2. Le système de gestion des produits est-il efficace ? Les directeurs de produits sont-ils capables en dehors de la planification du chiffre d'affaires de planifier la rentabilité de leur domaine de responsabilité ?

3. Y a-t-il des groupes dans le département du marketing qui ont besoin de plus de formation, de motivation, de supervision ou d'évaluation ?

C. *Efficience interdépartementale*

1. Y a-t-il des problèmes entre les départements du marketing et de production qui nécessitent une attention spéciale ?

2. Comment sont les relations entre les départements du marketing et de la recherche et du développement ?

3. Comment sont les relations entre le département du marketing et la direction financière ?

4. Comment sont les relations entre le département du marketing et le département des achats ?

PARTIE IV : ANALYSE DES SYSTÈMES MARKETING

A. *Système d'information marketing*

1. Le système de collecte d'information fournit-il une information exacte, en quantité suffisante et au moment approprié sur les développements qui se produisent dans le marché ?

2. Les responsables de l'entreprise utilisent-ils la recherche commerciale de façon adéquate ?

B. *Système de planification marketing*

1. Le système de planification marketing est-il bien conçu et efficace ?

2. Les prévisions de vente et les mesures du potentiel du marché sont-elles bien faites ?

3. Les quotas de vente sont-ils établis sur une base correcte ?

TABLEAU 15.1
Analyse de marketing (*suite*)

C. *Système de contrôle marketing*

1. Les méthodes de contrôle (mensuelles, trimestrielles, etc.) suffisent-elles à assurer que les objectifs du plan annuel sont atteints?

2. Des dispositions sont-elles prises afin d'analyser périodiquement la rentabilité des différents produits, marchés, secteurs de vente et canaux de distribution?

3. Des dispositions sont-elles prises pour examiner périodiquement les différents coûts du marketing?

D. *Système de développement de nouveaux produits*

1. L'entreprise a-t-elle l'organisation adéquate pour réunir, générer et filtrer des idées de nouveaux produits?

2. L'entreprise fait-elle une recherche de concept et une analyse économique suffisamment approfondie avant d'investir substantiellement dans une nouvelle idée de produit?

3. L'entreprise effectue-t-elle des tests de produit et des tests de marché adéquats avant de lancer un nouveau produit?

PARTIE V: ANALYSE DE LA PRODUCTIVITÉ

A. *Analyse de la rentabilité*

1. Quelle est la rentabilité des différents produits de l'entreprise, de ses différents marchés, de ses différents secteurs de vente et des différents canaux de distribution?

2. L'entreprise devrait-elle pénétrer de nouveaux segments de marché, faire de l'expansion, réduire son activité dans certains segments ou en abandonner d'autres? Quelles seraient les conséquences de telles actions à court et à long terme sur les profits?

B. *Analyse de l'efficacité*

1. Existe-t-il des activités marketing dont les coûts semblent excessifs? Peut-on prendre des mesures pour réduire ces coûts?

PARTIE VI: ANALYSE DES FONCTIONS MARKETING

A. *Produits*

1. Quels sont les objectifs de la gamme de produits? Ces objectifs sont-ils valables? La gamme de produits présente atteint-elle ces objectifs?

2. Y a-t-il des produits particuliers qui devraient être éliminés?

3. Y a-t-il des nouveaux produits qu'il faudrait ajouter?

4. Y a-t-il des produits dont la qualité, les caractéristiques physiques ou l'allure pourraient être améliorées?

B. *Prix*

1. Quels sont les objectifs, les politiques, les stratégies et les méthodes en matière de fixation de prix? Dans quelle mesure les prix sont-ils établis d'après des critères valables de coûts, de demande et de situation concurrentielle?

TABLEAU 15.1
Analyse de marketing (*suite*)

---

2. Les clients considèrent-ils les prix de l'entreprise comme appropriés à la valeur des produits?

3. L'entreprise utilise-t-elle les promotions de prix de manière effective?

C. *Distribution*

1. Quels sont les objectifs et les stratégies en matière de distribution?

2. La couverture du marché et le service sont-ils suffisants?

3. L'entreprise devrait-elle envisager de changer son degré de dépendance face aux distributeurs et aux représentants des ventes et vendre directement aux clients?

D. *Publicité, promotion des ventes et publicité rédactionnelle*

1. Quels sont les objectifs publicitaires de l'organisation? Sont-ils valables?

2. Dépense-t-on la somme adéquate pour la publicité? Comment fixe-t-on le budget?

3. Les thèmes et copies des messages ont-ils l'effet souhaité? Qu'est-ce que les clients et le public pensent de la publicité?

4. A-t-on bien choisi les médias publicitaires?

5. Utilise-t-on de manière effective la promotion des ventes?

6. Y a-t-il un programme de publicité rédactionnelle bien conçu?

E. *Force de vente*

1. Quels sont les objectifs de la force de vente de l'organisation?

2. La force de vente est-elle suffisamment grande pour atteindre les objectifs de l'entreprise?

3. Est-ce que la force de vente est organisée selon le ou les principes indiqués de spécialisation (secteur, marché, produit)?

4. La force de vente a-t-elle un bon moral? Est-elle capable et fournit-elle des efforts? Est-elle suffisamment formée et motivée?

5. Les méthodes de fixation des quotas et d'évaluation des performances sont-elles adéquates?

6. Comment perçoit-on la force de vente de l'entreprise par rapport à celle des concurrents?

SOURCE: Philip Kotler, H. G. McDougall et J. L. Picard, *Principes de marketing*, 2ᵉ éd., Boucherville, Gaëtan Morin Éditeur, 1985, p. 116-120.

☐ 15.2 L'analyse de la gestion des ventes

L'analyse de la gestion des ventes (en anglais, *sales management audit*) est du même type que l'analyse de marketing, bien qu'elle ne s'intéresse qu'à la fonction «vente» alors que cette dernière, comme nous l'avons vu, englobe tout ce qui concerne la fonction «marketing» et ses différentes composantes[3]. L'analyse de la gestion des ventes pourrait ressembler à l'analyse de marketing illustrée à la figure 15.3. Cependant, elle ne considérerait que les questions se rapportant au domaine de la vente. Toutes les fonctions du marketing doivent faire l'objet d'une analyse et celles-ci devraient être coordonnées afin de donner une meilleure synergie et une meilleure compréhension des problèmes.

Si l'analyse de la gestion des ventes révélait que la force de vente éprouve des difficultés inhabituelles à vendre une ligne particulière de produits, il serait intéressant de dresser un parallèle avec l'analyse de la fonction «publicité» et de voir le travail effectué par celle-ci quant à la campagne publicitaire de cette ligne de produits. Mais si l'analyse de la publicité a été effectuée par région géographique plutôt que par ligne de produits, on ne pourra tirer aucune conclusion valable en raison du manque d'information. Un handicap similaire se produira si les deux analyses ne sont pas faites dans la même période[4].

Autrement dit, l'analyse de la gestion des ventes employée seule peut passer à côté de plusieurs problèmes. Elle doit donc être faite en même temps que l'analyse des autres fonctions de marketing et bâtie sur des bases semblables.

FIGURE 15.3
Courbe des ventes

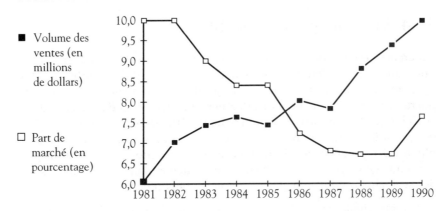

- ■ Volume des ventes (en millions de dollars)
- □ Part de marché (en pourcentage)

3. Alan J. Dubinsky et R. W. Hansen, «The Sales Force Management Audit», *California Management Review*, vol. 24, hiver 1981, p. 86-95.

4. Thomas R. Wotruba, *Sales Management, Planning, Accomplishment and Evaluation*, Holt, Rinehart & Winston, 1971, p. 466-467.

15.3 Les composantes de l'évaluation du rendement

L'analyse de marketing (ou d'une fonction de marketing) constitue un exercice très coûteux. Pour des raisons pratiques, on retiendra trois analyses de rendement propres au domaine de la gestion des ventes et permettant au gestionnaire des ventes de s'acquitter de sa tâche avec brio:

1. L'analyse du volume des ventes. Elle fait l'objet de ce chapitre. Les résultats de ventes seront décomposés par lignes de produits, par territoires, par comptes majeurs et par types de clients. De cette façon, il sera plus facile d'identifier d'éventuels problèmes dans chaque segment. (Il n'y a pas de limites quant aux types de segments. Nous ne considérerons que les plus usuels, soit ceux cités précédemment.)

2. L'analyse de la rentabilité. Elle fera l'objet du prochain chapitre. Il s'agit de la suite de l'analyse des ventes. On examinera la rentabilité de chacun des segments d'activités décrits plus tôt.

3. L'analyse du rendement individuel. Ce sera le sujet du dernier chapitre. On s'intéressera au comportement individuel du vendeur, à ses tâches quotidiennes et aux résultats qu'il obtient. Non seulement faudra-t-il découvrir dans quelle mesure le représentant s'acquitte de ses fonctions, mais on devra aussi trouver ses points faibles et suggérer les changements appropriés.

 ## 15.4 Le principe du «80-20»

Différentes études ont démontré que, dans la majorité des entreprises, une grande proportion des commandes, des clients, des territoires ou des produits contribuent faiblement aux profits[5]. Autrement dit, cela impliquerait que 80 % des clients n'effectueraient que 20 % des achats (dans la réalité, cette proportion peut être de 90-10, 70-30, etc.) ou que 80 % des produits n'engendreraient que 20 % des profits. On dira que dans la plupart des programmes de marketing, certains efforts sont mal dirigés. On aura tendance à investir beaucoup d'énergie dans des domaines ou des segments qui ne sont pas toujours les plus rentables.

La principale raison de cette situation est que le travail de marketing est réparti d'après le nombre de territoires ou de clients plutôt que selon

---

5. Harry D. Wolfe et G. Albaum, «Inequality in Products, Orders, Customers, Salesmen and Sales Territories», *Journal of Business*, vol. 35, juillet 1962, p. 298-301.

leur potentiel de ventes respectif. Ce serait le cas, par exemple, si on divisait la somme de 300 000 $ d'une façon égale entre 3 territoires (100 000 $ chacun) plutôt que d'après leur potentiel respectif. Si un de ces territoires avait un potentiel supérieur à celui des deux autres, cela voudrait dire qu'il serait sous-exploité par rapport à ces derniers.

Le principe du «80-20» est à la base de l'analyse du volume des ventes. L'insuffisance de données sectorielles prive la direction de l'entreprise de l'information nécessaire à la réalisation d'analyses du volume des ventes et de la rentabilité qui sont pourtant vitales. Si le gestionnaire n'a qu'une idée globale de la progression des résultats de ventes, il ne pourra diriger adéquatement le travail de marketing. Comment alors connaîtra-t-il la progression des ventes d'un territoire, sa compétitivité et sa rentabilité s'il ne dispose pas des données propres à ce dernier? La proportion «80-20» pourra être atténuée si le gestionnaire possède les outils de contrôle nécessaires, soit les données de ventes par territoires, par succursales, par vendeurs, par produits, par clients, par groupes de clients et par commandes[6].

☐ 15.5 Les bases de l'analyse du volume des ventes

15.5.1 Le volume total des ventes

L'analyse du volume total des ventes constitue la première étape de l'analyse des ventes. Avant de ventiler celles-ci par segment d'activité, il est logique de constater leur évolution générale de même que celle de la part du marché. Même s'il s'agit de la partie de l'analyse des ventes la plus facile, elle doit être effectuée avec le plus grand soin car elle peut révéler des situations susceptibles de mettre la survie de l'entreprise en péril. Le gestionnaire aura besoin des résultats de ventes de l'entreprise des dernières années et de ceux de l'industrie pour la région dans laquelle elle a des activités.

Le tableau 15.2 indique la façon de procéder à une analyse du volume des ventes. Dans cet exemple, l'entreprise fictive considérée a choisi d'effectuer l'analyse sur les 10 dernières années, soit depuis 1981. La première colonne indique le volume des ventes obtenu durant toutes ces années. Comme on peut le constater, celui-ci a presque doublé au cours

---

6. Alan J. Dubinsky et R. W. Hansen, «Improving Marketing Productivity: The 80/20 Principle Revisited», *California Management Review*, vol. 25, automne 1982, p. 96-105.

TABLEAU 15.2
Analyse du volume total des ventes de Machines Saguenay inc.

Année	Volume des ventes de l'entreprise (en millions de dollars)	Volume des ventes de l'industrie (en millions de dollars)	Part de marché de la société (en pourcentage)
1990	10,0	130	7,6
1989	9,4	140	6,7
1988	8,8	130	6,7
1987	7,8	114	6,8
1986	8,0	110	7,2
1985	7,4	88	8,4
1984	7,6	90	8,4
1983	7,4	82	9,0
1982	7,0	70	10,0
1981	6,0	60	10,0

de cette période. Il était en effet de 6 000 000 $ en 1981, contre 10 000 000 $ en 1990. La courbe des ventes illustrée à la figure 15.3 montre une tendance fortement positive des ventes. Face à ces résultats, la première réaction des dirigeants de l'entreprise est une réaction de satisfaction. Cependant, il convient de pousser l'analyse plus loin en comparant les chiffres de l'entreprise avec ceux de l'industrie, qu'on trouve dans la deuxième colonne, intitulée Volume des ventes de l'industrie.

Dans un premier temps, on constate que le volume des ventes a connu une progression presque constante au cours de ces 10 années. Celle-ci a subi une légère diminution en 1985, où les ventes sont passées de 7 600 000 $ en 1984 à 7 400 000 $ en 1985, ce qui constitue une perte de 2,63 %. Cependant, la deuxième colonne nous apprend que les ventes de l'industrie ont connu une diminution du même ordre (de 90 000 000 $ à 88 000 000 $, soit un recul d'environ 2 %). On doit donc attribuer cette situation à un ralentissement de l'industrie. L'entreprise a fait bonne figure cette année-là. Cependant, l'année 1987 fut moins glorieuse. Les ventes de l'entreprise ont quelque peu diminué (de 8 000 000 $ en 1986 à 7 800 000 $ en 1987) tandis que celles de l'industrie ont augmenté (de 110 000 000 $ à 114 000 000 $ durant la même période). L'année 1987 a donc été relativement difficile sur le plan de la concurrence.

L'examen de la troisième colonne du tableau 15.2 s'avérera extrêmement intéressant. Celle-ci présente en effet le ratio des ventes de l'entreprise sur les ventes de l'industrie et constitue donc l'évolution de la part de marché de l'entreprise au cours des 10 dernières années. On constate au premier coup d'œil que celle-ci a perdu environ 25 % de sa valeur : de 10,0 % qu'elle était en 1981, elle n'est plus que de 7,6 %. Comme l'illustre la figure 15.3, elle a enregistré une diminution dramatique de 1981 à 1989, et ce d'une façon constante (de 10 % à son niveau le plus bas, soit 6,7 %). Ce n'est qu'au cours de la dernière année qu'il semble qu'on ait fait des efforts pour corriger cette situation. Le gain de près de 1 % de la part de marché indique bien que l'entreprise désire redevenir concurrentielle.

L'étude de l'évolution de la part de marché constitue la pierre angulaire de l'approche stratégique du marketing. Cette unité de mesure nous renseigne immédiatement sur la position concurrentielle de l'entreprise. Une réduction de la part de marché de l'entreprise montre que celle-ci perd du terrain et qu'elle éprouve de la difficulté à relever les défis que lui lancent les concurrents habituels ou les nouveaux venus. Pour conserver sa part de marché, l'entreprise doit non seulement offrir une résistance sérieuse aux concurrents, mais aussi tâcher de limiter le nombre de nouveaux venus sur le marché (par des barrières à l'entrée). Si le marché est en croissance, l'entreprise peut augmenter sa part de marché en séduisant de nouveaux clients. Par contre, dans un marché saturé, toute augmentation de la part de marché se fait au détriment de concurrents, et vice versa.

Ainsi, une diminution de la part de marché peut signifier deux choses : ou bien le marché s'accroît et les concurrents décrochent plus rapidement de nouveaux clients, ou bien le marché est saturé et l'entreprise voit ses propres clients aller vers les concurrents. Cependant, un fait demeure : lorsque l'entreprise connaît une réduction de sa part de marché, elle a perdu un peu de sa capacité concurrentielle.

Christian Dussart identifie quatre grandes situations concurrentielles permettant d'interpréter une variation de la part de marché :

1. La part de marché peut être croissante dans un domaine (un marché) en pleine croissance ; il y a alors de bonnes perspectives d'avenir pour l'entreprise.

2. La part de marché peut être stable ou décroissante dans un domaine ayant une forte croissance ; l'entreprise, qui a un très mauvais rendement, n'est pas dans la course.

3. La part de marché peut être stable ou croissante dans un domaine présentant une décroissance; l'entreprise a de bons résultats mais elle est sans avenir.

4. La part de marché peut être croissante dans un domaine lui-même en décroissance; il est alors grand temps pour l'entreprise de désinvestir et de diversifier ses produits, s'il n'est déjà trop tard[7].

Dans le cas qui nous occupe (voir le tableau 15.2), de 1981 à 1989, l'entreprise vivait la deuxième situation concurrentielle, soit une part de marché décroissante dans un marché connaissant une forte croissance (de 60 000 000 $ à 140 000 000 $, soit une augmentation de 133,33 % pour le marché et une diminution de la part de marché de 10,0 % à 6,7 % pour l'entreprise, soit de -33 %). L'entreprise n'était donc plus dans la course pour des raisons pouvant être très variées (des produits désuets, des prix non compétitifs, une force de vente inadéquate, etc.). De 1989 à 1990, cependant, le marché a diminué de 7,14 % (de 140 000 000 $ à 130 000 000 $) tandis que la part de marché de l'entreprise a crû de 13,43 %, ce qui correspond à la troisième situation concurrentielle. Ces résultats sont intéressants car l'entreprise a stoppé la baisse de sa part de marché et semble prendre les mesures pour redevenir concurrentielle. Toutefois, il faudra se demander quel est l'avenir de cette industrie et si la diminution du marché est temporaire ou permanente. Dans le dernier cas, l'entreprise devrait faire un virage et explorer de nouvelles avenues.

15.5.2 Le volume des ventes par territoires

Cette analyse vise à déterminer si le principe du «80-20» intervient dans la répartition du travail de vente parmi les territoires. Autrement dit, on doit vérifier si le travail de marketing et de vente fait dans chacun des territoires est proportionnel au potentiel des ventes de ceux-ci. Idéalement, le potentiel des ventes devrait être semblable d'un territoire à l'autre lorsque les territoires ont été conçus adéquatement (ce sujet a été traité au chapitre 7). Dans les faits, cela s'avère très difficile, notamment à cause de la distribution géographique des clients. L'analyse du volume des ventes par territoires indique non seulement l'ordre d'importance des territoires quant aux ventes, mais aussi le rapport entre les résultats générés dans chacun et son potentiel des ventes (voir le tableau 15.3).

Pour mener à bien une analyse du volume des ventes par territoires, il faut suivre le processus suivant:

---

7. Christian Dussard, *Stratégie de marketing*, Boucherville, Gaëtan Morin Éditeur, 1986, p. 51.

TABLEAU 15.3
Processus d'analyse du volume des ventes par territoires
de Machines Saguenay inc.

Territoire	Indice (en %)	Objectif	Ventes observées	Performance (en %)	Variation (en $)
Chicoutimi	38,2	382 000	336 000	88,0	−46 000
Jonquière	32,4	324 000	362 000	111,7	38 000
La Baie	11,8	118 000	166 000	140,7	48 000
Alma	17,6	176 000	136 000	77,3	−40 000
Total	100,0	1 000 000	1 000 000		

1. La détermination d'un indice donnant le pourcentage précis des ventes totales qui doit être obtenu dans chaque territoire (pour l'ensemble de l'industrie). La nature de cet indice est très variable. Dans le domaine du commerce de détail, il existe des statistiques fiables sur les dépenses de consommation (Statistique Canada, Compusearch, etc.) par secteurs (villes, provinces, etc.). Certains utiliseront simplement l'indice du pouvoir d'achat (BPI) que nous avons présenté au chapitre 6. Dans le domaine industriel, on peut ainsi obtenir des chiffres de plusieurs sources d'information.

   Cet indice doit refléter le potentiel de chaque territoire par rapport aux ventes totales. Si les opérations sont nationales, il existe suffisamment de sources d'information pour obtenir celui-ci. Si, par contre, les opérations sont limitées à une région, le gestionnaire devra se fier aux ventes passées de l'industrie dans chacun de ses territoires et calculer son propre indice en prenant les ventes antérieures (celles de l'année dernière) de l'industrie dans chacun des territoires visés sur la sommation de ces ventes antérieures.

2. La détermination des ventes de la période considérée dans chaque territoire.

3. La multiplication de l'indice de chaque territoire (obtenu à la première étape) par l'objectif des ventes totales de l'entreprise. Ce dernier chiffre est la prévision globale qui a été faite pour la période étudiée. En procédant de la sorte, on obtiendra l'objectif de ventes de chaque territoire.

4. La comparaison des ventes par territoires avec l'objectif de vente déterminé et le calcul de la performance du territoire en pourcentage et de la variation des résultats.

Le tableau 15.3 illustre ce processus. L'objectif de vente de cette entreprise a été fixé à 1 000 000 $ et le résultat global s'élève effectivement à 1 000 000 $, ce qui est pleinement satisfaisant pour les dirigeants de la société. Cependant, il est opportun de savoir si cette performance est attribuable à tous les territoires. En appliquant le processus d'analyse du volume des ventes par territoires que nous venons de décrire, on s'aperçoit que ce n'est malheureusement pas le cas. Les territoires de Chicoutimi et d'Alma n'ont atteint qu'à 88,0 % et 77,3 % respectivement l'objectif qui leur était fixé. Ceux de Jonquière et de La Baie présentent des performances exceptionnelles car ils ont dépassé leur objectif. Autrement dit, c'est aux territoires de Jonquière et de La Baie qu'on doit les performances satisfaisantes de l'entreprise, tandis que ceux de Chicoutimi et d'Alma éprouvent des difficultés. Le gestionnaire des ventes devra tenter de connaître les raisons de ces résultats. Le vendeur de Chicoutimi a-t-il été efficace ou son rendement insatisfaisant est-il dû à des circonstances incontrôlables (la venue d'un nouveau concurrent, une nouvelle réglementation, etc.)? Que s'est-il passé à Jonquière et à La Baie? Ces résultats sont-ils l'œuvre d'une étoile de la vente ou y a-t-il une conjoncture particulièrement favorable dans ces territoires (comme la faillite d'un gros concurrent)? Au besoin, on pourra réviser l'indice de chaque territoire si on a de bonnes raisons de croire que le contexte propre à chacun a suffisamment changé pour justifier cette situation.

Cette analyse sectorielle peut être employée à différents niveaux. Outre son utilisation par territoires qui a été illustrée précédemment, elle peut être appliquée par régions, par succursales et même par représentants. Les principes restent les mêmes.

15.5.3 Le volume des ventes par produits

Le principe du «80-20» peut également s'appliquer aux produits. Il n'est pas rare, en effet, de constater qu'une majorité de produits (ou de types de produits) ne génère qu'une petite fraction du volume des ventes ou des profits. De la même façon, une petite quantité de produits contribueront à la plus grande partie du volume des ventes et des profits. C'est le cas des produits haut de gamme qui créent de fortes marges de profits. Bien que la compagnie suédoise SAAB vende surtout des automobiles, la vente d'un seul de ses avions de chasse supersoniques peut équivaloir, quant au volume et au profit, à 1 000 de ses automobiles (chiffre hypothétique). Plusieurs types d'analyses du volume des ventes par produits sont possibles, dont l'évolution des ventes par produits et la ventilation par territoires.

L'évolution des ventes par produits constitue une variante de l'analyse du volume des ventes qu'on décompose par produits. L'évolution des ventes et de la part de marché sera décrite de la manière que nous avons vue au début de cette section, mais pour chacun des produits. Le tableau 15.4 illustre ce processus. Si on considère de nouveau le cas de la société Machines Saguenay inc. étudié précédemment (voir le tableau 15.3), on ventile les ventes totales annuelles de l'entreprise et de l'industrie par produits. Pour simplifier, supposons que cette entreprise fabrique deux produits, A et B. En procédant de la même façon, on observe que la perte de la part de marché des cinq dernières années est imputable au produit A, laquelle est passée de 6,2 % en 1986 à 4,8 % en 1989. Notons que l'entreprise semble avoir fait des efforts pour devenir plus concurrentielle, ce qui explique l'augmentation de sa part de marché en 1990. Par ailleurs, le produit B est probablement la vedette de la ligne de produits. Sa part de marché n'a cessé de s'accroître au cours des cinq dernières années et constitue un atout pour le succès de l'entreprise.

La ventilation par territoires représente une variable intéressante de l'analyse du volume des ventes par produits. Elle consiste à combiner cette méthode avec l'analyse des ventes par territoires décrite précédemment. Le tableau 15.5 illustre le processus à l'aide de notre exemple de Machines

TABLEAU 15.4
Analyse du volume des ventes par produits : évolution comparée des ventes de Machines Saguenay inc.

	Produit A			Produit B			Total		
Année	Entreprise (en milliers de dollars)	Industrie (en milliers de dollars)	Part de marché (en pour-centage)	Entreprise (en milliers de dollars)	Industrie (en milliers de dollars)	Part de marché (en pour-centage)	Entreprise (en milliers de dollars)	Industrie (en milliers de dollars)	Part de marché (en pour-centage)
1990	46	750	6,1	54	550	9,8	100	1 300	7,6
1989	38	800	4,8	56	600	9,3	94	1 400	6,7
1988	36	740	4,8	52	560	9,2	88	1 300	6,7
1987	32	630	5,0	46	510	9,0	78	1 140	6,8
1986	39	620	6,2	41	480	8,5	80	1 100	7,2

TABLEAU 15.5

Analyse du volume des ventes par produits : ventilation par territoires de Machines Saguenay inc.

Objectif pour 1990 : 1 000 000 $ − Produit A : 450 000 $
                                    − Produit B : 550 000 $

Territoire : Chicoutimi (indice : 38,2)

Produit	Objectif[a]	Ventes observées	Variation
A	171 900	165 720	− 6 180
B	210 100	170 280	− 39 820
Total	382 000	336 000[b]	− 46 000

Territoire : Jonquière (indice : 32,4)

Produit	Objectif	Ventes observées	Variation
A	145 800	164 000	18 200
B	178 200	198 000	19 800
Total	324 000	362 000	38 000

a 0,382 × 450 000 (objectif) = 171 900 (pour le produit A).
b Voir le tableau 15.3.

Saguenay inc. On sait que le territoire de Chicoutimi éprouve certaines difficultés. Son déficit de 46 000 $ est réparti entre les deux produits. On constate que la plupart de ses problèmes sont causés par les ventes médiocres du produit B. La recherche des raisons des mauvaises performances du produit B à Chicoutimi pourrait être le point de départ de l'analyse des problèmes que connaît le territoire. Par ailleurs, dans le territoire de Jonquière, les deux produits se sont très bien vendus et se partagent le surplus de 38 000 $.

15.5.4 Le volume des ventes par clients

Le principe du «80-20» signifie ici que la plus grande partie du volume des ventes et des profits est attribuable à une minorité de clients. Autrement dit, l'entreprise accepte de vendre à une majorité d'entre eux qui rapportent peu ou qui ne rapportent pas du tout. L'analyse de la rentabilité examinera cette question au prochain chapitre.

Les clients peuvent être classés selon différentes bases telles que la taille, la classification industrielle (les cotes SIC – voir le chapitre 7), les canaux de distribution ou toute autre base répondant aux besoins de l'entreprise.

L'analyse du volume des ventes par clients sera intéressante si elle est combinée avec l'analyse du volume des ventes par produits. Ainsi, le gestionnaire, qui saura exactement quel type de client effectue la plupart des achats de tel produit, pourra ajuster sa stratégie de marketing en conséquence. Si on associe l'analyse du volume des ventes par clients à l'analyse du volume des ventes par territoires, on apprendra à quel type de client est attribuable la majorité des ventes dans un territoire donné. On ne peut alors que conseiller au gestionnaire, à la lumière de ce qui précède, de mettre sur pied un système qui lui procurera l'information lui permettant de faire une analyse des ventes complète, c'est-à-dire un système comprenant le volume des ventes général, puis le volume des ventes par produits, par territoires et par types de clients. Regardons cet outil de plus près.

15.6 L'utilisation de l'informatique en analyse des ventes

La question qui se pose maintenant est celle de la faisabilité de ces analyses. Les exemples que nous avons pris concernent des entreprises qui ont une force de vente réduite, un nombre limité de territoires et de produits et une clientèle restreinte. Cependant, on sait qu'une entreprise compte généralement sur plusieurs produits et représentants et qu'elle sert de nombreux clients répartis dans beaucoup de territoires. À ce moment-là, il est essentiel d'utiliser l'ordinateur pour pouvoir effectuer des analyses de ventes portant sur plusieurs dimensions, comme l'évolution des ventes des produits 942 à 991 pour les territoires 54 à 72 en comparaison de l'évolution des ventes de l'industrie. On comprend rapidement qu'on est en présence d'une incroyable quantité de données.

Heureusement, la complexité, la flexibilité et l'accessibilité des logiciels actuels rendent cette tâche réalisable moyennant un minimum d'expertise en la matière[8]. Certains logiciels, tel le SPSS-X[9], sont en mesure d'effectuer ce genre de travaux. Un traitement de données intéressant en ce domaine pourrait être le tableau croisé (CROSS-TAB) à deux ou trois

---

8. Thayer C. Taylor, « The Computer in Marketing », *Sales Management*, n° 4, 1978, p. 95.

9. *SPSS-X, User's Guide*, McGraw-Hill, 1983.

dimensions qui permet de dégager des statistiques pertinentes sur les dimensions voulues. L'apparition des micro-ordinateurs a donné un bon coup de pouce à l'analyse de données puisque le bas prix de ces machines et leur puissance surprenante mettent celles-ci à la portée d'un grand nombre d'entreprises (y compris les petites) et de gestionnaires. Certains logiciels comme le LOTUS 1-2-3[10] ou l'EXCEL fournissent des tableurs permettant de gérer efficacement un nombre impressionnant de séries de chiffres. De plus, il existe maintenant des systèmes de support informatique (DSS) offrant un accès rapide à toutes les données susceptibles d'intéresser le gestionnaire des ventes.

☐ Conclusion

L'analyse des ventes est le prélude à l'évaluation du rendement du système de ventes car elle s'intéresse exclusivement aux résultats. Le gestionnaire doit toutefois procéder à des analyses sectorielles afin d'obtenir l'information nécessaire à une saine gestion. En effet, si les ventes globales de l'entreprise intéressent les publics de cette dernière, elles ne révèlent pas à quels clients ou à quels secteurs d'activités elles sont attribuables (positivement ou négativement) et si ces résultats se comparent avantageusement à ceux de l'industrie.

Le gestionnaire des ventes doit donc se poser les deux questions suivantes: «Comment l'évolution de nos ventes se compare-t-elle avec celle de l'industrie (l'évolution de la part de marché)?» et «Quels sont les représentants (ou territoires), les produits, les succursales, les régions et les clients qui ont façonné le plus et le moins ces résultats?»

Nous avons vu les principes sur lesquels s'appuie toute analyse des ventes. L'utilisation de l'informatique permet des analyses très fines sur plusieurs dimensions et résout de surcroît le problème des limites de la manipulation de quantités énormes de données. La figure 15.4 illustre le cas de la société Kitchenware. Chaque rectangle indique le domaine d'une analyse des ventes possible. Cet exemple aide à résumer le présent chapitre.

---

10. Gary L. Lilien, *Marketing Mix Analysis with Lotus 1-2-3*, The Scientific Press, 1986; David G. Hugues «Computerized Sales Management», *Harvard Business Review*, vol. 61, mars-avril 1983, p. 102-112; Claude Decoste, Gilbert Lavoie et Bernard Viau, *L'informatique de gestion*, Boucherville, Gaëtan Morin Éditeur, 1990.

Analyses hiérarchiques possibles des ventes de la société Kitchenware

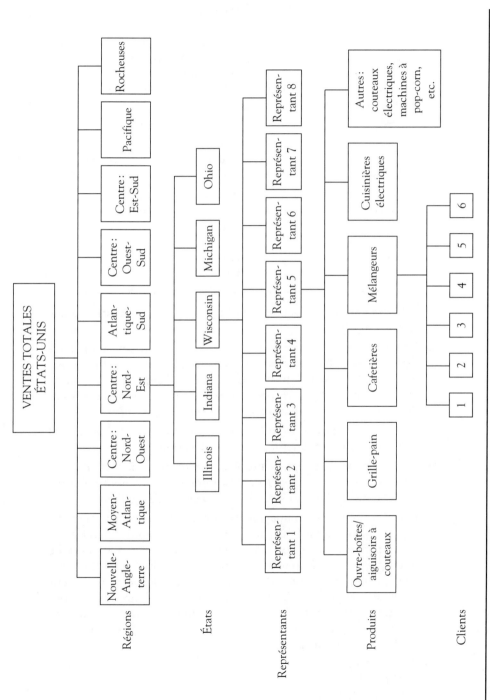

Régions

Nouvelle-Angle-terre | Moyen-Atlan-tique | Centre : Nord-Ouest | Centre : Nord-Est | Atlan-tique-Sud | Centre : Ouest-Sud | Centre : Est-Sud | Pacifique | Rocheuses

VENTES TOTALES ÉTATS-UNIS

États

Illinois | Indiana | Wisconsin | Michigan | Ohio

Représentants

Représen-tant 1 | Représen-tant 2 | Représen-tant 3 | Représen-tant 4 | Représen-tant 5 | Représen-tant 6 | Représen-tant 7 | Représen-tant 8

Produits

Ouvre-boîtes/aiguisoirs à couteaux | Grille-pain | Cafetières | Mélangeurs | Cuisinières électriques | Autres : couteaux électriques, machines à pop-corn, etc.

Clients

1 | 2 | 3 | 4 | 5 | 6

SOURCE: Adapté de Gilbert A. Churchill Jr., Neil M. Ford et Orville C. Walker Jr., *Sales Force Management*, 3ᵉ éd., Homewood (Ill.), Irwin, 1990, p. 686.

QUESTIONS

1. Le propriétaire d'une entreprise observe d'un air satisfait l'évolution de ses ventes depuis 5 ans. En effet, celles-ci ont augmenté de 25 % presque régulièrement... Toutefois, vous êtes moins enthousiaste que lui après avoir fait une visite à Statistique Canada pour obtenir les chiffres de l'industrie.

Année	Ventes (en millions de dollars)	Industrie (en millions de dollars)
1990	125	1 560
1989	108	1 140
1988	113	1 280
1987	110	1 200
1986	100	1 000

À la lumière de ces données, tâchez d'analyser la situation d'une façon complète.

2. La part de marché de votre entreprise connaît une croissance exponentielle. Toutefois, une revue spécialisée vous indique que le taux de croissance du marché est de 2 % supérieur à celui de l'augmentation de votre part de marché pour l'année qui vient de se terminer. Que pensez-vous de cette situation?

3. Comment expliqueriez-vous le principe du «80-20»? Pourquoi constate-t-on si fréquemment cette situation?

4. Quels sont les principaux problèmes rencontrés lors de l'élaboration d'un indice de territoire? Comment vous y prendriez-vous pour établir l'indice des différentes régions du Québec?

5. Lors d'un repas en compagnie du comptable de votre entreprise, celui-ci vous annonce fièrement que les ventes pour l'exercice qui vient de se terminer sont de 11 000 000 $, soit 1 000 000 $ de plus que prévu. Toutefois, en bon gestionnaire des ventes que vous êtes, vous décidez d'examiner la situation en profondeur avant de vous réjouir. Vous soupçonnez que la contribution des différents territoires n'est pas égale. Selon une étude de marché que vous avez fait faire, vous savez que le potentiel des ventes par territoires se répartit ainsi:

Territoire A : 25 %
Territoire B : 20 %
Territoire C : 15 %

Territoire D : 20 %
Territoire E : 15 %
Territoire F :   5 %

Les ventes réelles associées à chaque territoire se répartissent ainsi :

Territoire A : 2 000 000 $
Territoire B : 2 000 000 $
Territoire C : 2 000 000 $
Territoire D : 2 000 000 $
Territoire E : 2 000 000 $
Territoire F : <u>1 000 000 $</u>
                11 000 000 $

Analysez brièvement la situation dans chaque territoire.

PLAN

16

L'analyse des coûts
et de la rentabilité

OBJECTIFS

Après l'étude de ce chapitre, vous devriez être capable de:
- Connaître la différence entre les coûts comptables et les coûts de marketing.
- Comprendre l'analyse de la rentabilité et l'intégrer au processus d'évaluation du système de vente.
- Reconnaître la nécessité pour l'entreprise de disposer de données comptables sectorielles.
- Éviter les pièges de l'analyse comptable traditionnelle.
- Maîtriser le concept de «rendement des investissements».

☐ Introduction

Au chapitre précédent, nous avons vu que l'analyse des ventes porte sur les résultats obtenus. L'analyse des coûts qui y fait suite possède des objectifs analytiques différents car elle se penche sur les coûts générés pour produire ces résultats. Ce type d'analyse est d'une très grande pertinence pour le gestionnaire de marketing et des ventes. Elle lui permettra notamment d'identifier avec exactitude la rentabilité de chaque activité ou de chaque segment qui engendre des coûts.

Les entreprises traitent avec plusieurs clients de différents marchés. Elles offrent dans bien des cas une multitude de produits par l'entremise d'un nombre souvent important de succursales et de vendeurs. Grâce à l'analyse des coûts, le gestionnaire des ventes peut rattacher à chaque segment – que ce soit un territoire, un vendeur, un client ou une suc- cursale – les coûts générés directement par celui-ci et constater son degré de rentabilité. Si cet état de choses semble logique, sa mise en application peut occasionner de nombreux problèmes. Il n'est pas toujours aisé, en effet, d'attribuer les coûts appropriés et dans les bonnes proportions aux différents segments. Plusieurs activités de l'entreprise se comptabilisent globalement et sont affectées à l'état des profits et pertes à titre de dépenses. Ainsi, l'analyse des coûts implique en premier lieu une révision du système de prix de revient de l'entreprise, ce qui, on en conviendra, ne se fait pas toujours sans heurts, particulièrement pour une petite ou une moyenne organisation. Malgré tout, l'analyse des coûts par segments, qui deviendra incidemment l'analyse de la rentabilité, est un outil trop important pour qu'on puisse s'en passer et ainsi se priver d'une source de renseignements stratégiques pour la prise de décision. Comment peut-on affirmer qu'une succursale doit être fermée pour cause de non-rentabilité ou qu'un représentant doit être congédié si on ne dispose pas de toute l'information permettant de connaître avec exactitude ce que cette succursale ou ce représentant a effectivement coûté (par rapport à ce qu'il a rapporté)?

Selon différentes études concernant la fréquence d'utilisation de l'analyse de la rentabilité, la plupart des entreprises semblent employer cette technique pour leurs produits. Par contre, il en va tout autrement dans le cas de l'analyse par territoires, par représentants ou par clients (parfois nommée «analyse des coûts de distribution» ou «analyse des coûts de marketing»). Selon des études datant de 1972 et 1982, seulement la moitié des entreprises y recourent pour un segment mentionné ou plus, tandis que moins du tiers ont adopté complètement l'étude de la rentabilité, soit par produits, par territoires, par vendeurs et par clients[1]. D'une certaine manière, cette situation est compréhensible si on conçoit que les systèmes comptables sont d'abord perçus comme étant générateurs d'une information destinée aux différents partenaires de l'entreprise. Au niveau interne, on accepte de détourner une partie des données comptables afin de garder une meilleure gestion de la gamme des produits. De cette façon, on peut, par exemple, éliminer ceux qui ne seraient pas assez rentables (compte tenu de leur position dans le cycle de vie). Bien que la détermination des coûts exacts imputables à chaque territoire, représentant ou client ne soit pas toujours aisée et puisse souffrir d'une

---

1. Richard T. Hise, «Have Manufacturing Firms Adopted the Marketing Concept?», *Journal of Marketing*, n° 29, juillet 1975, p. 9-12; Anonyme, «Report of the Committee on Cost and Profitability Analysis for Marketing», *The Accounting Review*, supplément vol. 47, 1972, p. 575-615; Gayle L. Raybrum, «Accounting Tools in the Analysis and Control of Marketing Performance», *Industrial Marketing Management*, n° 6, 1977, p. 175-182; Alan J. Dubinsky et T. E. Barry, «A Survey of Sales Management Practice», *Industrial Marketing Management*, n° 11, avril 1982, p. 133-141.

certaine imprécision, elle reste nécessaire à toute gestion efficace de la force de vente.

16.1 Les coûts comptables et les coûts de marketing

Cette attitude face aux données comptables nous amène à considérer les notions de «coûts comptables» et de «coûts de marketing». C'est en saisissant bien l'importance de ce dernier type de coûts que le gestionnaire des ventes pourra enfin se doter des outils nécessaires à une saine gestion. Les coûts comptables servent à tenir un registre des opérations de l'entreprise au fil des années. Ils permettent de décrire la situation financière présente de l'entreprise à la lumière de sa gestion passée. Les partenaires de l'organisation tels les actionnaires et les gouvernements exigent de pouvoir consulter les états financiers pour des raisons d'investissement, de subventions ou de fiscalité. Les coûts de marketing, quant à eux, sont plutôt orientés vers le futur et servent à réaliser des analyses de la rentabilité des opérations de distribution de l'entreprise afin d'effectuer la planification et le contrôle. Ainsi, le fait de savoir que le client X nous a coûté plus cher que ce qu'il nous a rapporté est une information purement interne qui ne sert qu'au gestionnaire des ventes. Celui-ci s'efforcera alors de trouver une façon de rentabiliser ce client (par l'augmentation de la taille des commandes, par la diminution du nombre de visites, etc.). Si cela s'avère impossible, il décidera sans doute d'abandonner celui-ci. Ainsi, les coûts de marketing donnent au gestionnaire une idée exacte et détaillée de la rentabilité de chaque segment d'activité placé sous sa responsabilité. Conséquemment, il pourra orienter ses efforts vers les bonnes cibles et contribuera à optimiser le bénéfice net de l'entreprise.

Ce dernier deviendra alors une donnée purement comptable et intéressera les partenaires de l'organisation en ce sens qu'il reflétera dans une certaine mesure les résultats passés. L'analyse de la rentabilité ne fait pas partie intégrante des analyses comptables de l'entreprise. Elle peut être appliquée systématiquement à chaque segment, à l'occasion par échantillonnage ou lors de la découverte d'un problème localisé (ou devant l'être). Comme nous l'avons souligné, l'analyse de la rentabilité devrait idéalement être beaucoup plus répandue qu'elle ne l'est présentement. Il faut toutefois accepter le fait qu'elle nécessite plus d'opérations, de moyens ainsi qu'un plus grand contrôle, ce qui explique qu'on n'y ait recours que de façon sporadique. Le système comptable, pour sa part, doit fonctionner constamment afin d'enregistrer toute transaction que l'entreprise effectue.

La dernière clarification au sujet de l'analyse de la rentabilité consiste à distinguer les coûts de production des coûts de marketing. Les coûts de production permettent de réaliser des analyses de la rentabilité sur les différents produits de l'entreprise et renvoient à la comptabilité de prix de revient. Ces coûts sont fonction du volume. Le coût unitaire devrait donc être inversement proportionnel au volume de production selon la théorie de la courbe d'expérience. Quant aux coûts totaux, ils sont directement proportionnels à ce volume. Pour ce qui est des coûts de marketing, ils influencent le volume de production. Plus on investit en marketing (par exemple en augmentant le nombre de vendeurs), plus le volume des ventes grimpe (jusqu'à un certain point et compte tenu de certaines restrictions). On constatera évidemment qu'il est plus difficile de déterminer les coûts de marketing à cause de la relation qu'ils entretiennent avec les résultats. Ces coûts jouent en effet un rôle essentiel dans l'obtention des résultats. Cependant, ils comportent souvent une certaine imprécision étant donné que le contrôle des activités de distribution est moins aisé. Les coûts de production peuvent être identifiés sans peine; il s'agit des machines, des matières premières quantifiables, de la main-d'œuvre qu'il est possible de superviser. Par contre, un représentant peut échapper à certains mécanismes de contrôle. Des dépenses comme la publicité ou la recherche en marketing peuvent occasionner des problèmes lors de leur répartition dans les différents segments de la distribution et du système de vente. L'aspect managérial des coûts de marketing rend justement leur utilisation délicate, notamment lors de la décision d'augmenter une dépense parce qu'il est difficile d'évaluer les effets de celle-ci sur les résultats. Bref, «en production, les coûts sont une fonction du volume. En marketing, le volume est une fonction des coûts[2]».

☐ 16.2 Les coûts et les dépenses

L'analyse des coûts de marketing (l'analyse de la rentabilité des activités de marketing ou de distribution) peut être réalisée selon deux approches qui elles aussi s'affrontent et suscitent la controverse[3]: l'approche par les coûts complets et celle par la contribution marginale. Commençons par éclaircir certains concepts.

Les coûts   Ils font référence aux frais de fabrication d'un produit, soit les matières premières, la main-d'œuvre et les frais généraux de fabrication.

---

2. W. J. Stanton et R. H. Buskirk, *Management of the Sales Force*, 7ᵉ éd., Homewood (Ill.), Irwin, 1987, p. 584. Cette section du chapitre s'inspire d'ailleurs de cette source.

3. John J. Wheatley, «The Allocation Controversy in Marketing Cost Analysis», *University of Washington Business Review*, été 1971, p. 61-70.

Les dépenses   Elles renvoient aux autres coûts servant à l'exploitation de l'entreprise, telles les dépenses administratives et de vente. L'état des résultats affecte aux ventes les coûts des marchandises vendues, ce qui donne la marge brute, et les dépenses sont déduites directement de cette dernière. Voici la structure d'un état des résultats:

Ventes

moins: coût des marchandises vendues

égale: marge brute

moins: dépenses d'exploitation

égale: revenu (perte) net avant impôt

Les coûts directs   Ce sont les coûts clairement identifiés à un produit ou à une fonction. Si celui-ci disparaît, les coûts disparaissent aussi (par exemple la matière première d'un produit).

Les coûts indirects   Ce sont les coûts reliés à plusieurs produits ou fonctions. Ceux-ci se maintiendront en dépit de l'élimination d'un de ces produits ou fonctions (par exemple l'électricité nécessaire pour faire fonctionner une machine qui fabrique plusieurs types de produits).

Les dépenses spécifiques   Dépenses directement associées à un produit ou à une fonction (par exemple le salaire du directeur du produit A; si le produit A est éliminé, on n'aura plus besoin de ce dernier).

Les dépenses générales   Dépenses indirectes partagées par plusieurs produits ou fonctions (par exemple le salaire du directeur des ventes; si on élimine un produit, le salaire de celui-ci ne s'en trouvera pas affecté).

Le tableau 16.1 illustre les concepts de «coûts directs» et «coûts indirects» associés aux dépenses.

☐ 16.3 La méthode des coûts complets et celle de la contribution marginale

La figure 16.1 indique la différence existant entre la méthode des coûts complets et celle de la contribution marginale. Bien que ces deux méthodes de comptabilisation des profits et pertes soulèvent un débat chez les experts en la matière (il est inutile d'examiner celui-ci compte tenu des objectifs de cet ouvrage), nous nous contenterons de souligner que la méthode de la contribution marginale sera privilégiée lors de l'analyse de la rentabilité. Les tableaux 16.2 à 16.4 présentent une application de ces deux méthodes.

TABLEAU 16.1
Coûts directs et indirects

	Base de mesure	
Coûts	**Par produits**	**Par territoires**
Étalage promotionnel	directs	directs
Rémunération du représentant	indirects	directs
Salaire du directeur de produit	directs	indirects
Salaire du président-directeur général	indirects	indirects

SOURCE: Gilbert A. Churchill Jr., Neil M. Ford et Orville C. Walker Jr., *Sales Force Management*, 3ᵉ éd., Homewood (Ill.), Irwin, 1990, p. 699.

FIGURE 16.1
Fonctionnement de la méthode des coûts complets
et de celle de la contribution marginale

Méthode des coûts complets

Ventes en $ – coût des marchandises vendues = marge brute

Marge brute – dépenses de fonctionnement (incluant l'allocation au segment à l'étude de la portion reliée à l'administration de l'entreprise et aux dépenses générales) = profit net

Méthode de la contribution marginale

Ventes en $ – variables des coûts de fabrication – autres coûts variables directement attribuables au segment = contribution marginale

Contribution marginale – coûts fixes directement attribuables aux produits ou coûts directement reliés au segment (territoire, vendeur, client ou produit) = revenu net du segment

SOURCE: Adapté de Patrick M. Dunne et Henry I. Wolk, «Analyse de coût-marketing: concept de contribution modulaire», *Journal of Marketing*, nº 41, juillet 1977, p. 84, publié par l'American Marketing Association.

La méthode des coûts complets   Elle consiste à allouer tous les coûts (fixes et variables) aux différents segments au prorata des ventes réalisées.

La méthode de la contribution marginale   Elle ne comprend que les coûts variables engendrés par chaque segment. Par ailleurs, les coûts fixes ne seront déduits que des résultats totaux de l'entreprise. Autrement dit, le segment ne sera responsable que des coûts qu'il aura générés. Si celui-ci est éliminé, tous ses coûts le seront par le fait même.

Les tableaux 16.2 et 16.3 illustrent la méthode des coûts complets au moyen d'un exemple très simple. Une entreprise qui a effectué des ventes de 500 000 $ a obtenu un bénéfice net de 25 000 $. Si on considère chaque service, on voit que le service 1, auquel on a attribué la moitié des dépenses fixes d'administration (au prorata de ses ventes, qui comptent pour la moitié des ventes totales) est nettement déficitaire. La méthode des coûts complets pourrait alors nous inciter à supprimer ce service, auquel cas les mêmes coûts fixes de 50 000 $ seraient répartis entre les deux autres segments. Non seulement nous priverions-nous alors de ventes de 250 000 $ et d'un profit net de 12 500 $, mais de plus le service 2 ne serait plus capable de payer sa part des coûts fixes.

Le tableau 16.4 montre l'application de la méthode de la contribution marginale à la même entreprise. Les coûts fixes de 50 000 $ ne seront reportés qu'aux résultats généraux car ceux-ci resteront les mêmes, quoi

TABLEAU 16.2
État des profits et pertes par services selon la méthode des coûts complets (en dollars)

	Total	Service 1	Service 2	Service 3
Ventes	500 000	250 000	150 000	100 000
Coût des marchandises vendues	400 000	225 000	125 000	50 000
Marge brute	100 000	25 000	25 000	50 000
Autres dépenses				
Dépenses de ventes	25 000	12 500	7 500	5 000
Dépenses d'administration	50 000	25 000	15 000	10 000
Total des autres dépenses	75 000	37 500	22 500	15 000
Profit net (perte nette)	25 000	(12 500)	2 500	35 000

SOURCE: Gilbert A. Churchill Jr., Neil M. Ford et Orville C. Walker Jr., *Sales Force Management*, 3ᵉ éd., Homewood (Ill.), Irwin, 1990, p. 701.

TABLEAU 16.3

État des profits et pertes, le service 1 étant supprimé (en dollars)

	Total	Service 2	Service 3
Ventes	250 000	150 000	100 000
Coût des marchandises vendues	175 000	125 000	50 000
Marge brute	75 000	25 000	50 000
Autres dépenses			
Dépenses de ventes	12 500	7 500	5 000
Dépenses d'administration	50 000	30 000	20 000
Total des autres dépenses	62 500	37 500	25 000
Profit net (perte nette)	12 500	(12 500)	25 000

SOURCE: Gilbert A. Churchill Jr., Neil M. Ford et Orville C. Walker Jr., *Sales Force Management*, 3ᵉ éd., Homewood (Ill.), Irwin, 1990, p. 702.

TABLEAU 16.4

Contribution marginale par services (en dollars)

	Total	Service 1	Service 2	Service 3
Ventes	500 000	250 000	150 000	100 000
Coût des marchandises vendues	400 000	225 000	125 000	50 000
Dépenses de ventes	25 000	12 500	7 500	5 000
Total des coûts variables	425 000	237 000	135 500	55 000
Contribution marginale	75 000	12 500	17 500	45 000
Coûts fixes				
Dépenses d'administration	50 000			
Profit net	25 000			

SOURCE: Gilbert A. Churchill Jr., Neil M. Ford et Orville C. Walker Jr., *Sales Force Management*, 3ᵉ éd., Homewood (Ill.), Irwin, 1990, p. 703.

qu'on fasse des services qui n'ont rien à voir avec la réalisation de ces coûts. On ne leur affecte que les coûts dont ils sont responsables, soit les coûts des marchandises qu'ils ont vendues et les dépenses de ventes qui leur sont attribuées. Cette méthode nous amène donc à conserver les trois services, lesquels s'avèrent rentables.

Cet exemple très simple illustre un principe fondamental en analyse de la rentabilité : pour avoir une idée juste de la rentabilité effective d'un segment, on ne doit lui attribuer que les coûts qu'il a générés.

☐ 16.4 Le processus d'analyse de la rentabilité

Le processus d'analyse de la rentabilité est schématisé à la figure 16.2. Passons en revue les étapes que celui-ci comporte.

Première étape : la détermination des objectifs de l'analyse de la rentabilité

L'analyse de la rentabilité est un outil qui sert à la prise de décision en marketing. Quels sont les produits les moins rentables? Peut-on fusionner deux succursales dont la rentabilité est médiocre? Le cas échéant, quel résultat obtiendrait-on? Doit-on réduire les allocations de voyage des représentants? Si oui, dans quelle mesure? Doit-on abandonner le client X? C'est en s'appuyant sur de telles questions que le processus se mettra en branle. Comme nous le constatons, il s'agit d'utiliser une technique qui nous aidera à prendre des décisions; cette analyse est donc du seul ressort de la gestion interne de l'entreprise. Le gestionnaire des ventes sera évidemment intéressé davantage par la rentabilité des territoires, de chacun des vendeurs sous sa responsabilité et des clients servis par sa succursale. Ainsi, il devra, dans un premier temps, non seulement choisir les segments qui seront analysés mais en obtenir les résultats comptables (l'état des profits et pertes, etc.) pour l'unité placée sous son autorité (par exemple sa succursale).

Deuxième étape : la détermination des comptes sectoriels

Après avoir déterminé les objectifs de l'analyse de la rentabilité qu'il s'apprête à effectuer, le gestionnaire doit choisir les comptes sectoriels qu'il entend utiliser. Le tableau 16.5 dresse une liste des principaux comptes sectoriels. Il importe ici de bien distinguer les notions de «comptes naturels» et de «comptes sectoriels».

Les comptes naturels   Ils consistent dans les coûts reliés aux sommes déboursées en tant que telles. C'est un type de compte utilisé en comptabilité traditionnelle et qu'on trouve dans l'état des résultats. Les salaires, les fournitures postales, les frais de transport, de location ou d'électricité constituent des comptes naturels. Ils représentent les débours généraux qu'il a fallu faire pour que l'entreprise puisse fonctionner normalement.

Les comptes sectoriels   Ils consistent dans les coûts reliés aux activités. L'entreprise possède plusieurs services (ou succursales) qui sont en soi de petites entreprises ayant une fonction et des activités précises. Les coûts générés par ces unités seront donc comptabilisés individuellement. Ainsi, le compte naturel «fournitures postales» qui apparaît à l'état des résultats implique que plusieurs activités de l'entreprise ont nécessité des fournitures postales. Le service (ou l'activité) d'entreposage et d'expédition a utilisé de telles fournitures, de même que celui des ventes ou celui du traitement des commandes.

Troisième étape: la répartition des coûts des comptes naturels dans les comptes sectoriels

Cette étape consiste à déterminer l'endroit exact où les comptes naturels seront ventilés. Le gestionnaire devra affecter les comptes naturels tels qu'ils se trouvent dans l'état des résultats aux bons segments d'activités. Ainsi, le compte «salaires» devra être décomposé selon toutes les activités (ou tous les services faisant l'objet d'un compte sectoriel) qui ont généré des dépenses de salaires. Le service de la publicité est responsable des salaires de son personnel et des honoraires des consultants externes en publicité. Alors, la portion des salaires versés par ce service sera affectée au compte sectoriel «publicité».

Quatrième étape: l'allocation des coûts sectoriels aux segments appropriés

Cette étape est très délicate car il s'agit de choisir la meilleure base d'allocation (voir le tableau 16.5) susceptible d'affecter la portion réelle des coûts du compte naturel à l'activité responsable (compte sectoriel). Le compte «salaires» est relativement facile à répartir (on connaît le nombre d'employés qui travaillent au service de la publicité); par contre, certaines dépenses nécessiteront une base d'allocation particulière. Ainsi, le compte «location» sera décomposé d'après la surface utilisée par l'activité. La promotion des ventes utilisée par les succursales (ou par les vendeurs) pourrait être répartie d'après le nombre d'unités vendues multiplié par le coût unitaire (par exemple 0,36 $ par produit). Cela implique qu'il faudra faire un certain nombre de calculs afin d'obtenir une répartition juste et équitable.

Cinquième étape: la sommation des coûts affectés à l'activité

Cette sommation des coûts affectés à l'activité détermine ce que celle-ci a coûté à l'entreprise et, par surcroît, sa rentabilité exacte.

L'exemple élaboré à la section 16.5 devrait permettre de bien comprendre ce processus.

FIGURE 16.2
Étapes du processus d'analyse de la rentabilité

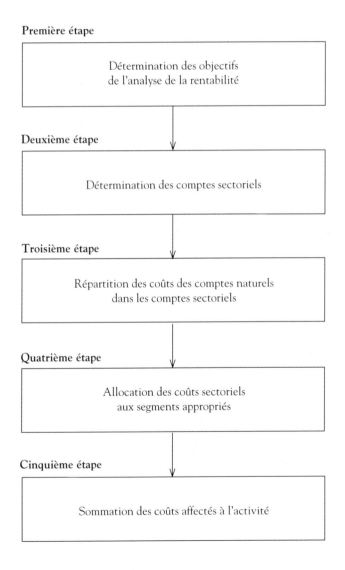

TABLEAU 16.5
Groupe de coûts sectoriels et bases d'allocation de chacun

Groupe de coûts sectoriels	Bases d'allocation		
	Selon le groupe de produits	Selon les différentes classes Par taille du compte	Selon les territoires de vente
1. Vente : coûts directs Visites personnelles des vendeurs et des superviseurs chez les clients actuels et potentiels. Dépenses de salaires pour la vente, mesures d'encouragement, dépenses de voyages et autres dépenses.	Temps moyen par visite en relation avec le nombre de visites de vente démontré par les rapports spéciaux des visites de vente et les autres études spéciales.	Temps consacré à la vente pour chaque produit, démontré par les rapports spéciaux des visites de vente et les autres études spéciales.	Directement.
2. Vente : coûts indirects Supervision des ventes, dépenses du bureau de vente du territoire, dépenses de l'administration des ventes, formation du personnel de vente, direction des ventes. Recherche de marchés, développement de nouveaux produits, services de traitement de données, comptabilité des ventes.	En proportion du temps consacré à la vente directe ou du temps calculé par projet.	En proportion du temps consacré à la vente directe ou du temps calculé par projet.	Charge uniformément répartie entre les vendeurs.
3. Publicité Coûts des médias, tels que la télévision, la radio, les palmarès, les journaux ou les magazines. Coûts de production de la publicité, salaires du service de la publicité.	Directe ou par l'analyse de l'espace et du temps accordés par chaque média, les autres coûts en proportion de ceux reliés à chaque média.	Même charge pour chaque compte ; ou nombre de consommateurs privilégiés ou de clients potentiels pour chaque secteur de la clientèle active.	Directement ou selon l'analyse qui découle des dossiers de pénétration des médias.

TABLEAU 16.5
Groupe de coûts sectoriels et bases d'allocation de chacun (*suite*)

Groupe de coûts sectoriels	Bases d'allocation		
	Selon le groupe de produits	Selon les différentes classes Par taille du compte	Selon les territoires de vente
4. Promotion des ventes Promotion au consommateur telle que les coupons et les primes. Promotion commerciale telle que les allocations de prix, les présentoirs aux points d'achat et la publicité coopérative.	Directe ou par l'analyse des origines et des causes des dossiers.	Directe ou par l'analyse des origines et des causes à partir des dossiers.	Directe ou par l'analyse des origines et des causes à partir des dossiers.
5. Transport Rail, camions, bateaux, etc. Paiements aux transporteurs pour la livraison des produits finis depuis les usines jusqu'aux entrepôts et depuis les entrepôts jusqu'aux consommateurs. Coûts du service du transport dans l'entreprise.	Applicable selon les tarifs reliés au temps ou à la charge (tonnage).	Analyse sur la base d'un échantillonnage des certificats d'expédition.	Applicable selon les tarifs reliés au temps ou à la charge.
6. Entreposage et expédition Entreposage des inventaires de produits finis dans les entrepôts. Coûts de location (ou l'équivalent), charges d'entreposage public, assurance-incendie et taxes sur les inventaires de produits finis. Manutention, assemblage et chargement de wagons, de camions, de navires pour l'expédition de produits finis depuis les entrepôts et les usines jusqu'aux consommateurs. Coût de la main-d'œuvre, du matériel et de l'espace.	Espace d'entrepôt occupé par l'inventaire selon la moyenne de celui-ci. Nombre d'unités expédiées.	Nombre d'unités expédiées.	Nombre d'unités expédiées.

TABLEAU 16.5

Groupe de coûts sectoriels et bases d'allocation de chacun (*suite*)

	Bases d'allocation		
Groupe de coûts sectoriels	Selon le groupe de produits	Selon les différentes classes Par taille du compte	Selon les territoires de vente
7. Traitement des commandes Vérification et traitement des commandes depuis les consommateurs jusqu'aux usines par les prix, le poids et l'accumulation des chargements, les dates d'expédition, la coordination avec la production et les communications avec les usines, etc. Service de fixation des prix. Préparation de la facturation aux consommateurs. Comptabilité des expéditions. Crédit et perception. Traitement des reçus sur paiement. Provisions pour mauvaises créances. Coût des salaires, des fournitures et du matériel.	Nombre de commandes.	Nombre de commandes.	Nombre de commandes.

SOURCE: Adapté de Gilbert A. Churchill Jr., Neil M. Ford et Orville C. Walker Jr., *Sales Force Management*, 3ᵉ éd., Homewood (Ill.), Irwin, 1990, p. 708-709.

☐ 16.5 Une application de l'analyse de la rentabilité

Skis Harfang inc.[4] est une entreprise de la région de Sherbrooke qui fabrique des skis alpins. Fondée il y a quelques années par des étudiants en génie mécanique (et skieurs chevronnés), elle distribue trois modèles de skis alpins haut de gamme au Québec, en Ontario et dans le nord-est des États-Unis. Son circuit de distribution est assez simple: les produits

---

4. Ce cas fictif a été préparé par les auteurs.

sont emballés à l'usine d'Orford et livrés directement aux bureaux régionaux (15 en tout) où ils sont entreposés. Le directeur régional gère une force de vente chargée de promouvoir et de vendre le produit aux différents détaillants d'articles de sport de son territoire. Il est aussi responsable de la publicité et de la promotion. Il dispose en outre d'un budget permettant de faire des études de marketing afin de mieux cerner les attentes de la clientèle de sa région. En général, ce sont ses représentants, tous des diplômés en marketing, qui lui commandent les études de marketing lorsque c'est nécessaire. La direction de l'entreprise demande à chaque bureau régional de procéder à une analyse de la rentabilité de ses représentants et de ses clients. Cet exercice a pour but d'évaluer la pertinence de la répartition du travail de marketing actuel et d'apporter des ajustements le cas échéant. Cette demande n'a pas manqué d'attirer l'attention du directeur de la succursale de l'est du Québec dont le bureau est situé à Charlesbourg. Cette unité a été déficitaire durant l'année qui vient de se terminer, comme l'indique l'état des profits et pertes du tableau 16.6.

TABLEAU 16.6
Skis Harfang inc.
État des profits et pertes (en dollars)

Ventes		2 743 835
Coût des marchandises vendues		2 066 100
Marge brute		677 735
Dépenses de ventes et d'administration		
Salaires	193 500	
Commissions	27 440	
Publicité	120 000	
Activités de promotion	34 000	
Fournitures postales et de bureau	925	
Livraison de la marchandise	93 240	
Déplacements de la force de vente	68 000	
Recherche en marketing	25 295	
Location de l'immeuble	58 500	
Électricité, chauffage et téléphone	25 000	
Assurances tous risques	30 000	
Dépenses diverses d'administration	24 000	
Total des dépenses de ventes et d'administration		699 900
Profit net (perte nette)		(22 165)

16.5.1 Le choix des comptes sectoriels et la ventilation des comptes naturels

Comme nous l'avons vu précédemment, la première étape à franchir dans le processus de l'analyse de la rentabilité (si ses objectifs sont déterminés) est le choix des comptes sectoriels, c'est-à-dire celui des activités majeures de l'entreprise qui nécessitent une partie substantielle des budgets. Dans ce cas-ci, les activités de la succursale de l'est du Québec sont la vente directe, la publicité, la promotion, la recherche en marketing, la réception et l'entreposage de la marchandise, la facturation et le traitement des commandes et la livraison de la marchandise. Chaque dépense devra être ventilée parmi ces activités au prorata de la partie utilisée, comme l'indique le tableau 16.7.

Les salaires

La répartition des salaires a été la suivante: le directeur du bureau régional a obtenu 55 000 $, salaire inscrit dans l'activité de la vente directe puisque celui-ci passe la plus grande partie de son temps à gérer la force de vente; les quatre représentants ont gagné 85 000 $ en tout, montant affecté à la vente directe; la réceptionniste a reçu 15 000 $, qu'on comptabilise aussi dans la vente directe car durant la plus grande partie de son temps elle prend les appels des clients et les messages des vendeurs; enfin, un commis comptable et un manutentionnaire ont eu des salaires de 18 000 $ et 20 500 $. Ces derniers salaires sont associés respectivement aux activités du traitement des commandes et de la facturation et à l'activité de l'entreposage.

Les commissions

Les commissions, qui sont versées aux représentants seulement, s'élèvent à 1 % des ventes totales.

La publicité

Cette dépense de 120 000 $ constitue une activité qui est reportée telle quelle dans le compte sectoriel du même nom. La société fait déjà de la publicité à l'échelle nationale. Le montant qu'on trouve ici porte sur la publicité régionale commandée par le directeur de la succursale aux journaux et aux chaînes de télévision locaux.

Les activités de promotion

Il s'agit des concours et commandites payés par la succursale. Le montant est inscrit tel quel dans l'activité du même nom.

TABLEAU 16.7
Ventilation des comptes naturels vers les comptes sectoriels (en dollars)

Comptes naturels		Ventes	Publicité	Promotion	Recherche en marketing	Entreposage	Traitement et facturation	Transport
					Comptes sectoriels			
Salaires	193 500	155 000				18 000	20 500	
Commissions	27 440	27 440						
Publicité	120 000		120 000					
Activités de promotion	34 000			34 000				
Fournitures postales et de bureau	925						925	
Livraison de la marchandise	93 240							93 240
Déplacements de la force de vente	68 000	68 000						
Recherche en marketing	25 295				25 295			
Location de l'immeuble	58 500	15 000				38 500	5 000	
Électricité, chauffage et téléphone	25 000	4 000				20 000	1 000	
Assurances tous risques	30 000	3 750				20 000	1 250	5 000
Dépenses diverses d'administration	24 000	10 000		2 000		10 000	2 000	
	699 900	283 190	120 000	36 000	25 295	106 500	30 675	98 240

Les fournitures postales et de bureau

Ces fournitures sont utilisées presque exclusivement dans les activités du traitement des commandes et de la facturation. Les fournitures dont se servent les représentants et le directeur font partie des dépenses diverses.

La livraison de la marchandise

La livraison de la marchandise est transférée au complet dans le compte sectoriel du même nom. Cela inclut toutes les dépenses (y compris l'amortissement pour dépréciation du camion) associées à la livraison de la marchandise. Notons que la succursale doit payer la livraison de l'usine à l'entrepôt et de l'entrepôt aux clients. Ce compte comprend également le salaire et les dépenses du chauffeur de camion.

Les déplacements de la force de vente

Ces déplacements sont évidemment associés à la vente directe.

La recherche en marketing

Les directeurs de succursales peuvent utiliser des fonds pour commander des études de marché à des consultants afin de mieux cerner les attentes de la clientèle régionale, la notoriété du produit, la perception de celui-ci, etc.

La location de l'immeuble

L'espace, qui est loué, a une superficie totale de 400 mètres carrés. De ce nombre, 50 mètres carrés servent aux bureaux tandis que l'entrepôt occupe le reste. La surface d'entreposage, qui comprend 350 mètres carrés, revient à 110 $ le mètre carré, tandis que les bureaux coûtent 400 $ le mètre carré, soit 20 000 $. Le quart de cette superficie est utilisé par les activités du traitement et de la facturation des commandes. La vente directe occupe les trois quarts des bureaux.

L'électricité, le chauffage et le téléphone

Ces frais sont répartis de la façon suivante : l'entreposage coûte 20 000 $, la vente directe 4 000 $ et le traitement et la facturation 1 000 $.

Les assurances tous risques

Les stocks constituent le principal coût d'assurances, soit 20 000 $ alloués à l'entreposage. Les assurances sur la marchandise durant le transport et sur la livraison représentent 5 000 $. Les 5 000 $ restants peuvent être répartis selon la superficie occupée par le service des ventes et celui du traitement et de la facturation des commandes.

Les dépenses diverses d'administration

Une foule d'éléments sont compris dans ce compte. Celui-ci inclut les dons de charité, le déneigement, le matériel fourni aux vendeurs et toute autre dépense irrégulière ou de moindre importance. Après un examen des comptes et des factures de chaque service, on arrive à la ventilation suivante : la vente directe coûte 10 000 $, les activités de promotion 2 000 $ (incluant les dons de charité et toute dépense servant à entretenir l'image de l'entreprise), l'entreposage 10 000 $, le traitement et la facturation des commandes 2 000 $.

16.5.2 L'analyse de la rentabilité par représentant

Cette succursale compte quatre représentants qui doivent sillonner une vaste région à la recherche de détaillants susceptibles d'offrir les skis Harfang. Non seulement doivent-ils effectuer les activités normales de vente, mais ils sont responsables de la majeure partie des activités de promotion sur leur territoire. Ils se rendent fréquemment dans les différents centres de ski qui leur sont assignés afin de permettre aux skieurs de faire l'essai des skis Harfang et d'apprécier leurs nombreuses qualités.

Dans le but d'analyser adéquatement la rentabilité de chaque représentant, il convient de leur imputer la partie des coûts des différentes activités (comptes sectoriels) dont ils sont directement responsables. Le tableau 16.8 présente l'essentiel des données de base obtenues du service

TABLEAU 16.8
Données de base du service des ventes

Produits	Prix de vente de la paire de skis	Coût unitaire	Marge brute	Quantité de paires de skis vendues	Ventes	Publicité
Albertville	165 $	130 $	35 $	8 342	1 376 430 $	85 770 $
Tignes	215 $	160 $	55 $	3 834	824 310 $	23 430 $
Chamonix	295 $	200 $	95 $	1 841	543 095 $	10 800 $
				14 017	2 743 835 $	120 000 $

			Nombre de paires de skis vendues			
Vendeur	Nombre de visites	Nombre de commandes	Albertville	Tignes	Chamonix	Total
Claude Brassard	175	80	1 928	931	451	3 310
Jacqueline Lemelin	225	165	2 124	964	460	3 548
Paule Vaillancourt	280	150	2 025	947	438	3 410
André Couture	260	128	2 265	992	492	3 749
	940	523	8 342	3 834	1 841	14 017

des ventes. Ces données sont absolument nécessaires pour effectuer l'analyse de la rentabilité par vendeur.

16.5.3 L'allocation des coûts sectoriels aux vendeurs

La vente directe

Les salaires annuels de Claude Brassard, Jacqueline Lemelin, Paule Vaillancourt et André Couture sont respectivement de 20 000 $, 22 000 $,
20 000 $ et 23 000 $, pour un total de 85 000 $. Les commissions sont
établies à 1 % des ventes. Les frais de déplacement sont ventilés d'après
le nombre de visites. On a calculé qu'une visite revient à 72,34 $ (68 000 $
÷ 940 visites). Les autres dépenses imputées à la vente constituent des
coûts fixes; elles ne seront donc pas ventilées dans le compte de chaque
représentant. Enfin, le salaire du directeur de la succursale pourrait être
réparti théoriquement d'après le temps qu'il passe avec chaque représentant. Cependant, en raison de l'inaccessibilité des données et du caractère
indirect de la dépense en question (si un représentant quitte l'entreprise,
le directeur continuera à recevoir son salaire), on ne se souciera guère de
cela. Nous considérerons uniquement les dépenses directement associées
à chaque vendeur, soit son salaire, ses commissions et ses dépenses de
voyages. N'oublions pas, cependant, qu'il est possible que ce dernier coûte
légèrement plus cher, car il profite des services que lui offre l'entreprise
(l'assistance, le soutien administratif, les bureaux, les commodités, etc.).
Il n'est toutefois pas souhaitable dans le cadre de cet ouvrage de compliquer davantage notre exemple...

La publicité

On peut calculer aisément le coût unitaire en publicité pour chaque produit en se référant aux données contenues dans le tableau 16.8:

Coût unitaire en publicité = dépenses totales en publicité pour le produit
÷ quantité vendue

Skis Albertville   = 85 770 $ ÷ 8 342 = 10,28 $/paire de skis

Skis Tignes   = 23 430 $ ÷ 3 834 = 6,11 $/paire de skis

Skis Chamonix   = 10 800 $ ÷ 1 841 = 5,86 $/paire de skis

Nous obtiendrons le coût en publicité par représentant en multipliant
le coût unitaire en publicité par le nombre d'unités vendues par celui-ci.
Bien que le coût unitaire en publicité soit le même pour tous les représentants et que, par conséquent, il ne tienne pas compte de la productivité
de chacun dans la vente d'un produit avec des dépenses publicitaires

inférieures à celles d'un collègue, cette base d'allocation est la plus recommandée dans les publications.

La promotion

Le montant de 36 000 $ dépensé en promotion peut être facilement réparti car chaque représentant tient un registre détaillé de ses activités de promotion, lesquelles sont constituées des éléments suivants: les paires de skis données (lors de concours ou de commandites), le budget consacré aux commandites et les autres activités de promotion (voir le tableau 16.9).

La recherche en marketing

Jacqueline Lemelin, la représentante de Trois-Rivières, s'est rendu compte que les skis Harfang étaient mal perçus par la clientèle de son territoire. Elle a donc fait réaliser une étude de notoriété et de perception de l'image de marque qui a coûté 6 800 $. Quant à Claude Brassard, il a commandé un test de marché pour les trois modèles de skis dans différentes stations de ski de la région de Québec afin de recueillir les commentaires de skieurs après l'essai des produits. Ce test, qui a duré plusieurs semaines, a coûté 8 400 $. Devant l'hésitation des marchands du Lac-Saint-Jean à adopter ses produits, Paule Vaillancourt a fait faire, au coût de 6 295 $, une étude de marché. Enfin, André Couture a dépensé 3 800 $ pour obtenir une étude de notoriété auprès des clients des magasins d'articles de sport de la Beauce.

TABLEAU 16.9
Activités de promotion des représentants (en dollars)

	Valeur des marchandises données	Commandites	Autres activités	Total
Claude Brassard	2 840	4 630	1 110	8 580
Jacqueline Lemelin	3 250	4 840	1 530	9 620
Paule Vaillancourt	2 410	2 800	1 160	6 370
André Couture	3 450	4 400	2 580	10 430

L'entreposage

Étant donné que les produits sont emballés à l'usine, les seules dépenses d'entreposage de la succursale sont indirectes; elles ne sont donc pas effectuées par la force de vente.

Le traitement et la facturation des commandes

La seule dépense liée à la force de vente est le montant affecté aux fournitures postales et de bureau par commande. Il est de 1,77 $ la commande (925 $ ÷ 523 commandes).

Le transport

Les frais de transport sont de 6,65 $ par paire de skis (93 240 $ ÷ 14 017 paires) et sont entièrement imputés au compte des représentants car il s'agit de coûts directs par produit.

Comme on peut le constater au tableau 16.10, les quatre représentants sont rentables: autrement dit, ils rapportent plus que ce qu'ils coûtent. On peut en outre saisir davantage l'importance de la notion de «coûts directs»; seuls ces derniers ont été considérés. Si un des représentants était congédié, tous les coûts qui lui sont imputés disparaîtraient alors. Le problème du directeur de notre exemple reste cependant entier. Sa succursale n'est pas rentable même si, théoriquement, tous ses représentants le sont. C'est peut-être parce que ceux-ci ne génèrent pas assez de ventes et, par conséquent, de profits. Une comparaison avec le rendement des vendeurs des autres succursales serait sans doute de mise. Le nombre de quatre représentants est-il justifié?

16.5.4 L'analyse de la rentabilité par clients

Pour reprendre notre exemple, supposons que le directeur décide malgré tout de garder ses quatre représentants en raison de leur rentabilité individuelle. Toutefois, en augmentant celle-ci, on pourrait peut-être améliorer la situation de toute la succursale. La dernière question à se poser concerne les clients. Sont-ils tous rentables? Y a-t-il des clients qui demandent à l'entreprise trop de travail de marketing pour ce qu'ils rapportent en ventes? Considérons la situation de Paule Vaillancourt, la vendeuse la moins rentable. Peut-être cette rentabilité inférieure à celle des autres vendeurs est-elle attribuable à un client? Paule Vaillancourt a trois clients représentant chacun un ou plusieurs commerces d'articles de sport (cette situation est simplifiée à l'extrême). Le tableau 16.11 indique le nombre de visites, de commandes et d'unités de chaque produit associé à chaque client de Paule Vaillancourt.

TABLEAU 16.10
Analyse de la rentabilité par représentant (en dollars)

	Total	Claude Brassard	Jacqueline Lemelin	Paule Vaillancourt	André Couture
Ventes					
Albertville	1 376 430	318 120	350 460	334 125	373 725
Tignes	824 310	200 165	207 260	203 605	213 280
Chamonix	543 095	133 045	135 700	129 210	145 140
Ventes totales	2 743 835	651 330	693 420	666 940	732 145
Coût des ventes					
Albertville	1 084 460	250 640	276 120	263 250	294 450
Tignes	613 440	148 960	154 240	151 520	158 720
Chamonix	368 200	90 200	92 000	87 600	98 400
	2 066 100	489 800	522 360	502 370	551 570
Marge brute	677 735	161 530	171 060	164 570	180 575
Dépenses					
Ventes directes					
Salaires	85 000	20 000	22 000	20 000	23 000
Commissions	27 440	6 513	6 934	6 669	7 321
Déplacements	68 000	12 660	16 277	20 255	18 808
Publicité					
Albertville	85 770	19 823	21 838	20 819	23 288
Tignes	23 430	5 689	5 891	5 788	6 062
Chamonix	10 800	2 647	2 700	2 571	2 888
Promotion	34 000	8 580	9 620	6 370	9 430
Recherche en marketing	25 295	8 400	6 800	6 295	3 800
Traitement et facturation des commandes	925	142	292	265	226
Transport	93 240	23 170	24 836	23 820	26 243
Total des dépenses	453 900	107 624	117 188	112 852	121 066
Profit net (perte nette)	223 835	53 906	53 872	51 718	59 509

NOTE: Il est possible de constater une légère imprécision dans la sommation des colonnes. Cela est dû à l'arrondissement des nombres obtenus à partir d'une multiplication avec un ratio. Cette situation concerne aussi les tableaux suivants.

Comme on peut le constater au tableau 16.12, même si tous les clients de Paule Vaillancourt sont rentables, Lac Expert inc. l'est beaucoup

TABLEAU 16.11
Opérations de Paule Vaillancourt par clients

Clients de Paule Vaillancourt	Nombre de visites	Nombre de commandes	Nombre de paires de skis achetées			
			Albertville	Tignes	Chamonix	Total
Sag Sport inc.	140	50	960	420	210	1 590
Jonquière Sport inc.	70	45	815	337	158	1 310
Lac Expert inc.	70	55	250	190	70	510
	280	150	2 025	947	438	3 410

moins que les deux autres (près de cinq fois moins). Nul doute que cette représentante pourrait améliorer son rendement en rationalisant davantage son travail auprès du client en question, notamment en diminuant le nombre de ses visites. Autrement, elle devra tout tenter pour augmenter la valeur des achats de Lac Expert inc.

Cet exemple très simple démontre que l'analyse de la rentabilité permet au gestionnaire des ventes de mieux identifier les sources d'inefficacité. Un fait demeure cependant : cet exercice demande des données comptables régulières, irréprochables et standardisées. Si l'analyse de la rentabilité est un processus reconnu et accessible, la disponibilité des données nécessaires à son accomplissement reste un facteur capital ; on doit donc disposer d'une comptabilité séparée pour chaque segment (vendeur, succursale, client, produit, etc.). En outre, il faut obtenir des chiffres précis sur les activités des représentants pour mener l'opération à terme. Pour certaines entreprises, cela peut se traduire par une transformation en profondeur du système de comptabilité de prix de revient. Dans la plupart des cas, on comprendra que le jeu en vaut la chandelle[5]. Par ailleurs, un changement d'attitude dans les entreprises qui possèdent trop de services peut être souhaitable. L'information comptable doit circuler librement vers le service de marketing. Enfin, on constate que les bases d'allocation peuvent influer grandement sur la rentabilité du segment (par

5. Leland L. Seik et S. L. Buzby, « Profitability Analysis by Market Segments », *Journal of Marketing*, n° 37, juillet 1973, p. 48-53 ; Vishnu H. Hirpalani, « Financial Dimension of Marketing Management », *Journal of Marketing*, n° 37, juillet 1973, p. 40-42 ; Dana Shuth Morgan et F. W. Morgan, « Marketing Cost Controls : A Survey of Industry Practices », *Industrial Marketing Management*, n° 9, juillet 1980, p. 217-221.

TABLEAU 16.12
Analyse de rentabilité par clients de Paule Vaillancourt (en dollars)

	Total	Sag Sport inc.	Jonquière Sport inc.	Lac Expert inc.
Ventes				
Albertville	334 125	158 400	134 475	41 250
Tignes	203 605	90 300	72 455	40 850
Chamonix	129 210	61 950	46 610	20 650
Total des ventes	666 940	310 650	253 540	102 750
Coût des ventes				
Albertville	263 250	124 800	105 950	32 500
Tignes	151 520	67 200	53 920	30 400
Chamonix	87 600	42 000	31 600	14 000
Total du coût des ventes	502 370	234 000	191 470	76 900
Marge brute	164 570	76 650	72 070	25 850
Dépenses				
Ventes directes				
Salaires	20 000	10 000	5 000	5 000
Commissions	6 669	3 107	2 535	1 027
Déplacements de la force de vente	20 255	10 128	5 364	5 064
Publicité				
Albertville	20 819	9 869	8 378	2 570
Tignes	5 788	2 566	2 059	1 161
Chamonix	2 571	1 233	927	411
Activités de promotion	6 370	2 970	2 447	953
Recherche en marketing	6 295	2 935	2 118	942
Traitement et facturation des commandes	265	89	80	97
Transport	23 870	11 130	9 170	3 570
Total des dépenses	112 902	54 027	38 078	20 795
Profit net (perte nette)	51 668	22 623	23 992	5 055

exemple le coût unitaire en publicité). Il importe de les choisir adéquatement et de les conserver afin de maintenir une certaine continuité dans ces analyses.

☐ 16.6 L'analyse du rendement de l'actif

L'analyse du rendement de l'actif est un autre type d'analyse à la disposition du gestionnaire des ventes. Elle peut compléter l'analyse des coûts. Considérons l'équation suivante[6]:

Rendement de l'actif (ROI) = \f (profit net; ventes)

$$\times \text{ \f (ventes; investissement)}$$

$$= \text{apport en pourcentage des ventes}$$
$$\times \text{ taux de rotation de l'actif}$$

Le terme «investissement» peut être considéré du point de vue des actionnaires ou du point de vue des gestionnaires de l'entreprise. Du point de vue des actionnaires, on effectuera le calcul du rendement de l'actif en ne tenant compte que de ce que les actionnaires ont investi et récolté, soit le capital-actions et les bénéfices non répartis. Ces deux éléments, qui constituent l'avoir des actionnaires, sont donc le champ d'intérêt de ces derniers. Quant aux gestionnaires, ils s'intéresseront aux investissements totaux, soit à la valeur de l'actif. Cela comprend l'avoir des actionnaires et la dette de l'entreprise (le passif).

Illustrons cela par un exemple très simple. Supposons qu'une entreprise présente les états financiers suivants (en dollars):

BILAN	Actif 600 000	Passif	200 000
		Capital-actions	300 000
		Bénéfices non répartis	100 000
			600 000

ÉTAT DES REVENUS ET PERTES

Ventes	1 000 000
Coût des marchandises vendues et dépenses	950 000
Profit net	50 000

Alors, le rendement de l'actif pourra être de:

\f (50 000 \$; 1 000 000 \$) × \f (1 000 000 \$; 400 000 \$) = 12,5 %
si on s'adresse aux actionnaires,

ou de:

\f (50 000 \$; 1 000 000 \$) × \f (1 000 000 \$; 600 000 \$) = 8,3 %
si on s'adresse aux gestionnaires

---

6. J. S. Schiff et M. Schiff, «New Sales Management Tool: ROAM», *Harvard Business Review*, n° 45, juillet-août 1967, p. 59-66.

Mentionnons qu'il est possible d'éliminer le montant des ventes au dénominateur de la première fraction et au numérateur de la deuxième fraction de manière à obtenir un seul ratio, ce qui simplifierait les choses. Nous aurions ainsi : \f (profit net ; investissement).

On recourt à une multiplication de deux ratios parce que la valeur de chacun d'eux est utile au gestionnaire, autant que celle du rendement de l'actif (voir la figure 16.3). Si on considère le premier ratio (profit net ÷ ventes), on obtient la capacité de la direction à générer des profits selon un volume des ventes déterminé. Plus le ratio est élevé, plus les activités de gestion sont rentables. Cela peut renseigner le gestionnaire du service du marketing sur l'efficacité des politiques qui le concernent (la détermination des prix, la gestion de produits, la gestion publicitaire, etc.).

FIGURE 16.3
Modèle du rendement de l'actif

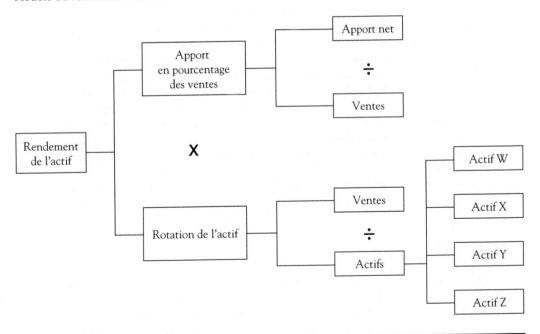

SOURCE : Gilbert A. Churchill Jr., Neil M. Ford et Orville C. Walker Jr., *Sales Force Management*, 3ᵉ éd., Homewood (Ill.), Irwin, 1990, p. 720.

Ainsi, supposons que la gestion du marketing de la dernière année de la société Skis Harfang inc. ait été particulièrement efficace et que les profits se soient chiffrés à 100 000 $ (plutôt qu'à 50 000 $); dans ce cas, le rendement de l'actif doublera. Il sera de :

\f (100 000 $ (profits nets); 1 000 000 $ (ventes))
$\times$ \f (1 000 000 $ (ventes); 600 000 $ (investissement))

$= 0,10 \times 1,67$
$= 16\frac{2}{3}\ \%$

On pourra aussi obtenir un accroissement du rendement de l'actif en générant un profit semblable avec un investissement moindre, ce qui traduit une bonne gestion du marketing (par exemple, le fait d'atteindre le même volume des ventes avec moins de succursales et de vendeurs). Si l'investissement est de 500 000 $ (plutôt que de 600 000 $), le ratio ventes/investissement passera de 1,67 à 2,0 et le rendement de l'actif sera donc de 10 % (50 000 $/1 000 000 $ $\times$ 1 000 000 $/500 000 $ $= 0,05$ $\times$ 2,0 $= 10$ %). Si, enfin, le volume des ventes change, le rendement de l'actif restera le même, celui-ci n'étant influencé que par les profits et le niveau d'investissement. Cependant, chacun des ratios sera transformé. Supposons que les ventes doublent (de 1 000 000 $ à 2 000 000 $), le ratio profit/ventes deviendra 50 000 $/2 000 000 $, soit 0,025; cela indique une gestion du marketing beaucoup moins efficace puisque les ventes qui ont doublé n'ont pas réussi à engendrer un meilleur profit. Par ailleurs, le deuxième ratio doublera (de 1,67 à 3,3) car le même investissement entraînera des ventes deux fois plus élevées. Autrement dit, le rendement de l'actif peut montrer des dépenses trop élevées et une gestion déficiente à l'aide du premier ratio de son équation. Dans le domaine de la gestion des ventes, le rendement de l'actif permet de comparer le rendement de différentes succursales. Le tableau 16.13 illustre la situation de deux d'entre elles. Il semble que la succursale B soit plus efficace que la succursale A. Bien que le premier ratio de la succursale B (bénéfices ÷ ventes) soit inférieur à celui de la succursale A, le taux de rotation de l'actif est sensiblement meilleur. Le problème de la succursale A est davantage relié à ce dernier ratio qu'à la gestion du marketing proprement dite.

☐ Conclusion

Le tableau 16.14 indique les résultats d'une enquête effectuée auprès de 146 entreprises, dont le but était de mieux connaître la nature de leurs méthodes comptables. Comme on peut le constater, environ 60 % des participants font des analyses de ventes par segments (par produits, clients, représentants et régions) et un nombre plus ou moins important pratiquent une ou plusieurs formes d'analyse des coûts. Après la lecture

TABLEAU 16.13
Analyse du rendement de l'actif (en dollars)

	Succursale A	Succursale B
Ventes	2 600 000	1 750 000
Coût des marchandises vendues	2 000 000	1 400 000
Marge brute	600 000	350 000
Moins dépenses variables des succursales		
Salaires	165 000	65 000
Commissions	40 000	15 000
Dépenses de bureau	35 000	25 000
Déplacements et relations publiques	20 000	26 000
	260 000	131 000
Apport de la succursale aux profits	340 000	220 000
Investissements de la succursale		
Comptes clients	350 000	175 000
Inventaires	950 000	315 000
	1 300 000	490 000
Bénéfices en pourcentage des ventes	13,0 %	12,5 %
Taux de rotation de l'actif	2,0 %	3,5 %
Rendement de l'actif de la succursale	26,0 %	43,8 %

de ce chapitre, où l'on a vu l'importance de l'analyse de la rentabilité par segments, on aurait pu croire qu'un plus grand nombre d'entreprises seraient adeptes de ce type d'analyse. Malheureusement, l'analyse du rendement de l'actif ne semble pas très populaire malgré les services énormes qu'elle peut rendre. L'analyse des coûts, quant à elle, paraît reliée davantage aux produits qu'aux autres segments. La rentabilité par clients n'est pas une mesure qui suscite l'enthousiasme. Bref, on constate que l'analyse de la rentabilité complète (par segments) que nous avons examinée dans ce chapitre est encore fort mal comprise.

La comptabilité des coûts complets s'avérera toujours nécessaire. On a cependant constaté très vite ses limites dans la gestion du marketing et des ventes. Tout comme pour l'analyse des ventes abordée au chapitre précédent, on ne pourra faire efficacement l'analyse des coûts qu'en utilisant des données sectorielles conduisant à l'examen de la rentabilité de chaque produit, de chaque représentant, de chaque client important et de chaque unité administrative ou région. Enfin, la méthode de la contri-

TABLEAU 16.14

Nombre d'entreprises recourant à des analyses des ventes, des coûts et du rendement de l'actif par segments

Description	Par produits	Par clients	Par représentants	Par régions
Analyse des ventes				
Volume des ventes (en unités ou en dollars)	92	91	87	92
Volume des ventes (selon des quotas ou des objectifs)	54	48	75	70
Analyse des coûts				
Dépenses	40	18	53	38
Apport aux profits (ventes moins coûts directs)	75	41	32	26
Profit net (ventes moins coûts directs moins coûts indirects)	57	24	19	12
Rendement de l'actif	29	10	10	7

SOURCE: Tiré de l'information fournie par Donald W. Jackson Jr., Lonnie L. Ostrom et Kenneth R. Evans, «Measures Used to Evaluate Industrial Marketing Activities», *Industrial Marketing Management*, n° 11, octobre 1982, p. 269-274.

bution marginale doit être privilégiée dans ces types d'applications car elle favorise une attribution exclusive des coûts dont la responsabilité est directement reliée au segment étudié.

INFORMATION SUPPLÉMENTAIRE

HORNGREN, Charles R. *Cost Accounting: A Managerial Emphasis*, Prentice-Hall. On peut se procurer la version française de ce livre: *Comptabilité analytique de gestion*, Montréal, HRW, 1977.

RAYBURN, Gayle L. *Principles of Cost Accounting and Managerial Implications*, Irwin, 1979.

SIMON, Sanford T. *Managing Marketing Profitability*, New York, American Management Association, 1960.

QUESTIONS

1. Un gestionnaire décide de ventiler les postes de l'état des résultats de l'entreprise entre les cinq succursales de cette dernière au prorata de leur chiffre d'affaires respectif. «De cette façon, se dit-il, je saurai immédiatement si l'une d'elles est déficitaire.» Après avoir achevé l'exercice, celui-ci constate que la succursale de l'Estrie enregistre une perte. Il croit alors qu'en éliminant cette succursale (et donc la perte), les profits de l'entreprise devraient augmenter. Cependant, après avoir recommencé l'exercice, il s'aperçoit qu'une deuxième succursale est déficitaire. Désemparé, il vous demande conseil. Que lui répondriez-vous?

2. Un représentant vient vous consulter: «Mon superviseur affirme que je ne suis pas efficace et il songe à me congédier!» Vous décidez de vérifier le bien-fondé de ces conclusions. Quels éléments devraient faire partie de votre analyse? Puis le représentant ajoute: «Il m'a même attribué les coûts de publicité et de recherche en marketing des produits que j'ai vendus!» Que lui répondriez-vous?

3. L'information suivante concernant deux représentants vous est livrée:

Représentant	Nombre de visites	Nombre de commandes	Unités vendues	Ventes totales	Coût total des ventes
A	300	350	25 000	950 000 $	800 000 $
B	395	330	28 000	1 100 000 $	920 000 $

Le salaire du représentant A est de 32 000 $ et celui du représentant B est de 33 000 $. Les commissions des deux représentants sont établies à 2 %. Le coût de la publicité est de 3,50 $ l'unité. Les coûts de la livraison et du traitement des commandes sont respectivement de 2 $ et 1 $ l'unité et les dépenses de voyages s'élèvent à 1 $ la visite. Quel serait l'apport au profit (ou à la perte) de chacun de ces deux représentants?

4. Un grossiste important a besoin de votre aide afin d'améliorer l'efficacité de sa force de vente. Il vous remet l'état des profits et pertes de sa division de décapant industriel en précisant que même si les clients contribuent à la rentabilité de l'entreprise, il aimerait que ceux-ci achètent davantage. De plus, il voudrait savoir si tous ces clients méritent qu'on s'occupe d'eux de la façon actuelle.

État des profits et pertes (en dollars)

Ventes		558 000
Coût des marchandises vendues		392 000
Marge brute		166 000
Dépenses		
Salaires	52 000	
Loyer et téléphone	21 000	
Fournitures	16 000	89 000
Profit net		77 000

De plus, il vous dit que les quatre activités suivantes se partagent les comptes de frais:

- La vente, qui permet de verser les salaires aux vendeurs et qui requiert une partie des fournitures. (Les vendeurs n'ont pas de bureau dans l'édifice de l'entreprise et ils ont leur propre téléphone.)

- La publicité, à laquelle est attribuable une partie des dépenses des trois autres activités.

- L'empaquetage et la livraison, qui embauchent un étudiant à temps partiel dans un entrepôt.

- La facturation et l'encaissement.

Il n'y a qu'un produit, lequel est vendu à un seul prix: le contenant de décapant de 20 litres à 50 $ l'unité.

Après avoir relevé les factures nécessaires, vous arrivez à la ventilation suivante (en dollars):

Comptes naturels	Comptes sectoriels				
	Total	Ventes	Publicité	Empaquetage (mise en barils)	Facturation, encaissement et livraison des commandes
Salaires	52 000	44 000	2 000	2 000	4 000
Loyer et téléphone	21 000		2 000	16 000	3 000
Fournitures	16 000	2 000	6 000	6 000	2 000
Total	89 000	46 000	10 000	24 000	9 000

En outre, vous recueillez grâce à des rapports personnels de la force de vente et de l'entreprise ces renseignements supplémentaires :

— Cette division n'a que trois clients : les quincailliers Martel, Pagé et Larouche.

— La force de vente a effectué 115 visites à la quincaillerie Martel, l'entreprise a préparé 60 messages publicitaires en son nom et elle a obtenu 40 commandes. Il y a eu 45 visites à la quincaillerie Pagé, 40 messages ont été faits en son nom et 68 commandes ont été passées. Enfin, les représentants ont visité 25 fois la quincaillerie Larouche, l'entreprise a conçu 30 messages et le client a passé 40 commandes. Les ventes de la quincaillerie Martel totalisent 300 000 $, celles de la quincaillerie Pagé, 108 000 $ et celles de la quincaillerie Larouche, 150 000 $.

a) Faites une analyse de la rentabilité pour chacun de ces trois clients.

b) À la suite de cette analyse, tirez les conclusions qui s'imposent en ayant soin de faire ressortir les avantages et les inconvénients d'une décision possible.

c) En ce qui a trait à la force de vente, identifiez les problèmes et trouvez les solutions pour accroître les ventes chez certains clients.

5. Une entreprise présente les états financiers (simplifiés) suivants:

États financiers (en dollars)

Bilan

Actif	800 000	Passif	300 000
		Capital-actions	300 000
		Bénéfices non répartis	200 000
			800 000

État des revenus et pertes

Ventes	1 400 000
Coût des marchandises vendues	800 000
Marge brute	600 000
Dépenses	400 000
Profit net	200 000

Quel sera le rendement de l'actif susceptible d'intéresser les actionnaires de l'entreprise? De quelle façon les gestionnaires risquent-ils de voir la situation? Comment pourrait-on améliorer le rendement de l'actif? Pourquoi utiliserait-on deux ratios dans le calcul du rendement de l'actif (alors qu'un seul suffirait)?

6. À titre de gestionnaire des ventes de la société Montérégie Sportive, vous désirez évaluer le rendement de vos deux succursales. Vous décidez d'examiner de quelle manière chaque succursale gère les actifs qu'elle emploie dans la vente. Déterminez le rendement de l'actif de chaque succursale. (Les données sont en dollars.)

	Succursale 1	Succursale 2
Ventes	800 000	500 000
Coût des marchandises vendues	624 000	390 000
Marge brute	176 000	110 000
Dépenses		
Salaires	49 600	31 000
Commissions	8 000	5 000
Dépenses de bureau	9 600	6 000
Voyages	12 800	8 000
Total	80 000	50 000
Profit net	96 000	60 000
Investissement en actifs		
Comptes clients	120 000	45 000
Inventaires	200 000	80 000

7. Un gestionnaire des ventes qui vient de découvrir l'analyse de la rentabilité décide d'appliquer cette méthode à chacun des clients de l'entreprise. Il constate qu'un de ceux-ci ne rapporte pas assez et ordonne au représentant de le laisser tomber. Que recommanderiez-vous à ce gestionnaire avant qu'il ne prenne les grands moyens? Quelles pourraient être les conséquences de son geste?

8. Vous venez d'être promu directeur ou directrice des ventes d'une entreprise. Vous constatez que le service du marketing et celui des ventes disposent de peu de données comptables. Le contrôleur de l'entreprise, quant à lui, hésite à transmettre de l'information à votre service. Comment pourriez-vous tenter de le convaincre? Quelles solutions accommodantes suggéreriez-vous?

PLAN

17

L'analyse du rendement du représentant

OBJECTIFS

Après l'étude de ce chapitre, vous devriez être capable de:
— Saisir l'importance de l'évaluation de la force de vente.
— Appliquer les méthodes usuelles d'évaluation du rendement.
— Mettre en place un système adéquat d'évaluation de la force de vente.

☐ Introduction

Après avoir analysé soigneusement l'évolution des ventes et la rentabilité de chaque segment d'activité (le produit, le territoire, la succursale, le client, le vendeur), le gestionnaire des ventes doit procéder à un contrôle rigoureux de chaque vendeur placé sous sa responsabilité. Il doit, plus précisément, s'intéresser au comportement individuel du représentant. Dans l'entreprise, chaque vendeur est un maillon de la chaîne. Il est responsable du territoire qu'on lui a assigné et la satisfaction des clients situés sur ce territoire sera étroitement liée à la façon dont il effectuera son travail. Un membre de la force de vente qui travaillerait de façon inadéquate non seulement risquerait de mal exploiter son territoire, mais il pourrait nuire à l'image même de l'entreprise.

Nous avons vu précédemment que l'engagement, la formation et le maintien d'un vendeur coûtent très cher à l'entreprise. À cela il faut ajouter le manque à gagner qu'un représentant peut causer par des ventes ratées. Autrement dit, aucune organisation n'a les moyens de garder un vendeur inefficace. Il appartient au directeur des ventes d'exercer un suivi rigoureux de chacun de ses représentants afin de découvrir dans quelle mesure ceux-ci atteignent les objectifs qui leur sont fixés et de quelle façon ils sont parvenus à leurs fins.

Les objectifs de l'évaluation individuelle sont les suivants:

1. Offrir une rémunération juste à l'employé, d'après sa valeur réelle.

2. Fournir des bases solides d'évaluation lors d'une incitation à une réorientation de carrière (si nécessaire).

3. Utiliser d'une manière efficace la ressource (par exemple, un représentant missionnaire sera excellent dans les relations publiques mais médiocre dans la conclusion de contrats).

4. Établir un système de récompenses juste.

5. Mettre sur pied un système de supervision permettant au vendeur d'atténuer ses points faibles et au gestionnaire des ventes de l'aider dans ce sens.

6. Vérifier avec objectivité la capacité de chaque vendeur à effectuer ses tâches, à atteindre les objectifs désignés et à véhiculer l'image souhaitée de l'organisation.

☐ 17.1 Les notions de « comportement », de « rendement » et d'« efficacité »

La figure 17.1 montre la relation existant entre le comportement, le rendement et l'efficacité[1]. Les facteurs environnementaux, organisationnels et personnels (voir le tableau 17.1) ont une influence directe sur le niveau de motivation du représentant (sa motivation à vendre), sur ses aptitudes naturelles, sur son niveau réel d'habileté et d'expérience et, enfin, sur le niveau de compréhension des différents rôles qu'il a à jouer dans le cadre de sa profession. De leur côté, ces derniers facteurs influenceront le comportement du vendeur. Plus ceux-ci seront significativement élevés, plus le comportement du représentant engendrera un rendement élevé. Ici, le comportement fait référence à toutes les tâches que le représentant doit effectuer pour mener à bien son travail (la prospection, les appels téléphoniques, les visites, la rédaction de rapports, etc.). La notion de « rendement » est ni plus ni moins la quantification du comportement. Si, du point de vue de l'organisation, le comportement d'un représentant est satisfaisant, on dira de ce dernier qu'il a un bon rendement. C'est à

---

1. Orville C. Walker Jr., Gilbert A. Churchill Jr. et Neil M. Ford, « Measuring and Improving Salesmen's Motivation and Performance », *American Marketing Association Proceedings*, printemps 1976, p. 25-32.

FIGURE 17.1
Ventes: comportement, rendement et efficacité

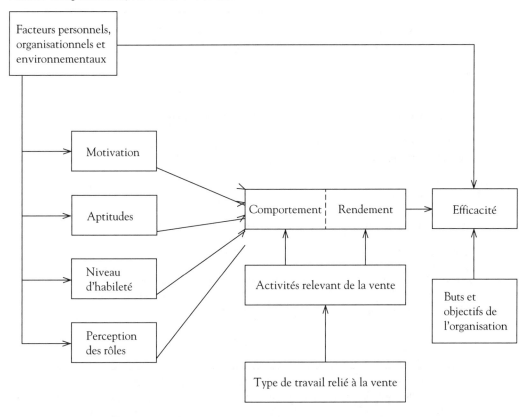

SOURCE: Orville C. Walker Jr., Gilbert A. Churchill Jr. et Neil M. Ford, «Where Do We Go from Here?», publications choisies, empiriques et conceptuelles concernant la motivation et le rendement de la force de vente industrielle, dans *Critical Issues in Sales Management: State-of-the-Art and Future Research Needs*, sous la direction de Gerald Albaum et Gilbert A. Churchill Jr., Eugene, College of Business Administration, University of Oregon, 1979, p. 36.

l'organisation de définir le niveau de rendement souhaité et les comportements à adopter pour y parvenir. Par ailleurs, l'efficacité renvoie directement aux résultats rattachés au rendement. Ces résultats individuels indiquent dans quelle mesure le vendeur a contribué à la réalisation des objectifs globaux de l'entreprise. L'efficacité n'est pas directement reliée au comportement comme l'est le rendement. Il s'agit d'un résultat influencé non seulement par le rendement du vendeur mais aussi par des circonstances qui échappent à sa volonté comme les décisions prises par la haute direction ou des manifestations de l'environnement.

TABLEAU 17.1
Facteurs reliés au rendement du vendeur

Facteurs environnementaux	Facteurs organisationnels
Facteur économique	Image et réputation
Facteur politique	Ressources
Facteur légal	Allocation des ressources
Facteur culturel	Expérience en gestion
Facteur social	Niveau de technologie
Facteur éthique	Gamme de produits
Facteur écologique	Services offerts
Facteur religieux	Distribution physique
Facteur technologique	Politiques de prix
	Activités de promotion
Marché	Description de la tâche du vendeur
Potentiel du marché	(très important)
Pénétration du marché	
Segmentation du marché	**Facteurs personnels**
Clients actuels	Expérience
Clients potentiels	Formation
Concurrence	Instruction
Aspect géographique	Habileté naturelle à vendre
Canaux de distribution	Volonté de réussir (engagement)
(situation dans le canal)	Effort quantitatif
	Effort qualitatif
	Personnalité
	Attitudes

SOURCE: Adapté de Gilbert A. Churchill Jr., Neil M. Ford et Orville C. Walker Jr., *Sales Force Management*, Homewood (Ill.), Irwin, 1990, p. 732.

Cette distinction entre le «rendement» et l'«efficacité» est capitale dans l'analyse du comportement individuel. Le critère de l'efficacité permet notamment à la direction des ventes de connaître la participation de chaque représentant aux résultats de l'entreprise. Par ailleurs, le rendement est directement relié au comportement et tient compte de facteurs tels que la taille du territoire, l'importance de la concurrence et toute autre manifestation propre au territoire du représentant qu'on doit évaluer. Ainsi, il serait faux de dire qu'un représentant à qui on assigne un territoire moins intéressant est moins performant qu'un autre qui produit des résultats un peu plus élevés mais qui a bénéficié de circonstances exceptionnellement favorables[2]. Ce besoin d'équité a d'ailleurs amené les gestionnaires des ventes à recourir aux quotas. Ceux-ci (que nous avons

---

2. Anonyme, «Sales Performance Standards», *Small Business Report*, décembre 1981, p. 22-24.

étudiés au chapitre 7) permettent d'éclairer le gestionnaire sur le rendement des représentants, sachant qu'ils sont révisés fréquemment et prennent en considération les particularités de chaque territoire, les manifestations prévues dans chacun d'eux et l'expérience de chaque représentant. On comprendra aisément que la fixation de quotas justes n'est pas une chose facile car on ne sait jamais exactement ce qui risque d'arriver dans chacun des territoires. C'est pour cette raison que l'évaluation du représentant s'avère très délicate, puisqu'elle doit faire appel en grande partie à l'interprétation. Ainsi, le pourcentage du quota obtenu reste une bonne méthode d'évaluation individuelle. Cependant, dans son souci d'équité, le gestionnaire des ventes doit envisager des formes d'évaluation supplémentaires afin de bien cerner le comportement de ses vendeurs et de pouvoir les diriger adéquatement. Il faut donc aller plus loin que la notion de «quotas». C'est pourquoi, dans ce chapitre, nous nous pencherons sur les comportements et les techniques permettant de décrire le travail du vendeur et d'identifier les failles de celui-ci.

☐ 17.2 Les difficultés reliées à l'évaluation du rendement individuel

L'évaluation correcte de chaque représentant implique un examen de ses résultats de même qu'une analyse complète de toutes ses tâches de façon qu'il puisse s'améliorer. Il s'agit d'une des responsabilités les plus délicates du gestionnaire des ventes. Les principales difficultés rencontrées par celui-ci tout au long de ce processus sont les suivantes :

1. *Chaque individu est un cas particulier et son rendement est influencé par des facteurs qui lui sont propres*. Une foule de raisons peuvent expliquer un bon rendement ou un mauvais rendement. L'évaluation du représentant doit dépasser les chiffres et s'intéresser d'abord à l'être humain.

2. *Le gestionnaire n'est pas en contact permanent avec le vendeur*. En général, le vendeur passe la plus grande partie de son temps à l'extérieur du bureau, loin des yeux du gestionnaire. Ce dernier devra donc mettre en branle des mécanismes suffisamment élaborés pour s'informer adéquatement sur les activités de sa force de vente à l'extérieur du bureau.

3. *Le nombre de représentants à superviser rend la tâche plus ardue*. Le gestionnaire doit parfois superviser un nombre important de représentants en plus d'accomplir ses tâches individuelles.

Il est donc nécessaire que celui-ci dispose d'une méthode d'évaluation complète, réaliste quant au temps alloué et, surtout, suffisamment objective pour permettre une certaine comparaison.

4. **Les résultats ne correspondent pas toujours aux efforts accomplis.** Un représentant qui a fait un travail de prospection particulier ce mois-ci (négligeant quelque peu la vente) est-il moins performant qu'un collègue qui a conclu une grosse transaction? L'évaluation du rendement est un exercice qui doit être réalisé dans la perspective du développement à long terme des affaires. Par ailleurs, certains résultats décevants peuvent être l'aboutissement d'un travail acharné. C'est le cas du représentant qui investit un temps considérable auprès d'un client très important et qui voit ce dernier lui préférer un concurrent à la dernière minute.

5. **L'évaluation des efforts accomplis n'est pas toujours facile.** S'il peut analyser aisément des chiffres, le gestionnaire sera toutefois aux prises avec un problème d'ordre qualitatif, telle l'évaluation de la présentation de vente. Certains gestionnaires pourraient s'en tenir aux résultats, ce qui rendrait l'évaluation beaucoup plus simple. Cependant, en vue d'améliorer constamment le travail de la force de vente, les gestionnaires devront mettre au point des méthodes d'évaluation subjective du comportement.

6. **Une évaluation correcte implique une bonne description de tâches.** Le vendeur doit être évalué sur des tâches précises; cela implique que les tâches doivent être détaillées.

□ 17.3 Le processus d'évaluation du rendement

L'évaluation du représentant doit s'inscrire dans un processus bien structuré. Nous en suggérons un, quoiqu'une certaine adaptation aux réalités de l'entreprise soit toujours souhaitable. De plus, un gestionnaire peut utiliser le programme en tout ou en partie selon le temps dont il dispose. Certaines étapes peuvent se dérouler moins régulièrement que d'autres. Ce processus est décrit à la figure 17.2.

17.3.1 L'établissement des politiques d'évaluation

Cette première étape doit mener à deux grandes questions: qui effectuera l'évaluation (ou y participera)? Et à quelle fréquence fera-t-on l'évaluation?

FIGURE 17.2
Processus d'évaluation du rendement

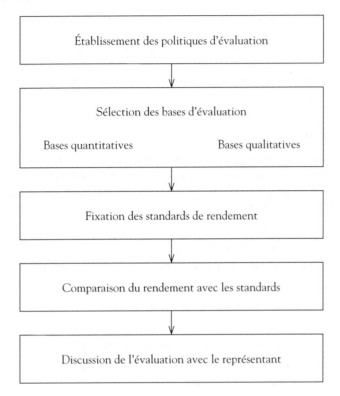

En ce qui concerne la première question, l'évaluation peut être réalisée par le directeur de l'unité, un cadre engagé à cette fin ou même une équipe de cadres ou de représentants d'expérience. Il est primordial que l'évaluateur ait la confiance des représentants car il aura un rôle de conseiller à jouer. Certaines parties de l'évaluation peuvent être effectuées par des personnes différentes.

Au sujet de la fréquence de l'évaluation, il est possible qu'une recrue soit évaluée plus souvent qu'un représentant chevronné, particulièrement sur le plan de son comportement (par exemple sa technique de vente). Généralement, une évaluation complète une fois par année est de mise. L'évaluation sera le plus souvent suivie d'un ajustement de la rémunération (ajustement positif ou négatif, selon les résultats).

17.3.2 La sélection des bases d'évaluation

Un programme d'évaluation doit être complet afin de permettre une analyse appropriée de la ressource. Pour cela, il faut utiliser plusieurs bases d'évaluation si l'on veut identifier tous les aspects comportementaux. Ainsi, un nombre élevé de commandes peut dissimuler des commandes trop petites. Nous passerons en revue les bases d'évaluation les plus courantes.

Les bases quantitatives

Comme leur nom le suggère, les bases quantitatives font référence à des chiffres. On quantifiera les résultats obtenus et les efforts accomplis (les comportements). Voici les bases quantitatives axées sur les résultats obtenus qu'on utilise généralement:

1. Le volume des ventes:
   a) en dollars et en unités;
   b) par produits et par clients ou groupe de clients;
   c) par la poste, au téléphone et en personne.
2. Le volume des ventes en pourcentage:
   a) du quota;
   b) du potentiel du marché (part de marché).
3. La marge brute par lignes de produits, par groupes de clients ou par grosseur des commandes.
4. Les commandes:
   a) le nombre de commandes;
   b) la grosseur moyenne de la commande (en dollars ou en unités);
   c) leur efficacité (commandes totales ÷ nombre de visites);
   d) le nombre de commandes annulées.
5. Les clients:
   a) le pourcentage des clients actuels qui ont fait un achat;
   b) le nombre de nouveaux clients;
   c) le nombre de clients perdus;
   d) le nombre de clients ayant un solde débiteur.

Voici les bases qualitatives axées sur les efforts accomplis dont on se sert d'habitude:

1. Le nombre de visites par jour (le taux de visite).
2. Le nombre de jours de travail.

3. Le temps réel consacré à la vente.

4. Les dépenses directes de vente :

   a) au total ;

   b) en pourcentage du volume des ventes ;

   c) en pourcentage du quota.

5. Les activités autres que la vente :

   a) les techniques marchandes (ou *merchandising*) (les étalages, la disposition des produits) ;

   b) les lettres envoyées aux clients potentiels (les vœux, l'information) ;

   c) le nombre d'appels téléphoniques aux clients potentiels ;

   d) le nombre de rencontres avec les détaillants ou les distributeurs ;

   e) le nombre de visites pour le service ;

   f) le nombre de soldes débiteurs acquittés ;

   g) le nombre de plaintes reçues.

Les bases qualitatives

Bien qu'il soit plus aisé de recueillir et d'interpréter des chiffres au sujet du travail des représentants, le gestionnaire des ventes doit aussi être en mesure d'utiliser les bases qualitatives afin d'identifier des problèmes qui ne pourraient être découverts par des facteurs d'évaluation quantitatifs. Voici ces bases :

1. Les efforts personnels :

   a) la part du temps accordée à la vente ;

   b) la qualité de la présentation de vente ;

   c) la préparation et la planification des visites aux clients ;

   d) l'habileté à répondre aux objections et à conclure la vente.

2. Le niveau de connaissances :

   a) du produit ;

   b) de l'entreprise et de ses politiques ;

   c) des stratégies des concurrents ;

   d) des clients.

3. Les relations avec la clientèle.

4. L'apparence et la santé.

5. La personnalité et les attitudes :

   a) le sens de la coopération ;

b) la collaboration de la personne-ressource;

c) l'acceptation de responsabilités;

d) le raisonnement et la capacité de prendre des décisions.

La direction des ventes doit choisir ses bases d'évaluation non seulement selon les objectifs de l'entreprise et de la division, mais aussi selon l'accessibilité de l'information nécessaire. Les quatre principales sources d'information sont les dossiers de l'entreprise, les rapports et fichiers des représentants, les rapports des superviseurs et des gestionnaires des ventes et les clients.

Les *dossiers de l'entreprise* comprennent notamment les factures, les bons de commande et les écritures comptables. Cette source d'information est la plus courante car toute entreprise possède de tels registres. Il s'agit de renseignements de base qui seront particulièrement utiles lorsqu'on emploiera des bases quantitatives comme la marge brute ou la taille moyenne des commandes par vendeur.

Les *rapports et fichiers des représentants* sont un registre que ces derniers tiennent généralement de leurs activités quotidiennes. Ainsi, les représentants d'assurances inscrivent tous les jours dans un carnet les noms et les numéros de téléphone des clients potentiels avec lesquels ils entrent en contact. Ils exercent de cette façon une meilleure gestion de leurs appels téléphoniques et savent exactement qui ils doivent joindre, quels clients acceptent ou déclinent un rendez-vous et lesquels ils rappelleront. Les représentants de services de consultation informatique doivent présenter quotidiennement un emploi du temps détaillé à leur employeur. Ce registre servira à évaluer le travail effectué par chacun et constituera une source d'information pour les bases quantitatives axées sur les efforts accomplis. Les rapports et fichiers de représentants qu'on utilise d'habitude sont les rapports de visites, le carnet téléphonique, les feuilles de route, le rapport des dépenses (très important) et tout autre type de renseignements que détient le représentant et qui sont susceptibles de servir lors de son évaluation. Un des problèmes auxquels le gestionnaire des ventes aura à faire face au sujet des rapports des représentants est la validité de l'information. Certains vendeurs pourraient être tentés de camoufler ou de modifier certains chiffres afin de laisser croire à de meilleures performances.

Les *rapports des superviseurs et des gestionnaires des ventes* renvoient à l'observation des représentants au travail (particulièrement les recrues) qu'effectuent ces cadres. Plusieurs superviseurs accompagnent sporadiquement les représentants chez les clients ou les examinent d'une façon ou d'une autre pour se rendre compte sur-le-champ de la qualité de leur travail.

Les *clients* peuvent aussi renseigner le superviseur sur la qualité du travail du représentant. Dans bien des cas, ceux-ci ne se manifesteront que pour formuler des plaintes. Les gestionnaires auraient alors intérêt à s'adresser régulièrement aux clients afin d'obtenir une information objective et uniforme.

17.3.3 La fixation des standards de rendement

On peut facilement établir un standard quantitatif en fixant, par exemple, un quota de rendez-vous pris quotidiennement au téléphone. Les standards de rendement qualitatifs sont beaucoup plus difficiles à déterminer. Ainsi, qu'entend-on par une «attitude positive»? À partir de quel moment un individu n'a plus une attitude positive? Les standards doivent représenter un niveau idéal de rendement et non pas une cible qu'il faut atteindre. Chaque représentant a ses forces et ses faiblesses. Un standard non atteint peut donner l'occasion à un individu de relever un défi, soit celui de reconnaître ses faiblesses et de veiller à s'améliorer constamment. Par contre, le dépassement d'un standard peut être souligné de la part du gestionnaire par une récompense ou des félicitations, ce qui aura un bon effet sur la motivation du représentant. Nous avons vu au chapitre 7 de quelle façon on établit des quotas. Les autres standards de rendement sont fixés sur les mêmes bases, soit sur les résultats (ou les comportements) des meilleurs représentants (ou des représentants idéaux), les normes de l'industrie, l'expérience dans l'organisation, certaines particularités du représentant, les objectifs à atteindre, etc. Il importera de déterminer des normes réalistes. Si celles-ci sont trop élevées, les représentants risqueront de se décourager. De la même manière, des normes trop basses sont susceptibles de réduire le rendement.

17.3.4 La comparaison du rendement avec les standards

Ici se pose le problème de la comparabilité des données. Un vendeur devrait idéalement être évalué sur des variables qu'il peut maîtriser[3]. Si celui-ci n'atteint pas les objectifs fixés, cela peut être en raison de variables indépendantes de sa volonté (par exemple l'arrivée d'un nouveau concurrent dans son territoire). Le même problème se pose dans le cas du vendeur qui a obtenu des résultats hors de l'ordinaire. La question de la

---

3. Anonyme, «Measuring Salesmen's Performance», *Business Policy Study*, n° 114, New York, National Industrial Conference Board, 1965, p. 8.

comparabilité des données doit mener à une révision fréquente des standards de rendement à la suite des manifestations de l'environnement auxquelles est soumis le vendeur.

17.3.5 La discussion de l'évaluation avec le représentant

La dernière étape du processus d'évaluation du rendement consiste à rencontrer le représentant afin de lui expliquer les résultats de son évaluation. Celui-ci devrait avoir été mis au courant des bases d'évaluation. Il sait donc sur quoi il a été évalué. Cependant, la transmission des conclusions établies par le superviseur peut s'avérer délicate. À ce sujet, on peut faire certaines recommandations utiles.

D'abord, le gestionnaire doit parler de l'évaluation de façon positive. Le vendeur n'est plus un enfant, c'est un spécialiste qui ne demande pas mieux que de s'épanouir. Idéalement, le gestionnaire devrait souligner les points forts du représentant (et l'en féliciter) et aborder ses points faibles d'une manière nuancée et constructive en faisant des suggestions qui conduiront à une amélioration.

Par ailleurs, le gestionnaire doit éviter d'adopter une position de force. Il est possible que le représentant soit sur la défensive. Après tout, celui-ci jouit d'une grande liberté. Une évaluation s'apparente à une remise en question de la façon de gérer son travail. Aussi, le superviseur doit être perçu non pas comme un surveillant, mais comme une personne-ressource. Il peut être intéressant de demander au représentant de s'auto-évaluer pour voir dans quelle mesure il se rend compte de ses faiblesses. À ce moment, une bonne partie du chemin sera faite et la communication en sera d'autant facilitée.

Enfin, le gestionnaire pourra recourir à la solution ultime en cas de nécessité. Tout le monde n'est pas né pour devenir médecin ou politicien ; de même, tout le monde ne peut être représentant. Si un vendeur ne présente pas de possibilités réelles de succès (malgré le fait qu'il ait franchi les étapes du recrutement et de la formation), il est normal de lui demander de réorienter sa carrière pour son plus grand bien et pour celui de l'entreprise. Il existe des psychologues industriels spécialisés en réorientation de carrière qui peuvent venir en aide aux représentants vivant cette situation difficile. Il va sans dire que l'annonce d'une telle décision doit être faite avec la plus grande sérénité. Le mieux serait d'amener le vendeur à tirer lui-même ces conclusions.

☐ 17.4 Les bases quantitatives importantes et l'élaboration d'une évaluation quantitative du rendement

Dans cette section, nous proposerons l'élaboration d'un modèle simple mais complet d'évaluation quantitative du rendement du représentant. Cet outil, qui peut être utilisé par n'importe quel superviseur, permet d'examiner les principales facettes du comportement du vendeur. Il peut se révéler d'un grand secours, notamment à cause de son accessibilité et de la facilité de son application. Nous passerons d'abord en revue les sept bases d'évaluation quantitative les plus employées. Puis, au moyen de quelques-unes de ces bases, nous élaborerons des ratios visant à construire un modèle. Nous appliquerons ultérieurement celui-ci à l'aide d'un exemple. Les sept bases quantitatives les plus courantes sont les suivantes: le volume des ventes et la part de marché; le profit brut; la quantité et la taille des commandes; le nombre et la fréquence des visites; le taux de réussite; les dépenses de vente directes et enfin l'efficacité de l'itinéraire. Nous verrons ces bases dans l'ordre.

17.4.1 Le volume des ventes et la part de marché

Le volume des ventes et la part de marché sont les premiers indicateurs du rendement (voir le chapitre 16) car ils font directement référence aux résultats. Cependant, il faut faire certaines mises en garde.

Ainsi, il n'est pas aisé de déterminer la part de marché imputable à un individu. Par ailleurs, le volume des ventes est un indicateur limité; ce n'est pas parce qu'un vendeur génère un volume supérieur à celui d'un autre vendeur qu'il a nécessairement un meilleur rendement[4]. Certaines circonstances peuvent être considérées: le vendeur ayant obtenu un volume plus élevé a-t-il joui d'une concurrence moins féroce dans son territoire? L'entreprise lui a-t-elle fourni un support publicitaire supérieur?

En outre, le volume des ventes ne donne pas d'indications précises sur l'apport au profit du vendeur. Celui-ci peut vendre de grandes quantités mais accorder des rabais importants et, conséquemment, générer peu de profits. D'autre part, le volume des ventes doit être analysé en détail. Après avoir subi une vente sous pression, plusieurs clients ont-ils

---

4. Donald W. Jackson Jr., L. L. Ostromn et K. R. Evans, «Measures Used to Evaluate Industrial Marketing Activities», *Industrial Marketing Management*, II, octobre 1982, p. 269-274.

annulé leur contrat? Enfin, la part de marché par territoires est un indicateur intéressant seulement si on tient pour acquis que, d'un territoire à l'autre, la concurrence n'est pas égale en nombre et en intensité.

17.4.2 Le profit brut

Cette mesure renseigne sur l'habileté du représentant à vendre des produits ayant une marge de profit élevée, et qui sont donc plus difficiles à vendre; elle est alors intéressante pour la haute direction qui surveille de très près les bénéfices de l'entreprise. Pour plusieurs gestionnaires, il s'agit d'une mesure aussi décisive, sinon plus, que le volume des ventes. Il faut cependant considérer les coûts additionnels que le représentant ajoutera au produit. Ainsi, un représentant qui, pour vendre un produit ayant une marge de profit élevée, effectue des visites supplémentaires qui n'auraient pas été nécessaires autrement augmente le coût de ce produit. On doit donc s'assurer que le profit brut réel du produit vendu et livré est vraiment supérieur.

Là-dessus, il faut préciser que le représentant n'est pas toujours au courant de la marge de profit de chacun de ses produits. Dans certains cas, il sera plus aisé pour lui de vendre d'abord les produits ayant une faible marge de profit (lesquels sont généralement plus faciles à vendre) ou à donner l'escompte le plus élevé au client. Bien que cette stratégie puisse être intéressante pour pénétrer un marché, il faut, dans une optique à long terme, inciter le représentant à promouvoir les produits ayant une marge élevée. Une façon de procéder pourrait être la mise en place d'un système de rémunération discriminatoire (des commissions plus fortes sur les produits ayant une marge élevée) ou l'établissement de quotas sur chaque type de produit.

17.4.3 La quantité et la taille des commandes

Cette information permet de savoir si le vendeur sert suffisamment de clients ou s'il se contente d'un nombre moins élevé de gros clients. Bien que ces derniers soient très intéressants pour l'entreprise, la perte de l'un d'eux peut être pénible pour le représentant. À l'opposé, un nombre trop élevé de petits clients (ou de petites commandes) entraîne des coûts de vente disproportionnés; cela risque de compromettre la rentabilité des opérations. Le ratio utilisé ici est celui de la taille moyenne des commandes, soit les ventes sur le nombre de commandes.

17.4.4 Le nombre et la fréquence des visites

Les visites sont au cœur du travail du représentant et c'est au cours de celles-ci qu'il manifestera des comportements. Si le vendeur fait son travail correctement, le volume des ventes devra être directement proportionnel au nombre de visites. Un nombre pas assez élevé de visites est souvent la cause d'un rendement insatisfaisant car les occasions de vente sont alors plus rares. Par contre, un nombre assez élevé de visites, combiné avec un volume des ventes trop faible, cache d'autres problèmes, telle une prospection inadéquate ou une technique de vente inappropriée. Notons qu'un vendeur expérimenté a besoin d'un nombre moins élevé de visites pour obtenir un volume des ventes satisfaisant, en raison de la technique qu'il a affinée au cours des années et de la connaissance qu'il possède de ses clients. Il faudra donc veiller à ce que le représentant de carrière ne profite pas de cette situation pour réduire son travail d'une façon significative. La fréquence des visites est un facteur représentatif du travail quotidien du représentant; elle a une influence directe sur la qualité du service et la satisfaction de la clientèle. Certains vendeurs préfèrent travailler plus de jours et faire moins de visites journalières.

17.4.5 Le taux de réussite

Ce ratio révèle l'habileté du représentant (sa «moyenne au bâton») à localiser les bons clients potentiels et à conclure une vente. Un ratio élevé indique que le représentant n'a pas besoin d'effectuer plusieurs visites pour régler une affaire. À l'inverse, un ratio trop faible traduit un problème de prospection ou de technique de vente car il doit faire plusieurs visites pour marquer des points.

Il peut être intéressant de combiner le taux de réussite avec la fréquence des visites. Si ces deux ratios sont au-dessous de la normale, cela veut dire que le représentant a peut-être un problème de motivation. Si le taux de réussite est élevé et que la fréquence des visites soit basse, le représentant compte vraisemblablement sur son talent pour réussir, mais il pourrait augmenter nettement son rendement en travaillant plus fort. Si le taux de réussite est bas, si la fréquence des visites est élevée et si les résultats sont moyens, le vendeur pourrait économiser ses pas en mettant au point une meilleure technique de vente. Par ailleurs, il est possible que ce dernier ne passe pas suffisamment de temps avec son client et préfère retourner voir celui-ci plusieurs fois pour conclure la vente.

17.4.6 Les dépenses de vente directes

On entend par «dépenses de vente directes» la rémunération du vendeur, ses dépenses de voyage et toutes les autres dépenses reliées aux ventes. Un ratio dépenses/ventes trop élevé peut signifier que le vendeur travaille d'une façon inefficace, qu'il est dans un mauvais territoire (ou que celui-ci est trop vaste) ou qu'il a pris la majeure partie de son temps à développer et à entretenir son marché (prospection, visites de nombreux clients, visites de service). Si ce ratio est plus bas que la moyenne, cela signifie que le vendeur coûte relativement peu cher à l'entreprise et qu'il utilise mieux que les autres vendeurs son compte de frais.

17.4.7 L'efficacité de l'itinéraire

Ce ratio permet de contrôler les déplacements (le temps et les dépenses). Si ce dernier est au-dessus de la moyenne, c'est parce que le vendeur utilise efficacement son temps de déplacement. Un ratio trop faible peut signifier que le territoire est vaste, que les clients sont éloignés les uns des autres ou que le représentant éprouve de la difficulté à bien gérer son itinéraire. Quand il se rend à l'autre bout du territoire (pour une raison ou une autre), en profite-t-il pour tenter de voir tous les clients situés dans ce secteur?

Comme on vient de le constater, il existe un nombre important de mesures du comportement ou des résultats et de ratios de rendement, lesquels constituent le coffre à outils de l'évaluateur. Ceux-ci sont d'un très grand secours pour le superviseur des ventes qui peut les utiliser à sa guise, en tout, en partie ou alternativement. De plus, il est possible d'élaborer des mesures en fonction de la réalité de l'entreprise. Quoi qu'il en soit, les principales mesures utilisées nous aideront à bâtir un modèle d'évaluation du rendement. La liste des ratios les plus courants est présentée au tableau 17.2.

17.4.8 Le modèle quantitatif d'évaluation du rendement

Le modèle auquel on recourt le plus souvent pour évaluer le rendement est le suivant :

TABLEAU 17.2
Ratios couramment utilisés pour l'évaluation des vendeurs

1. **Ratios de dépenses**

   A. Ratio de dépenses de ventes $= \dfrac{\text{dépenses}}{\text{ventes}}$

   B. Ratio de coût par visite $= \dfrac{\text{coûts totaux}}{\text{visites effectuées}}$

2. **Ratios de développement et de service à la clientèle**

   A. Ratio de pénétration de la clientèle $= \dfrac{\text{ventes achevées}}{\text{comptes totaux disponibles}}$

   B. Ratio de conversion de clients en nouveaux clients $= \dfrac{\text{nombre de nouveaux clients}}{\text{nombre total de clients}}$

   C. Ratio de clients perdus $= \dfrac{\text{clients perdus}}{\text{nombre total de clients}}$

   D. Ratio de ventes par client $= \dfrac{\text{volume des ventes en dollars}}{\text{nombre total de clients}}$

   E. Ratio de taille moyenne des commandes $= \dfrac{\text{volume des ventes en dollars}}{\text{nombre total de commandes}}$

   F. Ratio d'annulation de commandes $= \dfrac{\text{nombre de commandes annulées}}{\text{nombre total de commandes}}$

3. **Activités de visites ou de productivité**

   A. Ratio de visites quotidiennes $= \dfrac{\text{nombre de visites}}{\text{nombre de jours travaillés}}$

   B. Ratio de ventes par client $= \dfrac{\text{nombre de visites}}{\text{nombre de clients}}$

   C. Ratio de visites planifiées $= \dfrac{\text{nombre de visites planifiées}}{\text{nombre total de visites}}$

   D. Ratio de succès (par visite) $= \dfrac{\text{nombre de commandes}}{\text{nombre total de visites}}$

SOURCE: Gilbert A. Churchill Jr., Neil M. Ford et Orville C. Walker Jr., *Sales Force Management*, 3ᵉ éd., Homewood (Ill.), Irwin, 1990, p. 733.

$$\text{Ventes} = \text{journées travaillées} \times \frac{\text{nombre de visites}}{\text{journées travaillées}} \times \frac{\text{nombre de commandes}}{\text{nombre de visites}} \times \frac{\text{ventes}}{\text{nombre de commandes}}$$

$$\text{Ventes} = \text{journées de travail (entité 1)} \times \text{fréquence des visites}$$
$$\text{(entité 2)} \times \text{taux de réussite (entité 3)}$$
$$\times \text{commande moyenne (entité 4).}$$

Bien que tous les ratios examinés précédemment de même que tous ceux illustrés au tableau 17.3 soient intéressants, plusieurs peuvent se recouper, c'est-à-dire identifier le même problème. Par contre, les entités 1, 2, 3, 4 et 5 entrant dans le modèle décrit précédemment abordent chacun un problème particulier. Ainsi, un niveau de ventes insatisfaisant devrait s'expliquer grâce à une entité ou plus parmi les quatre entités constituant ce modèle. Autrement dit, le gestionnaire des ventes a la possibilité de décomposer les résultats de ventes en quatre entités distinctes et de comparer chacune d'entre elles avec les autres (ou la moyenne de celles de la force de vente). L'explication du résultat devra se situer dans au moins une de ces entités, qui révélera ou révéleront exactement la nature du problème (ou du succès) du représentant. Ce modèle quantitatif n'est pas la solution à tous les problèmes d'évaluation; dans certains cas, l'utilisation de ratios plus spécialisés sera de mise. Cependant, il devrait constituer l'outil de base de l'évaluation. Nous illustrerons ce modèle au moyen d'un exemple.

Une entreprise doit évaluer (quantitativement) quatre représentants: Michèle Auclair, Carol Villeneuve, Anne Bouchard et Bernard Maltais. Les résultats de chacun pour l'année qui vient de s'écouler sont donnés dans le tableau 17.3.

L'analyse des résultats

Bernard Maltais

C'est le représentant le plus performant (quant aux résultats des ventes). Il a été au travail 340 jours durant l'année, soit 50 % de plus que les trois autres représentants. Les résultats sont là pour le prouver puisqu'il a enregistré des ventes de 480 000 $, soit deux fois plus que Michèle Auclair, sa plus proche collègue, et quatre fois plus qu'Anne Bouchard, celle qui a obtenu les ventes les plus faibles. La fréquence des visites de M. Maltais est très élevée (4,56, le deuxième meilleur rendement), ce qui prouve qu'il rencontre régulièrement ses clients. Son taux de réussite est excellent (0,75, deuxième place) de même que la taille moyenne de ses commandes (4,10, deuxième place). Bernard Maltais est sans doute le représentant idéal, la perle rare. C'est un bourreau de travail qui, en plus de faire de longues heures, investit sans compter dans la qualité de son travail. C'est un représentant de carrière qui doit être encouragé et très bien traité.

TABLEAU 17.3
Ratios utilisés pour quatre représentants

	Michèle Auclair	Carol Villeneuve	Anne Bouchard	Bernard Maltais
Journées de travail	220 (4[a])	240 (2)	230 (3)	340 (1)
Nombre de visites	700 (4)	900 (3)	1 100 (2)	1 550 (1)
Nombre de commandes	500 (4)	600 (3)	850 (2)	1 170 (1)
Ventes (en dollars)	240 000 (2)	136 000 (3)	104 000 (4)	480 000 (1)
Entité 1 (journées de travail)	220 (4)	240 (2)	230 (3)	340 (1)
Entité 2 (fréquence des visites) = nombre de visites/journées de travail	3,18 (4)	3,75 (3)	4,78 (1)	4,56 (2)
Entité 3 (taux de réussite) = nombre de commandes/nombre de visites	0,71 (3)	0,67 (4)	0,77 (1)	0,75 (2)
Entité 4 (commande moyenne) = ventes/nombre de commandes	4,8 (1)	2,27 (3)	1,22 (4)	4,10 (2)

a Le chiffre entre parenthèses indique le rang du rendement.

Anne Bouchard

C'est la représentante dont le rendement est le plus bas quant aux ventes (104 000 $). Le nombre de ses journées de travail est semblable à celui de Michèle Auclair et à celui de Carol Villeneuve. Par ailleurs, c'est elle qui voit le plus de clients quotidiennement (4,78). On peut donc affirmer que la somme de travail qu'elle fournit est très satisfaisante. L'entité 3 nous apprend de plus qu'elle a le taux de réussite le plus élevé; elle maîtrise donc parfaitement la technique de vente. Alors, si cette représentante, en plus d'être une excellente vendeuse, est travailleuse, comment expliquer ses mauvais résultats de ventes? Il faudra regarder du côté de la taille moyenne de la commande. Le ratio 3 de 1,22 nous apprend que les commandes moyennes de Mme Bouchard sont quatre fois moins élevées que celles de M. Maltais et de Mme Auclair et deux fois moins élevées que celles de M. Villeneuve. Devant cette situation, il serait intéressant pour le superviseur de combiner ce ratio avec celui des dépenses (dépenses/ventes) qui, selon toute logique, devrait être trop élevé. Pour des questions de rentabilité, de rendement et d'équité (ces ventes trop basses ne font pas honneur à une représentante de la qualité d'Anne Bouchard et ne correspondent pas à son niveau de rémunération), il est impératif que le superviseur incite la vendeuse par tous les moyens à sa disposition à augmenter la taille de ses commandes. Hésite-t-elle à proposer aux clients des achats plus volumineux? S'en tient-elle aux petits clients? Sa prospection est-elle à revoir? Propose-t-elle seulement les produits bas de gamme? Voilà autant de questions auxquelles il faudra répondre. Ce problème réglé, l'entreprise disposera d'une représentante de tout premier ordre.

Carol Villeneuve

Ce représentant enregistre un niveau de ventes insatisfaisant. Le nombre de journées de travail et la fréquence de ses visites sont satisfaisants. La taille moyenne de ses commandes est faible, sans être dangereusement basse comme c'est le cas d'Anne Bouchard. Le problème de M. Villeneuve réside dans la qualité de ses visites et de ses présentations de vente. Son taux de réussite, qui n'est que de 0,67, est le plus bas parmi les représentants. Il doit donc faire plus de visites que les autres pour arriver aux mêmes résultats. La première chose qu'il doit réviser est sa technique de vente. Est-il assez convaincant? Sa prospection est-elle déficiente (ce qui est possible si on considère la faible valeur de sa commande moyenne)? Quelles sont les lacunes de sa démonstration et de sa technique de conclusion de la vente? Si ce vendeur améliore sa technique de vente, les résultats se feront sentir. En outre, cela aura pour effet d'augmenter sa confiance en lui-même; il pourra ainsi proposer des commandes dont la valeur est plus élevée.

Michèle Auclair

Le cas de Michèle Auclair est facile à analyser. Elle génère deux fois plus de ventes que ses collègues Carol Villeneuve et Anne Bouchard (mais deux fois moins que Bernard Maltais). Elle est la championne des grosses commandes (4,8) et son taux de réussite, sans être le meilleur, est acceptable. Pourrait-elle augmenter ses résultats? On constate qu'elle est la vendeuse qui a le moins de journées de travail à son actif (220) et que la fréquence de ses visites est plus basse que celle de ses trois collègues (3,18). On peut donc se demander si cette vendeuse travaille assez fort. Voit-elle assez de clients? Sûrement pas. Elle se fie à son expérience et ne visite que les gros clients. Cependant, la perte d'un seul de ceux-ci peut signifier pour elle une baisse de revenu importante. Le superviseur pourra terminer l'évaluation de cette représentante en tâtant le pouls des clients du territoire de cette dernière. Il est absolument nécessaire que Michèle Auclair accepte de passer des commandes plus petites, et surtout qu'elle accorde une importance accrue aux petits clients.

Cette illustration très simple fait ressortir les avantages du modèle quantitatif d'évaluation du rendement. Il est possible que dans la réalité quotidienne les chiffres ne soient pas aussi éloquents. En s'appuyant sur une bonne compréhension du modèle, le gestionnaire des ventes pourra se fier à son jugement afin d'utiliser correctement cet outil et faire les interprétations qui s'imposent. Enfin, on pourra refaire la même analyse, mais de façon sectorielle, notamment en séparant les ventes et commandes des différents produits et les visites effectuées chez les différents types de clients.

□ 17.5 Les bases qualitatives d'évaluation du rendement

Les mesures qualitatives, aussi appelées «mesures subjectives», complètent l'évaluation quantitative du rendement du représentant. L'évaluation qualitative repose sur des aspects particuliers du comportement qui ne sauraient être évalués adéquatement d'une autre façon. Ce type d'évaluation doit être effectué avec impartialité, ce qui n'est pas toujours le cas car la subjectivité humaine entre en ligne de compte[5]. L'évaluation quantitative est basée sur des résultats (comme les ventes ou le profit brut) et des efforts accomplis (comme le nombre de visites), lesquels sont des chiffres habituellement incontestables. À l'opposé, l'évaluation subjective s'appuie sur le jugement du superviseur ou d'une équipe d'évaluateurs qui se fient à l'information recueillie lors de l'observation du travail du représentant ou dans divers rapports ou documents provenant de celui-ci.

L'évaluation qualitative doit tout de même être structurée si l'on veut que le processus soit uniforme et équitable. On utilisera donc des échelles de mérite servant à évaluer les caractéristiques nécessaires. Un exemple de ces échelles de mérite est présenté à la figure 17.3 ; il s'agit du formulaire d'évaluation qualitative de la société américaine Testor. L'évaluateur-superviseur doit attribuer au représentant un score pour chacune des neuf caractéristiques et inscrire ses remarques à la fin. Ce questionnaire, qui est particulièrement bien fait, comporte une foule de détails car chaque réponse potentielle est parfaitement expliquée à l'évaluateur. Une mauvaise version (fictive) de ce questionnaire est illustrée à la figure 17.4, où les mêmes caractéristiques ne sont pas expliquées et sont évaluées sur une échelle subjective et aléatoire. Dans ce cas-ci, l'évaluateur

---

5. W. E. Patton et R. H. King, «The Use of Human Judgment Models in Evaluating Sales Force Performance», *Journal of Personal Selling and Sales Management*, mai 1985, p. 1-14.

FIGURE 17.3
Formulaire d'évaluation du personnel de vente utilisé par la société Testor

Nom de l'employé _____   Territoire _____

Titre de la position _____   Date _____

INSTRUCTIONS (à lire attentivement)

1. Posez des jugements selon les six derniers mois et non sur des incidents isolés.
2. Selon votre propre jugement, faites une coche dans la case qui exprime le mieux votre évaluation.
3. Quant aux employés qui ont indiqué les extrémités de l'échelle d'évaluation, et ce pour n'importe lequel des facteurs, comme: remarquable, déficience, limites, veuillez commenter votre évaluation dans l'espace réservé à cette fin.
4. Faites de votre évaluation une description juste de la personne qui est évaluée.

FACTEURS À CONSIDÉRER ET À ÉVALUER

	☐	☐	☐	☐	☐
1. Connaissance du travail (incluant la connaissance du produit et de la clientèle)	Ne connaît pas suffisamment le produit pour représenter la compagnie efficacement.	Maîtrise un minimum de connaissances. Nécessite une formation ultérieure.	A une connaissance moyenne pour effectuer le travail efficacement.	Possède des connaissances supérieures à la moyenne pour effectuer le travail de manière satisfaisante.	Est parfaitement au courant de nos produits et des problèmes techniques que comportent leurs applications.

Commentaires : _____

_____

	☐	☐	☐	☐	☐
2. Degré d'acceptation de la part de la clientèle	N'est pas accepté par la majorité de la clientèle. Impossible d'en augmenter la pénétration dans les bureaux.	Limite ses visites aux clients.	Entretient des relations satisfaisantes avec la clientèle.	Est en excellents termes avec la clientèle et est virtuellement accepté par tous les clients.	Entretient d'excellentes relations avec toute la clientèle.

Commentaires : _____

_____

FIGURE 17.3

Formulaire d'évaluation du personnel de vente utilisé par la société Testor (*suite*)

	☐	☐	☐	☐	☐
3. Quantité d'énergie dépensée pour développer le marché	Temps et effort exceptionnels pour développer les ventes.	Fournit des efforts constants pour développer l'entreprise.	Consacre plus ou moins d'efforts et obtient des résultats modestes.	Consacre le minimum d'efforts et de temps.	Non satisfaisant. Ne fait pas suffisamment d'efforts pour être performant.

Commentaires : _____

	☐	☐	☐	☐	☐
4. Habileté à vendre	Est en mesure de conclure des ventes malgré des conditions extrêmement difficiles.	Effectue un bon travail la plupart du temps.	S'efforce de réaliser de bonnes affaires avec la clientèle s'il ne rencontre pas trop de résistance au début.	Est en mesure d'obtenir un chiffre d'affaires en fonction d'une moyenne minimale dans les ventes.	Est incapable d'avoir un bon rendement, sauf dans des conditions de vente faciles.

Commentaires : _____

	☐	☐	☐	☐	☐
5. Travail dans le service après-vente	Effectue rarement le service après la conclusion d'une vente.	Ne donne qu'un service minimum en tout temps.	Accomplit régulièrement le service à la clientèle, mais se limite à ce qui est considéré comme étant normal ou minimum.	Donne un très bon service à tous les clients.	N'hésite pas à sortir des sentiers battus pour donner un service de qualité supérieure en ayant comme objectif les politiques de la compagnie.

Commentaires : _____

	☐	☐	☐	☐	☐
6. Dépendance, niveau de supervision nécessaire	Est toujours au courant de l'ensemble des problèmes de son territoire, quelles que soient les circonstances. Répond aux urgences et assume le leadership sans qu'il soit nécessaire de le lui demander.	Suffisamment fiable sous des conditions normales. Se conforme promptement à des affectations normales. N'exige pas de supervision ou en exige très peu.	Réagit dans des délais raisonnables ou sous des conditions normales de supervision.	L'effort fait occasionnellement défaut. Requiert une supervision supérieure à la normale.	Exige une supervision étroite à chaque étape de l'exécution du travail.

Commentaires : _____

FIGURE 17.3

Formulaire d'évaluation du personnel de vente utilisé par la société Testor (*suite*)

	☐	☐	☐	☐	☐
7. Attitude envers la compagnie, appui accordé à ses politiques	N'appuie pas les politiques de l'entreprise. Blâme la compagnie auprès des clients.	N'apporte qu'un soutien passif aux politiques de la compagnie. N'agit pas en tant que membre d'une équipe.	Se montre coopératif à l'endroit des politiques de la compagnie dans la plupart des occasions.	Adopte et défend le point de vue de la compagnie à chaque occasion.	Apporte un appui inconditionnel à la compagnie et à ses politiques à l'endroit de la clientèle même s'il ne partage pas ces opinions.

Commentaires : _____

	☐	☐	☐	☐	☐
8. Jugement	Sujet à de fréquentes erreurs dues à un manque d'objectivité. Analyse souvent basée sur des préjugés.	Les jugements s'appuient généralement sur la routine ou sur des relations simplistes et ne peuvent être considérés comme étant fiables lorsqu'un certain degré de complexité entre en ligne de compte.	Capable de faire une analyse concise au jour le jour si des problèmes exigent des solutions complexes. Les décisions sont rarement influencées par des préjugés ou des facteurs personnels.	Les décisions peuvent être acceptées sans discussion, sauf si des problèmes d'une extrême complexité se présentent. Durant le processus de jugement, les préjugés interviennent très peu, ou n'interviennent pas du tout.	Manifeste une compréhension élevée peu commune des problèmes et possède une capacité d'analyse élevée. Confiance totale dans toutes les appréciations, sans égard à leur degré de complexité. Les décisions et les appréciations sont complètement dépourvues de préjugés et de considérations personnelles.

Commentaires : _____

	☐	☐	☐	☐	☐
9. Débrouillardise	Avec constance et de manière caractéristique, le travail se distingue par son audace, son originalité, sa clarté et son imagination. On peut faire appel à des idées nouvelles et à des techniques inédites pour résoudre des problèmes difficiles.	Conçoit fréquemment de nouvelles idées selon les circonstances. La solution de cas extrêmes se caractérise généralement par des gestes réfléchis.	Se comporte de manière satisfaisante face à des situations nouvelles. À l'occasion, conçoit des idées, des méthodes et des techniques originales.	Se conforme étroitement aux méthodes et aux techniques apprises. Lent à s'adapter au changement. Tendance à la confusion lorsqu'il fait face à de nouvelles situations.	Exige de fréquents recyclages. N'a pas su démontrer de l'initiative ou de l'imagination dans la résolution des problèmes.

Commentaires : _____

FIGURE 17.3
Formulaire d'évaluation du personnel de vente utilisé par la société Testor (*suite*)

Pour qu'il soit plus efficace dans l'exécution de son travail:

1. Il faudrait donner à l'employé une formation supplémentaire et de nouvelles instructions sur: _____

_____

_____

2. Il faudrait offrir au vendeur l'occasion d'acquérir une expérience supplémentaire telle que: _____

_____

_____

3. Il faudrait étudier des sujets tels que: _____

_____

_____

4. Il faudrait modifier ses attitudes de la manière suivante: _____

_____

_____

5. Il n'y a rien de plus à faire pour ce vendeur que ce qui a déjà été fait parce que: _____

_____

_____

6. Remarques: _____

_____

_____

_____

_____

SOURCE: Adapté de Gilbert A. Churchill Jr., Neil M. Ford et Orville C. Walker Jr., *Sales Force Management*, 3ᵉ éd., Homewood (Ill.), Irwin, 1990, p. 742-745.

FIGURE 17.4

Version modifiée du formulaire d'évaluation du personnel de vente de Testor : questionnaire simple mais dangereusement subjectif

	Médiocre	Passable	Satisfaisant	Très bon	Excellent
Connaissance du travail	☐	☐	☐	☐	☐
Degré d'acceptation par la clientèle	☐	☐	☐	☐	☐
Énergie consacrée à l'accroissement du chiffre d'affaires	☐	☐	☐	☐	☐
Habileté à vendre	☐	☐	☐	☐	☐
Service à la clientèle	☐	☐	☐	☐	☐
Dépendance, supervision nécessaire	☐	☐	☐	☐	☐
Attitude envers l'entreprise, soutien accordé aux politiques de l'entreprise	☐	☐	☐	☐	☐
Jugement	☐	☐	☐	☐	☐
Débrouillardise	☐	☐	☐	☐	☐

SOURCE: Adapté de Gilbert A. Churchill Jr., Neil M. Ford et Orville C. Walker Jr., *Sales Force Management*, 3ᵉ éd., Homewood (Ill.), Irwin, 1990, p. 746.

doit surtout se fier à ses sentiments à l'égard du représentant. Il risque donc d'y avoir des problèmes d'équité. Le formulaire illustré à la figure 17.3 est plus complexe, mais nous le conseillons vivement.

17.5.1 Les caractéristiques

Les caractéristiques les plus utilisées lors de l'évaluation qualitative (l'échelle de mérite) sont les suivantes :

- **Les résultats de ventes :** l'habileté générale à obtenir un gros volume des ventes, la capacité d'aller chercher de nouveaux clients et de vendre toute la ligne de produits.

- *Le degré de connaissance reliée à l'emploi :* le degré de connaissance et de maîtrise des politiques de l'entreprise, de ses produits et de ses prix.

- *La gestion du territoire :* la compétence pour planifier les activités et les visites, pour contrôler ses dépenses et pour produire correctement les rapports nécessaires.

- *Les relations avec l'entreprise et les clients :* la qualité de la relation avec les clients, les collègues et l'entreprise en général.

- *Autres caractéristiques :* le degré d'initiative, l'apparence, la personnalité, la coopération, etc.

Le gestionnaire des ventes déterminera les caractéristiques qui seront privilégiées lors de l'évaluation. Ainsi, l'accent pourrait être mis sur les résultats de ventes si on prévoit réviser la rémunération du représentant. Si on évalue celui-ci en rapport avec une éventuelle promotion, on choisira alors le degré de connaissance reliée à certains aspects de l'emploi et la qualité des relations avec l'entreprise et les clients.

17.5.2 Les problèmes reliés à l'utilisation des échelles de mérite

Par ailleurs, on doit souligner les principaux problèmes rencontrés lors de l'utilisation d'échelles de mérite[6] :

- *La dispersion des résultats :* on ne doit évaluer que les caractéristiques qui permettront d'identifier les problèmes et de tirer des conclusions pratiques. Ce questionnaire doit servir la cause du représentant. Les résultats générés doivent être axés davantage sur l'évaluation du rendement de ce dernier.

- *La mauvaise définition des traits de personnalité :* il peut être opportun d'évaluer certains traits de personnalité importants dans le cadre de l'emploi. Cependant, on doit se garder de sauter à des conclusions hâtives. La relation entre le rendement d'un représentant et ses traits de personnalité n'a pas encore été bien définie et soulève la controverse[7].

- *L'effet de halo :* il sous-entend que l'évaluation d'une caractéristique jugée importante par l'évaluateur aura un effet sur toutes les

---

6. Benton A. Cocanougher et John M. Ivancevich, «BARS Performance Rating for Sales Force Personnel», *Journal of Marketing*, vol. 42, juillet 1978, p. 87-95.

7. Lawrence M. Lamont et W. J. Lundstrom, «Identifying Successful Industrial Salesmen by Personality and Personal Characteristics», *Journal of Marketing Research*, vol. 14, novembre 1977, p. 517-529.

autres caractéristiques[8]. Si un superviseur considère que le service à la clientèle est fondamental et qu'il juge mal le représentant sur ce critère, il sera porté à être sévère sur les autres caractéristiques, même si celles-ci sont secondaires dans son esprit.

- *La tolérance ou la sévérité extrêmes*: certains évaluateurs ont tendance à faire preuve soit d'une grande tolérance, soit d'une extrême sévérité lors de l'évaluation. Cela est dû en général à leur propre personnalité ainsi qu'à leur perception de l'emploi et des caractéristiques du rendement.

- *La tendance centrale*: certains évaluateurs sont portés à choisir les valeurs moyennes lors de l'évaluation, histoire de ne pas se compromettre.

- *Le biais interpersonnel*: il survient lorsque les sentiments que l'évaluateur éprouve à l'égard de la personne évaluée altère son objectivité. Ainsi, un superviseur qui entretient un conflit de personnalité avec un de ses représentants pourrait être tenté d'évaluer celui-ci avec plus de sévérité.

- *L'influence des usages de l'évaluation*: l'évaluation du représentant peut être affectée par l'utilisation que l'entreprise compte en faire. Voici ce qu'en disent Cocanougher et Ivancevich:

> Si les promotions et les compensations monétaires sont influencées par les scores, on observera une tendance à la tolérance chez le gestionnaire qui voudra garder l'amitié et l'appui de ses subordonnés. Par contre, si les résultats de l'évaluation servent à promouvoir les meilleurs représentants à des postes de commande, alors le gestionnaire des ventes aura tendance à nuire à cette concurrence inattendue en évaluant les candidats potentiels de façon sévère sur les points importants touchant cette question[9].

Comme on peut le constater, le recours à des échelles de mérite n'est pas sans occasionner des soucis. Bien que les problèmes énumérés précédemment soient presque inévitables, on doit prodiguer les sept conseils suivants aux gestionnaires qui effectuent une évaluation qualitative à l'aide d'une échelle de mérite:

1. Lire attentivement les définitions de chaque caractéristique avant d'accorder un score.

2. S'efforcer d'être juste et se garder d'être trop généreux.

3. Faire preuve d'objectivité et laisser de côté ses sentiments vis-à-vis du vendeur qu'il faut évaluer.

---

8. William D. Perreault et F. A. Russell, «Comparing Multi Attribute Evaluation Process Models», *Behavioral Science*, vol. 22, novembre 1977, p. 423-431.
9. Benton A. Cocanougher et John M. Ivancevich, *op. cit.*, p. 87.

4. Veiller à ce que l'évaluation d'une caractéristique n'influence pas les autres caractéristiques (évaluer celles-ci isolément).

5. Se borner à ce qu'on a observé chez le sujet; ne pas faire appel à des suppositions.

6. Toujours considérer le rendement général de toute la période et non pas des faits isolés.

7. Justifier par des raisons objectives les scores donnés.

☐ 17.6 La méthode BARS

La méthode d'évaluation qualitative appelée «méthode BARS» («*Behaviorally Anchored Rating Scale*» ou «échelle d'évaluation comportementale») se concentre sur des critères de comportement et de rendement que le représentant peut maîtriser. Par ailleurs, l'entreprise ne devra considérer que les caractéristiques qui contribuent au succès du représentant, soit les facteurs critiques du succès (en anglais, «*critical success factors*»). À titre d'exemple, la compagnie Xerox, après une recherche minutieuse, a identifié trois facteurs critiques du succès qui doivent être évalués chez chacun de ses représentants, soit l'habileté à découvrir les besoins de la clientèle et les occasions d'affaires, la qualité de la recherche d'information et la capacité de répondre aux objections des clients. Nous examinerons maintenant le déroulement de la méthode BARS.

17.6.1 Le déroulement de la méthode BARS[10]

Première étape (voir le tableau 17.4)

On demande à un échantillon de superviseurs sélectionnés dans diverses succursales ou divisions de l'entreprise (on doit respecter une certaine homogénéité quant aux types de vendeurs supervisés et aux types de produits vendus) de se conformer aux directives suivantes:

1. Identifier les dimensions majeures du rendement du représentant (facteurs critiques du succès).

2. Définir ces dimensions du rendement.

3. Décrire ce qu'est un rendement élevé, moyen ou bas pour chacune de ces dimensions (standards de rendement).

---

10. William B. Locander et William A. Staples, «Evaluating and Motivating Salesmen with the BARS Method», *Industrial Marketing Management*, vol. 7, 1978, p. 43-48.

TABLEAU 17.4

Méthode d'évaluation BARS pour la caractéristique «qualité du service au client»

Première directive: identifier les dimensions majeures du rendement	Deuxième directive: définir les dimensions du rendement	Troisième directive: décrire les standards de rendement	Quatrième directive: décrire les standards de comportements (points d'ancrage)
1. Service au client	Donne un service d'une qualité telle que cela entraînera une pénétration du marché	ÉLEVÉ: service impeccable pour tous les clients	ÉLEVÉ: service complet; produits correspondant aux besoins; livraison dans les délais; développement de nouvelles affaires grâce aux ressources de l'entreprise
		MOYEN: service généralement bon mais inégal d'un client à l'autre	MOYEN: certains clients reçoivent un bon service mais d'autres qui ont un potentiel égal sont mal servis
		BAS: le service ne constitue pas un facteur stratégique pour le représentant	BAS: service utilisé comme argument de vente; pas de suivi à long terme et indifférence vis-à-vis du client
2. Réalisation des prévisions de ventes	Atteint les standards de ventes fixés	ÉLEVÉ: quotas facilement dépassés; apport important aux objectifs de l'entreprise; vision à long terme	ÉLEVÉ: dépassement annuel du quota de 5 % et excellente pénétration chez les nouveaux clients
		MOYEN: quotas atteints, sans plus; vision à long terme médiocre	MOYEN: quota atteint à 85 %; quelques nouveaux clients à l'horizon
		BAS: toujours très en deçà des quotas; ne montre aucun signe de volonté de développement de nouvelles affaires	BAS: minimum de 25 % au-dessous du quota annuellement; perte massive de clients qui réduit la part du marché

TABLEAU 17.4
Méthode d'évaluation BARS pour la caractéristique «qualité du service au client» (suite)

Première directive: identifier les dimensions majeures du rendement	Deuxième directive: définir les dimensions du rendement	Troisième directive: décrire les standards de rendement	Quatrième directive: décrire les standards de comportements (points d'ancrage)
3. Activités de collecte d'information	Maintient un système de collecte de renseignements suffisamment élaboré pour soutenir des activités efficaces de vente	ÉLEVÉ: le représentant reconnaît l'importance de disposer en tout temps d'une information de qualité	ÉLEVÉ: tous les rapports requis sont faits parfaitement et à temps; information pertinente sur les clients à portée de la main et recherche des renseignements sur le marché et les concurrents
		MOYEN: information de base accessible	MOYEN: rapports adéquats; effort supplémentaire requis sur la rétroaction des clients
		BAS: rapports de qualité insatisfaisante	BAS: rapports mal faits et en retard; aucun désir de maintenir un système d'information valable

SOURCE: Repris de William B. Locander et William A. Staples, «Evaluating and Motivating Salesmen with the BARS Method», *Industrial Marketing Management*, nº 7, 1978, p. 45.

4. Décrire les différents standards de comportements sur l'échelle qui sert à évaluer cette dimension. Ces standards de comportements sont aussi appelés «points d'ancrage» («*anchors*»).

Le tableau 17.4 illustre les quatre activités qui doivent être effectuées lors de la première étape.

Deuxième étape

Un deuxième échantillon de gestionnaires des ventes est choisi pour analyser et évaluer le travail fait à la première étape par l'équipe précédente. Ils devront déterminer notamment:

1. Si les dimensions retenues sont significatives et importantes.
2. S'il y a du dédoublement entre les dimensions, autrement dit si un point est évalué plusieurs fois.

3. Si les dimensions les plus importantes sont présentes.

4. Si les descripteurs (les définitions et les descriptions de comportements) sont suffisamment clairs et précis pour être compris de tous, sans équivoque et de la même façon par tout le monde.

Troisième étape

À cette étape, les deux équipes de gestionnaires unissent leurs efforts afin de bâtir l'échelle BARS. La figure 17.5 donne un exemple d'échelle de comportements pour l'évaluation de la caractéristique «qualité du service» élaborée à la première étape et illustrée au tableau 17.4. Après s'être mis d'accord sur les dimensions à utiliser, les gestionnaires tentent d'ordonner les descripteurs sur l'échelle BARS graduée de 0 à 9 (ou de 1 à 10 comme à la figure 17.6). Cette opération est des plus délicates car non seulement on doit déterminer le nombre de descripteurs de comportements (nombre de points d'ancrage) et veiller à ce que ceux-ci soient explicites afin d'éviter toute ambiguïté, mais on devra les placer sur l'échelle en leur attribuant une valeur numérique. La figure 17.6 illustre une échelle BARS sur laquelle on trouve sept points d'ancrage, soit les sept descripteurs comportementaux, de même qu'à gauche les trois descripteurs (très haut, moyen, très bas) de standards de rendement, qui servent ni plus ni moins de points de repère sur l'échelle. Notons que les standards de rendement ne sont définis que de façon générale et servent de guide tandis que les standards de comportements sont définis en termes pratiques et renvoient à un ou plusieurs comportements.

Quatrième étape

Cette étape s'avérera nécessaire si les gestionnaires ne se sont pas entendus à la troisième étape. Cela peut être possible, par exemple, si on éprouve de la difficulté à trouver des descripteurs raisonnablement étendus sur toute la longueur de l'échelle. Certaines dimensions peuvent favoriser l'élaboration de descripteurs situés aux extrêmes de l'échelle et défavoriser de ce fait les positions moyennes. À ce moment-là, on peut demander à certains gestionnaires des deux échantillons de recommencer le processus ou de sélectionner un troisième échantillon qui tranchera la question.

Comme on peut le constater, la méthode BARS constitue un outil très intéressant pour évaluer qualitativement la force de vente d'une manière correcte, structurée et équitable. Elle est relativement facile à appliquer et elle minimise les risques d'erreur de jugement et la subjectivité.

FIGURE 17.5
Échelle de comportements BARS pour l'évaluation de la caractéristique «qualité du service au client»

	Service au client impeccable, respect des dates de livraison, traitement des plaintes efficace, présent et disponible pour tous les clients. Utilisation des services de l'entreprise pour développer d'excellentes relations avec les clients.
	9,0
	8,0
Visite régulièrement les clients majeurs et se préoccupe des problèmes de ces derniers. Vente créative et très bon service.	7,0
	6,0
	5,0 — Garde le contact avec le client car il planifie toujours ses visites pour n'oublier personne. A des rapports privilégiés avec les clients majeurs. Utilise peu les services de l'entreprise.
	4,0
Peu motivé à faire le suivi, a peu de contacts avec les clients, perd des ventes, néglige le développement de nouvelles affaires.	3,0
	2,0
	1,0 — Incapable de garder ses clients, perd des ventes et réduit la part de marché, ne fait aucun suivi et donne un mauvais service.
	0

SOURCE: Repris de William B. Locander et William A. Staples, «Evaluating and Motivating Salesmen with the BARS Method», *Industrial Marketing Management*, n° 7, 1978, p. 46.

☐ Conclusion

Le tableau 17.5 présente les principaux résultats d'une étude réalisée auprès de 213 gestionnaires des ventes appartenant à des entreprises et des industries diverses. On se rend compte que la plupart d'entre eux évaluent leur force de vente à un moment ou à un autre. Par contre, la

FIGURE 17.6

Échelle de comportements BARS pour l'évaluation de la caractéristique « ponctualité dans la remise des rapports »

Très haut (excellent)
Indique que le représentant produit des rapports d'activités d'une qualité irréprochable et plus souvent qu'il n'est nécessaire.

10,0 — Le représentant devrait être capable de soumettre tous les rapports d'activités nécessaires, même dans les situations les plus difficiles.

9,0 —

8,0 — Il devrait être en mesure de soumettre ses rapports en temps voulu dans la plupart des situations.

7,0 —

6,0 — Il remet à temps la plupart des rapports d'activités.

Moyen
Indique qu'il produit des rapports d'activités d'une qualité acceptable et qu'il les remet à temps.

5,0 — Il remet régulièrement en retard ses rapports d'activités.

4,0 —

3,0 — Il remet habituellement en retard ses rapports d'activités, lesquels sont d'une qualité inférieure.

2,0 —

Il ne se soucie pas des dates de remise des rapports d'activités.

Très bas (problématique)
Indique qu'il produit des rapports d'activités d'une qualité inacceptable et qu'il manque de ponctualité dans leur remise.

1,0 —

Il ne remet jamais à temps ses rapports d'activités et n'accepte aucune remarque en ce sens.

SOURCE : Repris de Benton A. Cocanougher et John M. Ivancevich, « BARS' Performance Rating for Sales Force Personnel », *Journal of Marketing*, n° 42, juillet 1978, p. 92.

grande majorité des gestionnaires n'utilisent que des bases d'évaluation traditionnelles (le volume des ventes, le nombre de nouveaux clients, le nombre de visites, etc.). Or, l'emploi de représentant est si complexe et demande tant d'efforts qu'il est sans doute nécessaire pour un gestionnaire des ventes d'évaluer ses subordonnés sur plusieurs facteurs.

TABLEAU 17.5
Résultats de l'étude de Jackson, Keith et Schlacter

1. Bases quantitatives de résultats utilisées dans l'évaluation du rendement

Bases	Pourcentage d'utilisateurs
Ventes	
Volume des ventes en dollars	81
Volume des ventes par rapport aux prévisions	78
Volume des ventes par produit ou ligne de produits	69
Volume des ventes faites aux nouveaux clients	58
Volume des ventes en unités	54
Volume des ventes par rapport au quota	54
Volume des ventes par client	49
Volume des ventes du marché potentiel	34
Volume des ventes (unités) par rapport aux quotas (unités)	24
Volume des ventes par commande	15
Volume des ventes par visite	10
Pourcentage des ventes par téléphone ou par la poste	8
Part du marché	
Part du marché par quotas	18
Clients	
Nombre de nouveaux clients	71
Nombre de clients perdus	43
Nombre de clients dont le compte est en souffrance	22
Nombre de clients acheteurs de la ligne au complet	16
Profit	
Profit net en dollars	26
Rendement de l'investissement	16
Apport au profit net	14
Marge brute	14
Marge brute par vente	14
Profit net en pourcentage des ventes	13
Commandes	
Ratio commandes/visites	26
Commandes nettes par renouvellement	17
Nombre de commandes annulées	14

TABLEAU 17.5
Résultats de l'étude de Jackson, Keith et Schlacter (*suite*)

2. **Bases quantitatives comportementales utilisées dans l'évaluation du rendement**

Bases	Pourcentage d'utilisateurs
Visites	
Visites par période	57
Nombre de visites/nombre de clients/classe de produits	17
Dépenses de vente	
Dépenses de vente/ventes	41
Dépenses de vente/quota	22
Coût moyen par visite	13
Activités diverses	
Nombre de rapports inacceptables	44
Nombre de plaintes de clients	31
Nombre de réunions de formation dirigées (pour les recrues)	28
Nombre de lettres d'approche ou d'appels téléphoniques aux clients potentiels	25
Nombre de démonstrations de vente effectuées	25
Nombre de visites de service effectuées	24
Nombre de réunions de distributeurs organisées	15
Activités de promotion, de publicité ou de *merchandising*	12

3. **Bases qualitatives utilisées pour évaluer le rendement**

Bases	Pourcentage d'utilisateurs
Visites	
Attitudes	90
Connaissance du produit et expertise	89
Aptitudes pour la vente	85
Apparence et comportement social	82
Aptitude pour la communication	81
Initiative et dynamisme	80
Habileté à la planification	78
Gestion du temps	73
Connaissance de la concurrence	72
Jugement	69
Créativité	61
Connaissance des politiques de l'entreprise	59
Préparation des rapports et soumissions	59
Établissement de bonnes relations avec la clientèle	50
Éthique	34
Bon comportement social	23

SOURCE: Repris de Donald W. Jackson Jr., Janet E. Keith et John L. Schlacter, «Evaluation of Selling Performance: A Study of Current Practices», *Journal of Personal Selling and Sales Management*, novembre 1983, p. 46-47.

Lorsqu'un vendeur produit des résultats insatisfaisants, il se pénalise lui-même, car sa rémunération s'en ressentira, et il pénalise l'entreprise par la suite, car elle connaîtra des pertes de revenus et peut-être une réduction de sa part du marché. Par contre, si ce vendeur a adopté un comportement constructif, cela fera toute la différence : l'emploi de gestionnaire des ventes revêtira alors toute son importance et ce sera à ce dernier d'identifier le problème et d'y remédier. Si c'est le comportement du représentant qui est en cause, ce gestionnaire devra trouver les incitations qui permettront au représentant de se ressaisir et de repartir du bon pied.

Autrement dit, le gestionnaire des ventes a un rôle beaucoup plus important à jouer dans l'évaluation que celui de «professeur». Aucune facette du travail quotidien du représentant ne devrait lui échapper. Il se servira des outils mis à sa disposition pour être ce conseiller si nécessaire à la bonne marche d'une force de vente. Il est très facile de s'en tenir aux facteurs quantitatifs et aux résultats. Cependant, comme nous l'avons vu, il existe de multiples façons créatrices d'évaluer adéquatement le représentant. Il incombe alors au gestionnaire des ventes d'en tirer profit et de ne pas lésiner sur les moyens...

QUESTIONS

1. Quels sont les principaux facteurs qu'on doit prendre en considération lors de l'évaluation du représentant ?

2. Un gestionnaire des ventes déclare : «Ce qui compte, ce sont les résultats. La façon dont le représentant s'y est pris pour les obtenir ne me concerne pas !» Commentez son affirmation.

3. Quelles sont les principales difficultés auxquelles fait face le gestionnaire des ventes lors de l'évaluation du représentant ?

4. Le volume des ventes reste la base d'évaluation la plus utilisée. Cependant, elle peut avoir certaines faiblesses. Expliquez.

5. Vous désirez avoir une meilleure idée du rendement de vos trois vendeurs pour la période qui vient de se terminer. Vous décidez de procéder à une analyse quantitative sur une base individuelle. Vous disposez des données suivantes :

Vendeur	P. Simard	A. Lavoie	A. Lapointe
Ventes du produit A	1 000	800	1 500
Ventes du produit B	2 000	1 000	700
Nombre de journées de travail dans l'année	360	180	210
Nombre de visites	1 200	410	1 300
Nombre de commandes	800	520	820

Faites une analyse complète du comportement de chacun des vendeurs à la lumière de l'information précédente et expliquez comment vous traiterez chaque cas. (Utilisez le modèle quantitatif d'évaluation du rendement.)

6. Un gestionnaire déclare: «L'évaluation qualitative est beaucoup trop subjective. Il n'y a pas moyen de la rendre équitable!» Commentez cette affirmation.

7. On vous demande de construire un outil d'évaluation des représentants sur la caractéristique suivante: la qualité des activités de prospection. Vous décidez d'utiliser la méthode BARS. Indiquez de quelle façon vous vous y prendrez et esquissez une échelle de comportements plausible.

8. Pourquoi fait-on appel à la méthode BARS pour évaluer qualitativement le représentant?

9. Les gestionnaires des ventes ont tendance à utiliser surtout les bases traditionnelles d'évaluation. D'après vous, quelles seraient les raisons de cela? Comment pourrait-on les amener à procéder à des évaluations plus complètes?

10. Un gestionnaire soutient qu'il n'y a aucune raison que le représentant participe à son évaluation ou s'évalue lui-même. Commentez cette affirmation.

CAS DE LA PARTIE IV

Cas 1   La société Mac Bull inc.

Mac Bull inc. est une jeune entreprise de vente au détail de machinerie légère. Située en face de Québec, elle a été fondée en 1978, puis a été vendue en 1982 à son actuel propriétaire, M. Alain Desbiens. Cette entreprise a connu son heure de gloire: immédiatement après la récession du début des années 80, elle a enregistré une croissance de ses ventes et des profits importants. Malheureusement, le ralentissement de la fin de la décennie a ramené M. Desbiens à une triste réalité: les années de vaches grasses et d'argent facilement gagné étaient chose du passé. Dorénavant, il faudrait se battre pour survivre. Ce constat a poussé M. Desbiens à s'interroger sur la condition de son entreprise et sur les mesures à adopter pour corriger la situation et affronter solidement les années 90. Sa réflexion a porté sur toutes les opérations et sur toutes les ressources humaines de l'entreprise, y compris lui-même. Au cours de l'hiver 1992, devant l'ampleur du problème, M. Desbiens a fait appel à une firme de consultants en administration de Québec. Il a alors déclaré que la principale cause de la situation de son entreprise était sa propre incompétence dans la gestion d'une société en période de crise. Ce serait sa faute si une vingtaine de personnes se retrouvaient sur le pavé... Cela illustre à quel point la situation était dramatique.

L'industrie de la machinerie

Le domaine de la construction est un de ceux qui souffrent le plus d'une récession. L'industrie de la machinerie subit donc le contrecoup de cette situation. Le début des années 90 est une période cruciale pour plusieurs entreprises qui œuvrent dans ce secteur d'activité. Certaines d'entre elles, telles que Case et Massey Ferguson, doivent se remettre en question. Les distributeurs font les frais de ces perturbations. Non seulement doivent-ils supporter les pressions des fabricants qui se lancent souvent dans des guerres de prix qui leur font un tort considérable, mais ils doivent de plus affronter un marché d'utilisateurs de moins en moins solvables et qui ont tendance à opter pour une machinerie d'occasion abondante vu le ralentissement de la construction et la faillite de nombreux entrepreneurs.

Plusieurs détaillants qui se retrouvent avec un inventaire encombrant et coûteux et des frais fixes rigides ne sont tout simplement plus capables de faire face à cette réalité et se voient contraints de fermer leurs portes. Quelques-uns cependant se tirent très bien d'affaire; c'est le cas notamment de ceux qui consacrent une grande partie de leurs activités au domaine agricole, lequel est moins touché par le ralentissement économique, et de ceux qui ont réussi à garder des inventaires limités et à contenir les dépenses à un niveau raisonnable.

La machinerie industrielle légère (petites pelles mécaniques, convoyeurs de chantiers, petits bulldozers, etc.) représente environ 75 % des recettes des produits de Mac Bull. Le matériel d'entretien de terrains de golf (le secteur récréatif est lui aussi fortement éprouvé par la récession) génère 15 % des ventes. Quant à la machinerie agricole, elle ne produit que 5 % de ces dernières. Le reste (5 %) est partagé entre une multitude d'accessoires. Mac Bull dispose aussi d'un service de pièces pour l'entretien et la réparation du matériel vendu. On trouve une vingtaine d'employés répartis dans les différents services de l'entreprise. L'organigramme suivant nous montre l'affectation des ressources humaines de Mac Bull :

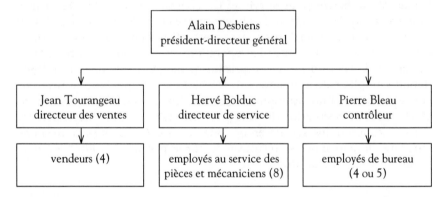

La situation de Mac Bull

La situation de la société Mac Bull est on ne peut plus classique. Après avoir souvent enregistré un chiffre d'affaires avoisinant les 8 millions de dollars par année, elle prévoit pour 1992 un chiffre d'affaires d'environ 4 millions de dollars. Notons que la situation, qu'on croyait passagère, se détériore depuis trois ans. C'est toutefois la première année que l'entreprise se trouve dans une situation aussi précaire. M. Desbiens doit même éponger le déficit de la société avec son argent personnel. Ce dernier, qui est un bon père de famille, hésite à licencier du personnel ou à procéder à des compressions importantes. On observe même un désordre significatif dans les relations du travail, où chacun fait à sa tête et tente de tirer la couverture de son côté. Personne n'accepte une part de responsabilité dans la situation de l'entreprise (c'est toujours la faute des autres) et, la tolérance excessive de M. Desbiens aidant, chacun y va de ses propres initiatives – quand initiative il y a. Cet état de choses est peut-être dû au fait que tout le monde a joui d'une vie facile au cours des dernières années.

La force de vente

La force de vente de la société Mac Bull n'échappe pas à ce laisser-aller. En fait, les consultants imputent à cette équipe une part importante des difficultés que connaît actuellement l'entreprise. On y compte quatre vendeurs. Chacun a sa petite histoire :

Jean Tourangeau (14 ans d'ancienneté)

À 58 ans, c'est le représentant le plus âgé de l'entreprise. Il en a d'ailleurs été l'un des fondateurs en 1978. Toutefois, il a dû laisser la direction à M. Desbiens quand celui-ci est devenu propriétaire de l'entreprise en 1982. Bon an mal an, M. Tourangeau atteint un chiffre d'affaires de près de 1 000 000 $. Cette année cependant, il a enregistré des ventes d'environ 700 000 $. Cela s'explique par une conjoncture particulièrement difficile et par le cheminement de carrière de M. Tourangeau qui, préparant sa retraite, diminue graduellement ses heures de travail. Ce représentant d'expérience (35 ans de métier) constitue un pilier de l'organisation. Il connaît bien ses clients et il est fortement associé au monde de la machinerie légère. C'est lui qui a introduit au Québec, il y a quelques années, la marque d'avenir Kubota dont Mac Bull est le plus gros concessionnaire en Amérique du Nord. Il sillonne la province et n'hésite pas à se rendre dans les régions les plus éloignées pour servir un client ; c'est d'ailleurs sa spécialité car il est le seul représentant qui accepte de faire de longues heures de route.

Malheureusement, M. Tourangeau conserve son savoir-faire pour lui seul. Solitaire et peu communicatif, il refuse toute autorité, toute direction et ne craint pas de manifester son mécontentement lorsqu'on le contrarie. L'an dernier, on lui a retiré le poste de directeur des ventes car il manquait d'intérêt et de motivation dans ses fonctions. Cela a engendré un conflit avec tous ses collègues, si bien qu'on lui a conservé son titre de « vice-président » (pour des considérations humaines). Il ne jouit plus de toute façon d'aucune autorité officielle (et n'en accepte aucune, d'ailleurs)...

Claude Bergeron (8 ans d'ancienneté)

Officiellement, c'est le directeur des ventes. Dans les faits, il n'a ni formation ni aptitude dans ce domaine. On lui a attribué ce poste pour des raisons personnelles. M. Bergeron a connu de graves difficultés dans sa vie privée. Son épouse a été gravement malade et le couple a été durement éprouvé. À cela se sont ajoutés des problèmes financiers après que M. Bergeron eut été victime d'un fraudeur. Compatissant, M. Desbiens a offert le poste au vendeur infortuné afin de lui éviter des déplacements trop fréquents. M. Bergeron avait en effet exprimé le souhait à M. Desbiens de ne plus avoir à se déplacer pour solliciter des clients. Portant le titre «officiel» de «directeur des ventes», ses fonctions actuelles sont les suivantes: agir en tant qu'intermédiaire entre la direction et la force de vente; s'occuper des ventes auprès des clients qui se rendent au magasin; s'occuper du service de location de machinerie.

Notons que M. Bergeron ne jouit d'aucune autorité morale ni effective auprès des autres représentants. Simplement, il occupe un poste qui lui permet de rester en permanence dans l'entreprise, mais ses collègues lui accordent plus ou moins leur estime...

Marcel Vallée (5 ans d'ancienneté)

Ayant enregistré des ventes de 800 000 $, Marcel Vallée est un vendeur stable et compétent. Toutefois, le niveau de motivation de ce dernier est moyen et il pourrait obtenir de bien meilleurs résultats s'il fournissait un effort supplémentaire. De plus, il accomplit son travail dans la région immédiate de Québec et dans la Beauce où on trouve une forte densité de clients intéressants. Spécialiste des pelles mécaniques, il ne s'intéresse pas outre mesure aux autres produits de l'entreprise et se fait tirer l'oreille pour aller rencontrer les acheteurs potentiels de ces derniers. Très individualiste, il n'aime pas qu'on lui dise quoi faire et considère que son travail ne doit pas être critiqué.

Benoît Labbé (4 ans d'ancienneté)

L'année 1991 aura été pénible pour Benoît Labbé: ses ventes se sont élevées à 400 000 $ seulement. Celui-ci a connu des problèmes sérieux. En raison d'une dépression nerveuse, il a dû cesser de travailler pendant quatre mois. Maintenant, il se concentre presque exclusivement sur les machines d'entretien de terrains de golf. Principal instigateur de cette ligne de produits, il a obtenu de M. Desbiens qu'il adopte la prestigieuse marque Bunton. Peu après, son intérêt s'est émoussé et il a informé son patron, une fois que ce dernier eût acheté une demi-douzaine de ces machines, qu'il était trop difficile de vendre celles-ci et qu'il vaudrait mieux tenter de liquider le tout...

M. Labbé poursuit une carrière peu fructueuse, où il passe le plus clair de son temps à tenter d'arracher une vente ici et là à un propriétaire de terrain de golf. Son rendement pour n'importe quel type de produit est médiocre et son mécontentement et sa hargne se font sentir de plus en plus. Il n'hésite pas à rendre ses collègues ou d'autres employés responsables des mauvais résultats de l'entreprise et il a déclaré à des consultants que s'il était congédié, ce serait un mal pour un bien... Par contre, on dénote chez lui une très grande fidélité à l'entreprise et son attitude actuelle est davantage reliée à son insatisfaction qu'à un problème d'aptitudes. Il déplore le fait que chaque représentant adopte une attitude individualiste et se montre peu préoccupé par le bien-être de l'organisation. Il apprécierait être davantage supervisé et dirigé.

Le constat

À la lumière de l'information recueillie, les consultants en sont venus à la conclusion que les problèmes de supervision du personnel minaient cette entreprise. Le leadership est tellement faible que chacun perçoit son propre rôle comme pouvant être ajusté selon ses volontés et désirs. Bien que chaque service de l'organisation éprouve des problèmes avec son personnel, celui des ventes mérite une attention particulière. Voici donc l'essentiel de ce qui a été relevé par les consultants.

Il n'y a aucun objectif général de vente chez Mac Bull, que ce soit sur le plan de l'entreprise, sur celui des représentants ou sur celui de la force de vente. Quant aux objectifs par produit ou par territoire, inutile d'y penser!

Les vendeurs ne sont soumis à aucune évaluation systématique et régulière. On examine de temps à autre leur rendement sur des bases plus ou moins aléatoires et en l'absence de critères définis.

Un seul représentant (Jean Tourangeau) accepte de solliciter des clients potentiels, y compris ceux qui pourraient s'intéresser à un produit qui ne fait pas partie de la spécialité du représentant. Les autres représentants préfèrent attendre que les acheteurs se rendent au magasin (comme dans le bon vieux temps) et n'acceptent de prendre la route qu'en cas de nécessité.

Les représentants organisent leurs activités et leur horaire comme bon leur semble. La répartition du territoire (est du Québec, à partir de Trois-Rivières et de Drummondville) est aléatoire, répondant à des critères plus ou moins clairs. Il n'est pas rare de constater la visite de deux représentants chez des clients voisins et pour des motifs différents.

M. Pierre Pleau s'occupe officieusement de marketing, au détriment de ses fonctions de contrôleur. Il passe une grande partie de son temps à concevoir et à promouvoir du matériel de débroussaillement pour le compte d'importantes sociétés d'électricité (Hydro-Ontario) ou de compagnies forestières. Il admet que le développement de ce matériel coûte cher et rapporte peu, mais, toujours selon lui, cela pourrait être intéressant à long terme. M. Desbiens a une grande confiance en lui et accepte qu'il prenne des décisions lourdes de conséquences comme le fait d'abandonner ou d'adopter une marque ou une ligne de produits ou de procéder impulsivement à l'achat d'un nouveau matériel. Par ailleurs, M. Pleau n'hésite pas à s'improviser directeur des ventes de temps à autre et il donne des conseils aux représentants et leur fait des reproches. Ces derniers ne lui accordent guère de crédibilité et attribuent son maintien dans l'entreprise à ses relations privilégiées avec le président. Notons que M. Pleau n'aime pas beaucoup son emploi de contrôleur; la qualité de son travail s'en ressent donc.

Les consultants ont également identifié un problème en ce qui concerne la marge de profit générée par la force de vente. Les représentants préfèrent vendre à rabais, parfois à perte, afin de préserver leur volume des ventes.

Les représentants sont rétribués à salaire fixe, peu importent les résultats (aussi aberrant que cela puisse paraître). M. Desbiens tient ainsi à s'assurer la fidélité de sa force de vente.

Conclusion

À la lumière de l'information qui précède, il est évident que la société Mac Bull doit entreprendre une réorganisation complète de sa force de vente. Le problème majeur est de savoir par où commencer étant donné l'inexistence d'une quelconque structure fiable. Les consultants suggèrent qu'une structure de vente soit mise en place et qu'un directeur des ventes (un vrai) soit embauché. L'entreprise pourrait se fixer comme objectif de faire des ventes de 10 millions de dollars l'an prochain pour les quatre représentants. L'objectif déterminé pour chaque représentant serait ensuite réparti par produit. Notons que les pelles mécaniques, qui constituent le matériel dont le prix de vente est le plus élevé (de 50 000 $ à 250 000 $ pièce), mais qui est aussi le plus rentable, devraient compter pour 50 % des ventes totales. À l'exception des convoyeurs de chantier qui seraient éliminés à cause de la vigueur du marché de la machinerie d'occasion, on garderait tous les produits (la machinerie d'entretien de terrains de golf, les tracteurs et le matériel complémentaire). Le problème de la répartition des territoires devra aussi être soulevé. Toutefois, on s'entend pour dire que l'aspect le plus délicat qui devrait être abordé sera la supervision et l'évaluation de tous les représentants. M. Desbiens tient à ce que chaque membre de l'équipe de vente ait sa chance (il n'y aura aucun congédiement pour le moment), qu'on le soumette à une évaluation et qu'on établisse par la suite des objectifs tenant compte de ses forces et de ses faiblesses.

On vous demande de venir en aide aux consultants en ce qui concerne la réorganisation de la force de vente et de son système de supervision et d'évaluation.

Cas 2   Cuisinet inc.

La société Cuisinet inc., qui est installée à Saint-Joseph-de-Beauce, fabrique principalement des armoires de cuisine et des comptoirs de salle de bains. Les armoires de cuisine constituent environ 80 % du chiffre d'affaires de l'entreprise qui s'élevait à 700 000 $ en 1991. Le marché traditionnel visé par Cuisinet est l'acheteur moyen, disposé à débourser entre 2 000 $ et 6 000 $ pour un ensemble d'armoires de cuisine devant être installé dans une maison préfabriquée ou un bungalow (grande majorité de la population). La gamme de produits est assez étendue; on y trouve des armoires modestes en «mélolite» aussi bien que des produits un peu plus coûteux en «mélamine» ou en chêne (aucun produit haut de gamme). L'entreprise offre un service d'estimation et de design et installe la marchandise chez les particuliers. Ses deux plus gros clients, Domicibec (maisons préfabriquées populaires) et U.M.B. (Unités mobiles de Beauce), s'approvisionnent exclusivement chez Cuisinet et achètent des produits standardisés. Ces derniers ont une allure traditionnelle agréable. Leur design ne les distingue pas de la concurrence. La clientèle, qui achète des produits de qualité à bon prix, est satisfaite de leur fabrication et de leur installation.

L'histoire de Cuisinet se confond avec celle de la Beauce et de ses habitants. L'entrepreneurship de cette région est notoire et constitue un exemple pour les autres régions du Québec. La naissance de Cuisinet n'a donc rien de particulier pour quiconque comprend la mentalité beauceronne. Au début des années 80, le propriétaire et président actuel, M. Hervé Champagne, s'est porté acquéreur d'une entreprise de construction de maisons préfabriquées de l'endroit qu'il a rebaptisée «Domicibec». Parallèlement, il a utilisé l'expertise générée par cette dernière pour créer une filiale dans le secteur des maisons mobiles, qui est devenue U.M.B. Ces deux firmes ont connu un succès immédiat. M. Champagne se procurait ses armoires de cuisine et ses comptoirs de salle de bains chez un fabricant local, Cuisines Beauceronnes. Son propriétaire, M. Lafortune, était aussi le voisin de M. Champagne. Malheureusement, une dispute entre les deux hommes a mis fin à leur amitié et a compromis leurs relations d'affaires. M. Champagne a alors décidé de fabriquer les armoires et comptoirs devant être installés dans ses habitations et a fondé Cuisinet. M. Lafortune a répliqué en mettant sur pied sa propre entreprise de maisons préfabriquées, R.C. inc. (Résidences Chaudières inc.). Toutes ces P.M.E. se trouvent maintenant face à face et se concurrencent tant bien que mal; leur développement se butent à de nombreux obstacles.

La situation actuelle de Cuisinet

La situation de Cuisinet devrait, à l'instar de celle de ses concurrents, être reliée directement aux fluctuations de l'activité de la construction de résidences neuves et à celles de l'activité de la rénovation. On sait que ces deux dernières ont connu une baisse marquée à la fin des années 80 et au début des années 90.

Le secteur des produits du bois à valeur ajoutée (armoires de cuisine, maisons mobiles, palettes et caisses, bâtiments usinés en bois, portes et fenêtres) a évidemment été touché par cette baisse, étant donné que la conjoncture difficile incite le consommateur à remettre à plus tard l'achat d'une maison neuve ou ses projets de rénovation. Plusieurs fabricants d'armoires de cuisine ont dû fermer leurs portes, dont M.K.S. de Laval, le troisième en importance au Canada.

Bien que Cuisinet ait vu ses activités chuter dramatiquement (il y a quelques années, sa production quotidienne était de 5 à 7 ensembles de meubles contre une demi-douzaine par semaine présentement), elle est passée relativement bien à travers la récession (si on compare sa situation avec le reste de l'industrie). Cela s'explique par le fait que 80 % de son chiffre d'affaires est réalisé auprès des deux autres entreprises de M. Champagne, soit Domicibec et U.M.B. Les résidences préfabriquées et les maisons mobiles ont mieux résisté à la récession que les autres produits de bois à valeur ajoutée vu la valeur économique plus faible de ces produits de remplacement qui sont les produits de substitution aux maisons neuves (récession ou pas, les consommateurs doivent se loger). De plus, grâce à cette clientèle captive, Cuisinet n'a pas eu à subir la concurrence féroce qu'on observe habituellement durant de telles périodes.

La structure de l'entreprise

La structure de l'entreprise est fort simple. Un directeur général, Gilbert Guérard, en préside les destinées et y supervise une dizaine d'employés œuvrant dans les divers services, soit l'estimation et la vente (un estimateur-vendeur et une préposée à la salle de montre), le design de produits (une designer de meubles), la fabrication en usine et l'installation (nombre variable d'employés), la comptabilité et la facturation (un commis-comptable) et le service de secrétariat (une secrétaire-réceptionniste). M. Guérard se sent mal à l'aise dans la situation actuelle. Travailleur infatigable, il est dérouté par les événements et attribue une grande partie des performances insatisfaisantes de l'entreprise à sa propre gestion. M. Champagne commence d'ailleurs à se demander si M. Guérard ne peut être avantageusement remplacé. Il ne comprend pas la baisse constante des ventes de Cuisinet et doute de plus en plus que le directeur général actuel puisse relever le défi des années 90 qui se pose pour son entreprise. Parfois, il s'interroge même sur la pertinence de garder en vie Cuisinet: pourquoi ne pas retourner aux sources et se concentrer uniquement sur la fabrication en usine de résidences unifamiliales, quitte à acheter ailleurs les armoires de cuisine et les comptoirs de salle de bains?

On ne prévoit pas d'accroissement de la demande de maisons préfabriquées ou mobiles dans les prochaines années. Une reprise économique pourrait même inciter les consommateurs qui disposeront de meilleurs revenus et d'emplois plus stables à se tourner vers la construction de maisons neuves au détriment de maisons économiquement plus accessibles.

L'avenir de Cuisinet

Tous s'accordent pour affirmer que la meilleure chance de survie et de prospérité de Cuisinet passe obligatoirement par le développement intensif des marchés de la construction résidentielle et de la rénovation. L'avenir de fournisseur exclusif de Domicibec et d'U.M.B. n'est pas assez prometteur pour les raisons évoquées plus haut. Ce marché ne représente que 20 % des ventes de Cuisinet et les efforts fournis en ce moment pour améliorer la situation sont nettement insuffisants.

On a aménagé une salle d'exposition dans une des maisons préfabriquées de Domicibec: on y a installé avec goût une demi-douzaine d'ensembles de cuisine et de salle de bains parmi les plus beaux. Un représentant, M. Guy Jourdain, s'y trouve à certains moments de la semaine pour recevoir et servir les clients et, au besoin, se rendre chez eux afin de faire une estimation. Une préposée, Mme Lise Légaré, est présente le reste du temps. Bien qu'elle ne fasse ni estimation ni vente, elle sollicite par téléphone des rencontres avec des clients potentiels pour le représentant. Cette salle de montre, tout aussi invitante qu'elle puisse être, est située dans un endroit retiré.

La présence de l'entreprise dans le marché est trop discrète; on ne la voit pas en dehors de la Beauce. Rappelons par ailleurs que ses produits ne se distinguent pas nettement et s'avèrent conventionnels si on les compare avec des concurrents tels que Cuisines A.C. inc. dont le style des ensembles de meubles est nettement plus moderne (couleurs actuelles, coins de comptoirs arrondis, etc.). Le seul matériel de promotion qui a été prévu consiste en un dépliant publicitaire fort joli mais d'une sobriété pas très audacieuse. Le système de vente, outre sa modestie, déborde très peu le marché de la rénovation (ménages). Celui de la construction domiciliaire, qui est représenté surtout par les entrepreneurs, ne fait l'objet d'aucun travail de promotion particulier.

Mentionnons enfin que le système d'information de marketing est des plus rudimentaires. On déplore notamment l'absence de ventilation des ventes par produits et activités ou de quelque forme que ce soit de données primaires et secondaires sur le marché, sur les concurrents et sur les consommateurs. À l'instar de nombreuses P.M.E., Cuisinet est à la remorque du marché et ne prend jamais les devants.

Le constat

M. Champagne poursuit une difficile réflexion sur le sort de son entreprise de fabrication d'armoires de cuisine et de comptoirs de salle de bains. Le statu quo est absolument impossible: ne rien faire signifie reculer et perdre de l'argent à plus ou moins brève échéance. Par contre, garder l'entreprise en vie implique des investissements importants en recherche et développement, en marketing et en travail de vente.

Pour tenter d'y voir plus clair, M. Champagne a dressé une liste des forces et faiblesses de son entreprise.

Les forces de son entreprise:

- des produits de bonne qualité (matériaux et fabrication);
- un design et une esthétique agréables (sans audace toutefois);
- une gamme de produits atteignant la majorité des consommateurs;
- un dépliant publicitaire de bon goût;
- un service après-vente de qualité;
- un personnel fidèle et dévoué;
- une salle d'exposition invitante;
- une clientèle captive (Domicibec et U.M.B.);
- une très bonne réputation;
- des services d'estimation et d'installation efficaces;
- la compétence du personnel (le représentant, la designer, etc.);
- une machinerie moderne;
- une capacité de production intéressante.

Les faiblesses de son entreprise:

- une force de vente pas organisée;
- un travail de vente incertain et dispersé;
- une structure peu propice au développement;
- l'absence d'objectifs de vente et de développement;
- le manque d'information sur l'environnement;
- un directeur général peu préoccupé par le développement.

Visiblement tourmenté par la situation, M. Champagne doit procéder à une analyse rigoureuse pour tenter de trouver les éléments de réponse à trois grandes questions:

- Quelle est la situation réelle de Cuisinet?
- Que doit-on faire de cette entreprise?
- Si on continue d'exploiter l'entreprise, que faire pour améliorer la situation?

Tableau 1. Taille des entreprises de fabrication d'armoires de cuisine et nombre d'entreprises de chaque taille selon l'année

Nombre d'employés	1979	1983	1986	1990
1 à 4	64 (40 %)	89 (53 %)	130 (43 %)	170 (41 %)
5 à 9	59 (37 %)	38 (23 %)	92 (31 %)	143 (34 %)
10 à 19	16 (10 %)	22 (13 %)	47 (16 %)	64 (15 %)
20 à 49	16 (10 %)	14 (8 %)	22 (7 %)	34 (8 %)
50 et plus	5 (3 %)	4 (3 %)	11 (3 %)	10 (2 %)
Total (100 %)	160	167	302	421

Tableau 2. Expéditions du secteur des armoires de cuisine et valeur des livraisons (en millions de dollars)

Année	Québec	Ontario	Canada
1975	20 (16 %)[a]	54 (46 %)	124
1976	25 (18 %)	63 (45 %)	140
1977	29 (19 %)	66 (43 %)	152
1978	42 (21 %)	80 (40 %)	201
1979	59 (23 %)	94 (37 %)	257
1980	65 (23 %)	96 (33 %)	288
1981	85 (25 %)	103 (30 %)	346
1982	77 (23 %)	115 (35 %)	333
1983	110 (26 %)	151 (36 %)	421
1984	136 (30 %)	170 (38 %)	449
1985	151 (30 %)	206 (41 %)	502
1986	189 (30 %)	270 (43 %)	624
1987	238 (31 %)	328 (43 %)	757
1988	251 (30 %)	357 (43 %)	823
1989	226,3		
1990	206,7		
1991	160,6		

a Les chiffres entre parenthèses indiquent le pourcentage du marché canadien.
SOURCE: Statistique Canada.

Tableau 3. Ventes totales de Cuisinet (en milliers de dollars)

Année	Ventes
1982	139
1983	264
1984	340
1985	390
1986	549
1987	666
1988	800
1989	791
1990	760
1991	701

Tableau 4. Nombre de permis de construction domiciliaire au Québec

Type de construction	1987	1988	1989	1990	1991 (estimation)
Maisons simples et chalets	29 451	26 479	24 703	21 462	22 300
Maisons doubles en rangées et appartements	41 128	25 597	24 295	19 985	17 200
Total	70 579	56 076	48 998	41 447	39 500

Tableau 5. Ventes totales des unités fabriquées en usine (en millions de dollars)

Année	Ventes
1989	201 840
1990	209 570

Conclusion générale

À la fin d'un ouvrage tel que celui-ci, la première réaction du lecteur ou de la lectrice sera peut-être de pousser un grand soupir de soulagement. Nul doute que la lecture qui vient de s'achever n'a à peu près rien de commun avec celle d'un roman policier. Il s'agit d'une matière aride, technique et parfois difficilement accessible. Nous sommes très conscients de cette situation depuis que nous avons décidé de nous lancer dans ce projet. Mais on ne peut faire autrement, surtout dans le cas d'une structure comme la vente qui implique autant de ressources humaines, matérielles et financières.

La première question qui se posera sera probablement la suivante: est-il aussi compliqué que cela d'instaurer un système de vente? Autrement dit, doit-on appliquer à la lettre tout le processus expliqué dans les centaines de pages qui précèdent? Comment une petite entreprise peut-elle se doter d'outils de gestion si onéreux? La réponse à cette question ne peut être catégorique. La vérité est que la fonction «vente» n'est pas toujours gérée avec rigueur dans les organisations, bien qu'elle soit une des fonctions les plus coûteuses de l'entreprise et qu'elle requière de nombreuses ressources humaines. Quiconque a été appelé à œuvrer dans diverses entreprises sera sans doute d'accord avec nous. Les cas de la quatrième partie qui proviennent de situations véridiques soutiennent cette affirmation (bien que cette réalité ne soit pas uniquement celle des P.M.E., loin de là!). Ce livre adopte donc une démarche théoriquement valide qui, utilisée correctement, peut conduire l'entreprise à une saine gestion de sa force de vente. Par contre, comme tout système de gestion, celui-ci doit être adapté à l'entreprise.

Ce que nous proposons donc, ce sont des concepts reconnus par les plus grands spécialistes en cette matière. Le gestionnaire devrait appliquer ces notions dans leur ensemble en prenant soin d'établir un système de gestion qui reflétera la culture de l'organisation, sans dénaturer celle-ci ou, pire encore, sans la déshumaniser. Si le gestionnaire parvient à faire cela, ce livre aura atteint son but.

INDEX

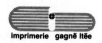

imprimerie   gagné ltée

IMPRIMÉ AU CANADA